中国期货市场年鉴

2024

中国证券监督管理委员会　　编
中国期货业协会

中国财经出版传媒集团
中国财政经济出版社
·北京·

图书在版编目（CIP）数据

中国期货市场年鉴. 2024 / 中国证券监督管理委员会，中国期货业协会编. -- 北京 : 中国财政经济出版社, 2025. 8. -- ISBN 978-7-5223-4086-9

Ⅰ. F832.5-54

中国国家版本馆CIP数据核字第2025A6G497号

责任编辑：贾延平　　　　　责任校对：胡永立
封面设计：陈宇琰　　　　　责任印制：党　辉

中国期货市场年鉴

ZHONGGUO QIHUO SHICHANG NIANJIAN

中国财政经济出版社 出版

URL：http://www.cfeph.cn

E-mail：cfeph@cfeph.cn

（版权所有　翻印必究）

社址：北京市海淀区阜成路甲28号　邮政编码：100142

营销中心电话：010-88191522　编辑部电话：010-88190957

天猫网店：中国财政经济出版社旗舰店

网址：https://zgczjjcbs.tmall.com

涿州汇美亿浓印刷有限公司印刷　各地新华书店经销

成品尺寸：185mm×260mm　16开　26.5印张　546 000字

2025年8月第1版　2025年8月河北第1次印刷

定价：80.00元

ISBN 978-7-5223-4086-9

（图书出现印装问题，本社负责调换，电话：010-88190548）

本社质量投诉电话：010-88190744

打击盗版举报热线：010-88191661　QQ：2242791300

发挥期货市场功能 服务中国式现代化[①]

（代　序）

中国证监会副主席　陈华平

（2024 年 12 月 7 日）

非常高兴参加本次国际期货大会。大会至今成功举办了十八届，一路见证了期货市场的茁壮成长，已成为一年一度汇聚人心、凝聚共识、畅想未来的行业盛会。在此，我谨代表中国证监会对本次大会的召开表示热烈的祝贺，对长期以来关心和支持中国期货市场发展的各方朋友们表示衷心的感谢！

本次大会以"发挥期货市场功能 服务中国式现代化"为主题，与党中央、国务院最新决策部署，与当前期货市场发展阶段和发展目标高度契合，具有鲜明的时代感和重要的现实意义。借此机会，我就期货市场当前发展形势与下一步发展方向谈几点意见，与大家作一个交流。

一、期货市场改革发展稳定工作全面推进、成效显著

党中央、国务院高度重视期货市场。习近平总书记两次视察期货交易所，作出一系列重要指示。中央金融工作会议、新"国九条"对期货

[①] 本文是 2024 年 12 月 7 日中国证监会副主席陈华平在深圳国际期货大会上的致辞。

市场下一步发展提出明确要求。今年9月，国务院办公厅转发中国证监会等七部门《关于加强监管防范风险促进期货市场高质量发展的意见》（以下简称《意见》），对期货市场的强监管、防风险、促发展作出全面具体安排，具有里程碑式的重要意义。在党中央、国务院的坚强领导下，有关各方共同努力，有力促进期货市场平稳运行和高质量发展。

一是品种体系不断健全。截至目前，我国期货市场已上市143个期货期权品种，广泛覆盖农产品、金属、能源、化工、建材、航运、金融等国民经济主要领域。成熟商品期货的期权覆盖率超过80%，围绕场内品种开发的商品指数产品、场外衍生品不断涌现，多元联动的产品生态加快形成。

二是市场运行稳中有进。总量方面，今年1月至11月，期货市场累计成交金额561.99万亿元，同比增长7.98%。截至11月底，全市场有效客户数248.98万户，资金总量1.73万亿元，较年初增长12.86%和14.97%。结构方面，截至11月底，法人客户持仓占比达64.93%，特殊法人日均权益占比达50%，产业和机构客户已成为决定期货市场运行质效的重要力量。

三是价格影响力显著增强。大部分期货品种价格已成为境内贸易定价基准，原油、橡胶、PTA、铁矿石等开放品种在亚太地区具有价格影响力，已被广泛用于跨境贸易定价参考。其中，挂钩"上海胶"期货价格的跨境贸易实货量约占我国天然橡胶进口量的40%。

四是服务实体经济成效明显。广大市场经营主体参考期货价格合理安排生产经营，利用期货期权工具实现套期保值。在有色金属、油脂油料、能源化工等产业，期货已成为保障企业平稳经营和产业链稳定运行的必需品。"保险+期货"已为数百万农户、数千万亩农地提供了实实在在的保障。

五是风险防控体系总体完备。我国期货市场构建了一套既符合一般规律又具有中国特色的风险防控体系，自20世纪末清理整顿结束至今，已连续保持二十多年的平稳运行，其间经受住了国际金融危机的冲击、国内经济结构调整和多轮周期性市场波动的严峻考验，展现出较强的生命力和自我修复能力，相关经验被国际证监会组织纳入了新修订的《商品衍生品市场监管原则》。

二、在推进中国式现代化的征程上，期货市场发展空间广阔、大有可为

党的二十届三中全会擘画了进一步全面深化改革、推进中国式现代化的宏伟蓝图。中央金融工作会议提出要加快建设金融强国，为中国式现代化提供有力支撑。国办《意见》要求期货市场为服务中国式现代化和金融强国建设发挥更大作用。我们深刻感受到，国家的发展为期货市场的成长提供了广阔空间，也提出了更高要求。推进期货市场的高质量发展，能够为以中国式现代化全面推进强国建设、民族复兴伟业作出独特贡献。

一是助力建设全国统一大市场。拥有超大规模市场，是我国发展的重要优势和应对变局的坚实依托。只有进一步构建全国统一大市场，才能在更大范围内深化分工协作，充分发挥市场在资源配置中的决定性作用。党的二十届三中全会对此已作出部署。期货市场的高质量发展，能够在价格、流通、标准等多个层面为建设全国统一大市场添砖加瓦、聚势赋能。在价格体系建设方面，期货市场充分发挥价格发现功能，将各类参与者分散持有的私有信息整合加工为公开、透明、连续的期货价格，再通过科学的升贴水设置兼顾不同品质和区域，可以在全国层面构建集中、高效、全覆盖的价格体系。在流通体系建设方面，期货交易所已建立遍布全国的期货交割网络。通过进一步完善期货交割库布局，优化标准仓单管理规则，有助于充分发挥期货交割库和标准仓单功能，降低企业仓储和物流成本，提高大宗商品在全国范围内的流通效率，畅通国内大循环。在标准体系建设方面，期货质量标准具有权威统一特点，对市场参与者影响广泛，已成为我国标准体系的有机组成部分。在此基础上，按照产业转型升级方向不断优化完善期货标准，有助于发挥期货标准引领作用，调动企业改进生产技术、提高产品质量的积极性，助力产业标准提升和转型升级。

二是助力提升产业链供应链韧性。近年来，各种不稳定、不确定、不安全因素显著增多，产业链供应链脆弱性有所增加。期货市场的高质

量发展，能够在企业经营、产业运行、生态建设等方面，为维护产业链供应链安全发挥积极作用。在企业经营方面，期货期权工具的进一步丰富，期货交易所和期货经营机构产业服务的进一步深化，将帮助各类企业提高风险管理意识和能力，更好实现套期保值、锁定利润、稳定生产，筑牢产业链供应链稳定运行的微观基础。在产业运行方面，随着期货价格受到更广泛的认可，"期货价格＋升贴水"的基差贸易逐渐替代传统"一口价"贸易，有助于促进上下游企业合理高效议价，减少贸易摩擦，保障产业链供应链循环畅通。在生态建设方面，随着期货市场功能向更大范围、更广领域拓展，为更多行业企业提供公开公平的竞价和交易场所，有助于打破价格垄断，改善中小微企业的市场地位和经营环境，助力营造更加健康的产业链生态。

三是助力做好金融"五篇大文章"。做好科技金融、绿色金融、普惠金融、养老金融、数字金融五篇大文章，是金融服务实体经济高质量发展的重要着力点，是深化金融供给侧结构性改革的重要内容。期货市场的高质量发展，将为做好"五篇大文章"开创新局面。科技金融方面，期货交易所品种布局向新能源、新材料领域拓展，可帮助科技型企业锁定原料成本、有效管理库存。期货经营机构可针对科技型企业的特定需求，量身定制场外衍生产品，提供个性化风险管理服务。绿色金融方面，期货市场进一步丰富绿色期货品种，按绿色标准完善交割制度，可引领实体企业向绿色低碳转型。适时推出碳排放权期货，可助力完善全国碳市场，更好发挥碳市场引导减排资源优化配置的基础功能。普惠金融方面，"保险＋期货"将进一步优化业务模式，深入田间地头，为推进乡村振兴和稳定农民收益发挥更加突出的作用。期货经营机构进一步下沉服务，走向千厂万企，将期货价格和期货工具带给广大中小微企业，提高风险管理服务的普惠性可及性。养老金融方面，金融期货市场进一步拓宽产品范围，提高运行效率，可更好支持养老金的套期保值交易，助力稳定养老金收益。数字金融方面，期货市场各类经营主体将加快数字化转型，提高期货和衍生品服务质效。期货市场培育的数字技术外溢到现货市场，还有助于带动商品现货市场优化升级，提升其信用水平和发展质量。

三、锚定目标、稳中求进，坚定走好中国特色期货市场发展之路

国办《意见》明确了期货市场短、中、长期三个阶段的发展目标，实现未来五年的第一阶段目标是我们当前的工作重点。我们将以时不我待、只争朝夕的历史责任感，全面开展各项工作，防风险、强监管，促进期货市场健康稳定发展。

一是夯实监管制度，守牢风险底线。加强监管、防范风险是守护期货市场长远健康发展的重要保障。要进一步完善期货监管制度，将期货市场各类经营主体开展的所有金融活动全部纳入监管，全面强化机构监管、行为监管、功能监管、穿透式监管、持续监管，树立全面从严的监管导向，强化监管威慑，严厉打击期货市场违法违规行为和非法期货活动。要进一步强化期货市场风险防控，立足于风险早识别、早预警、早暴露、早处置，巩固和优化行之有效的运行监测和风险预警体系，统筹期现货、场内外和境内外，充实风险应对处置工具箱，盘活并用好各类风险准备资源，严防价格异常波动、交割违约、重大信息安全事故等风险的产生和蔓延。

二是完善品种布局，充分发挥功能。品种是期货市场功能发挥的载体。期货交易所要紧紧围绕服务实体经济的根本宗旨，坚持守正创新，持续推动期货市场品种发展扩面、提质、增效，为建成世界一流交易所打好基础。扩面要聚焦重点领域。服务农业强国、制造强国建设和绿色低碳发展，围绕促进传统产业转型升级、新兴产业发展壮大、未来产业培育发展，稳步有序拓展品种布局，扩大期货市场的产业覆盖面，让价格发现和风险管理功能惠及更多更广泛的产业企业。提质要深入市场一线。产品研发要加强调研，充分听取产业链上下游不同类型企业的意见。合约及规则设计既要立足当下，贴近现货市场，切合企业经营实际，也要面向未来，有一定的前瞻性，发挥带动和引领产业发展的作用。增效要完善交易制度。从提升市场效率、更好服务市场参与者出发，完善组合保证金、做市商等制度，降低交易成本，促进品种连续活跃，使产品功能发挥得更加充分。需要特别强调的是，交易所无论是开发新品种，

还是优化老品种，都要有战略和全局思维，不能仅考虑商业和技术上的可行性。从商业和技术的角度看，可供开发衍生产品的基础资产多种多样，而我们的资源总是有限的。要把好钢用在刀刃上，优先支持对国民经济带动力强、影响力大，在现代化产业体系中地位重要的行业发展。

三是优化市场结构，改善市场生态。交易者结构对期货市场生态建设和质量提升具有重要影响。一个健康有序的期货市场，需要一个种类多样、结构合理的交易者群体。要分类施策，进一步加强产业客户培育、机构客户引导以及中小交易者保护，促进各类交易者理性参与、协调发展，共同营造健康的市场生态。产业客户培育方面，深入研究其现实需求，针对其入市的难点堵点，采取有效措施，进一步提高交易便利性，持续改善企业开展套期保值的制度环境。机构客户引导方面，进一步提高各类机构在期货市场的规范运作水平，引导机构客户为期货市场提供优质流动性，有效承接产业客户套期保值需求，促进形成更加均衡的期货价格。中小交易者保护方面，要把对中小企业和个人交易者的教育培训放到更加重要的位置，将交易者教育嵌入各项业务的开展过程中，力争实现"润物细无声"的效果。

四是做强行业机构，提升服务能力。期货公司是期货市场最重要的中介机构，处在服务各类交易者、防控市场风险的第一线。近年来，我国期货公司发展总体稳健，但也存在综合实力不强、服务水平不高、同质化经营突出等问题，需要下大力气深化改革、做优做强，成为市场认可、人民满意的专业金融机构。要把准功能定位。找准自己在金融体系中的位置，聚焦期货和衍生品专长开展业务，不做自己做不了、做不好的事情。资产管理业务要作出特色，为投资者参与期货和衍生品市场提供专业服务，不能简单模仿其他金融机构，也不能演变为交易通道。风险管理业务要突出风险管理这四个字，着力解决实体企业的困难，不能盲目追求规模、追求盈利，甚至一味寻求监管套利，那样不但不能替客户管理风险，反而会为自己带来风险。要转变经营理念。一方面，秉持以客户为中心的发展思想，了解客户需求，加强调查研究，有针对性地改进产品和服务，在为客户创造价值、为社会创造财富的过程中实现自身的高质量发展；另一方面，树立差异化经营理念，根据专业特长、风控能力、市场优势确定发展方向，不搞低水平竞争。竞争是行业机构发展进步的动力，但要比服务、比管理、比合规风控，不能简单地比价格。要弘扬优秀文化。大力弘扬和认真践行诚实守信、以义取利、稳健审慎、守正创新、依法合规的中国特色金融文化，坚决做到"五要五不"，树立良好的行业形象。只有这样，才能赢得客户的信任，赢得社会的尊重，实现长期可持续发展。

五是扩大对外开放，深化国际合作。开放是中国式现代化的鲜明标识。坚持对外开放是期货市场走向高质量发展的必由之路。中国证监会将坚持市场化、法治化的改革方向，坚定不移推进期货市场高水平对外开放，真诚欢迎世界各地的朋友参与中国期货市场建设，分享改革发展红利。我们将持续增加开放品种。稳步推进符合条件的期货期权品种纳入特定品种，直接引入境外交易者参与。分批有序扩大合格境外投资者参与商品期货期权交易的品种范围。我们将继续拓展跨境合作。支持境内外交易所开展结算价授权、跨境商品ETF等业务，允许境外交易所推出更多挂钩境内期货价格的金融产品，助力中国期货价格走出国门、走向世界。我们将积极推进监管交流。研究借鉴境外成熟市场的先进经验，加快构建与开放环境相适应的中国特色期货监管制度，推动形成更具包容性和适应性的国际监管规则。

中国证监会将时刻牢记习近平总书记视察期货交易所时的殷切嘱托，继续脚踏实地、大胆探索中国特色期货监管制度和业务模式。我们坚信，在党中央、国务院的坚强领导下，在有关各方的共同努力下，我国期货市场必将实现更高质量的发展，为中国式现代化作出新的更大贡献！

目 录

第一章 2024年中国期货市场运行概况 ………………………………………（ 1 ）

 第一节　期货市场总体运行情况 ……………………………………………（ 1 ）
 第二节　期货经营机构基本情况 ……………………………………………（ 14 ）
 第三节　中国期货市场对外开放情况 ………………………………………（ 21 ）

第二章 2024年中国期货市场上市品种运行情况 ……………………………（ 29 ）

 第一节　上海期货交易所上市品种运行情况 ………………………………（ 29 ）
 第二节　郑州商品交易所上市品种运行情况 ………………………………（102）
 第三节　大连商品交易所上市品种运行情况 ………………………………（172）
 第四节　中国金融期货交易所上市品种运行情况 …………………………（237）
 第五节　广州期货交易所上市品种运行情况 ………………………………（258）
 第六节　中证商品指数有限责任公司产品运行情况 ………………………（267）

第三章 2024年中国期货市场提质创新情况 …………………………………（270）

 第一节　期货市场提质创新总体概况 ………………………………………（270）
 第二节　期货交易所提质创新情况 …………………………………………（272）
 第三节　场外市场建设发展情况 ……………………………………………（282）

第四章 2024年中国期货市场监管及自律情况 ………………………………（286）

 第一节　期货市场监管概况 …………………………………………………（286）
 第二节　期货市场监测监控情况 ……………………………………………（287）

第三节　期货交易所自律监管情况 ·· (288)
　　第四节　中国期货业协会自律管理情况 ······································· (295)

第五章　期货市场履行社会责任情况 ·· (297)

　　第一节　投资者教育与投资者保护情况 ······································· (297)
　　第二节　职工教育培训情况 ·· (309)
　　第三节　期货市场服务乡村全面振兴战略情况 ····························· (315)
　　第四节　期货市场服务产业情况 ·· (320)

附　录 ··· (327)

　　附录1　2024年全球期货及其他衍生品行业发展报告 ··················· (327)
　　　　第一节　全球期货及其他衍生品市场交易概况 ······················· (327)
　　　　第二节　全球期货及其他衍生品行业发展概况 ······················· (353)

　　附录2　2024年中国期货市场大事记 ·· (360)

　　附录3　2024年文件汇编 ··· (363)

　　附录4　统计数据 ··· (377)

后　记 ··· (409)

第一章
2024年中国期货市场运行概况

>>> 第一节 期货市场总体运行情况

一、宏观经济背景

2024年，在经历地缘政治冲突、通货膨胀和货币紧缩等多重冲击后，世界经济展现出超预期的韧性。全球贸易逐步复苏，国际投资下行趋势有望缓解。随着通货膨胀率的下降，主要央行纷纷开启降息周期，财政政策仍保持相对宽松，全球经济有望继续缓慢复苏。然而，世界经济运行中的短期问题和长期矛盾交织叠加，经济增长动能明显不足，下行风险不容忽视①。国际货币基金组织（IMF）数据显示，2024年世界GDP增长率为3.2%，较2023年回落0.1个百分点。其中，发达经济体2024年GDP增速为1.8%，较2023年回落0.1个百分点；新兴市场与发展中经济体GDP增速为4.2%，较2023年回落0.2个百分点。2024年全球贸易温和复苏，但未来面临更多挑战。世界贸易组织（WTO）数据显示，2024年第四季度全球货物贸易景气指数为102.7（基准点为100）。

---

① 张宇燕：《世界经济黄皮书：2025年世界经济形势分析与预测》，社会科学文献出版社2025年版。

(一)世界经济与金融形势

1. 世界经济增长情况

2024年世界经济增速总体有所回落,主要经济体实际GDP走势分化。2024年,美国、日本GDP较2023年增速有所回落;欧元区GDP增速有所提高,其中,德国GDP实现增长,法国、意大利保持稳定;英国GDP增速有所回升(见表1-1-1)。

表1-1-1　　　　　　　　世界主要经济体GDP增长率

国家/地区	美国	欧元区	德国	法国	意大利	日本	英国
GDP增长率(2023年,%)	2.9	0.4	-0.3	1.1	0.7	1.7	0.3
GDP增长率(2024年,%)	2.8	0.8	0.0	1.1	0.7	0.3	1.1
变化	-0.1	0.4	0.3	0.0	0.0	-1.4	0.8

新兴市场和发展中经济体增速普遍下行。经济最为活跃的亚洲新兴市场和发展中经济体2024年GDP增长5.3%,较2023年回落0.4个百分点,其中,中国GDP增长率回落0.4个百分点。欧洲新兴市场和发展中经济体[①]经济增速由2023年的3.3%回落至2024年的3.2%。拉丁美洲和加勒比地区2024年经济增速小幅下滑,中东和中亚地区GDP增长率有所提高[②](见表1-1-2)。

表1-1-2　　　　　　　　新兴市场和发展中经济体GDP增长率

国家/地区	亚洲新兴和发展中经济体	中国	印度	欧洲新兴市场和发展中经济体	俄罗斯	拉丁美洲和加勒比地区	中东和中亚地区
GDP增长率(2023年,%)	5.7	5.2	8.2	3.3	3.6	2.2	2.1
GDP增长率(2024年,%)	5.3	4.8	7.0	3.2	3.6	2.1	2.4
变化	-0.4	-0.4	-1.2	-0.1	0.0	-0.1	0.3

2. 全球金融市场概况

2024年,全球经济处于缓慢复苏过程中,通货膨胀继续下行,债务水平高企,股票市场表现强劲,地缘政治风险持续,经济增长动能不足,政策不确定性加剧,大宗商品价格复杂多变,走势分化。

(1)股市。2024年,全球股市整体表现出色,主要市场均有所上涨,但不同地区和市场表现差异较大。美国股市持续强劲,日本股市延续上涨趋势,欧洲股市在

---

① 欧洲新兴市场和发展中经济体,是指按照区域划分至欧洲的非发达经济体,如俄罗斯、阿尔巴尼亚、白俄罗斯等。

② 国际货币基金组织(IMF)2025年4月发布的《世界经济展望报告》(WEO)。

降息支撑下走强后回落，中国股市在政策驱动下温和复苏（见表1-1-3、图1-1-1、图1-1-2）。

表1-1-3　　　　　　　　世界主要股市指数的涨跌幅情况

指数	标准普尔500指数	道琼斯工业平均指数	日本日经225指数	英国富时100指数	法国CAC40指数	德国DAX指数	中国上证综指
涨跌幅（%）	24.01	12.80	19.58	5.85	-1.99	18.72	13.15

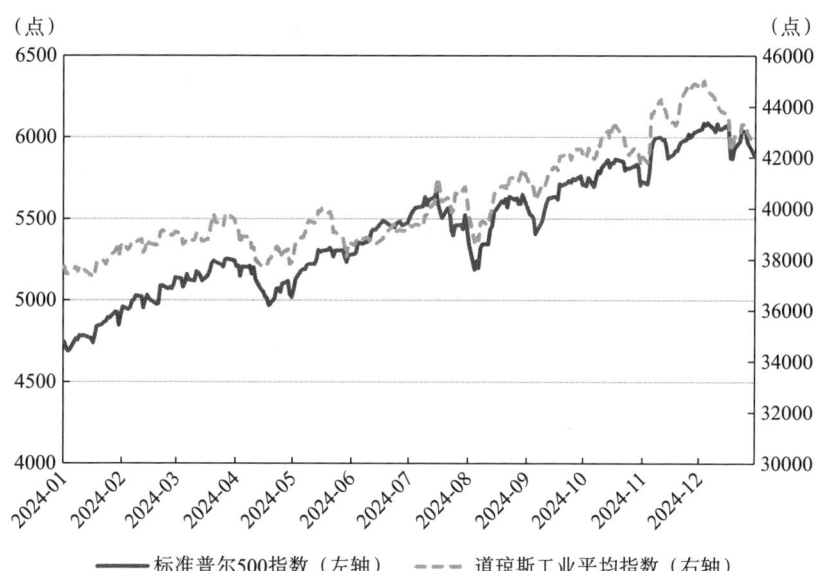

图1-1-1　2024年美国股市走势

数据来源：Wind资讯。

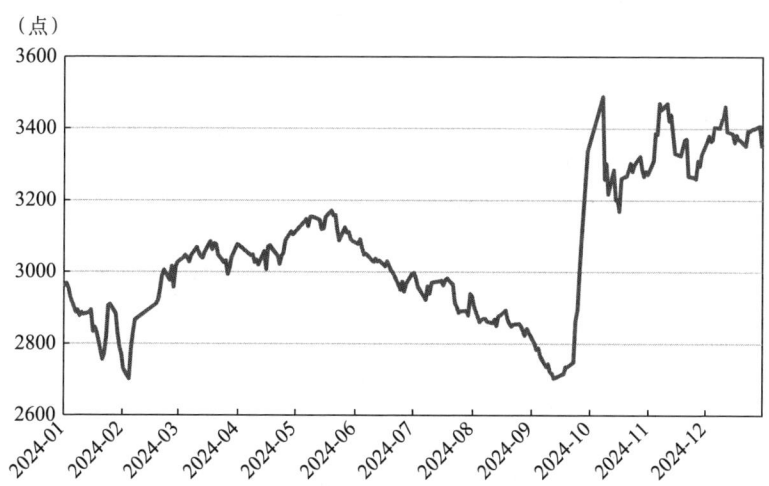

图1-1-2　2024年中国上证综合指数走势

数据来源：Wind资讯。

（2）债市。2024年全球通货膨胀形势有所缓解，但仍持续存在，全球多数主要发达经济体长期国债收益率震荡运行。2024年末，美国、英国、法国、德国10年期国债收益率均较年初有所上涨，中国较年初有所下降（见表1-1-4、图1-1-3、图1-1-4）。

表1-1-4　　　　　世界主要国家10年期国债收益率及变化情况

国家	美国	英国	法国	德国	中国
涨跌幅（%）	4.58	4.52	3.19	2.43	1.68
较年初变化（百分点，个）	0.63	0.80	0.64	0.29	-0.87

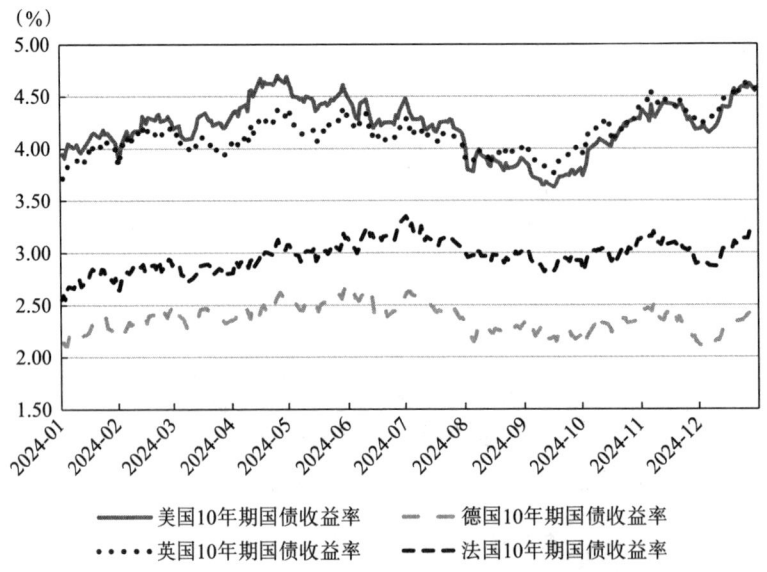

图1-1-3　2024年美欧国家10年期国债收益率

数据来源：Wind资讯。

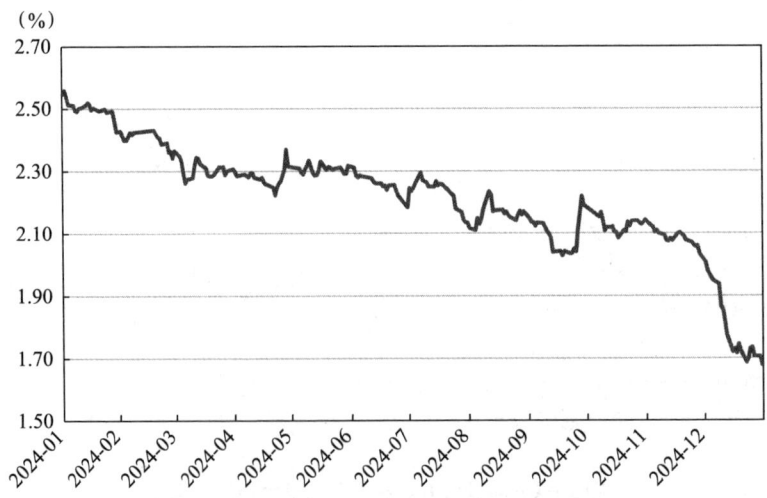

图1-1-4　2024年中国10年期国债收益率

数据来源：Wind资讯。

（3）汇市。2024年，美元指数震荡上行，全年上涨7.07%（见图1-1-5）。世界各主要货币相对美元普遍贬值。2024年欧元较美元全年贬值6.29%，日元较美元贬值11.58%（见图1-1-6），人民币较美元贬值1.57%（见图1-1-7）。

图1-1-5　2024年美元指数走势

数据来源：Wind资讯。

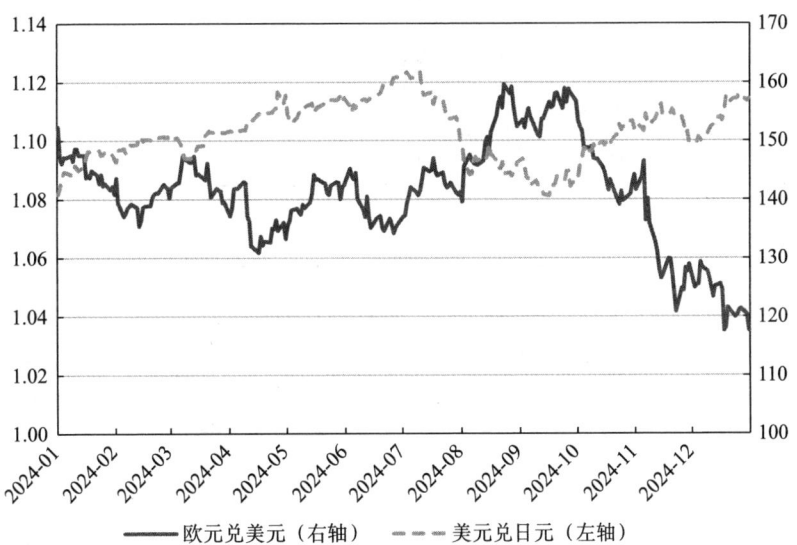

图1-1-6　2024年欧元兑美元、美元兑日元走势

数据来源：Wind资讯。

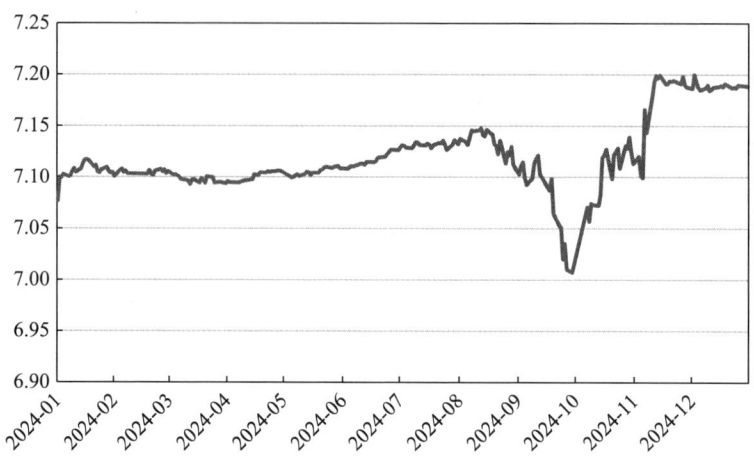

图 1-1-7　2024 年美元兑人民币走势

数据来源：Wind 资讯。

（4）大宗商品市场。2024 年，在多方因素交叠影响下，大宗商品市场呈现出复杂多变的态势，国际大宗商品价格在波动中上涨。标普高盛商品指数从 2024 年初的 3316.32 点涨至年末的 3655.99 点，上涨 10.24%（见图 1-1-8）。其中，标普高盛的贵金属指数上涨明显，涨幅高达 26%（见表 1-1-5、图 1-1-9）。

表 1-1-5　　　　　　　2024 年标普高盛商品指数系列的涨跌情况（%）

指数	标普高盛商品指数	贵金属指数	能源指数	工业金属指数	农业指数
涨跌幅（%）	10.24	26.00	11.10	3.88	1.73

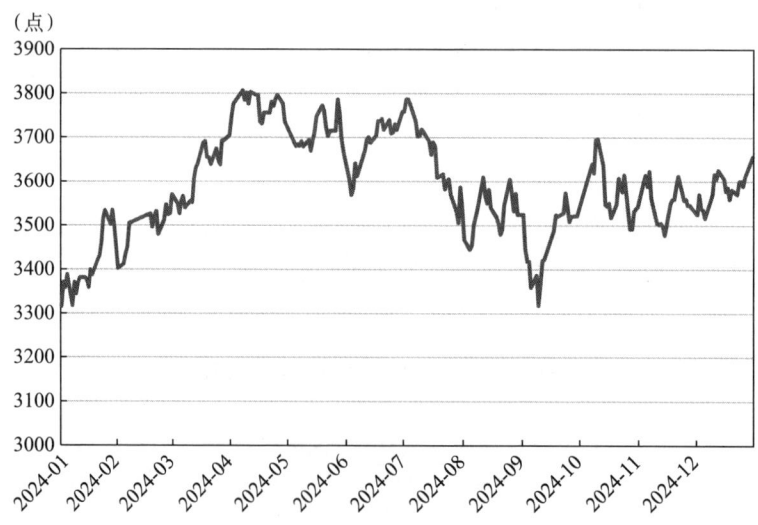

图 1-1-8　2024 年标普高盛商品指数走势

数据来源：Wind 资讯。

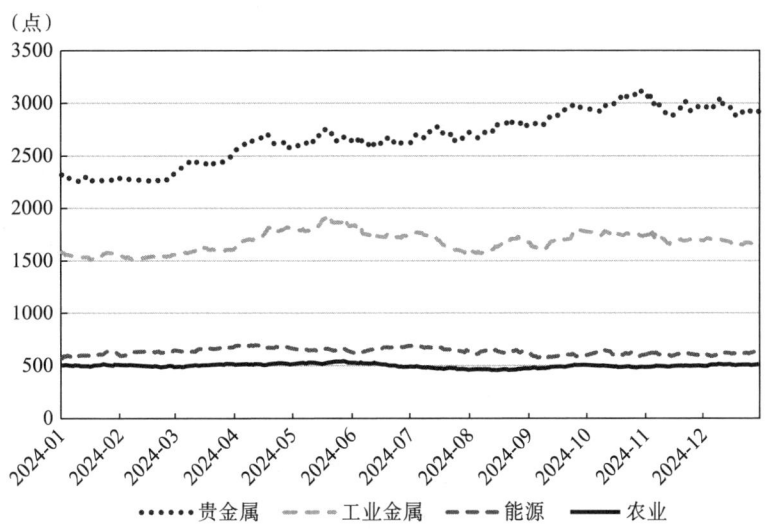

图 1-1-9　2024 年标普高盛商品分类指数走势

数据来源：Wind 资讯。

3. 发达国家及地区衍生品市场发展及监管政策①

（1）2 月 20 日，美国商品期货交易委员会（CFTC）公开会议通过三项规则。一是要求期货经纪商（FCM）禁止客户在账户剩余资金不满足初始保证金要求的情况下提取账户资金，并将客户单个账户视为独立账户计算资本充足率。二是要求境外期货交易所向介绍经纪商（IB）等提供其交易及订单匹配系统的直接访问权限。三是为指定合约市场（DCM）和互换执行设施（SEF）识别、管理及解决利益冲突问题制定标准。

（2）2 月 22 日，国际期货业协会（FIA）就 2024 年衍生品行业技术趋势发表观点。FIA 认为，2024 年衍生品行业技术发展的核心主题为"安全及负责任的创新"，即在实现市场现代化、创新化的同时提高安全性及韧性。一是交易所与大型科技公司进一步合作，将关键功能迁移到云端。二是欧盟率先推出《数字运行弹性法案（DORA）》后，各国更加关注由云技术带来的运营风险及对少数云提供商的依赖风险。三是生成式人工智能（Generative AI）可能成为衍生品市场审查、研究分析及抵押品风险管理方面变革的关键性力量。

（3）6 月 10 日，国际掉期与衍生工具协会（ISDA）宣布国际银行和保险业技术供应商 VERMEG 已在抵押品管理系统中使用通用领域模型（CDM）。通用领域模型是一种标准化、机器可读且可执行的模型，可以将衍生品交易数据自动标准化，该模型的使用有利于实现系统间的互操作性，提高抵押品管理的透明度及效率。

（4）7 月 29 日，美国商品期货交易委员会通过修改《美国商品期货交易委员会条例》（CFTC Regulation）第 48.4 条，将介绍经纪商（IB）纳入参与境外期货市场

---

① 中国期货市场监控中心：《全球衍生品简讯》。

的合格中介名单。美国本土客户可通过介绍经纪商直接在境外期货交易所下单，或通过其他合格中介持有资金并进行清算。

（5）12月4日，美国商品期货交易委员会发布2024年执法报告。2024年美国商品期货交易委员会采取执法行动58次，罚款总额达171亿美元，创历史纪录。执法案件类型包括数字资产相关案件，市场操纵、虚假报价、虚假报告，未按规定报告、实施风险管理及合规计划，欺诈，滥用非公开信息，违规交易（洗售交易、虚构交易、违反持仓限额）等。

（二）中国经济运行情况回顾

1. 整体经济运行情况①

2024年，面对外部压力加大、内部困难增多的复杂严峻形势，我国坚持稳中求进工作总基调，完整准确全面贯彻新发展理念，加快构建新发展格局，扎实推动高质量发展，国民经济运行总体平稳、稳中有进，高质量发展取得新进展，特别是及时部署出台了一揽子增量政策，推动社会信心有效提振，经济明显回升，经济社会发展主要目标任务顺利完成。初步核算，2024年全年国内生产总值134.91万亿元，按不变价格计算，比上年增长5.0%。分产业看，第一产业增加值9.14万亿元，比上年增长3.5%；第二产业增加值49.21万亿元，增长5.3%；第三产业增加值76.56万亿元，增长5.0%。分季度看，第一季度国内生产总值同比增长5.3%，第二季度增长4.7%，第三季度增长4.6%，第四季度增长5.4%。从环比看，第四季度国内生产总值增长1.6%。

一是粮食产量再上新台阶，畜牧业生产稳定增长。全年全国粮食总产量7.07亿吨，比上年增加0.11亿吨，增长1.6%。二是工业生产增势较好，装备制造业和高技术制造业增长较快。全年全国规模以上工业增加值比上年增长5.8%。三是服务业持续增长，现代服务业发展良好。全年服务业增加值比上年增长5.0%。四是市场销售保持增长，网上零售较为活跃。全年社会消费品零售总额48.79万亿元，比上年增长3.5%。五是固定资产投资规模扩大，高技术产业投资增长较快。全年全国固定资产投资（不含农户）51.44万亿元，比上年增长3.2%；扣除房地产开发投资，全国固定资产投资增长7.2%。六是货物进出口增长较快，贸易结构持续优化。全年货物进出口总额43.85万亿元，比上年增长5.0%。七是居民消费价格（CPI）总体平稳，核心CPI小幅上涨。全年居民消费价格比上年上涨0.2%。八是就业形势总体稳定，城镇调查失业率下降。全年全国城镇调查失业率平均值为5.1%，比上年下降0.1个百分点。九是居民收入继续增加，农村居民收入增速快于城镇。十是人口总量有所减少，城镇化率继续提高。年末全国人口14.08亿人，比上年末减少139万人。

---

① 国家统计局：《2024年经济运行稳中有进 主要发展目标顺利实现》。

2. 期货和衍生品市场重要改革措施与政策调整

（1）国家重大改革方面。

① 1月10日，农业农村部印发《农业农村部关于落实中共中央国务院关于学习运用"千村示范、万村整治"工程经验有力有效推进乡村全面振兴工作部署的实施意见》，该意见提到"完善'保险+期货'模式"。

② 3月12日，国务院审议通过《新一轮千亿斤粮食产能提升行动方案（2024—2030年）》。该方案明确了到2030年新增千亿斤粮食产能的指导思想、基本原则、主要目标、重点任务、重大工程和保障措施，是当前和今后一个时期指导抓好国内粮食生产的重要政策文件。该方案提到积极发挥"保险+期货"的保障作用。

③ 4月12日，国务院印发《关于加强监管防范风险推动资本市场高质量发展的若干意见》（即新"国九条"），是继2004年、2014年两个"国九条"之后，时隔10年国务院再次出台的资本市场指导性文件。该意见提到"探索适应中国发展阶段的期货监管制度和业务模式"以及"稳慎有序发展期货和衍生品市场"。

④ 10月11日，中国证监会、国家发展改革委、工业和信息化部、农业农村部、商务部、中国人民银行、金融监管总局发布《关于加强监管防范风险促进期货市场高质量发展的意见》，系统全面部署8个方面17项政策措施。该意见提出，要加强对各类交易行为的穿透式监管，研究对交易行为趋同账户实施有效监管；强化高频交易全过程监管，取消对高频交易的手续费减收。坚决抑制过度投机炒作，严防企业违规使用信贷资金从事大宗商品期货投机交易；从严查处操纵市场、内幕交易等违法违规行为，从严从快查办期货市场大要案件。丰富股指期货期权交易品种，稳妥有序推动商业银行参与国债期货交易试点，研究股指期货、国债期货纳入特定品种对外开放。

（2）金融深化改革方面。

① 1月25日至26日，中国证监会召开2024年系统工作会议，总结2023年工作，分析资本市场形势，研究部署2024年重点工作。会议提到，探索中国特色期货监管制度和业务模式，健全商品期货品种体系，着力提升服务高质量发展的能力和水平。

② 8月5日，中国人民银行、金融监管总局、中国证监会、财政部、农业农村部联合发布《关于开展学习运用"千万工程"经验 加强金融支持乡村全面振兴专项行动的通知》，部署实施金融保障粮食安全专项行动、巩固拓展金融帮扶成效专项行动、金融服务乡村产业发展专项行动、金融支持乡村建设专项行动、金融赋能乡村治理专项行动，该通知提到，"不断优化'保险+期货'业务模式，更好满足农业风险管理需求"。

③ 11月13日和18日，"中央气象台—广期所光伏气象指数""国家气象信息中心—郑州商品交易所气温指数"先后发布。12月10日，中证商品指数公司与中国气象科学研究院签署战略合作框架协议，联合研发京津冀区域气象等指数。上海期货交易所也与中国气象科学研究院、上海气象局联合研发气象指数期货品种。与

此同时，一批挂钩"中央气象台—大商所温度指数"的"温度指数（保险）+天气衍生品"项目陆续落地。

④ 12月7日，中国期货业协会发布实施《期货公司"保险+期货"业务规则（试行）》。该业务规则明确了期货公司"保险+期货"业务的基本原则、定义、目标和要求，并在业务承揽、期货服务、自律管理等方面提出规范性要求，旨在引导推动"保险+期货"业务良性有序开展。这是"保险+期货"业务领域的首份行业规范性文件，填补了"保险+期货"业务领域的制度空白。

⑤ 12月27日，中国证监会发布《期货经纪合同要素》《证券期货业信息系统备份能力规范》《证券期货业数据模型　第5部分：期货公司逻辑模型》《区域性股权市场分布式数字身份技术规范》《区域性股权市场企业、产品和投资者编码规范》5项金融行业标准。

二、期货市场总体运行情况

截至2024年末，国内期货和衍生品市场共有137个期货期权品种，包括82个期货品种和55个期权品种①，2024年新上市15个品种②，包括3个期货品种和12个期权品种。2024年，我国期货市场（含期权）累计成交77.29亿手③，同比下降9.08%；累计成交金额619.26万亿元，同比增长8.93%（见表1-1-6）。

表1-1-6　　　　　　　　2024年期货市场成交情况

分类	成交量（亿手）	成交量同比增减（%）	成交额（万亿元）	成交额同比增减（%）
全市场	77.29	-9.08	619.26	8.93
期货	65.85	-10.75	617.90	8.87
期权	11.44	1.89	1.36	44.91

数据来源：中国期货业协会。

（一）商品期货价格震荡下行、金融期货价格总体上涨

2024年，我国期货市场价格总体震荡下行。中证监控中国商品期货指数④全年收

---

① 本节品种数量、成交持仓数据仅包括上海期货交易所、郑州商品交易所、大连商品交易所、中国金融期货交易所和广州期货交易所五家期货交易所数据，统计不包含上海证券交易所和深圳证券交易所期权品种数据。
② 2024年新上市货品种为原木期货、瓶片期货、多晶硅期货，新增的期权品种为氧化铝期权、铅期权、锡期权、镍期权、鸡蛋期权、玉米淀粉期权、生猪期权、原木期权、玻璃期权、红枣期权、瓶片期权、多晶硅期权。
③ 此成交数据不含期转现，数据来自中国期货业协会。
④ 中证商品指数公司以国内交投活跃的商品期货品种为基础，根据品种的持仓金额设定权重，编制并发布了中证监控商品实时期货指数，包括中证监控中国商品期货指数、中证监控中国农产品期货指数和中证监控中国工业品期货指数，其中，工业品期货指数下辖子指数，包括能化期货指数、钢铁期货指数、建材期货指数，农产品期货指数下辖子指数，包括油脂油料期货指数、软商品期货指数、饲料期货指数、粮食期货指数和谷物期货指数。

于1756.95点，同比下降2.04%（见图1-1-10）。分板块来看，中证监控中国工业品期货指数下跌5.69%，中证监控中国农产品期货指数下跌3.88%（见表1-1-7）。

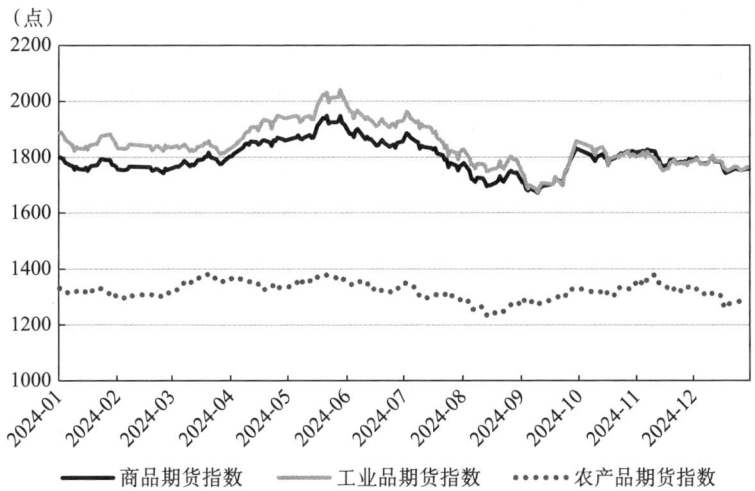

图1-1-10　2024年中证监控中国商品期货指数走势

数据来源：Wind资讯。

表1-1-7　2024年中证监控中国工业品、农产品期货指数及子指数的涨跌情况

指数	涨跌幅（%）
工业品期货指数	-5.69
能化指数	-3.62
钢铁指数	-18.60
建材指数	-19.76
农产品期货指数	-3.88
油脂油料指数	1.81
软商品指数	-10.67
饲料指数	-16.89
粮食指数	-12.40
谷物指数	-11.83

2024年，国内期货市场股指期货品种除中证1000股指期货外，整体呈现上涨态势，其中，上证50股指期货、沪深300股指期货涨幅较大（见图1-1-11）。2024年，国内期货市场4个国债期货品种均有所上涨，其中，30年期国债期货同比上涨16.87%，涨幅最大（见表1-1-8、图1-1-12）。

表1-1-8　　　　　　　　2024年金融期货涨跌情况

金融期货	涨跌幅（%）
上证50股指期货	15.10
沪深300股指期货	14.00
中证500股指期货	4.81

续表

金融期货	涨跌幅（%）
中证1000股指期货	-0.78
2年期国债期货	1.61
5年期国债期货	3.91
10年期国债期货	5.91
30年期国债期货	16.87

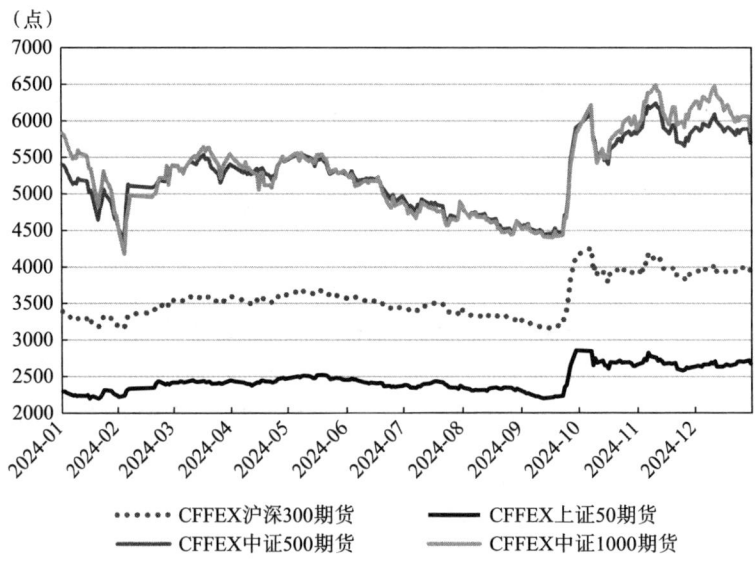

图1-1-11　2024年股指期货运行情况

数据来源：Wind资讯。

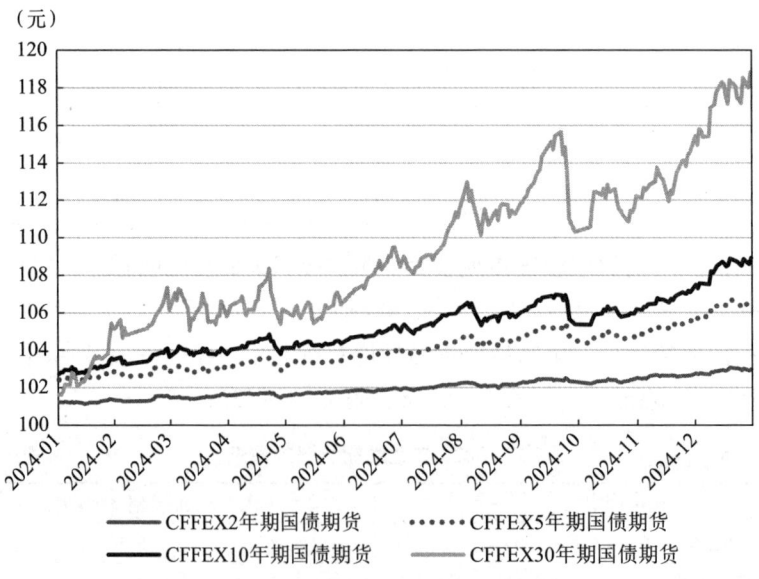

图1-1-12　2024年国债期货运行情况

数据来源：Wind资讯。

（二）市场成交量有所下滑

2024年期货（含期权）市场成交量较2023年有所下降。全年日均成交量①3 193.86万手（全市场成交、持仓均为单边统计，下同），同比下降9.08%。其中，商品期货（含期权）日均成交量3 089.15万手，同比下降10.29%，金融期货（含期权）日均成交量104.71万手，同比上涨50.53%。成交量排名前5位的品种为螺纹钢、豆粕、纯碱、白银和玻璃期货。成交量前20名的品种占市场总成交量的59.22%②。

（三）市场持仓量有所下降

2024年期货（含期权）市场持仓量呈震荡趋势（见图1-1-13）。2024年，全市场日均持仓量③4 054.09万手，同比下降9.37%。其中，商品期货（含期权）日均持仓量3 866.96万手，同比下降10.34%，金融期货（含期权）日均持仓量187.12万手，同比增长16.75%④。

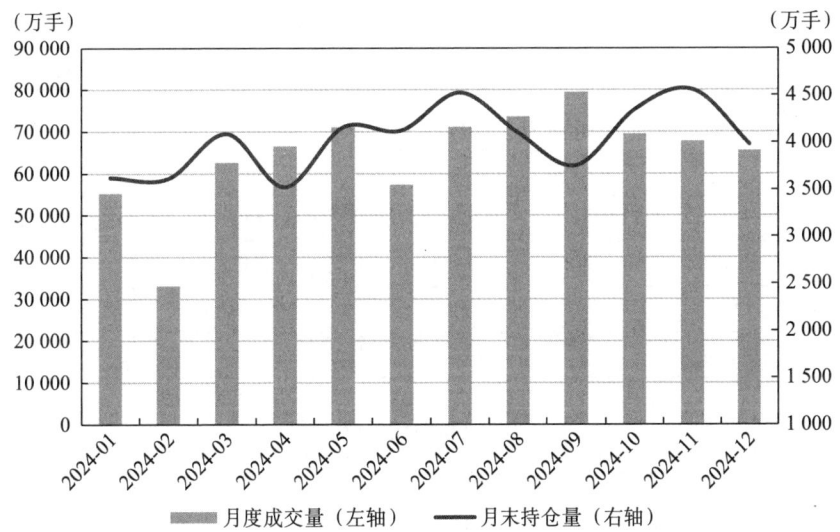

图1-1-13　2024年全市场期货（含期权）月度成交量、持仓量情况

数据来源：中国期货业协会。

---

① 日均成交量为年度累计成交量除以交易日天数。
② 数据来源：中国期货业协会。
③ 日均持仓量为全年累计持仓量除以交易日天数。
④ 数据来源：中国期货市场监控中心。

第二节 期货经营机构基本情况

一、期货公司总体情况

（一）机构概况

截至2024年末，期货公司共计151家，营业部2166家。其中，具备经纪业务资格的151家，交易咨询业务资格128家，资产管理业务资格115家，设立风险管理公司97家，其中备案风险管理业务96家（见表1-2-1）。共有19家期货公司上市挂牌，其中，4家在A股上市，2家在H股上市，13家在新三板挂牌，上市公司数量占期货公司总数的12.6%（见表1-2-2）。

表1-2-1　　　　　近三年期货公司概况对比　　　　　（单位：家）

	2022年	2023年	2024年
公司	150	150	151
营业部	2 174	2 215	2 166
经纪业务	150	150	151
交易咨询业务	121	128	128
资产管理业务	129	119	115
风险管理公司备案业务	99	98	96

表1-2-2　　　　　　已上市期货公司名录

上市平台	上市公司数量（家）	公司名称
A股	4	南华期货、瑞达期货、永安期货、弘业期货
H股	2	中泰期货、弘业期货
新三板	13	创元期货、海航期货、紫金天风期货、华龙期货、大越期货、中电投先融期货、迈科期货、渤海期货、福能期货、混沌天成期货、金元期货、长江期货、海通期货

（二）资本概况

截至2024年末，期货公司净资本1 325.12亿元，同比增长7.44%（见图1-2-1）。其中，有31家期货公司的净资本超过10亿元（见表1-2-3）。

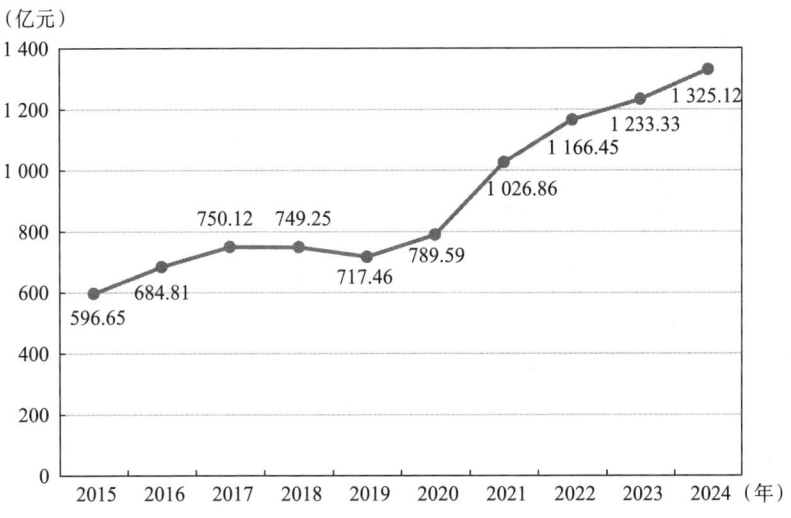

图1-2-1 期货公司净资本年度变化

表1-2-3　　2024年期货公司净资本分布情况

净资本总额	2023年		2024年	
	公司数量（家）	占比（%）	公司数量（家）	占比（%）
超过10亿元	26	17.33	31	20.53
5亿~10亿元	53	35.33	54	35.76
2亿~5亿元	45	30.00	44	29.14
2亿元及以下	26	17.33	22	14.57

（三）风险监管指标状况

根据中国证监会《期货公司风险监管指标管理办法》，经测算，2024年全行业期货公司净资本平均每家8.78亿元，同比增长6.6%，高于3 000万元的最低监管要求。全行业总体净资本与风险资本准备的比例、净资本与净资产的比例、流动资产与流动负债的比例、负债与净资产的比例，均符合监管标准要求。

（四）从业人员情况

1. 从业人员总体数量继续增长

截至2024年12月31日，在中国期货业协会（以下简称"中期协""协会"）注册的从业人员数量为86 531人，较2023年末增加2 715人，增幅为3.24%（见图1-2-2）。

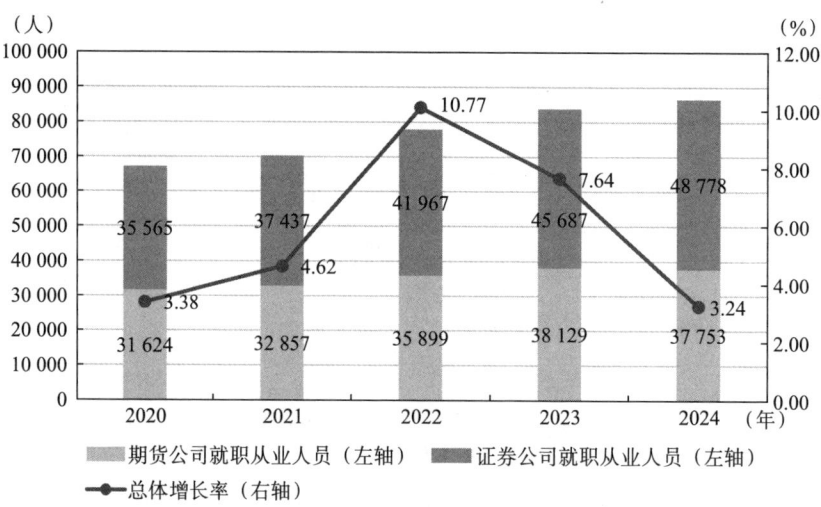

图 1-2-2　2020 年末至 2024 年末期货从业人员总体数量变化

2. 期货公司就职从业人员数量有所下降

截至 2024 年 12 月 31 日，在协会自律服务系统登记的期货公司员工总数为 39 003 人，包括 37 753 名从业人员和 1 250 名非从业人员。期货公司就职从业人员数量较 2023 年末减少 376 人，降幅为 0.99%（见图 1-2-3）。

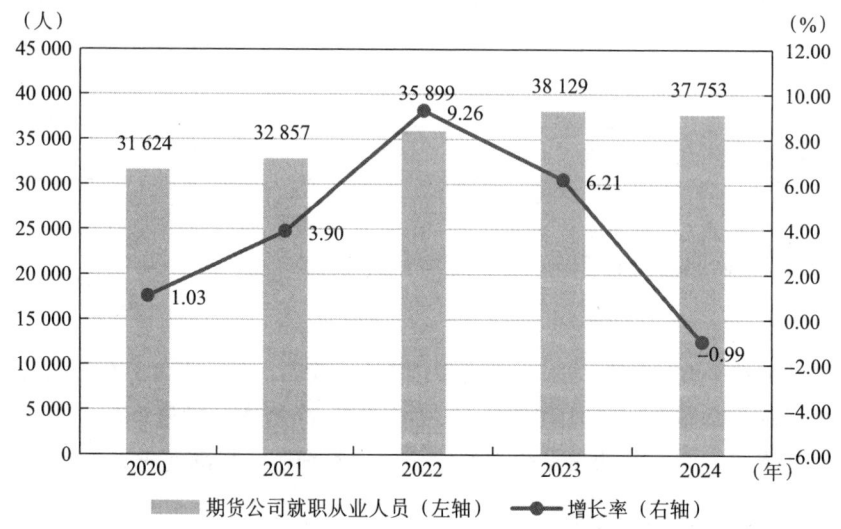

图 1-2-3　2020 年末至 2024 年末期货公司就职从业人员数量变化

3. 证券公司 IB 从业人员数量持续上升

截至 2024 年 12 月 31 日，证券公司 IB 从业人员数量为 48 778 人，较 2023 年末增加 3 091 人，增幅 6.77%。2024 年，证券公司 IB 从业人员数量延续了往年增长趋势，但同比增幅较 2023 年的 8.86% 有所下降（见图 1-2-4）。

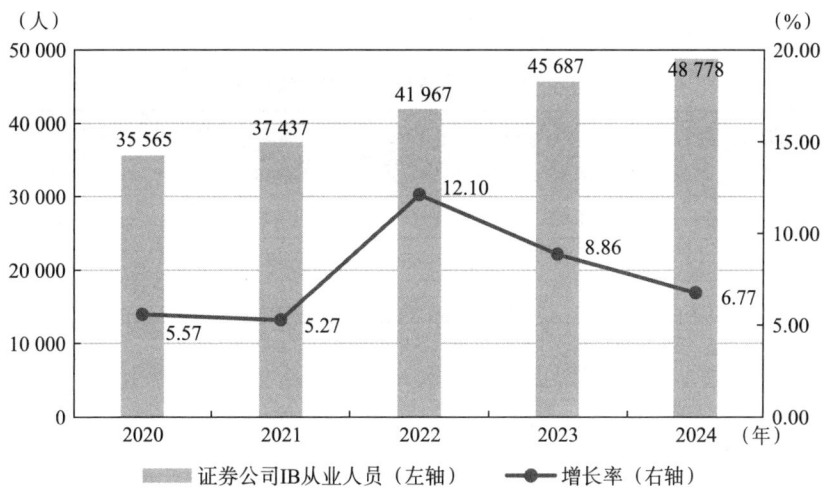

图 1-2-4　2020 年末至 2024 年末证券公司 IB 从业人员数量变化

4. 获得期货投资咨询业务从业资格人员情况

截至 2024 年 12 月 31 日，在期货公司就职的从业人员中，共有 6 336 人获得期货投资咨询业务从业资格，占比为 16.78%（见图 1-2-5）。

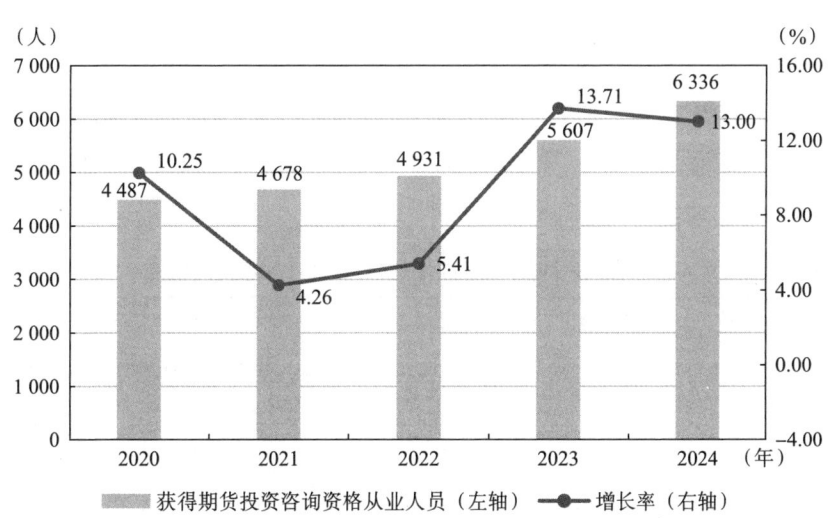

图 1-2-5　2020 年末至 2024 年末期货投资咨询业务人员数量变化

5. 外籍从业人员情况

截至 2024 年 12 月 31 日，境内共有 78 名外籍及港澳台地区人士在期货公司任职，其中，外籍 20 人，港澳台地区 58 人。

（五）期货公司技术投入情况

1. 人力投入情况

2024 年，全国期货公司技术人员总数 3 145 人，同比增长 12.88%，占全行业期货公司总人数的比例达到8.38%，占比持续提升（见表1-2-4）。

表1-2-4　　　　　2022—2024年期货行业技术人员数量及占比情况

年度	期货公司总人数（人）	期货公司技术人员总数（人）	技术人员中位数	技术人员数量同比增长（%）	技术人员总数占期货公司总人数比例（%）
2022年	35 899	2 823	13	11.54	7.86
2023年	38 129	3 105	14	9.99	8.14
2024年	37 530	3 145	14	12.88	8.38

从岗位分类看，2024年期货公司技术人员中，开发人员总数达到791人，同比增长4.91%（见表1-2-5）。

表1-2-5　　　　　2022—2024年期货行业开发人员数量及占比情况

年度	有开发人员的期货公司数量（家）	期货公司技术人员总数（人）	技术人员中开发人员总数（人）	开发人员数量同比增长（%）	开发人员总数占技术人员总数比例（%）
2022年	61	2 823	618	25.35	21.89
2023年	63	3 105	754	22.01	24.28
2024年	66	3 145	791	4.91	25.15

2. IT资金投入情况

2024年，期货公司总IT资金投入为52.62亿元，同比增长8.36%，平均每家投入3 508.21万元（见表1-2-6）。资金投入方向主要有硬件、软件、机房、线路、运维等。

表1-2-6　　　　　2022—2024年期货行业IT资金投入及占比情况

年度	总资金投入（亿元）	资金投入增长率（%）	平均资金投入（万元）	总营业收入（亿元）	总资金投入占总营业收入比例（%）	总净利润（亿元）
2022年	40.74	6.83	2 715.73	399.95	10.19	109.55
2023年	48.56	19.21	3 237.40	422.77	11.49	94.9
2024年	52.62	8.36	3 508.21	412.72	12.75	91.81

从IT资金投入的分布情况看，2 000万元以下的有91家，占比为60.67%。5 000万元以上的有21家，这21家公司的总IT资金投入在全行业占比达57.70%（见表1-2-7）。

表1-2-7　　　　　2024年期货行业IT资金投入分布情况

资金投入分段	期货公司数量（家）	资金投入（亿元）	行业占比（%）	资金投入占行业总资金投入比例（%）
1 000万以下（含）	36	2.61	24.00	4.96
1 000万~2 000万（含）	55	7.86	36.67	14.94

续表

资金投入分段	期货公司数量（家）	资金投入（亿元）	行业占比（%）	资金投入占行业总资金投入比例（%）
2 000万~5 000万（含）	38	11.79	25.33	22.40
5 000万以上	21	30.36	14.00	57.70

二、期货公司业务发展情况

（一）经纪业务

2024年全国期货公司经纪业务收入213.92亿元，同比下降2.79%，占营业收入总额的51.78%（见图1-2-6）。

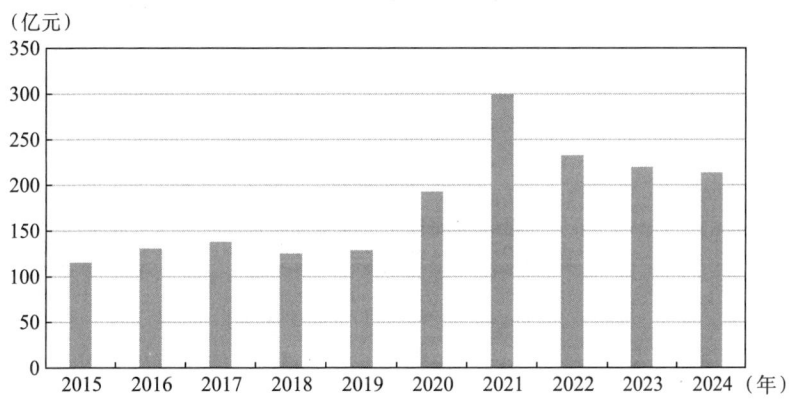

图1-2-6　期货公司经纪业务收入年度变化

（二）交易咨询业务

2024年，85家期货公司交易咨询业务实现收入共计1.08亿元，同比增长13.4%。其中，该项业务收入超过1 000万元的公司有3家（见表1-2-8）。

表1-2-8　　　　　　　　2024年期货交易咨询业务收入情况

收入规模	2023年公司数量（家）	2024年公司数量（家）
1 000万元及以上	1	3
500万~1 000万元	3	2
100万~500万元	15	13
50万~100万元	15	14
10万~50万元	21	27
10万元以下	18	26

(三) 资产管理业务

2024 年，109 家期货公司资产管理业务实现收入共计 21.69 亿元，同比增长 93.14%，该项业务收入超过 1 000 万元的共有 25 家（见表 1-2-9）。

表 1-2-9　　　　　2024 年期货公司资产管理业务收入情况　　　（单位：家）

收入规模	2023 年公司数量	2024 年公司数量
1 000 万元及以上	27	25
500 万~1 000 万元	16	12
100 万~500 万元	37	28
50 万~100 万元	16	19
10 万~50 万元	16	18
10 万元以下	8	7

(四) 风险管理业务

2024 年，风险管理公司仓单服务备案 84 家，做市业务备案 51 家，场外衍生品备案 72 家，基差贸易备案 93 家，合作套保备案 51 家（见表 1-2-10）。

表 1-2-10　　　　　近三年风险管理公司业务备案情况　　　（单位：家）

业务类型	2022 年	2023 年	2024 年
仓单服务	87	86	84
做市业务	60	53	51
场外衍生品	73	73	72
基差贸易	94	95	93
合作套保	53	53	51

(五) 做市业务

截至 2024 年底，各期货交易所做市情况见表 1-2-11。

表 1-2-11　　　　　截至 2024 年底各期货交易所做市情况

交易所	涉及品种和数量	具体做市品种	做市商数量[①]（个）
上海期货交易所	期货品种（15 个）	镍、黄金、白银、锡、不锈钢、螺纹钢、热轧卷板、石油沥青、天然橡胶、纸浆、燃料油、丁二烯橡胶、原油、低硫燃料油、集运指数（欧线）	49
	期权品种（13 个）	铜、铝、锌、铅、镍、锡、氧化铝、黄金、白银、螺纹钢、原油、丁二烯橡胶、天然橡胶	

---

① 已剔除同为期货期权做市商的重复数据。

续表

交易所	涉及品种和数量	具体做市品种	做市商数量（个）
郑州商品交易所	期货品种（14个）	棉花、棉纱、玻璃、甲醇、菜籽油、短纤、花生、对二甲苯、菜籽粕、硅铁、烧碱、锰硅、白糖、PTA	43
	期权品种（18个）	苹果、棉花、红枣、玻璃、甲醇、菜籽油、短纤、花生、瓶片、对二甲苯、菜籽粕、纯碱、硅铁、烧碱、锰硅、白糖、PTA、尿素	
大连商品交易所	期货品种（19个）	豆一、豆二、玉米、玉米淀粉、苯乙烯、乙二醇、铁矿石、焦炭、鸡蛋、焦煤、线型低密度聚乙烯、生猪、豆粕、棕榈油、液化石油气、聚丙烯、粳米、聚氯乙烯、豆油	44
	期权品种（17个）	豆一、豆二、玉米、玉米淀粉、苯乙烯、乙二醇、铁矿石、鸡蛋、线型低密度聚乙烯、原木、生猪、豆粕、棕榈油、液化石油气、聚丙烯、聚氯乙烯、豆油	
中国金融期货交易所	期货品种（4个）	2年期国债期货、5年期国债期货、10年期国债期货、30年期国债期货	26
	期权品种（3个）	沪深300股指期权、中证1000股指期权、上证50股指期权	
广州期货交易所	期货品种（1个）	工业硅	26
	期权品种（3个）	工业硅、碳酸锂、多晶硅	

数据来源：各期货交易所。

第三节 中国期货市场对外开放情况

一、中国期货市场对外开放总体情况

2024年，中国证监会稳妥有序推进中国期货市场对外开放，期货业竞争力不断增强，相关期货品种的国际影响力逐步提升。

一是稳妥有序推进期货市场对外开放。2024年3月，在马来西亚衍生产品交易所（BMD）上市基于大连商品交易所豆油期货结算价的期货产品。截至2024年末，我国期货市场已有24个期货期权品种纳入特定品种（见表1-3-1），合格境外投资者（QFII/RQFII）已可以参与境内46个期货期权品种交易（见表1-3-2）。

表1-3-1　　　　　　　　　　纳入特定品种的期货期权品种数量

交易所	期货	期权
上海期货交易所（上期能源①）	原油、20号胶、低硫燃料油、国际铜、集运指数（欧线）	原油
郑州商品交易所	PTA、菜籽油、菜籽粕、花生	菜籽油、菜籽粕、花生
大连商品交易所	铁矿石、棕榈油、黄大豆1号、黄大豆2号、豆粕、豆油	棕榈油、黄大豆1号、黄大豆2号、豆粕、豆油

数据来源：各期货交易所。

表1-3-2　　　　　　　QFII（含RQFII）可以参与的期货期权品种明细

交易所	期货品种	期权品种	数量（个）
上海期货交易所	黄金	黄金	11
	白银		
	铜	铜	
	铝	铝	
	锌	锌	
	螺纹钢		
	热轧卷板		
上期能源	原油	原油	5
	20号胶		
	低硫燃料油		
	国际铜		
郑州商品交易所	PTA	PTA	9
	甲醇	甲醇	
	白糖	白糖	
	菜籽油	菜籽油	
	短纤		
大连商品交易所	黄大豆1号	黄大豆1号	14
	黄大豆2号	黄大豆2号	
	豆粕	豆粕	
	豆油	豆油	
	棕榈油	棕榈油	
	铁矿石	铁矿石	
	线型低密度聚乙烯	线型低密度聚乙烯	
中国金融期货交易所	沪深300股指	沪深300股指	7
	中证1000股指	中证1000股指	
	上证50股指	上证50股指	
	中证500股指		

数据来源：各期货交易所。

① 上期能源是上海期货交易所的子公司。

二是持续推动期货市场高水平双向开放。2024年，完成首家外资新设公司摩根士丹利期货新设验收相关工作，并向公司核发业务许可证；完成2家期货公司设立境外子公司备案；完成2家期货公司向境外子公司增资备案。截至2024年末，境内期货公司共设立20家境外子公司，其中，18家位于中国香港，2家位于新加坡。

二、期货交易所对外开放情况

（一）上海期货交易所对外开放情况

1. 原油期货上市以来境外参与度不断提升

2024年，原油期货境外交易者日均持仓占比近四成，日均成交占比近四分之一，QFII、RQFII客户积极参与；境外交易者覆盖了六大洲36个国家和地区，涵盖了石油公司、跨国贸易公司、投资银行、基金和资产管理公司中的标杆性企业。交割出库的原油除报关进口外，还转运出境至韩国、日本、印度、缅甸等周边国家和地区，亚太地区石油企业更加关注上海原油期货。

2. 持续打造船燃市场人民币定价体系

长期以来，上海期货交易所（以下简称上期所，SHFE）积极打造基于期货价格的船用燃料油人民币计价体系，提升境内外产业客户利用期货作为现货贸易定价参考的便利性。

2024年与浙江国际油气交易中心共同推动"中国舟山低硫燃料油保税船供"舟山价格窗口（POZZ）系统上线，该系统为舟山地区境内外船燃市场产业客户提供了功能丰富、便捷灵活的线上报价渠道和信息平台，产业链上下游可直接通过该系统以低硫燃料油期货的现货升贴水报价进行贸易意向签订。2024年以来，累计成交2万余吨，累计成交金额约1亿元。

3. 持续巩固提升"上海胶"全球定价影响力

天然橡胶期货国际化品种20号胶期货采用"净价交易、保税交割、国际平台、人民币计价"的交易模式。2024年新增境外注册诗董（泰国）和苏南橡胶（印度尼西亚）20号胶品牌。截至2024年底，上期能源20号胶期货注册商品涵盖中国及东南亚等27家企业43家工厂的产品，其中，中国4家企业、泰国16家企业、马来西亚2家企业、印度尼西亚5家企业。20号胶期货采用保税交割方式，指定交割仓库及其存放点共13个，涉及上海市、山东省、海南省和天津市，库容共计36.50万吨。

4. 国际合作及交流情况

一是持续推动扩大境外注册。与境外监管机构沟通交流，推动上期所境外牌照注册工作。

二是持续研究推进与境外交易所探索结算价授权合作模式，进一步加强上期所跨境务实合作。

三是参加由国际期货业协会（FIA）、《期货和期权世界》（FOW）杂志等在国际期货市场具有影响力的各类会员举办的行业会议。

5. 开展多种形式境外推广活动，提升境外交易者参与度

一是持续推进引入合格境外投资者（QFII）和人民币合格境外投资者（RQFII）相关工作。听取了解 QFII、RQFII 机构参与情况、问题及建议，持续推进 QFII、RQFII 参与中国境内期货市场。

二是在更多国家和地区开展大规模、多形式、主题丰富的市场推广活动，通过线上、线下多种形式开展各类市场推广活动 41 场次，在全球各大国际会议上发表演讲，踊跃发声，推广活动涉及总人数近万人，覆盖新加坡、英国、荷兰、中国香港、日本、意大利、阿联酋、加拿大 8 个国家和地区。此外，上期所开展了国际推广人才的所外选拔和所内培训，发掘和培育优秀的境外推广人才，制作交易所纸质英文宣传册，增强了上期所的国际影响力。

三是做好外事交流工作。接待境外监管机构、境外交易所、境外产业机构、国际知名金融机构等多类机构来访，交流内容涵盖国际市场情况、品种动态、参与机制、务实合作可行性等方面。

6. 国际市场认可度持续提升

2024 年，上期所获颁亚洲能源风险奖（Energy Risk）年度最佳创新奖（连续第三年成功获奖）及 FOW 年度最佳大宗商品交易所奖项，体现了全球期货衍生品行业对上期所工作的高度认可。

（二）郑州商品交易所对外开放情况

1. 创新出口型商品对外开放制度

在我国逐渐从许多商品的净进口国发展为净出口国的背景下，针对目前期货市场唯一的出口型商品 PTA，创新形成了出口型车船板交割制度。一是将车船板制度引入保税交割规则体系，与国际上的船上交货（FOB）贸易模式基本相同；二是在以进口费用计算出的保税交割结算价基础上，增加出口型车船板保税结算价；三是在出口时增加买方提出交割意向环节。通过制度设计，降低了境内外客户的交割成本，打消了境外客户参与保税交割的顾虑，在一定程度上打开了我国中间产品期货对外开放的新局面。

2. 持续推动国际化品种研发上市

稳步推进波罗的海巴拿马型干散货船运价指数（BPI 指数）期货研发工作，推动波罗的海交易所获得国家网信办颁发的金融信息服务许可证。全年与波罗的海交易所开展多次磋商，达成多项合作共识。

3. 稳妥推动合格境外投资者合规参与交易

研究推进扩大合格境外投资者（QFII）可交易的商品期货期权品种范围，做好各项准备工作。举办"境外业务面对面"线上交流活动 7 场，与境外业务优势会

员、QFII 头部托管银行等进行"面对面"交流，现场回应、解决市场关切与诉求。

4. 有序开展外事活动

2024 年，郑州商品交易所（以下简称郑商所，ZCE）派遣工作人员赴马耳他、新加坡等地参加行业相关会议，了解境外市场情况，并积极宣介郑商所品种工具，推动相关品种对外开放进程；赴香港特别行政区参加"数字化监管与转型"专题研修活动，深入了解境外金融机构发展趋势，探索新技术在期货市场的实践应用。

5. 加大境外市场推介力度

修订"三业"活动管理办法，简化境外活动支持流程和证明材料。深化 PTA、油脂油料品种国际市场培育工作，在韩国、新加坡、中国香港等地举办 9 场特定品种专题推介会，市场反馈良好。参加国际期货业协会举办的伦敦大会、亚洲衍生品会议，以及《期货和期权世界》杂志举办的"交易新加坡"等国际期货行业重要会议，宣传郑商所对外开放成果、国际化品种，征求相关方对国际化业务的意见和建议。

6. 深化国际交流合作

参加 2024 年金融部门评估规划（Financial Sector Assessment Program，FSAP）《证券与衍生品监管》评估，得到现场评估组专家肯定。通过接待来访和主动调研等方式，郑商所与境外产业客户、境外交易所、金融机构、国际大宗商品贸易商等境外相关方沟通交流，深入了解境外客户诉求、难点堵点和参与情况，探索未来合作机会。

此外，郑商所积极统筹开放与安全，对当前我国期货市场对外开放路径及效果开展对比研究，厘清潜在风险及应对措施，分析境外客户类型和交易行为，研提未来工作思路，持续做好对外开放相关研究。

（三）大连商品交易所对外开放情况

2024 年，大连商品交易所（以下简称大商所，DCE）特定品种对外开放水平持续提升，价格影响力持续增强，拓宽开放渠道，创新对外开放模式。

1. 特定品种对外开放水平持续提升

自 2022 年豆系品种工具全部实现对外开放后，全球的大豆产业企业能够直接参与中国大豆期货市场，在压榨利润锁定、税收政策匹配、汇兑和保证金管理上可以获得更好的效果。目前，已有来自英国、瑞士、新加坡等 30 个国家和地区的境外客户参与了大豆系列品种的交易，其中包括国际粮商和境外大型产业企业。为增强黄大豆 2 号期货价格影响力，大商所与农业农村部、商务部、海关总署反复沟通协调，推动解决进口大豆交割问题，并积极研究保税大豆期货合约。

铁矿石的境外客户参与度稳步提升。截至 2024 年 12 月，来自 30 多个国家和地区的境外客户在中国境内开户交易铁矿石期货。2024 年境外客户日均成交占比同比增长 0.5 个百分点，日均持仓占比同比增加长 1.5 个百分点。以铁矿石期货价格为基准的基差贸易模式在国内港口铁矿石贸易中日渐普及。目前，大商所铁矿石期货价格已经成为现货贸易的重要参考。机构调研数据显示，2024年铁矿石基差贸易量达到8 000万吨左右，同比增长约2 000万吨，基差贸易量约占国内港口铁矿石人民币贸易总量的16%。

2. 加速传递中国价格声音，实现豆油价格"走出去"

2024年3月，马来西亚衍生产品交易所上市"马来西亚交易所大连商品交易所豆油期货"，标志着马来西亚衍生产品交易所与大商所的结算价授权协议正式落地。这是东盟国家交易所首次挂牌上市以我国商品期货价格为基准进行结算的期货合约。合约上市以来，业务运行平稳，交易规模有所扩大，截至2024年底，该品种成交量水平在马来西亚衍生产品交易所全部21个期货、期权中位列第三，在全球约20个农产品类外挂合约产品中位列第五。此次合作增强了与"一带一路"倡议共建国家的合作纽带关系，丰富了期货市场开放路径，充实了期货市场开放内涵，有助于构建国内国际双循环的新发展格局。

3. 合格境外投资者业务持续深入推进

自2022年9月大商所选择黄大豆1号等14个期货和期权产品，面向合格境外投资者开放以来，该业务获得了国际市场的积极反馈，成交量、持仓量规模稳步增长。截至2024年末，QFI已在大商所开立百余个账户，QFI客户日均成交量和持仓量稳步增长。

4. 积极主动开展国际交流

持续维护与国际期货业协会、国际掉期与衍生工具协会（ISDA）、世界交易所联合会（WFE）和世界经济论坛（WEF）等国际组织的良好关系，借鉴其数据和研究成果等，服务交易所业务的开展；行使会员权利，发挥中国交易所影响力。完成美国、澳大利亚、哈萨克斯坦、蒙古国、韩国、中国香港等国家和地区的机构来访接待工作。

2024年10月，大商所与乌兹别克斯坦国家原料商品交易所（UZEX）正式签署数据互换合作协议，双方约定将互换商品合约结算价格信息。

2024年11月13日至14日，大商所联合马来西亚衍生产品交易所在大连举办"第18届国际油脂油料大会暨农畜产业（衍生品）大会"。大会设置了一个主论坛以及油脂油料、饲料养殖、深加工三个分论坛。国际油脂油料大会由大商所和马来西亚衍生产品交易所于2006年联合创办，经过多年发展已成为该领域内最具知名度和影响力的交流平台之一。

（四）中国金融期货交易所对外开放情况

一是持续深化对外开放业务准备。2024年，中国金融期货交易所（以下简称中金所）持续深化研究股指期货、股指期权、国债期货以及特定品种对外开放业务方案。

二是稳步推进境外合作项目发展。2024 年，中金所立足资本市场对外开放整体布局，持续推动巴基斯坦证券交易所和中欧国际交易所"一带一路"境外合作项目建设。

（五）广州期货交易所对外开放情况

广州期货交易所（以下简称广期所，GFEX）秉承"创新型、国际化、市场化"定位，着力打造绿色、创新型的综合性期货交易所，积极开展国际合作与交流工作，助力高水平对外开放。

一是巩固前期交流合作成果基础，健全完善定期会谈机制。重点与香港交易所、伦敦金属交易所（LME）、德意志交易所集团（DBG）、芝加哥商业交易所集团（CME）、新加坡交易所（SGX）、日本交易所（JPX）和巴西交易所（B3）等在指数、碳酸锂、电力、碳排放权和咖啡等产品及业务领域广泛交流，探索合作模式。

二是积极与世界交易所联合会、国际期货业协会等国际组织加强沟通，并探讨加入国际组织事项。

三是广泛参加国际期货行业、新能源金属领域的重要国际会议，2024 年参加了 7 场国际会议，不断深入了解全球行业发展动态及热点问题，与头部产业客户、市场参与者和专家学者等密切交流。

四是碳酸锂期货申报国际荣誉奖项并获《期货和期权世界》杂志"年度最佳新合约奖"，积极在国际平台上传递广期所声音，助力提升其国际影响力。广期所碳酸锂期货成交持仓规模占全球锂盐期货市场的 90% 以上，已成为份额最高、流动性最好的锂盐期货品种，多家海外企业认为碳酸锂期货价格很好地反映了全球锂电供求关系。

三、中证商品指数有限责任公司对外开放情况

2024 年，中证商品指数公司有序开展国际交流，服务公司业务发展。与明晟等机构建立业务联系，与标普道琼斯、港交所等机构保持沟通，了解国内外大宗商品行业情况及发展趋势，研究探讨商品指数国际业务合作方式，持续夯实公司业务发展基础。

四、中国期货业协会对外开放情况

（一）加强境外交流合作

2024 年，中国期货业协会（以下简称中期协或协会）接待国际期货业协会、国际掉期与衍生工具协会、芝加哥商业交易所集团（CME Group）、香港交易所、巴西证券期货交易所（B3）、俄罗斯圣彼得堡国际商品原料交易所（SPIMEX）等 10 批

次来访。组织巴西期货市场主题讲座，参加伦敦金属交易所（LME）金属周年会，当选亚洲金融合作协会第三届理事会理事单位，进一步提升国际合作交流成果。

（二）开展行业跨境人才培训

根据《国务院关于做好自由贸易试验区第七批改革试点经验复制推广工作的通知》及协会发布的《关于具有境外期货职业资格的人员在全国范围内从业实施特别程序的公告》要求，2024年部分境外人士通过上述特别程序申请了资格。12月，协会面向期货公司境外分支机构、期货公司国际业务相关从业人员举办了"期货国际业务专题直播培训"，促进行业跨境人才培养。

（三）搭建境内外机构交流平台

协会主办了第19届中国（深圳）国际期货大会，以"发挥期货市场功能 服务中国式现代化"为主题。大会同步开展了期货分析师论坛、"期货＋"助力产业高质量发展论坛、科技赋能期货行业发展论坛、金融衍生品风险管理论坛四个分论坛。美国、欧洲、新加坡、俄罗斯、巴西等交易所和衍生品协会负责人通过视频致辞。大会吸引了近800人现场参会，有效发挥了政府与市场、境内与境外、现货与期货等各方凝聚共识、共谋发展的重要平台作用。

第二章
2024年中国期货市场上市品种运行情况[①]

>>> 第一节 上海期货交易所上市品种运行情况

上海期货交易所（含上海国际能源交易中心）2024年全年累计成交量24.01亿手，占全国期货市场成交量的31.07%，同比增长7.82%；全年累计成交额233.95万亿元，占全国期货市场成交额的37.78%，同比增长24.96%。截至2024年底，直接对外开放的品种有原油、低硫燃料油、20号胶、国际铜、集运指数（欧线）期货和原油期权共计6个品种。截至2024年底，上期所共有会员202个，包括期货公司会员150家、非期货公司会员52家。上期能源共有会员161个，包括期货公司会员150家、非期货公司会员11家，以及境外特殊经纪参与者1家；备案中介机构86家，来自11个国家或地区。2024年上期所新上市的品种有铅期权、镍期权、锡期权和氧化铝期权。

---

① 本部分数据进行了四舍五入处理。

一、铜期货、期权运行情况

（一）期货、期权交易情况（见表2-1-1~表2-1-6）

表2-1-1　　　　　　　　　2024年铜期货月度交易情况

月度	成交量（万手）	同比变化（%）	成交金额（亿元）	同比变化（%）	月末持仓量（万手）	同比变化（%）
1月	251.14	1.15	8 580.26	2.28	39.17	-9.90
2月	175.03	-41.28	6 016.46	-41.43	38.95	-7.39
3月	420.47	8.11	15 058.45	12.91	53.17	21.29
4月	632.16	102.06	24 608.58	129.51	61.66	47.09
5月	677.49	43.75	28 310.34	84.66	58.80	26.67
6月	490.02	37.91	19 564.10	63.88	51.88	9.21
7月	525.48	64.17	20 304.57	85.30	48.56	4.14
8月	535.57	45.19	19 581.71	54.43	47.52	8.81
9月	438.17	47.17	16 401.06	60.40	47.61	33.74
10月	314.05	22.29	12 091.17	41.37	40.17	3.84
11月	365.61	31.55	13 745.25	46.22	38.22	-3.36
12月	261.27	-8.47	9 724.94	-0.56	38.64	-0.77
总计	5 086.47	31.04	193 986.90	47.42	—	—

数据来源：上海期货交易所。

表2-1-2　　　　　　　　　2023—2024年铜期货年度交易情况

年度	成交量（万手）	同比变化（%）	成交金额（万亿元）	同比变化（%）	年末持仓量（万手）	同比变化（%）
2023年	3 881.63	-16.52	13.16	-13.75	38.94	-1.95
2024年	5 086.47	31.04	19.40	47.42	38.64	-0.77

数据来源：上海期货交易所。

表2-1-3　　　　　　　　　2023—2024年铜期货内外盘年度交易情况

年度	成交量（万手）		年末持仓量（万手）	
	上期所（SHFE）	LME（伦敦金属交易所）	上期所（SHFE）	LME（伦敦金属交易所）
2023年	3 881.63	3 388.35	38.94	34.60
2024年	5 086.47	3 744.16	38.64	33.50

注：上海期货交易所铜期货交易单位为5吨/手，LME铜期货交易单位为25吨/手。
数据来源：上海期货交易所、LME（伦敦金属交易所）。

表 2-1-4　　　　　　　　　　2024 年铜期权月度交易情况

月度	成交量（万手）	同比变化（%）	成交量看跌/看涨（PCR）	成交金额（亿元）	同比变化（%）	月末持仓量（万手）	同比变化（%）
1月	77.65	-33.27	1.04	9.11	-61.76	5.51	12.63
2月	61.22	-53.14	1.09	7.72	-65.87	5.05	2.22
3月	165.59	-8.89	0.54	32.81	-18.22	7.87	-3.30
4月	248.90	77.45	0.62	76.35	189.36	8.59	3.07
5月	324.81	48.03	0.77	116.36	152.39	10.10	19.69
6月	222.60	23.11	1.08	52.24	58.58	8.88	25.36
7月	254.45	44.77	1.05	59.35	99.47	9.33	26.53
8月	280.15	23.40	1.09	70.54	92.15	8.31	14.31
9月	223.91	18.51	1.22	55.76	94.00	7.20	-18.20
10月	154.70	-1.04	0.91	34.48	54.62	6.58	-8.79
11月	188.78	10.78	1.09	44.24	97.82	5.74	-26.78
12月	121.93	-29.42	1.14	22.12	-12.59	5.80	-19.77
总计	2 324.71	12.82	0.93	581.07	62.69	—	—

数据来源：上海期货交易所。

表 2-1-5　　　　　　　　2023—2024 年铜期权年度交易情况

年度	成交量（万手）	同比变化（%）	成交量看跌/看涨（PCR）	成交金额（亿元）	同比变化（%）	年末持仓量（万手）	同比变化（%）
2023年	2 060.51	70.09	1.29	357.16	9.09	7.23	83.82
2024年	2 324.71	12.82	0.93	581.07	62.69	5.80	-19.77

数据来源：上海期货交易所。

表 2-1-6　　　　　　　2023—2024 年铜期权内外盘年度交易情况

年度	成交量（万手）			年末持仓量（万手）		
	上期所（SHFE）	LME（伦敦金属交易所）	CME Group（芝加哥商业交易所集团）	上期所（SHFE）	LME（伦敦金属交易所）	CME Group（芝加哥商业交易所集团）
2023年	2 060.51	207.65	138.13	7.23	10.23	7.37
2024年	2 324.71	261.02	292.57	5.80	12.77	10.91

注：上海期货交易所铜期权交易单位为 5 吨/手，LME 铜期权交易单位为 25 吨/手，CME 铜期权交易单位为 25 000 磅/手。

数据来源：上海期货交易所、FIA（国际期货业协会）。

(二) 交割、行权情况（见表2－1－7～表2－1－10）

表2－1－7　　　　　　　　　2024年铜期货月度交割情况

月度	交割量（手）	同比变化（%）	交割金额（亿元）	同比变化（%）
1月	2 085	－72.80	7.08	－72.97
2月	14 650	61.17	49.97	59.81
3月	14 235	62.69	51.27	70.29
4月	11 920	73.00	45.47	88.66
5月	13 315	119.72	54.08	175.39
6月	18 175	261.33	71.62	317.99
7月	11 395	148.53	45.24	184.27
8月	10 955	339.96	39.61	365.51
9月	8 345	295.50	30.99	320.81
10月	6 845	180.53	26.37	225.89
11月	4 630	698.28	17.23	771.34
12月	3 825	140.57	14.23	159.59
总计	120 375	110.15	453.16	131.44

数据来源：上海期货交易所。

表2－1－8　　　　　　　　2023—2024年铜期货年度交割情况

年度	交割量（手）	同比变化（%）	交割金额（亿元）	同比变化（%）
2023年	57 280	6.53	195.79	6.01
2024年	120 375	110.15	453.16	131.44

数据来源：上海期货交易所。

表2－1－9　　　　　　　　　2024年铜期权月度行权情况

月度	行权量（手）
1月	7 262
2月	6 931
3月	11 485
4月	13 847
5月	9 186
6月	12 093
7月	13 901
8月	10 856
9月	13 101
10月	9 064

续表

月度	行权量（手）
11月	10 563
12月	10 659
总计	128 948

数据来源：上海期货交易所。

表2－1－10　　　　　　2023—2024年铜期权年度行权情况

年度	行权量（手）	同比变化（%）
2023年	82 739	19.71
2024年	128 948	55.85

数据来源：上海期货交易所。

（三）期货价格走势（见图2－1－1、表2－1－11、表2－1－12）

图2－1－1　2024年铜期货内外盘和国内现货市场价格走势

数据来源：上海期货交易所、LME（伦敦金属交易所）、上海有色网。

表2－1－11　　　　　　2024年铜期货内外盘和国内现货市场价格指标

市场分类	2023年末收盘价	2024年盘中最高价	2024年盘中最低价	2024年末收盘价	全年涨跌	结算价平均价	标准差	极差
上期所主力价格（元/吨）	68 920	88 940	67 380	73 770	4 850	75 048.93	4 381.84	21 560
LME三月价格（美元/吨）	8 562	11 104.5	8 127	8 781.5	219.5	9 189.894	558.79	2 977.5
上海有色网1号电解铜现货价格（元/吨）	69 230	87 490	73 790	73 790	4 560	74 922.52	4 264.38	13 700

数据来源：上海期货交易所、LME（伦敦金属交易所）、上海有色网。

表 2–1–12　2024 年铜期货内外盘和国内现货市场价格相关性

价格选择	相关系数
上期所主力结算价与 LME 三月价格	0.96
上期所主力结算价与铜现货市场价格	0.99

数据来源：上海期货交易所、LME（伦敦金属交易所）、上海有色网。

二、国际铜期货运行情况

（一）期货交易情况（见表 2–1–13 ～ 表 2–1–15）

表 2–1–13　2024 年国际铜期货月度交易情况

月度	成交量（万手）	同比变化（%）	成交金额（亿元）	同比变化（%）	月末持仓量（万手）	同比变化（%）
1月	26.75	6.24	811.63	6.29	2.29	-26.38
2月	15.88	-49.04	484.93	-49.48	2.05	-33.26
3月	28.87	-34.26	918.84	-31.64	2.45	-27.33
4月	42.30	-10.24	1 465.52	2.12	2.61	-28.54
5月	48.05	-12.25	1 798.29	13.93	1.89	-60.04
6月	25.46	-65.56	904.14	-59.17	1.39	-74.79
7月	29.14	-53.54	1 007.59	-47.17	1.35	-79.48
8月	25.15	-60.97	815.81	-58.50	0.86	-80.50
9月	22.49	-62.05	747.78	-58.60	0.81	-73.83
10月	18.75	-48.53	641.19	-40.41	1.12	-70.24
11月	22.53	-52.07	749.60	-46.90	0.95	-77.80
12月	18.28	-46.22	601.78	-41.99	1.01	-72.70
总计	323.64	-44.19	10 947.10	-37.44	—	—

数据来源：上海期货交易所（上海国际能源交易中心）。

表 2–1–14　2023—2024 年国际铜期货年度交易情况

年度	成交量（万手）	同比变化（%）	成交金额（万亿元）	同比变化（%）	年末持仓量（万手）	同比变化（%）
2023 年	579.90	4.46	1.75	6.90	3.71	60.55
2024 年	323.64	-44.19	1.09	-37.44	1.01	-72.70

数据来源：上海期货交易所（上海国际能源交易中心）。

表 2–1–15　　　2023—2024 年国际铜期货内外盘年度交易情况

年度	成交量（万手）		年末持仓量（万手）	
	上期能源（INE）	LME（伦敦金属交易所）	上期能源（INE）	LME（伦敦金属交易所）
2023 年	579.90	3 388.35	3.71	34.60
2024 年	323.64	3 744.16	1.01	33.50

注：上海国际能源交易中心国际铜期货交易单位为 5 吨/手，LME 铜期货交易单位为 25 吨/手。

数据来源：上海期货交易所（上海国际能源交易中心）、LME（伦敦金属交易所）。

（二）交割情况（见表 2–1–16、表 2–1–17）

表 2–1–16　　　2024 年国际铜期货月度交割情况

月度	交割量（手）	同比变化（%）	交割金额（亿元）	同比变化（%）
1 月	135	-93.56	0.42	-93.08
2 月	3 810	-34.14	11.63	-34.55
3 月	5 750	19.29	18.05	23.16
4 月	5 455	343.50	18.48	385.34
5 月	4 495	296.04	15.98	390.58
6 月	4 820	167.78	16.99	216.33
7 月	3 325	116.61	11.83	155.01
8 月	3 260	844.93	10.32	874.46
9 月	855	-17.79	2.81	-11.17
10 月	1 320	380.00	4.46	448.69
11 月	3 580	1 073.77	11.44	1 145.67
12 月	3 115	111.90	10.25	129.02
总计	39 920	82.83	132.65	101.17

数据来源：上海期货交易所（上海国际能源交易中心）。

表 2–1–17　　　2023—2024 年国际铜期货年度交割情况

年度	交割量（手）	同比变化（%）	交割金额（亿元）	同比变化（%）
2023 年	21 835	4.40	65.94	3.95
2024 年	39 920	82.83	132.65	101.17

数据来源：上海期货交易所（上海国际能源交易中心）。

（三）期货价格走势（见图2-1-2、表2-1-18、表2-1-19）

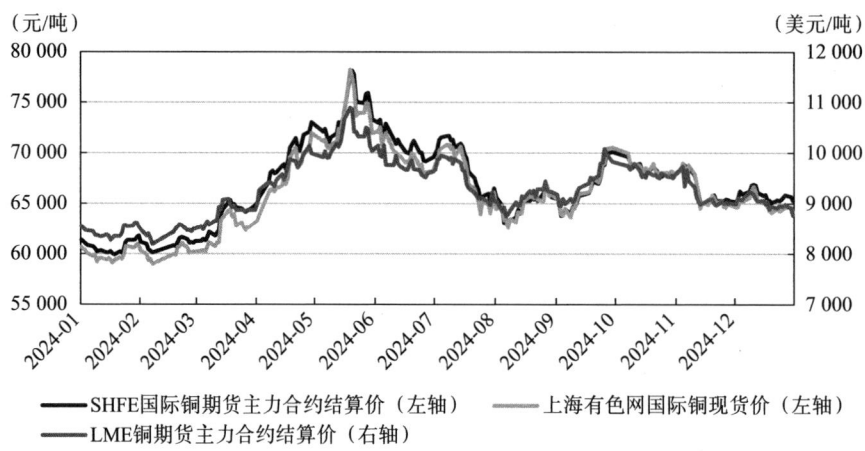

图2-1-2　2024年国际铜期货和国内现货市场价格走势

数据来源：上海期货交易所（上海国际能源交易中心）、LME（伦敦金属交易所）、上海有色网。

表2-1-18　2024年国际铜期货内外盘和国内现货市场价格指标

市场分类	2023年末收盘价	2024年盘中最高价	2024年盘中最低价	2024年末收盘价	全年涨跌	结算价平均价	标准差	极差
上期能源主力价格（元/吨）	61 540	79 670	59 670	65 310	3 770	66 665.56	4 010.57	20 000
上海有色网现货价格（元/吨）	60 675	78 640	58 140	64 185	3 510	65 987.18	4 034.20	20 500
LME三月价格（美元/吨）	8 562	11 104.5	8 127	8 781.5	219.5	9 262.92	561.19	2 977.5

数据来源：上海期货交易所（上海国际能源交易中心）、Wind。

表2-1-19　2024年国际铜期货内外盘和国内现货市场价格相关性

价格选择	相关系数
上期能源主力结算价与上海有色网现货价格	0.99
上期能源主力结算价与LME主力结算价	0.97

数据来源：上海期货交易所（上海国际能源交易中心）、Wind。

三、铝期货、期权运行情况

(一) 期货、期权交易情况 (见表2-1-20~表2-1-25)

表2-1-20　　　　　　　　2024年铝期货月度交易情况

月度	成交量（万手）	同比变化（%）	成交金额（亿元）	同比变化（%）	月末持仓量（万手）	同比变化（%）
1月	529.18	10.18	5 035.66	13.76	45.21	1.99
2月	350.22	-34.94	3 297.86	-34.68	47.98	-2.23
3月	550.89	-15.48	5 311.20	-11.41	60.30	30.81
4月	912.24	59.30	9 291.98	73.16	60.35	30.84
5月	893.38	4.91	9 399.36	22.67	66.50	11.90
6月	601.76	-21.21	6 259.49	-9.65	49.31	-10.19
7月	610.62	-10.13	6 046.78	-1.92	46.71	-9.17
8月	594.75	-16.97	5 768.40	-12.98	43.10	-29.05
9月	536.47	-28.68	5 305.66	-26.51	40.77	-22.62
10月	521.96	-1.59	5 423.22	7.73	44.61	-1.07
11月	680.17	20.20	7 084.03	32.21	43.09	9.42
12月	495.16	-10.22	4 993.36	-3.85	39.40	-22.32
总计	7 276.79	-4.93	73 216.99	3.08	—	—

数据来源：上海期货交易所。

表2-1-21　　　　　　　2023—2024年铝期货年度交易情况

年度	成交量（万手）	同比变化（%）	成交金额（万亿元）	同比变化（%）	年末持仓量（万手）	同比变化（%）
2023年	7 654.02	-23.44	7.10	-29.20	50.73	47.22
2024年	7 276.79	-4.93	7.32	3.08	39.40	-22.32

数据来源：上海期货交易所。

表2-1-22　　　　　　2023—2024年铝期货内外盘年度交易情况

年度	成交量（万手）		年末持仓量（万手）	
	上期所（SHFE）	LME（伦敦金属交易所）	上期所（SHFE）	LME（伦敦金属交易所）
2023年	7 654.02	5 769.16	50.72	80.52
2024年	7 276.79	6 707.64	39.40	72.25

注：上海期货交易所铝期货交易单位为5吨/手，LME铝期货交易单位为25吨/手。

数据来源：上海期货交易所、LME（伦敦金属交易所）。

表 2-1-23　　　　　　　　　　2024 年铝期权月度交易情况

月度	成交量（万手）	同比变化（%）	成交量看跌/看涨（PCR）	成交金额（亿元）	同比变化（%）	月末持仓量（万手）	同比变化（%）
1 月	138.73	46.98	0.58	6.05	0.12	5.60	41.71
2 月	76.12	-38.41	0.80	2.70	-64.62	5.65	-5.17
3 月	134.79	-8.86	0.36	6.18	-20.37	6.85	24.50
4 月	229.15	42.74	0.40	17.41	100.10	7.68	-5.65
5 月	300.64	14.94	0.43	23.69	30.39	9.31	-26.16
6 月	148.88	-40.15	0.91	8.83	-41.27	5.81	-37.08
7 月	150.89	-34.50	1.03	7.79	-32.59	5.81	-39.87
8 月	175.70	-30.96	1.05	10.16	0.82	5.78	-45.81
9 月	156.79	-42.18	1.21	9.74	-39.87	6.55	-24.91
10 月	158.55	-3.17	0.84	9.71	29.94	6.36	-30.67
11 月	216.79	-19.57	0.88	13.64	39.00	6.61	-10.22
12 月	145.88	-44.91	1.25	7.16	-37.15	5.28	-42.92
总计	2 032.90	-18.39	0.72	123.05	-5.23	—	—

数据来源：上海期货交易所。

表 2-1-24　　　　　　　　　　2023—2024 年铝期权年度交易情况

年度	成交量（万手）	同比变化（%）	成交量看跌/看涨（PCR）	成交金额（亿元）	同比变化（%）	年末持仓量（万手）	同比变化（%）
2023 年	2 490.88	118.57	1.01	129.83	20.17	9.25	136.91
2024 年	2 032.90	-18.39	0.72	123.05	-5.23	5.28	-42.92

数据来源：上海期货交易所。

表 2-1-25　　　　　　　　　　2023—2024 年铝期权内外盘年度交易情况

年度	成交量（万手）		年末持仓量（万手）	
	上期所（SHFE）	LME（伦敦金属交易所）	上期所（SHFE）	LME（伦敦金属交易所）
2023 年	2 490.88	248.62	9.25	26.11
2024 年	2 032.90	332.87	5.28	17.69

数据来源：上海期货交易所、FIA（国际期货业协会）。

（二）交割、行权情况（见表 2-1-26～表 2-1-29）

表 2-1-26　　　　　　　　　　2024 年铝期货月度交割情况

月度	交割量（手）	同比变化（%）	交割金额（亿元）	同比变化（%）
1 月	2 140	-83.81	2.03	-83.35
2 月	6 430	-45.90	6.05	-44.87

续表

月度	交割量（手）	同比变化（%）	交割金额（亿元）	同比变化（%）
3月	6 635	−38.37	6.36	−35.58
4月	5 955	−20.12	6.18	−11.56
5月	9 665	56.65	9.88	77.13
6月	12 850	93.82	13.05	111.69
7月	8 235	89.53	8.21	105.89
8月	14 700	648.09	13.99	674.13
9月	14 980	240.84	14.85	244.67
10月	12 495	210.05	12.93	237.41
11月	8 570	335.03	8.88	374.76
12月	5 065	169.41	5.12	189.58
总计	107 720	44.18	107.53	55.04

数据来源：上海期货交易所。

表2－1－27　　　　　　　　2023—2024年铝期货年度交割情况

年度	交割量（手）	同比变化（%）	交割金额（亿元）	同比变化（%）
2023年	74 710	−33.44	69.35	−38.87
2024年	107 720	44.18	107.53	55.04

数据来源：上海期货交易所。

表2－1－28　　　　　　　　2024年铝期权月度行权情况

月度	行权量（手）
1月	13 680
2月	5 782
3月	7 791
4月	16 131
5月	11 329
6月	12 143
7月	15 925
8月	9 975
9月	8 938
10月	10 441
11月	6 638
12月	11 260
总计	130 033

数据来源：上海期货交易所。

表 2-1-29　　　　　　　　2023—2024 年铝期权年度行权情况

年度	行权量（手）	同比变化（%）
2023 年	158 566	34.13
2024 年	130 033	-17.99

数据来源：上海期货交易所。

（三）期货价格走势（见图 2-1-3、表 2-1-30、表 2-1-31）

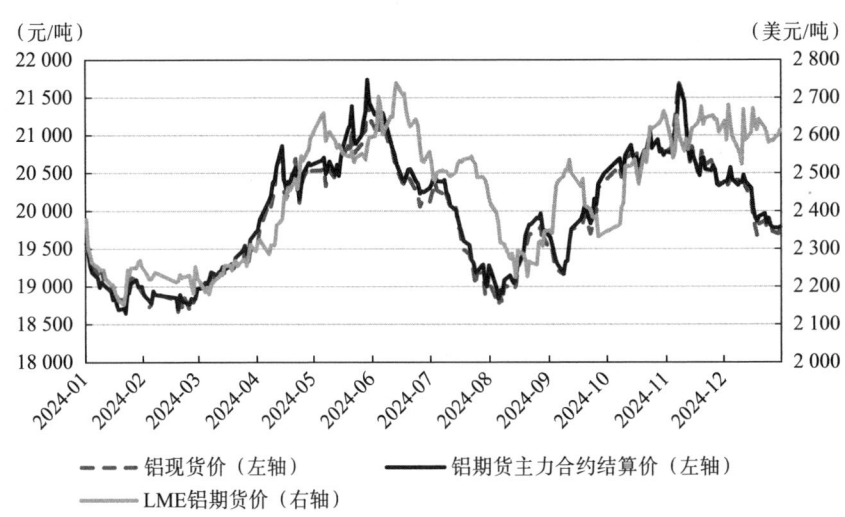

图 2-1-3　2024 年铝期货内外盘和国内现货市场价格走势

数据来源：上海期货交易所、LME（伦敦金属交易所）、上海有色网。

表 2-1-30　　　　　　2024 年铝期货内外盘和国内现货市场价格指标

市场分类	2023 年末收盘价	2024 年盘中最高价	2024 年盘中最低价	2024 年末收盘价	全年涨跌	结算价平均价	标准差	极差
上期所主力价格（元/吨）	19 505	22 140	18 240	19 780	275	19 964	789	3 900
LME 三月价格（美元/吨）	2 387.5	2 799	2 152	2 552	164.5	2 448	161	647
上海有色网 A00 铝现货价格（元/吨）	19 570	21 710	18 670	19 770	200	19 923	752	3 040

数据来源：上海期货交易所、LME（伦敦金属交易所）、上海有色网。

表 2-1-31　　　　　　2024 年铝期货内外盘和国内现货市场价格相关性

价格选择	相关系数
上期所主力结算价与 LME 三月价格	0.95
上期所主力结算价与铝现货市场价格	0.99

数据来源：上海期货交易所、LME（伦敦金属交易所）、上海有色网。

四、锌期货、期权运行情况

（一）期货、期权交易情况（见表2-1-32~表2-1-37）

表2-1-32　　　　　　　　　2024年锌期货月度交易情况

月度	成交量（万手）	同比变化（%）	成交金额（亿元）	同比变化（%）	月末持仓量（万手）	同比变化（%）
1月	332.17	15.54	3 516.62	2.32	17.28	-4.27
2月	247.09	-30.69	2 533.53	-39.21	23.15	39.70
3月	383.16	-13.14	4 043.05	-19.42	20.40	22.93
4月	681.12	76.09	7 675.45	81.44	22.61	12.21
5月	709.24	15.72	8 581.32	38.99	22.45	-10.43
6月	566.32	7.85	6 773.02	30.74	20.96	-2.96
7月	615.86	16.02	7 314.95	36.08	18.38	-9.78
8月	655.93	14.69	7 571.79	29.03	23.58	9.61
9月	631.00	13.76	7 461.28	25.16	20.10	2.84
10月	601.46	56.00	7 548.4	85.34	28.40	77.19
11月	756.23	54.64	9 451.89	81.00	34.03	112.55
12月	608.02	76.83	7 723.85	115.19	28.91	69.29
总计	6 787.59	23.73	80 195.16	37.56	—	—

数据来源：上海期货交易所。

表2-1-33　　　　　　　　　2023—2024年锌期货年度交易情况

年度	成交量（万手）	同比变化（%）	成交金额（万亿元）	同比变化（%）	年末持仓量（万手）	同比变化（%）
2023年	5 485.77	-19.72	5.83	-31.14	17.08	3.06
2024年	6 787.59	23.73	8.02	37.56	28.91	69.29

数据来源：上海期货交易所。

表2-1-34　　　　　　　　　2023—2024年锌期货内外盘年度交易情况

年度	成交量（万手）		年末持仓量（万手）	
	上期所（SHFE）	LME（伦敦金属交易所）	上期所（SHFE）	LME（伦敦金属交易所）
2023年	5 485.77	2 291.92	17.08	24.40
2024年	6 787.59	2 756.75	28.91	25.88

注：上海期货交易所锌期货交易单位为5吨/手，LME锌期货交易单位为25吨/手。

数据来源：上海期货交易所、LME（伦敦金属交易所）。

表2-1-35　　　　　　　　　　2024年锌期权月度交易情况

月度	成交量（万手）	同比变化（%）	成交量看跌/看涨（PCR）	成交金额（亿元）	同比变化（%）	月末持仓量（万手）	同比变化（%）
1月	73.81	2.55	1.15	3.56	-43.81	2.12	5.67
2月	52.37	-46.24	0.91	2.29	-70.13	2.61	11.93
3月	77.93	-39.63	0.80	3.79	-63.54	2.99	28.71
4月	158.23	7.98	0.67	14.69	16.10	4.05	11.86
5月	220.01	8.07	0.61	24.83	29.57	4.50	-7.13
6月	154.72	-23.75	1.05	13.15	-10.40	4.70	22.42
7月	184.76	-9.50	1.23	14.12	-5.50	4.26	15.16
8月	215.18	-27.96	1.35	17.53	-19.10	5.17	22.35
9月	188.51	-27.04	1.46	16.11	-14.59	4.22	-4.61
10月	180.76	10.11	1.10	14.34	44.07	3.44	-13.65
11月	184.99	-18.74	0.98	16.58	33.35	5.36	32.83
12月	171.40	2.00	0.76	13.12	53.83	4.35	32.35
总计	1 862.68	-14.26	0.98	154.12	-2.01	—	—

数据来源：上海期货交易所。

表2-1-36　　　　　　　　　　2023—2024年锌期权年度交易情况

年度	成交量（万手）	同比变化（%）	成交量看跌/看涨（PCR）	成交金额（亿元）	同比变化（%）	年末持仓量（万手）	同比变化（%）
2023年	2 172.60	161.30	1.05	157.28	57.49	3.29	80.78
2024年	1 862.68	-14.26	0.98	154.12	-2.01	4.35	32.35

数据来源：上海期货交易所。

表2-1-37　　　　　　　　　　2023—2024年锌期权内外盘年度交易情况

年度	成交量（万手）		年末持仓量（万手）	
	上期所（SHFE）	LME（伦敦金属交易所）	上期所（SHFE）	LME（伦敦金属交易所）
2023年	2 172.60	83.88	3.29	2.80
2024年	1 862.68	77.82	4.35	3.09

数据来源：上海期货交易所、FIA（国际期货业协会）。

（二）交割、行权情况（见表2-1-38～表2-1-41）

表2-1-38　　　　　　　　　　2024年锌期货月度交割情况

月度	交割量（手）	同比变化（%）	交割金额（亿元）	同比变化（%）
1月	885	-67.46	0.93	-71.53
2月	3 330	-48.49	3.38	-54.51

续表

月度	交割量（手）	同比变化（%）	交割金额（亿元）	同比变化（%）
3月	5 070	70.13	5.42	59.36
4月	3 335	-0.15	3.79	1.33
5月	3 745	280.20	4.44	330.03
6月	6 135	152.99	7.13	186.18
7月	3 510	22.09	4.25	44.62
8月	4 085	25.11	4.67	40.21
9月	3 925	-12.29	4.72	-4.83
10月	3 570	50.32	4.46	76.90
11月	8 675	320.10	10.84	380.89
12月	2 365	170.29	3.10	236.27
总计	48 630	39.56	57.13	49.15

数据来源：上海期货交易所。

表2-1-39　　　　　2023—2024年锌期货年度交割情况

年度	交割量（手）	同比变化（%）	交割金额（亿元）	同比变化（%）
2023年	34 845	-49.22	38.30	-55.81
2024年	48 630	39.56	57.13	49.15

数据来源：上海期货交易所。

表2-1-40　　　　　2024年锌期权月度行权情况

月度	行权量（手）
1月	4 678
2月	4 513
3月	3 827
4月	7 289
5月	7 670
6月	6 632
7月	10 519
8月	10 684
9月	8 936
10月	6 514
11月	5 063
12月	6 096
总计	82 421

数据来源：上海期货交易所。

表 2-1-41　　　　　2023—2024 年锌期权年度行权情况

年度	行权量（手）	同比变化（%）
2023 年	79 623	60.81
2024 年	82 421	3.51

数据来源：上海期货交易所。

（三）期货价格走势（见图 2-1-4、表 2-1-42、表 2-1-43）

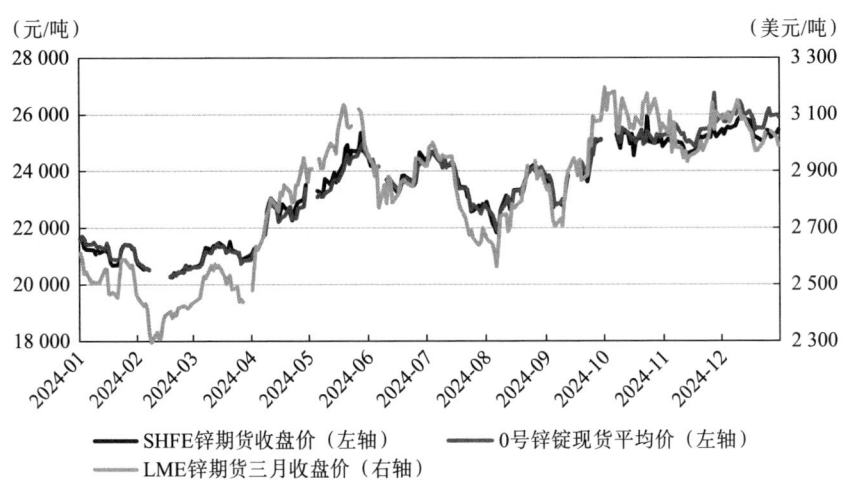

图 2-1-4　2024 年锌期货内外盘和国内现货市场价格走势

数据来源：上海期货交易所、LME（伦敦金属交易所）、上海有色网。

表 2-1-42　　　　　2024 年锌期货内外盘和国内现货市场价格指标

市场分类	2023 年末收盘价	2024 年盘中最高价	2024 年盘中最低价	2024 年末收盘价	全年涨跌	结算价平均值	标准差	极差
上期所主力价格（元/吨）	21 545	26 315	20 410	25 460	3 915	23 329.40	1 636.28	5 905
LME 三月价格（美元/吨）	2 658	3 284	2 326	2 989	331	2 812.32	236.07	958
上海有色网 0 号锌锭现货价格（元/吨）	21 620	26 750	20 290	25 900	4 640	23 397.69	1 731.81	6 460

数据来源：上海期货交易所、LME（伦敦金属交易所）、上海有色网、Wind。

表 2-1-43　　　　　2024 年锌期货内外盘和国内现货市场价格相关性

价格选择	相关系数
上期所主力结算价与 LME 三月价格	0.96
上期所主力结算价与锌现货市场价格	0.99

数据来源：上海期货交易所、LME（伦敦金属交易所）、上海有色网、Wind。

五、铅期货、期权运行情况

2024年9月2日，铅期权在上期所上市交易。

（一）期货、期权交易情况（见表2-1-44~表2-1-49）

表2-1-44　　　　　　　2024年铅期货月度交易情况

月度	成交量（万手）	同比变化（%）	成交金额（亿元）	同比变化（%）	月末持仓量（万手）	同比变化（%）
1月	156.37	26.42	1 273.21	32.92	10.91	-18.79
2月	79.08	-47.78	633.60	-45.29	7.60	-15.34
3月	134.00	-7.54	1 091.60	-1.57	11.30	35.91
4月	193.59	55.39	1 634.15	71.38	10.37	18.91
5月	289.46	130.64	2 678.37	179.43	12.28	52.27
6月	416.37	179.73	3 938.60	244.75	18.21	14.94
7月	542.12	221.40	5 201.66	291.12	19.93	23.80
8月	482.94	122.14	4 250.64	142.07	10.05	-47.74
9月	211.40	-27.22	1 771.73	-27.62	8.25	-51.76
10月	146.62	9.39	1 226.72	12.14	7.59	-42.98
11月	172.20	-12.89	1 461.65	-10.36	9.01	-35.96
12月	177.57	1.05	1 548.16	12.57	8.20	-8.37
总计	3 001.72	49.87	26 710.11	67.85	—	—

数据来源：上海期货交易所。

表2-1-45　　　　　　　2023—2024年铅期货年度交易情况

年度	成交量（万手）	同比变化（%）	成交金额（万亿元）	同比变化（%）	年末持仓量（万手）	同比变化（%）
2023年	2 002.94	-0.14	1.59	3.60	8.95	-38.82
2024年	3 001.72	49.87	2.67	67.85	8.20	-8.37

数据来源：上海期货交易所。

表2-1-46　　　　　　2023—2024年铅期货内外盘年度交易情况

年度	成交量（万手）		年末持仓量（万手）	
	上期所（SHFE）	LME（伦敦金属交易所）	上期所（SHFE）	LME（伦敦金属交易所）
2023年	2 002.94	1 515.15	8.95	16.20
2024年	3 001.72	1 817.79	8.20	16.51

注：上海期货交易所铅期货交易单位为5吨/手，LME铅期货交易单位为25吨/手。

数据来源：上海期货交易所、LME（伦敦金属交易所）。

表 2-1-47　　　　　　　　　　2024 年铅期权月度交易情况

月度	成交量（万手）	同比变化（%）	成交量看跌/看涨（PCR）	成交金额（亿元）	同比变化（%）	月末持仓量（万手）	同比变化（%）
1月	—	—	—	—	—	—	—
2月	—	—	—	—	—	—	—
3月	—	—	—	—	—	—	—
4月	—	—	—	—	—	—	—
5月	—	—	—	—	—	—	—
6月	—	—	—	—	—	—	—
7月	—	—	—	—	—	—	—
8月	—	—	—	—	—	—	—
9月	4.16	—	0.72	0.66	—	0.67	—
10月	5.35	—	0.44	0.46	—	1.01	—
11月	18.75	—	0.29	1.03	—	1.11	—
12月	28.61	—	0.75	1.43	—	1.06	—
总计	56.87	—	0.54	3.58	—	—	—

数据来源：上海期货交易所。

表 2-1-48　　　　　　　　　　2024 年铅期权年度交易情况

年度	成交量（万手）	同比变化（%）	成交量看跌/看涨（PCR）	成交金额（亿元）	同比变化（%）	年末持仓量（万手）	同比变化（%）
2024 年	56.87	—	0.54	3.58	—	1.06	—

数据来源：上海期货交易所。

表 2-1-49　　　　　　　　　2023—2024 年铅期权内外盘年度交易情况

年度	成交量（万手）		年末持仓量（万手）	
	上期所（SHFE）	LME（伦敦金属交易所）	上期所（SHFE）	LME（伦敦金属交易所）
2023 年	—	47.54	—	2.38
2024 年	56.87	49.56	1.06	2.05

注：上海期货交易所铅期权交易单位为 5 吨/手，LME 铅期权交易单位为 25 吨/手。

数据来源：上海期货交易所、LME（伦敦金属交易所）。

（二）交割、行权情况（见表 2-1-50～表 2-1-53）

表 2-1-50　　　　　　　　　　2024 年铅期货月度交割情况

月度	交割量（手）	同比变化（%）	交割金额（亿元）	同比变化（%）
1月	6 440	40.61	5.23	49.59
2月	1 775	-80.84	1.41	-80.01

续表

月度	交割量（手）	同比变化（%）	交割金额（亿元）	同比变化（%）
3月	5 100	9.56	4.15	17.00
4月	4 635	25.78	3.89	37.23
5月	5 070	39.67	4.75	72.12
6月	4 435	-6.83	4.14	13.41
7月	6 980	90.71	6.88	139.36
8月	11 375	184.02	10.18	220.06
9月	8 580	-25.10	7.02	-27.81
10月	6 840	-21.20	5.64	-20.28
11月	7 055	-37.54	5.90	-36.42
12月	3 305	-56.28	2.87	-51.33
总计	71 590	-7.30	62.04	1.13

数据来源：上海期货交易所。

表 2-1-51　　　　　　2023—2024 年铅期货年度交割情况

年度	交割量（手）	同比变化（%）	交割金额（亿元）	同比变化（%）
2023年	77 230	16.13	61.35	21.65
2024年	71 590	-7.30	62.04	1.13

数据来源：上海期货交易所。

表 2-1-52　　　　　　2024 年铅期权月度行权情况

月度	行权量（手）
1月	—
2月	—
3月	—
4月	—
5月	—
6月	—
7月	—
8月	—
9月	0
10月	0
11月	1 137
12月	3 499
总计	4 636

数据来源：上海期货交易所。

表 2-1-53　　　　　　　　　2024 年铅期权年度行权情况

年度	行权量（手）	同比变化（%）
2024 年	4 636	—

数据来源：上海期货交易所。

（三）期货价格走势（见图 2-1-5、表 2-1-54、表 2-1-55）

图 2-1-5　2024 年铅期货内外盘和国内现货市场价格走势

数据来源：上海期货交易所、LME（伦敦金属交易所）、上海有色网。

表 2-1-54　　　　　　　　2024 年铅期货内外盘和国内现货市场价格指标

市场分类	2024 年末收盘价	2024 年盘中最高价	2024 年盘中最低价	2023 年末收盘价	全年涨跌	结算价平均价	标准差	极差
上期所主力价格（元/吨）	16 765	19 895	15 800	15 875	890	17 394	1 088.53	4 095
LME 三月合约价格（美元/吨）	1 952	2 344	1 931	2 069	-117	2 103.04	89.50	413
上海有色网 1 号铅锭现货价格（元/吨）	16 725	19 775	15 700	15 700	1 025	17 176.49	1 167.39	4 075

数据来源：上海期货交易所、LME（伦敦金属交易所）、上海有色网。

表 2-1-55　　　　　　　　2024 年铅期货内外盘和国内现货市场价格相关性

价格选择	相关系数
上期所主力结算价与 LME 三月价格	0.51
上期所主力结算价与铅现货市场价格	0.98

数据来源：上海期货交易所、LME（伦敦金属交易所）、上海有色网。

六、镍期货、期权运行情况

2024年9月2日,镍期权在上期所上市交易。

(一)期货、期权交易情况(见表2-1-56~表2-1-61)

表2-1-56　　　　　　2024年镍期货月度交易情况

月度	成交量（万手）	同比变化（%）	成交金额（亿元）	同比变化（%）	月末持仓量（万手）	同比变化（%）
1月	552.03	53.39	7 048.25	-7.11	17.99	47.96
2月	429.51	35.00	5 622.69	-15.08	21.42	84.10
3月	814.80	91.08	11 172.28	45.66	21.41	49.76
4月	824.45	60.57	11 501.45	22.77	21.85	75.35
5月	690.84	-2.87	10 414.03	-12.28	22.00	9.48
6月	495.16	-14.83	6 872.58	-26.96	17.85	4.16
7月	486.61	-11.42	6 466.29	-29.02	18.66	23.89
8月	455.56	-4.95	5 927.91	-25.79	15.32	46.63
9月	387.19	-23.30	4 872.72	-40.61	14.24	14.71
10月	300.51	-29.76	3 906.92	-38.66	15.81	-4.05
11月	401.38	-50.05	5 068.89	-53.06	13.87	-24.43
12月	407.83	-52.91	5 131.30	-54.55	17.34	-27.55
总计	6 245.85	-4.52	84 005.31	-20.97	—	—

数据来源:上海期货交易所。

表2-1-57　　　　　　2023—2024年镍期货年度交易情况

年度	成交量（万手）	同比变化（%）	成交金额（万亿元）	同比变化（%）	年末持仓量（万手）	同比变化（%）
2023年	6 541.52	25.58	10.63	9.58	23.94	70.76
2024年	6 245.85	-4.52	8.40	-20.97	17.34	-27.55

数据来源:上海期货交易所。

表2-1-58　　　　　　2023—2024年镍期货内外盘年度交易情况

年度	成交量（万手）		年末持仓量（万手）	
	上期所（SHFE）	LME（伦敦金属交易所）	上期所（SHFE）	LME（伦敦金属交易所）
2023年	6 541.52	1 035.77	23.94	20.01
2024年	6 245.85	1 671.88	17.34	24.14

注:上海期货交易所镍期货交易单位为1吨/手,LME镍期货交易单位为6吨/手。
数据来源:上海期货交易所、LME(伦敦金属交易所)。

表 2-1-59　　　　　　　　　2024 年镍期权月度交易情况

月度	成交量（万手）	同比变化（%）	成交量看跌/看涨（PCR）	成交金额（亿元）	同比变化（%）	月末持仓量（万手）	同比变化（%）
1月	—	—	—	—	—	—	—
2月	—	—	—	—	—	—	—
3月	—	—	—	—	—	—	—
4月	—	—	—	—	—	—	—
5月	—	—	—	—	—	—	—
6月	—	—	—	—	—	—	—
7月	—	—	—	—	—	—	—
8月	—	—	—	—	—	—	—
9月	9.00	—	0.69	2.16	—	1.42	—
10月	13.00	—	0.47	2.63	—	2.15	—
11月	35.24	—	0.4	3.88	—	1.52	—
12月	63.00	—	0.55	3.86	—	1.97	—
总计	120.25	—	0.51	12.54	—	—	—

数据来源：上海期货交易所。

表 2-1-60　　　　　　　　　2024 年镍期权年度交易情况

年度	成交量（万手）	同比变化（%）	成交量看跌/看涨（PCR）	成交金额（亿元）	同比变化（%）	年末持仓量（万手）	同比变化（%）
2024 年	120.25	—	0.51	12.54	—	1.97	—

数据来源：上海期货交易所。

表 2-1-61　　　　　　　　　2023—2024 年镍期权内外盘年度交易情况

年度	成交量（万手）		年末持仓量（万手）	
	上期所（SHFE）	LME（伦敦金属交易所）	上期所（SHFE）	LME（伦敦金属交易所）
2023 年	—	64.23	—	4.39
2024 年	120.25	93.25	1.97	7.55

注：上海期货交易所镍期权交易单位为 1 吨/手，LME 镍期权交易单位为 6 吨/手。
数据来源：上海期货交易所、LME（伦敦金属交易所）。

（二）交割、行权情况（见表 2-1-62~表 2-1-65）

表 2-1-62　　　　　　　　　2024 年镍期货月度交割情况

月度	交割量（手）	同比变化（%）	交割金额（亿元）	同比变化（%）
1月	3 996	224.88	5.10	100.17
2月	3 972	187.83	4.98	68.26

续表

月度	交割量（手）	同比变化（%）	交割金额（亿元）	同比变化（%）
3月	3 684	93.08	5.18	50.52
4月	4 608	371.17	6.39	236.04
5月	6 012	462.92	8.58	353.57
6月	6 924	184.24	9.41	122.56
7月	4 938	238.68	6.63	165.96
8月	4 314	91.73	5.53	50.06
9月	6 228	128.63	7.68	73.72
10月	7 260	52.39	9.70	33.73
11月	6 600	65.17	8.17	47.39
12月	7 410	203.44	9.33	189.84
总计	65 946	147.60	86.69	98.88

数据来源：上海期货交易所。

表 2-1-63　　2023—2024 年镍期货年度交割情况

年度	交割量（手）	同比变化（%）	交割金额（亿元）	同比变化（%）
2023 年	26 634	41.23	43.59	16.05
2024 年	65 946	147.60	86.69	98.88

数据来源：上海期货交易所。

表 2-1-64　　2024 年镍期权月度行权情况

月度	行权量（手）
1月	—
2月	—
3月	—
4月	—
5月	—
6月	—
7月	—
8月	—
9月	1
10月	3
11月	1 697
12月	1 542
总计	3 243

数据来源：上海期货交易所。

表2-1-65　2024年镍期权年度行权情况

年度	行权量（手）	同比变化（%）
2024年	3 243	—

数据来源：上海期货交易所。

（三）期货价格走势（见图2-1-6、表2-1-66、表2-1-67）

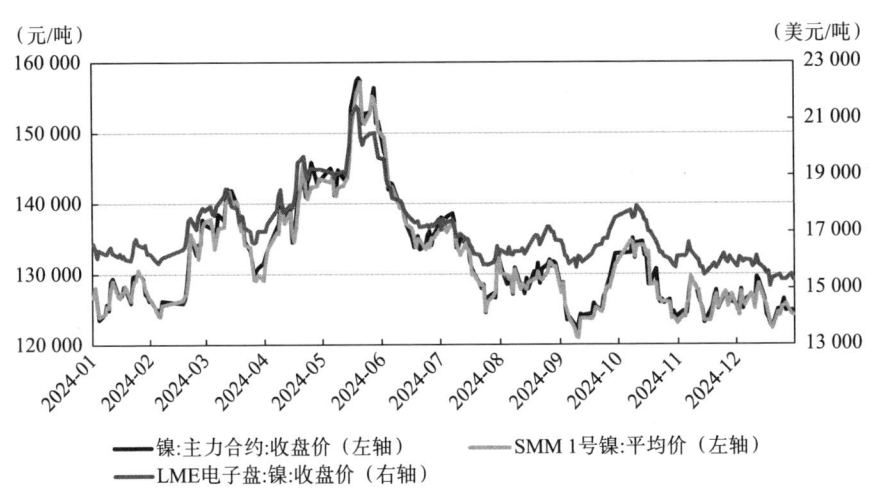

图2-1-6　2024年镍期货内外盘和国内现货市场价格走势

数据来源：上海期货交易所、LME（伦敦金属交易所）、上海有色网。

表2-1-66　2024年镍期货内外盘和国内现货市场价格指标

市场分类	2023年末收盘价	2024年盘中最高价	2024年盘中最低价	2024年末收盘价	全年涨跌	结算价平均价	标准差	极差
上期所主力价格（元/吨）	125 210	160 500	119 300	124 750	-460	132 509	7 747.8	41 200
LME三月价格（美元/吨）	16 620	21 750	15 065	15 300	-1 320	17 058	1 247	6 685
上海有色网进口镍现货价格（元/吨）	128 350	157 600	120 700	124 175	-4 175	132 069	7 592	36 900

数据来源：上海期货交易所、LME（伦敦金属交易所）、上海有色网。

表2-1-67　2024年镍期货内外盘和国内现货市场价格相关性

价格选择	相关系数
上期所主力结算价与LME三月价格	0.96
上期所主力结算价与镍现货市场价格	0.99

数据来源：上海期货交易所、LME（伦敦金属交易所）、上海有色网。

七、锡期货、期权运行情况

2024年9月2日，锡期权在上期所上市交易。

(一)期货、期权交易情况(见表2-1-68~表2-1-73)

表2-1-68　　　　　　　　2024年锡期货月度交易情况

月度	成交量（万手）	同比变化（%）	成交金额（亿元）	同比变化（%）	月末持仓量（万手）	同比变化（%）
1月	160.16	-32.31	3 418.45	-34.29	5.50	-14.28
2月	106.58	-70.88	2 297.14	-71.23	4.72	-52.51
3月	207.81	-61.11	4 660.76	-55.12	5.88	-41.68
4月	523.03	23.07	13 439.89	52.02	7.46	-10.17
5月	362.91	-8.28	9 889.42	23.57	8.67	-11.58
6月	278.69	-5.25	7 503.28	19.94	7.10	-6.71
7月	421.05	8.40	11 115.12	23.25	8.41	19.60
8月	358.84	10.32	9 219.97	28.93	7.84	12.18
9月	260.91	-15.36	6 678.95	-1.32	5.06	-11.03
10月	180.57	15.67	4 693.56	40.06	4.85	-19.89
11月	243.18	-11.91	6 014.36	5.79	6.16	-9.02
12月	197.01	-17.39	4 825.58	-2.13	5.21	-11.03
总计	3 300.74	-16.32	83 756.49	0.21	—	—

数据来源：上海期货交易所。

表2-1-69　　　　　　　　2023—2024年锡期货年度交易情况

年度	成交量（万手）	同比变化（%）	成交金额（万亿元）	同比变化（%）	年末持仓量（万手）	同比变化（%）
2023年	3 944.42	32.77	8.36	24.91	5.86	-36.57
2024年	3 300.74	-16.32	8.38	0.21	5.21	-11.03

数据来源：上海期货交易所。

表2-1-70　　　　　　　　2023—2024年锡期货内外盘年度交易情况

年度	成交量（万手）		年末持仓量（万手）	
	上期所（SHFE）	LME（伦敦金属交易所）	上期所（SHFE）	LME（伦敦金属交易所）
2023年	3 944.42	129.86	5.86	1.76
2024年	3 300.74	168.54	5.21	2.13

注：上海期货交易所锡期货交易单位为1吨/手，LME锡期货交易单位为5吨/手。
数据来源：上海期货交易所、LME（伦敦金属交易所）。

表 2-1-71　　　　　　　　　　2024 年锡期权月度交易情况

月度	成交量（万手）	同比变化（%）	成交量看跌/看涨（PCR）	成交金额（亿元）	同比变化（%）	月末持仓量（万手）	同比变化（%）
1月	—	—	—	—	—	—	—
2月	—	—	—	—	—	—	—
3月	—	—	—	—	—	—	—
4月	—	—	—	—	—	—	—
5月	—	—	—	—	—	—	—
6月	—	—	—	—	—	—	—
7月	—	—	—	—	—	—	—
8月	—	—	—	—	—	—	—
9月	4.49	—	1.42	2.15	—	0.56	—
10月	5.72	—	1.25	1.91	—	0.96	—
11月	16.43	—	1.21	2.50	—	0.87	—
12月	15.96	—	1.23	1.63	—	0.69	—
总计	42.60	—	1.24	8.19	—	—	—

数据来源：上海期货交易所。

表 2-1-72　　　　　　　　　　2024 年锡期权年度交易情况

年度	成交量（万手）	同比变化（%）	成交量看跌/看涨（PCR）	成交金额（亿元）	同比变化（%）	年末持仓量（万手）	同比变化（%）
2024年	42.60	—	1.24	8.19	—	0.69	—

数据来源：上海期货交易所。

表 2-1-73　　　　　　　　　　2023—2024 年锡期权内外盘年度交易情况

年度	成交量（万手）		年末持仓量（万手）	
	上期所（SHFE）	LME（伦敦金属交易所）	上期所（SHFE）	LME（伦敦金属交易所）
2023年	—	0.079	—	—
2024年	42.6	0.14	0.69	0.0025

注：上海期货交易所锡期权交易单位为 1 吨/手，LME 锡期权交易单位为 5 吨/手。
数据来源：上海期货交易所、LME（伦敦金属交易所）。

（二）交割、行权情况（见表 2-1-74～表 2-1-77）

表 2-1-74　　　　　　　　　　2024 年锡期货月度交割情况

月度	交割量（手）	同比变化（%）	交割金额（亿元）	同比变化（%）
1月	1 186	-53.82	2.47	-57.14
2月	2 276	2.43	4.94	4.88

续表

月度	交割量（手）	同比变化（%）	交割金额（亿元）	同比变化（%）
3月	2 112	-10.51	4.74	7.44
4月	3 678	35.32	9.36	64.47
5月	3 924	69.14	10.65	130.02
6月	2 550	-9.70	6.79	12.66
7月	2 764	49.24	7.58	74.64
8月	3 014	29.69	7.71	56.51
9月	2 286	10.43	5.83	28.92
10月	2 396	106.20	6.32	152.21
11月	1 664	35.06	4.03	51.03
12月	1 438	205.96	3.53	257.38
总计	29 288	21.42	73.95	44.46

数据来源：上海期货交易所。

表2-1-75　　　　　2023—2024年锡期货年度交割情况

年度	交割量（手）	同比变化（%）	交割金额（亿元）	同比变化（%）
2023年	24 122	33.43	51.19	12.04
2024年	29 288	21.42	73.95	44.46

数据来源：上海期货交易所。

表2-1-76　　　　　2024年锡期权月度行权情况

月度	行权量（手）
1月	—
2月	—
3月	—
4月	—
5月	—
6月	—
7月	—
8月	—
9月	1
10月	13
11月	1 145
12月	882
总计	2 041

数据来源：上海期货交易所。

表2–1–77   2024年锡期权年度行权情况

年度	行权量（手）	同比变化（%）
2024年	2 041	—

数据来源：上海期货交易所。

（三）期货价格走势（见图2–1–7、表2–1–78、表2–1–79）

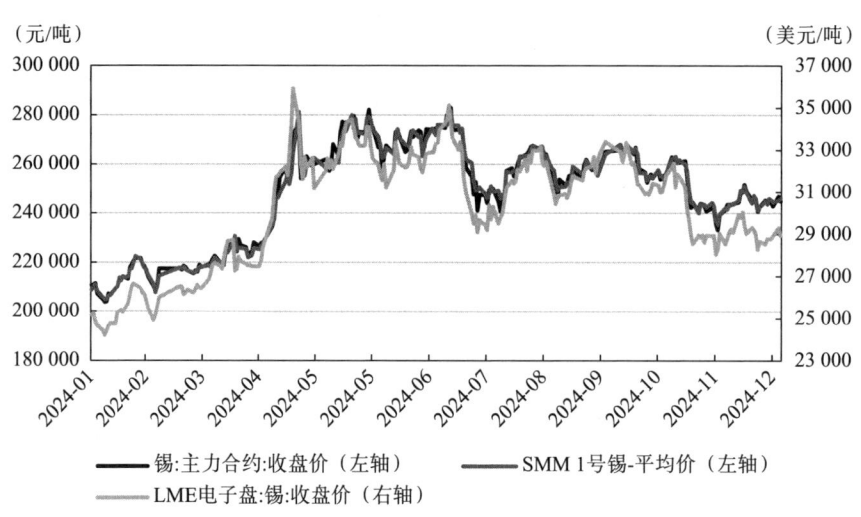

图2–1–7   2024年锡期货内外盘和国内现货市场价格走势

数据来源：上海期货交易所、LME（伦敦金属交易所）、上海有色网。

表2–1–78   2024年锡期货内外盘和国内现货市场价格指标

市场分类	2023年末收盘价	2024年盘中最高价	2024年盘中最低价	2024年末收盘价	全年涨跌	结算价平均价	标准差	极差
上期所主力价格（元/吨）	212 100	290 520	203 190	244 860	32 760	248 258	20 652.80	87 330
LME三月合约价格（美元/吨）	25 300	36 050	24 115	28 940	3 640	30 238	2 706.91	11 935
上海有色网锡锭现货价格（元/吨）	210 750	283 000	204 000	246 000	35 250	248 271	20 622.48	79 000

数据来源：上海期货交易所、LME（伦敦金属交易所）、上海有色网。

表2–1–79   2024年锡期货内外盘和国内现货市场价格相关性

价格选择	相关系数
上期所主力结算价与LME三月价格	0.97
上期所主力结算价与锡现货市场价格	0.99

数据来源：上海期货交易所、LME（伦敦金属交易所）、上海有色网。

八、氧化铝期货、期权运行情况

2024年9月2日，氧化铝期权在上期所上市交易。

(一) 期货、期权交易情况（见表2-1-80~表2-1-83）

表2-1-80　　　　　　　　　　2024年氧化铝期货月度交易情况

月度	成交量（万手）	同比变化（%）	成交金额（亿元）	同比变化（%）	月末持仓量（万手）	同比变化（%）
1月	587.09	—	4 016.26	—	7.29	—
2月	101.34	—	653.23	—	7.42	—
3月	193.44	—	1 270.82	—	6.73	—
4月	319.48	—	2 281.9	—	12.89	—
5月	741.75	—	5 903.64	—	16.88	—
6月	539.17	—	4 108.74	—	13.23	—
7月	655.24	229.09	4 868.47	331.71	17.93	22.68
8月	924.25	398.12	7 164.15	562.64	22.97	144.27
9月	684.85	139.73	5 392.71	206.62	18.14	105.61
10月	1 487.78	657.16	14 074.95	1 065.24	38.94	329.12
11月	1 000.99	570.47	9 802.16	1 006.81	44.29	364.49
12月	679.45	158.82	6 386.61	288.90	36.65	201.06
总计	7 914.84	478.58	65 923.65	704.08	—	—

数据来源：上海期货交易所。

表2-1-81　　　　　　　　　2023—2024年氧化铝期货年度交易情况

年度	成交量（万手）	同比变化（%）	成交金额（万亿元）	同比变化（%）	年末持仓量（万手）	同比变化（%）
2023年	1 367.98	—	0.82	—	12.17	—
2024年	7 914.84	478.58	6.59	704.08	36.65	201.06

数据来源：上海期货交易所。

表2-1-82　　　　　　　　　　2024年氧化铝期权月度交易情况

月度	成交量（万手）	同比变化（%）	成交量看跌/看涨（PCR）	成交金额（亿元）	同比变化（%）	月末持仓量（万手）	同比变化（%）
1月	—	—	—	—	—	—	—
2月	—	—	—	—	—	—	—
3月	—	—	—	—	—	—	—
4月	—	—	—	—	—	—	—
5月	—	—	—	—	—	—	—
6月	—	—	—	—	—	—	—

续表

月度	成交量（万手）	同比变化（%）	成交量看跌/看涨（PCR）	成交金额（亿元）	同比变化（%）	月末持仓量（万手）	同比变化（%）
7月	—	—	—	—	—	—	—
8月	—	—	—	—	—	—	—
9月	22.74	—	1.79	4.27	—	3.75	—
10月	124.83	—	2.16	26.31	—	19.70	—
11月	270.71	—	2.80	31.92	—	19.80	—
12月	386.85	—	2.04	34.17	—	15.66	—
总计	805.13	—	2.27	96.68	—	—	—

数据来源：上海期货交易所。

表2－1－83　　　　　　　　2024年氧化铝期权年度交易情况

年度	成交量（万手）	同比变化（%）	成交量看跌/看涨（PCR）	成交金额（亿元）	同比变化（%）	年末持仓量（万手）	同比变化（%）
2024年	805.13	—	2.27	96.68	—	15.66	—

数据来源：上海期货交易所。

（二）交割、行权情况（见表2－1－84～表2－1－87）

表2－1－84　　　　　　　　2024年氧化铝期货月度交割情况

月度	交割量（手）	同比变化（%）	交割金额（亿元）	同比变化（%）
1月	435	—	0.29	—
2月	1 455	—	0.91	—
3月	1 305	—	0.84	—
4月	960	—	0.63	—
5月	2 760	—	2.07	—
6月	720	—	0.55	—
7月	3 270	—	2.51	—
8月	2 115	—	1.58	—
9月	645	—	0.50	—
10月	2 205	—	1.96	—
11月	1 500	－60.63	1.67	－25.18
12月	1 380	－4.17	1.53	86.62
总计	18 750	257.14	15.04	393.19

数据来源：上海期货交易所。

表2－1－85　　　　　　　　2023—2024年氧化铝期货年度交割情况

年度	交割量（手）	同比变化（%）	交割金额（亿元）	同比变化（%）
2023年	5 250	—	3.05	—
2024年	18 750	257.14	15.04	393.19

数据来源：上海期货交易所。

表 2 – 1 – 86 2024 年氧化铝期权月度行权情况

月度	行权量（手）
1 月	—
2 月	—
3 月	—
4 月	—
5 月	—
6 月	—
7 月	—
8 月	—
9 月	6
10 月	1 518
11 月	16 046
12 月	9 749
总计	27 319

数据来源：上海期货交易所。

表 2 – 1 – 87 2024 年氧化铝期权年度行权情况

年度	行权量（手）	同比变化（%）
2024 年	27 319	—

数据来源：上海期货交易所。

（三）期货价格走势（见图 2 – 1 – 8、表 2 – 1 – 88、表 2 – 1 – 89）

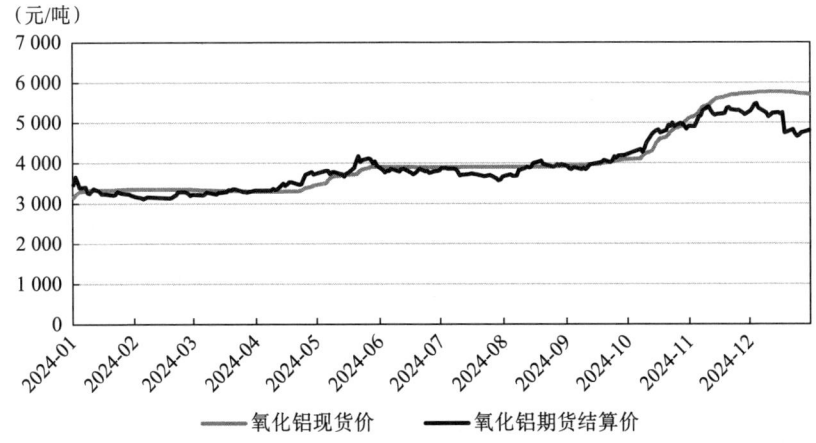

图 2 – 1 – 8 2024 年氧化铝期现货市场价格走势

数据来源：上海期货交易所、上海有色网。

表 2-1-88　　　　　2024 年氧化铝期货和国内现货市场价格指标

市场分类	2023 年末收盘价	2024 年盘中最高价	2024 年盘中最低价	2024 年末收盘价	全年涨跌	结算价平均价	标准差	极差
上期所主力价格（元/吨）	3 348	5 700	3 033	4 797	1 449	3 978	679	2 667
全国现货价格（元/吨）	3 020	5 769	3 154	5 698	2 678	4 071	817	2 615

数据来源：上海期货交易所、上海有色网。

表 2-1-89　　　　　2024 年氧化铝期货内外盘和国内现货市场价格相关性

价格选择	相关系数
上期所主力结算价与氧化铝现货市场价格	0.95

数据来源：上海期货交易所、上海有色网。

九、黄金期货、期权运行情况

（一）期货、期权交易情况（见表 2-1-90 ~ 表 2-1-95）

表 2-1-90　　　　　2024 年黄金期货月度交易情况

月度	成交量（万手）	同比变化（%）	成交金额（亿元）	同比变化（%）	月末持仓量（万手）	同比变化（%）
1 月	421.26	65.46	20 253.34	91.32	32.82	14.60
2 月	206.48	-37.59	9 953.58	-27.36	31.90	36.03
3 月	637.74	22.64	32 368.80	44.48	40.14	12.18
4 月	1 067.63	120.91	59 565.26	176.76	40.64	1.59
5 月	577.88	8.55	32 427.54	35.11	39.16	-2.78
6 月	424.56	-4.91	23 505.55	16.82	35.39	-3.95
7 月	673.41	25.71	38 098.20	56.17	38.14	4.16
8 月	702.71	66.38	39 926.45	106.76	39.18	27.08
9 月	525.96	22.41	30 692.22	52.66	37.49	9.86
10 月	566.20	47.14	34 963.91	93.79	39.54	-1.87
11 月	894.09	80.20	55 032.56	134.83	37.71	-3.00
12 月	682.68	56.28	42 303.94	103.02	33.76	-8.76
总计	7 380.59	39.97	419 091.35	75.75	—	—

数据来源：上海期货交易所。

表 2-1-91　　　　　　　　　2023—2024 年黄金期货年度交易情况

年度	成交量（万手）	同比变化（%）	成交金额（万亿元）	同比变化（%）	年末持仓量（万手）	同比变化（%）
2023 年	5 273.09	35.15	23.85	55.37	37.00	40.63
2024 年	7 380.59	39.97	41.91	75.75	33.76	-8.75

数据来源：上海期货交易所。

表 2-1-92　　　　　　　　　2023—2024 年黄金期货内外盘年度交易情况

年度	成交量（万手）		年末持仓量（万手）	
	上期所（SHFE）	COMEX（纽约商品交易所）	上期所（SHFE）	COMEX（纽约商品交易所）
2023 年	5 273.09	5 646.00	37.00	38.06
2024 年	7 380.59	6 024.49	33.76	45.94

数据来源：上海期货交易所、Wind。

表 2-1-93　　　　　　　　　2024 年黄金期权月度交易情况

月度	成交量（万手）	同比变化（%）	成交量看跌/看涨（PCR）	成交金额（亿元）	同比变化（%）	月末持仓量（万手）	同比变化（%）
1 月	43.45	19.01	1.05	9.78	-20.70	5.14	88.51
2 月	22.74	-41.79	0.81	5.27	-60.31	6.50	46.93
3 月	116.28	46.64	0.75	34.79	37.83	7.30	82.45
4 月	166.95	87.12	0.56	115.75	203.81	13.02	100.07
5 月	205.67	134.34	0.48	77.27	142.69	7.74	70.90
6 月	115.84	56.45	0.79	45.80	111.72	11.31	60.52
7 月	220.84	197.65	0.75	69.46	208.57	7.38	55.31
8 月	164.80	138.60	1.08	81.17	268.09	11.42	59.36
9 月	182.38	73.01	1.37	53.01	66.67	6.71	4.40
10 月	128.77	25.20	0.83	75.66	96.83	10.53	4.77
11 月	271.60	158.20	1.17	108.12	227.37	6.48	-6.87
12 月	92.41	22.54	1.03	48.08	58.16	8.74	3.22
总计	1731.73	84.61	0.85	724.14	125.84	—	—

数据来源：上海期货交易所。

表 2-1-94　　　　　　　　　2023—2024 年黄金期权年度交易情况

年度	成交量（万手）	同比变化（%）	成交量看跌/看涨（PCR）	成交金额（亿元）	同比变化（%）	年末持仓量（万手）	同比变化（%）
2023 年	938.03	126.19	0.82	320.64	124.45	8.47	111.32
2024 年	1731.73	84.61	0.85	724.14	125.84	8.74	3.22

数据来源：上海期货交易所。

表 2-1-95　　　　2023—2024 年黄金期权内外盘年度交易情况

年度	成交量（万手）		年末持仓量（万手）	
	上期所（SHFE）	CME Group（芝商所集团）	上期所（SHFE）	CME Group（芝商所集团）
2023 年	938.03	1222.99	8.47	74.72
2024 年	1731.73	1566.24	8.74	76.11

注：上期所黄金期权单位为 1 000 克/手，CME Group 黄金期权单位为 100 盎司/手。
数据来源：上海期货交易所、FIA。

（二）交割、行权情况（见表 2-1-96～表 2-1-99）

表 2-1-96　　　　　　2024 年黄金期货月度交割情况

月度	交割量（手）	同比变化（%）	交割金额（亿元）	同比变化（%）
1 月	60	300.00	0.29	378.95
2 月	1 167	60.74	5.62	87.96
3 月	39	1 200.00	0.19	1 435.07
4 月	1 518	67.00	8.46	108.89
5 月	78	333.33	0.43	425.60
6 月	1 653	84.28	9.22	127.81
7 月	96	433.33	0.53	551.80
8 月	3 960	1 995.24	22.24	2 493.91
9 月	105	52.17	0.60	85.42
10 月	3 372	181.00	19.75	264.53
11 月	12	33.33	0.07	74.32
12 月	10 416	663.08	64.76	909.62
总计	22 476	314.84	132.16	442.15

数据来源：上海期货交易所。

表 2-1-97　　　　　2023—2024 年黄金期货年度交割情况

年度	交割量（手）	同比变化（%）	交割金额（亿元）	同比变化（%）
2023 年	5 418	5.55	24.38	19.70
2024 年	22 476	314.84	132.16	442.15

数据来源：上海期货交易所。

表 2-1-98　　　　　　2024 年黄金期权月度行权情况

月度	行权量（手）
1 月	4 370
2 月	184

续表

月度	行权量（手）
3月	7 100
4月	489
5月	7 481
6月	61
7月	6 886
8月	281
9月	7 467
10月	225
11月	6 786
12月	131
总计	41 461

数据来源：上海期货交易所。

表2－1－99　　　　　2023—2024年黄金期权年度行权情况

年度	行权量（手）	同比变化（%）
2023年	27 816	82.28
2024年	41 461	49.05

数据来源：上海期货交易所。

（三）期货价格走势（见图2－1－9、表2－1－100、表2－1－101）

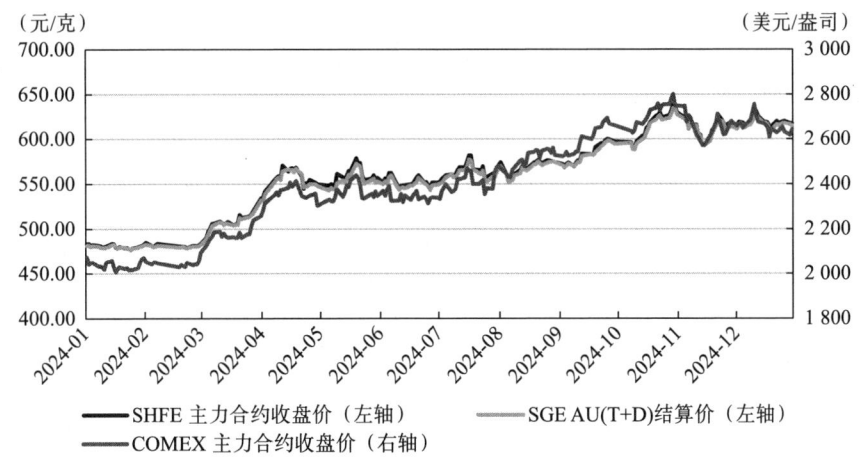

图2－1－9　2024年黄金期货内外盘和国内现货市场价格走势

数据来源：上海期货交易所、Wind。

表 2-1-100　　2024 年黄金期货与黄金现货、COMEX 黄金期货主力合约对比

市场分类	2023年末收盘价	2024年盘中最高价	2024年盘中最低价	2024年末收盘价	全年涨跌	结算价平均价	标准差	极差
上期所主力价格（元/克）	481.70	639.48	476.32	617.60	135.90	559.11	46.13	163.16
COMEX 连续价格（美元/盎司）	2 071.80	2 801.80	2 004.00	2 639.30	567.50	2 408.31	45.70	797.80
上海黄金交易所 AU（T+D）价格（元/克）	479.91	637.30	476.03	614.82	134.91	557.29	222.63	161.27

数据来源：上海期货交易所、Wind。

表 2-1-101　　2024 年黄金期货内外盘和国内现货市场价格相关性

价格选择	相关系数
上期所主力结算价 COMEX 连续价格	0.98
上期所主力结算价与黄金现货市场价格	1.00

数据来源：上海期货交易所、Wind。

十、白银期货、期权运行情况

（一）期货、期权交易情况（见表 2-1-102~表 2-1-107）

表 2-1-102　　2024 年白银期货月度交易情况

月度	成交量（万手）	同比变化（%）	成交金额（亿元）	同比变化（%）	月末持仓量（万手）	同比变化（%）
1月	1 329.18	-15.62	11 775.18	-5.18	86.80	1.54
2月	697.27	-65.19	6 160.55	-59.10	86.56	-16.97
3月	1 846.47	-22.49	48 838.37	-4.18	90.15	-14.45
4月	4 507.26	96.73	48 824.97	153.30	91.22	-8.34
5月	4 371.53	88.60	52 373.14	173.10	99.30	7.78
6月	3 755.60	118.30	44 379.54	209.56	92.78	4.48
7月	3 989.98	96.70	46 898.93	168.14	84.22	-9.54
8月	3 943.53	102.76	43 250.23	159.06	75.95	-12.34
9月	3 110.64	81.70	34 546.37	129.17	69.74	-17.44
10月	2 979.14	89.49	35 817.21	161.83	81.79	-14.01
11月	2 991.73	16.81	34 786.10	53.47	72.89	-28.80
12月	2 311.35	27.03	26 767.15	62.60	68.96	-23.25
总计	35 833.66	49.76	402 898.78	101.04	—	—

数据来源：上海期货交易所。

表 2－1－103　　　　　　　　2023—2024 年白银期货年度交易情况

年度	成交量（万手）	同比变化（%）	成交金额（万亿元）	同比变化（%）	年末持仓量（万手）	同比变化（%）
2023 年	23 927.78	26.76	20.04	48.26	89.85	－6.66
2024 年	35 833.66	49.76	40.29	101.04	68.96	－23.25

数据来源：上海期货交易所。

表 2－1－104　　　　　　　　2023—2024 年白银期货内外盘年度交易情况

年度	成交量（万手）		年末持仓量（万手）	
	上期所（SHFE）	COMEX（纽约商品交易所）	上期所（SHFE）	COMEX（纽约商品交易所）
2023 年	23 927.78	1 812.96	89.85	13.42
2024 年	35 833.66	2 160.69	68.96	15.11

数据来源：上海期货交易所。

表 2－1－105　　　　　　　　2024 年白银期权月度交易情况

月度	成交量（万手）	同比变化（%）	成交量看跌/看涨（PCR）	成交金额（亿元）	同比变化（%）	月末持仓量（万手）	同比变化（%）
1 月	196.09	208.41	0.88	10.69	46.11	8.16	13.34
2 月	74.84	－45.01	1.07	4.50	－54.24	10.45	23.23
3 月	293.05	52.61	0.63	22.37	57.24	10.70	2.06
4 月	697.02	160.39	0.83	91.97	247.81	24.71	65.13
5 月	907.59	238.54	0.66	152.11	677.01	20.05	81.10
6 月	673.11	188.33	0.86	88.21	463.50	28.67	170.70
7 月	1 090.38	381.73	0.91	120.80	583.59	24.70	154.95
8 月	1 124.45	299.20	1.12	125.21	504.75	27.71	136.94
9 月	1 032.27	282.94	1.10	121.69	415.82	24.19	145.48
10 月	892.95	447.84	0.82	114.94	652.85	31.96	121.47
11 月	760.24	139.29	1.16	77.05	140.70	19.42	53.20
12 月	622.58	129.76	1.11	54.86	104.55	21.98	47.01
总计	8 364.55	210.93	0.93	984.40	329.66	—	—

数据来源：上海期货交易所。

表 2－1－106　　　　　　　　2023—2024 年白银期权年度交易情况

年度	成交量（万手）	同比变化（%）	成交量看跌/看涨（PCR）	成交金额（亿元）	同比变化（%）	年末持仓量（万手）	同比变化（%）
2023 年	2 690.19	—	0.75	229.11	—	14.95	—
2024 年	8 364.55	210.93	0.93	984.40	329.66	21.98	47.01

数据来源：上海期货交易所。

表 2－1－107　　　　　2023—2024 年白银期权内外盘年度交易情况

年度	成交量（万手）		年末持仓量（万手）	
	上期所（SHFE）	CME Group（芝商所集团）	上期所（SHFE）	CME Group（芝商所集团）
2023 年	2 690.19	183.44	14.95	8.10
2024 年	8 364.55	355.98	21.98	10.70

注：上期所白银期权单位为 15 千克/手，CME Group 白银期权单位为 5000 金衡制盎司/手。
数据来源：上海期货交易所、FIA。

（二）交割、行权情况（见表 2－1－108～表 2－1－111）

表 2－1－108　　　　　　2024 年白银期货月度交割情况

月度	交割量（手）	同比变化（%）	交割金额（亿元）	同比变化（%）
1 月	3 324	－47.83	2.97	－40.38
2 月	8 706	－38.33	7.77	－25.11
3 月	4 578	－63.55	4.31	－54.50
4 月	5 478	－9.18	6.12	18.01
5 月	3 726	－44.25	4.09	－24.99
6 月	8 924	－42.57	10.29	－20.74
7 月	6 626	－9.87	8.06	27.05
8 月	5 552	－63.17	5.86	－53.69
9 月	4 440	－21.78	4.93	－2.57
10 月	8 972	－42.41	10.36	－23.29
11 月	4 722	－54.01	5.32	－40.45
12 月	12 542	32.50	14.48	69.34
总计	77 590	－37.79	84.56	－18.30

数据来源：上海期货交易所。

表 2－1－109　　　　　2023—2024 年白银期货年度交割情况

年度	交割量（手）	同比变化（%）	交割金额（亿元）	同比变化（%）
2023 年	124 720	－6.37	103.50	5.73
2024 年	77 590	－37.79	84.56	－18.30

数据来源：上海期货交易所。

表 2－1－110　　　　　　2024 年白银期权月度行权情况

月度	行权量（手）
1 月	14 359
2 月	2 272
3 月	17 156
4 月	14 030

续表

月度	行权量（手）
5月	41 822
6月	9 598
7月	39 699
8月	18 030
9月	22 127
10月	15 634
11月	24 233
12月	16 083
总计	235 043

数据来源：上海期货交易所。

表2－1－111　　2023—2024年白银期权年度行权情况

年度	行权量（手）	同比变化（%）
2023年	79 473	—
2024年	235 043	195.75

数据来源：上海期货交易所。

（三）期货价格走势（见图2－1－10、表2－1－112、表2－1－113）

图2－1－10　2024年白银期货和国内现货市场价格走势

数据来源：上海期货交易所、Wind。

表 2-1-112　　　　　　　2024 年白银期货和国内现货市场价格指标

市场分类	2023 年末收盘价	2024 年盘中最高价	2024 年盘中最低价	2024 年末收盘价	全年涨跌	结算价平均值	标准差	极差
SHFE 主力价格（元/千克）	5 976	8 733	5 743	7 470	1 494	7 236.03	767.12	2 990
AG（T+D）（元/千克）	5 973	8 697	5 759	7 461	1 488	7 218.70	760.95	2 938
COMEX 主力价格（美元/盎司）	24.03	35.07	22.04	29.29	5.26	28.51	3.23	13.03

数据来源：上海期货交易所、Wind。

表 2-1-113　　　　　　2024 年白银期货内外盘和国内现货市场价格相关性

价格选择	相关系数
SHFE 主力结算价与白银现货价格	1.00
SHFE 主力结算价与 COMEX 主力结算价	0.96

数据来源：上海期货交易所、Wind。

十一、螺纹钢期货、期权运行情况

（一）期货、期权交易情况（见表 2-1-114～表 2-1-117）

表 2-1-114　　　　　　　　2024 年螺纹钢期货月度交易情况

月度	成交量（万手）	同比变化（%）	成交金额（亿元）	同比变化（%）	月末持仓量（万手）	同比变化（%）
1 月	2 702.85	-14.05	10 646.22	-17.63	223.71	-21.73
2 月	2 053.68	-54.16	7 820.13	-57.48	252.74	-12.97
3 月	4 854.71	-15.38	17 404.15	-27.92	308.87	10.33
4 月	4 077.02	-10.87	14 640.56	-17.64	212.08	-23.11
5 月	3 209.35	-31.11	11 935.40	-28.64	234.09	-24.33
6 月	2 755.97	-33.31	9 957.01	-34.51	289.04	5.69
7 月	3 899.19	-9.44	13 539.43	-16.57	321.33	-1.58
8 月	4 928.77	-2.82	15 955.25	-15.50	308.83	-14.85
9 月	6 513.04	75.12	20 660.02	47.26	241.05	-15.48
10 月	6 217.13	144.92	21 351.67	130.94	278.23	-6.57
11 月	5 361.33	18.00	17 961.00	1.35	256.91	-22.16
12 月	4 140.07	25.54	13 798.83	5.51	218.02	-11.94
总计	50 713.11	1.01	175 669.66	-9.61	—	—

数据来源：上海期货交易所。

表 2-1-115　　　　　2023—2024 年螺纹钢期货年度交易情况

年度	成交量（万手）	同比变化（%）	成交金额（万亿元）	同比变化（%）	年末持仓量（万手）	同比变化（%）
2023 年	50 203.94	-4.42	19.44	-11.99	247.59	-10.27
2024 年	50 713.11	1.01	17.57	-9.61	218.02	-11.94

数据来源：上海期货交易所。

表 2-1-116　　　　　2024 年螺纹钢期权月度交易情况

月度	成交量（万手）	同比变化（%）	成交量看跌/看涨（PCR）	成交金额（亿元）	同比变化（%）	月末持仓量（万手）	同比变化（%）
1 月	215.62	55.11	1.10	6.94	-28.33	44.91	94.29
2 月	253.15	-31.53	1.09	6.51	-66.30	47.19	30.79
3 月	516.64	2.69	1.07	22.61	-7.05	66.52	90.47
4 月	425.83	-14.96	0.93	15.10	-24.72	21.75	-17.79
5 月	227.53	-57.81	0.64	11.65	-51.16	37.1	3.37
6 月	211.40	-60.68	0.67	8.63	-61.79	53.85	58.32
7 月	317.13	-37.37	0.82	12.35	-36.57	65.49	36.46
8 月	613.12	-2.40	0.99	27.06	10.91	79.33	24.76
9 月	850.80	53.54	0.92	33.62	95.44	35.32	7.10
10 月	575.61	80.92	0.61	29.27	221.38	50.17	37.55
11 月	462.02	-30.21	0.78	15.67	-44.53	54.18	21.20
12 月	404.68	-29.79	0.84	11.27	-46.48	26.86	-3.16
总计	5 073.53	-13.05	0.87	200.68	-16.14	—	—

数据来源：上海期货交易所。

表 2-1-117　　　　　2023—2024 年螺纹钢期权年度交易情况

年度	成交量（万手）	同比变化（%）	成交量看跌/看涨（PCR）	成交金额（亿元）	同比变化（%）	年末持仓量（万手）	同比变化（%）
2023 年	5 834.73	—	0.90	239.30	—	27.73	—
2024 年	50 73.53	-13.05	0.87	200.68	-16.14	26.86	-3.16

数据来源：上海期货交易所。

（二）交割、行权情况（见表 2-1-118~表 2-1-121）

表 2-1-118　　　　2024 年螺纹钢期货月度交割情况

月度	交割量（手）	同比变化（%）	交割金额（亿元）	同比变化（%）
1月	9 960	104.94	3.90	86.63
2月	810	-57.81	0.30	-60.53
3月	10 620	25.53	3.76	-1.92
4月	1 170	-46.58	0.40	-52.11
5月	7 650	73.47	2.62	71.52
6月	2 520	-3.45	0.86	-7.67
7月	2 010	-53.15	0.66	-58.44
8月	1 980	-4.35	0.55	-25.50
9月	570	-84.55	0.17	-87.52
10月	4 110	-11.04	1.40	-13.65
11月	2 550	-5.56	0.82	-21.28
12月	3 360	558.82	1.11	463.85
总计	47 310	11.76	16.57	-0.07

数据来源：上海期货交易所。

表 2-1-119　　　　2023—2024 年螺纹钢期货年度交割情况

年度	交割量（手）	同比变化（%）	交割金额（亿元）	同比变化（%）
2023 年	42 330	95.70	16.58	84.46
2024 年	47 310	11.76	16.57	-0.07

数据来源：上海期货交易所。

表 2-1-120　　　　2024 年螺纹钢期权月度行权情况

月度	行权量（手）
1月	587
2月	20 635
3月	6 545
4月	63 589
5月	3 403
6月	4 631
7月	3 017
8月	18 400
9月	110 811
10月	10 694
11月	17 488
12月	60 940
总计	320 740

数据来源：上海期货交易所。

表2-1-121　　　　2023—2024年螺纹钢期权年度行权情况

年度	行权量（手）	同比变化（%）
2023年	258 673	—
2024年	320 740	23.99

数据来源：上海期货交易所。

（三）期货价格走势（见图2-1-11、表2-1-122、表2-1-123）

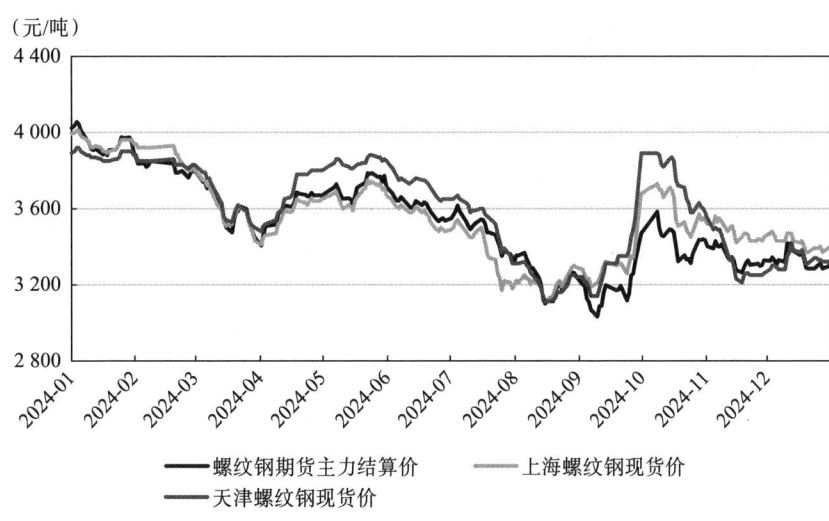

图2-1-11　2024年螺纹钢期货和国内现货市场价格走势

数据来源：上海期货交易所、我的钢铁网。

表2-1-122　　　　2024年螺纹钢期货和国内现货市场价格指标

市场分类	2023年末收盘价	2024年盘中最高价	2024年盘中最低价	2024年末收盘价	全年涨跌	结算价平均值	标准差	极差
上期所主力价格（元/吨）	4 002	4 259	3 044	3 309	-693	3 517.59	234.86	1 215
上海现货价格（元/吨）	3 980	4 010	3 110	3 400	-580	3 542.93	218.25	900
天津现货价格（元/吨）	3 880	3 920	3 110	3 320	-560	3 579.17	243.6	810

数据来源：上海期货交易所、Wind。

表2-1-123　　　　2024年螺纹钢期货和国内现货市场价格相关性

价格选择	相关系数
上期所主力结算价与上海地区现货价格	0.93
上期所主力结算价与天津地区现货价格	0.91

数据来源：上海期货交易所、Wind。

十二、热轧卷板期货运行情况

（一）期货交易情况（见表2-1-124、表2-1-125）

表2-1-124　　　　　　　2024年热轧卷板期货月度交易情况

月度	成交量（万手）	同比变化（%）	成交金额（亿元）	同比变化（%）	月末持仓量（万手）	同比变化（%）
1月	874.56	38.69	3 551.59	35.68	110.70	1.97
2月	612.42	-32.98	2 407.23	-36.89	122.68	7.76
3月	1 262.26	0.54	4 751.14	-12.23	135.87	33.28
4月	1 182.22	6.07	4 449.76	0.23	104.30	-0.66
5月	917.91	-31.90	3 533.04	-28.61	128.64	1.11
6月	826.20	-30.90	3 123.49	-30.96	140.37	22.85
7月	1 190.91	-18.92	4 346.10	-24.59	170.26	-2.69
8月	2 457.84	17.75	8 181.28	0.01	189.68	31.92
9月	2 346.80	53.54	7 580.15	27.91	151.79	8.34
10月	1 704.70	80.65	6 101.87	72.14	160.82	8.23
11月	1 468.57	1.72	5 170.54	-9.92	151.32	-0.20
12月	1 326.97	8.59	4 616.99	-7.29	129.28	3.03
总计	16 171.37	6.73	57 813.17	-3.47	—	—

数据来源：上海期货交易所。

表2-1-125　　　　　　　2023—2024年热轧卷板期货年度交易情况

年度	成交量（万手）	同比变化（%）	成交金额（万亿元）	同比变化（%）	年末持仓量（万手）	同比变化（%）
2023年	15 152.12	6.66	5.99	-3.10	125.48	17.88
2024年	16 171.37	6.73	5.78	-3.47	129.28	3.03

数据来源：上海期货交易所。

（二）交割情况（见表2-1-126、表2-1-127）

表2-1-126　　　　　　　2024年热轧卷板期货月度交割情况

月度	交割量（手）	同比变化（%）	交割金额（亿元）	同比变化（%）
1月	23 790	49.62	9.53	43.60
2月	3 390	-29.38	1.35	-33.02
3月	6 840	-3.80	2.55	-20.59
4月	2 070	-28.87	0.79	-35.33
5月	3 090	-12.71	1.15	-21.60
6月	240	-96.10	0.09	-96.33
7月	1 770	-71.50	0.65	-73.00

续表

月度	交割量（手）	同比变化（%）	交割金额（亿元）	同比变化（%）
8月	600	-94.19	0.21	-94.85
9月	4 770	-53.64	1.51	-63.08
10月	20 340	47.07	7.24	37.77
11月	5 160	-24.56	1.75	-36.22
12月	1 980	-57.14	0.66	-64.21
总计	74 040	-19.97	27.48	-26.47

数据来源：上海期货交易所。

表2-1-127　　　2023—2024年热轧卷板期货年度交割情况

年度	交割量（手）	同比变化（%）	交割金额（亿元）	同比变化（%）
2023年	92 520	44.04	37.37	29.61
2024年	74 040	-19.97	27.48	-26.47

数据来源：上海期货交易所。

（三）期货价格走势（见图2-1-12、表2-1-128、表2-1-129）

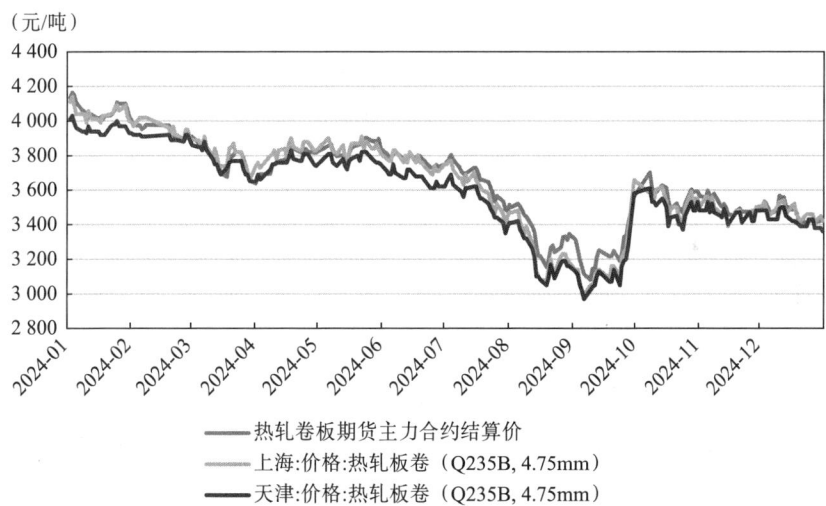

图2-1-12　2024年热轧卷板期货和国内现货市场价格走势

数据来源：上海期货交易所、Wind。

表2-1-128　　　2024年热轧卷板期货和国内现货市场价格指标

市场分类	2023年末收盘价	2024年盘中最高价	2024年盘中最低价	2024年末收盘价	全年涨跌	结算价平均价	标准差	极差
上期所主力价格（元/吨）	4 114	4 185	3 037	3 418	-696	3 661.9	244.39	1 148
上海现货价格（元/吨）	4 050	4 140	2 990	3 420	-630	3 640.62	274.38	1 150
天津现货价格（元/吨）	3 960	4 030	2 970	3 360	-600	3 586.28	257.67	1 060

数据来源：上海期货交易所、Wind。

表 2-1-129　　2024 年热轧卷板期货和国内现货市场价格相关性

价格选择	相关系数
上期所主力结算价与上海地区现货价格	0.99
上期所主力结算价与天津地区现货价格	0.98

数据来源：上海期货交易所、Wind。

十三、线材期货运行情况

（一）期货交易情况（见表 2-1-130、表 2-1-131）

表 2-1-130　　2024 年线材期货月度交易情况

月度	成交量（手）	同比变化（%）	成交金额（亿元）	同比变化（%）	月末持仓量（手）	同比变化（%）
1 月	6 088	1 299.54	2.53	1 097.36	159	591.30
2 月	1 512	60.17	0.61	34.33	165	334.21
3 月	3 865	191.92	1.50	136.94	405	994.59
4 月	4 144	160.14	1.56	118.69	245	1 261.11
5 月	17 019	907.64	6.88	893.63	1 296	1 134.29
6 月	5 389	191.77	2.07	169.89	864	764.00
7 月	4 730	5.96	1.69	-8.74	588	186.83
8 月	6 737	70.21	2.20	29.74	163	-12.83
9 月	1 252	91.65	0.43	93.45	54	-82.00
10 月	1 372	-28.21	0.51	-32.53	75	-70.82
11 月	967	-68.03	0.35	-71.59	71	-57.49
12 月	2 297	-14.07	0.82	-26.67	38	-5.00
总计	55 372	42.48	21.16	26.75	—	—

数据来源：上海期货交易所。

表 2-1-131　　2023—2024 年线材期货年度交易情况

年度	成交量（手）	同比变化（%）	成交金额（亿元）	同比变化（%）	年末持仓量（手）	同比变化（%）
2023 年	38 862	140.45	16.69	111.82	40	233.33
2024 年	55 372	42.48	21.16	26.75	38	-5.00

数据来源：上海期货交易所。

（二）交割情况

2024年，线材期货仅在5月、9月发生交割，交割量分别为60手、90手，交割金额合计475.86万元。

（三）期货价格走势（见图2-1-13、表2-1-132、表2-1-133）

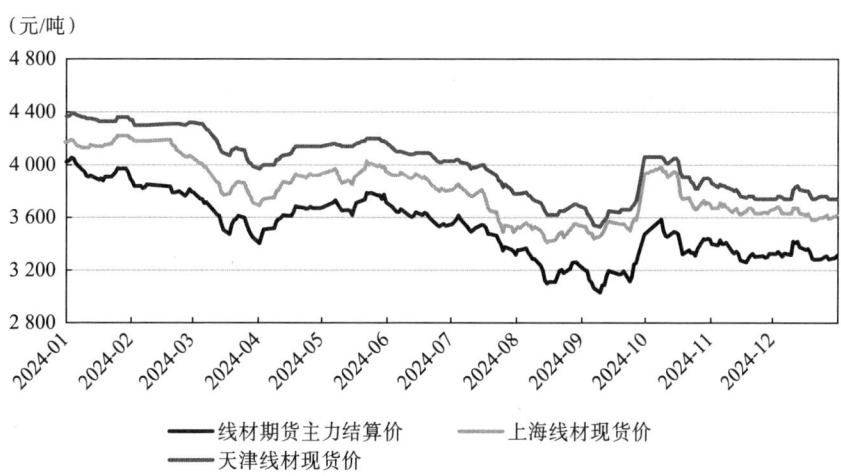

图2-1-13　2024年线材期货和国内现货市场价格走势

数据来源：上海期货交易所、Wind。

表2-1-132　　　　　2024年线材期货和国内现货市场价格指标

市场分类	2023年末收盘价	2024盘中最高价	2024盘中最低价	2024年末收盘价	全年涨跌	结算价平均价	标准差	极差
上期所主力价格（元/吨）	4 215	4 259	3 044	3 614	-599	3 517.59	234.86	1215
上海现货市场价格（元/吨）	4 160	4 220	3 410	3 620	-540	3 542.93	218.25	810
天津现货市场价格（元/吨）	4 360	4 390	3 530	3 740	-620	3 579.17	243.6	860

数据来源：上海期货交易所、Wind。

表2-1-133　　　　　2024年线材期货和国内现货市场价格相关性

价格选择	相关系数
上期所主力结算价与上海地区现货价格	0.96
上期所主力结算价与天津地区现货价格	0.98

数据来源：上海期货交易所、Wind。

十四、不锈钢期货运行情况

（一）期货交易情况（见表2-1-134、表2-1-135）

表2-1-134　　　　　2024年不锈钢期货月度交易情况

月度	成交量（万手）	同比变化（%）	成交金额（亿元）	同比变化（%）	月末持仓量（万手）	同比变化（%）
1月	530.66	152.06	3 719.20	108.24	22.71	95.87
2月	315.71	35.86	2 181.85	12.18	23.33	132.87
3月	596.18	77.24	4 077.99	55.21	29.39	77.31
4月	670.85	83.09	4 682.84	70.41	19.99	47.29
5月	620.90	70.17	4 481.21	63.96	20.56	71.37
6月	376.24	33.91	2 646.49	25.93	21.72	72.37
7月	484.36	32.00	3 389.70	22.57	25.79	64.64
8月	434.80	2.78	3 008.61	-9.00	25.87	48.41
9月	400.74	17.33	2 690.56	1.91	21.49	33.97
10月	323.17	20.78	2 240.67	14.03	17.56	9.85
11月	389.14	-25.13	2 599.23	-28.79	22.30	5.24
12月	444.29	-26.87	2 891.22	-30.27	24.82	13.50
总计	5 587.04	29.39	38 609.56	19.11	—	—

数据来源：上海期货交易所。

表2-1-135　　　　　2023—2024年不锈钢期货年度交易情况

年度	成交量（万手）	同比变化（%）	成交金额（万亿元）	同比变化（%）	年末持仓量（万手）	同比变化（%）
2023年	4 317.84	19.61	3.24	1.78	21.86	92.30
2024年	5 587.04	29.39	3.86	19.11	24.82	13.50

数据来源：上海期货交易所。

（二）交割情况（见表2-1-136、表2-1-137）

表2-1-136　　　　　2024年不锈钢期货月度交割情况

月度	交割量（手）	同比变化（%）	交割金额（亿元）	同比变化（%）
1月	1 296	-89.52	0.89	-91.47
2月	7 884	8.42	5.35	-11.35
3月	14 208	85.87	9.66	58.28
4月	6 564	-27.55	4.50	-34.47
5月	4 692	-18.54	3.24	-27.02

续表

月度	交割量（手）	同比变化（%）	交割金额（亿元）	同比变化（%）
6月	2 040	-16.67	1.39	-25.17
7月	1 824	-78.68	1.25	-80.31
8月	2 904	-37.31	1.95	-45.65
9月	4 812	-23.91	3.17	-34.95
10月	2 964	-32.88	2.06	-36.20
11月	2 352	-26.87	1.58	-31.94
12月	2 112	-5.38	1.35	-7.37
总计	53 652	-27.43	36.38	-36.78

数据来源：上海期货交易所。

表 2-1-137　2023—2024年不锈钢期货年度交割情况

年度	交割量（手）	同比变化（%）	交割金额（亿元）	同比变化（%）
2023年	73 932	85.02	57.54	53.88
2024年	53 652	-27.43	36.38	-36.78

数据来源：上海期货交易所。

（三）期货价格走势（见图2-1-14、表2-1-138、表2-1-139）

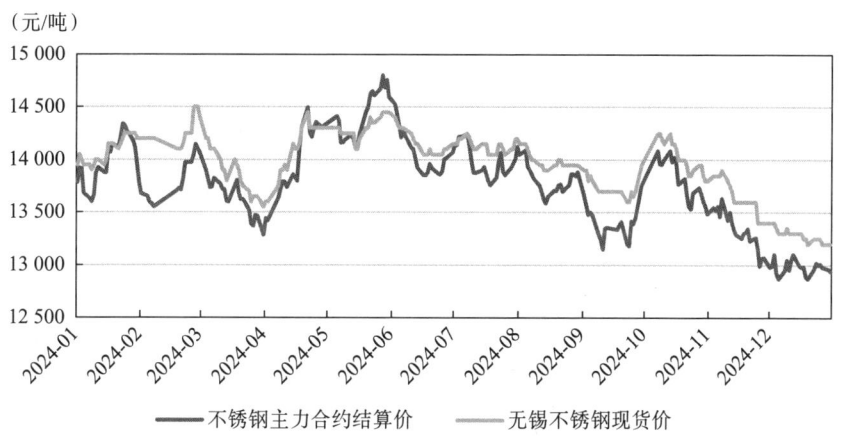

图 2-1-14　2024年不锈钢期货和国内现货市场价格走势

数据来源：上海期货交易所、Wind。

表 2-1-138　2024年不锈钢期货和国内现货市场价格指标

市场分类	2023年末收盘价	2024年盘中最高价	2024年盘中最低价	2024年末收盘价	全年涨跌	结算价平均价	标准差	极差
上期所主力价格（元/吨）	13 680	14 955	12 800	12 995	-685	13 764	419.29	2 155
无锡现货价格（元/吨）	13 720	14 270	12 970	12 970	-750	13 727	311.73	1 300

数据来源：上海期货交易所、Wind。

表 2-1-139　　　　2024 年不锈钢期货和国内现货市场价格相关性

价格选择	相关系数
上期所主力结算价与无锡地区现货价格	0.94

数据来源：上海期货交易所、Wind。

十五、原油期货、期权运行情况

（一）期货、期权交易情况（见表 2-1-140 ~ 表 2-1-145）

表 2-1-140　　　　　　　　2024 年原油期货月度交易情况

月度	成交量（万手）	同比变化（%）	成交金额（亿元）	同比变化（%）	月末持仓量（万手）	同比变化（%）
1 月	539.38	139.17	30 402.00	149.38	4.82	-23.52
2 月	297.26	-12.65	17 347.43	-6.92	5.35	-23.19
3 月	370.96	-28.97	23 066.17	-16.07	5.79	-5.29
4 月	302.43	0.61	19 767.25	15.31	4.7	-4.68
5 月	252.43	-31.41	15 454.8	-18.13	6.44	8.65
6 月	236.4	-37.89	14 239.04	-28.97	5.27	0.68
7 月	287.64	-30.56	17 492.75	-27.08	4.25	-42.72
8 月	331.48	-31.98	18 546.66	-39.85	4.51	-27.39
9 月	359.22	-9.51	18 666.93	-31.96	4.7	-22.06
10 月	301.28	-17.26	16 329.06	-32.79	4.46	-25.96
11 月	320.46	-45.43	16 976.24	-51.99	3.65	-42.36
12 月	257.40	-54.61	13 857.94	-56.05	5.30	-15.87
总计	3 856.35	-22.17	222 146.29	-22.82	—	—

数据来源：上海期货交易所（上海国际能源交易中心）。

表 2-1-141　　　　　　　　2023—2024 年原油期货年度交易情况

年度	成交量（万手）	同比变化（%）	成交金额（万亿元）	同比变化（%）	年末持仓量（万手）	同比变化（%）
2023 年	4 954.55	-7.53	28.78	-17.56	6.30	11.58
2024 年	3 856.35	-22.17	22.21	-22.82	5.30	-15.87

数据来源：上海期货交易所（上海国际能源交易中心）。

表2–1–142 2023—2024年原油期货内外盘年度交易情况

年度	成交量（万手）			年末持仓量（万手）		
	上期能源（INE SC）	CME Group WTI（芝加哥商业交易所集团）	ICE Brent（洲际交易所）	上期能源（INE SC）	CME Group WTI（芝加哥商业交易所集团）	ICE Brent（洲际交易所）
2023年	4 954.55	20 445.10	25 229.69	6.30	158.19	203.52
2024年	3 856.35	22 014.06	27 516.70	5.30	187.32	241.29

注：INE SC、CME WTI、ICE Brent 交易单位均为1 000桶/手。

数据来源：上海期货交易所（上海国际能源交易中心）、CME Group（芝加哥商业交易所集团）、ICE（洲际交易所）。

表2–1–143 2024年原油期权月度交易情况

月度	成交量（万手）	同比变化（%）	成交量看跌/看涨（PCR）	成交金额（亿元）	同比变化（%）	月末持仓量（万手）	同比变化（%）
1月	187.85	264.17	0.93	90.35	130.77	4.47	46.43
2月	77.66	-17.37	1.01	43.94	-18.09	3.24	6.87
3月	106.71	-18.34	1.00	55.42	-37.20	3.07	-13.63
4月	112.31	26.06	0.81	65.97	11.17	3.38	-2.89
5月	111.21	4.62	0.62	55.32	-14.43	3.82	3.36
6月	95.45	-13.05	0.97	49.32	-26.36	3.01	14.92
7月	130.02	57.32	1.23	67.47	29.33	3.01	2.32
8月	160.76	10.51	1.17	79.81	-5.68	4.02	15.64
9月	168.18	31.55	1.22	90.73	7.70	3.15	-3.12
10月	124.64	22.46	0.82	76.85	7.38	4.07	-21.40
11月	109.13	-42.77	1.13	52.15	-55.83	3.09	-38.36
12月	107.35	-45.69	1.18	39.36	-66.05	3.90	-25.50
总计	1 491.27	4.47	1.00	766.69	-14.68	—	—

数据来源：上海期货交易所（上海国际能源交易中心）。

表2–1–144 2023—2024年原油期权年度交易情况

年度	成交量（万手）	同比变化（%）	成交量看跌/看涨（PCR）	成交金额（亿元）	同比变化（%）	年末持仓量（万手）	同比变化（%）
2023年	1 427.52	116.26	0.99	898.61	41.31	5.23	385.50
2024年	1 491.27	4.47	1.00	766.69	-14.68	3.90	-25.50

数据来源：上海期货交易所（上海国际能源交易中心）。

表 2-1-145　　　　　2023—2024 年原油期权内外盘年度交易情况

年度	成交量（万手）			年末持仓量（万手）		
	上期能源（INE）	CME Group WTI（芝加哥商业交易所集团）	ICE Brent（洲际交易所）	上期能源（INE）	CME Group WTI（芝加哥商业交易所集团）	ICE Brent（洲际交易所）
2023 年	1 427.52	3 062.21	4 094.76	5.23	193.36	237.36
2024 年	1 491.27	3 715.05	5 425.48	3.90	182.79	263.63

注：INE SC、CME WTI、ICE Brent 交易单位均为 1 000 桶/手。

数据来源：上海期货交易所（上海国际能源交易中心）、CME Group（芝加哥商业交易所集团）、ICE（洲际交易所）、FIA（国际期货业协会）。

（二）交割、行权情况（见表 2-1-146~表 2-1-149）

表 2-1-146　　　　　2024 年原油期货月度交割情况

月度	交割量（手）	同比变化（%）	交割金额（亿元）	同比变化（%）
1 月	105	-97.08	0.58	-96.96
2 月	640	-87.88	3.68	-86.84
3 月	646	-74.54	3.85	-72.40
4 月	4 111	177.96	26.00	240.98
5 月	877	-76.38	5.67	-72.80
6 月	2 416	-38.13	14.64	-28.71
7 月	3 816	14.25	23.82	33.18
8 月	2 299	-75.74	13.48	-76.23
9 月	2 199	7 230.00	12.19	6 075.67
10 月	156	-94.70	0.81	-96.12
11 月	4 255	6.30	22.77	-15.90
12 月	4 657	1 447.18	24.79	1 340.55
总计	26 177	-35.54	152.28	-35.07

数据来源：上海期货交易所（上海国际能源交易中心）。

表 2-1-147　　　　　2023—2024 年原油期货年度交割情况

年度	交割量（手）	同比变化（%）	交割金额（亿元）	同比变化（%）
2023 年	40 608	68.70	234.51	48.51
2024 年	26 177	-35.54	152.28	-35.07

数据来源：上海期货交易所（上海国际能源交易中心）。

表 2－1－148　　　　　　　　　　　2024 年原油期权月度行权情况

月度	行权量（手）
1 月	4 215
2 月	2 273
3 月	2 137
4 月	3 464
5 月	4 514
6 月	4 012
7 月	2 876
8 月	4 915
9 月	4 946
10 月	4 599
11 月	3 340
12 月	4 288
总计	45 579

数据来源：上海期货交易所（上海国际能源交易中心）。

表 2－1－149　　　　　　　　　2023—2024 年原油期权年度行权情况

年度	行权量（手）	同比变化（%）
2023 年	44 498	37.34
2024 年	45 579	2.43

数据来源：上海期货交易所（上海国际能源交易中心）。

（三）期货价格走势（见图 2－1－15、表 2－1－150、表 2－1－151）

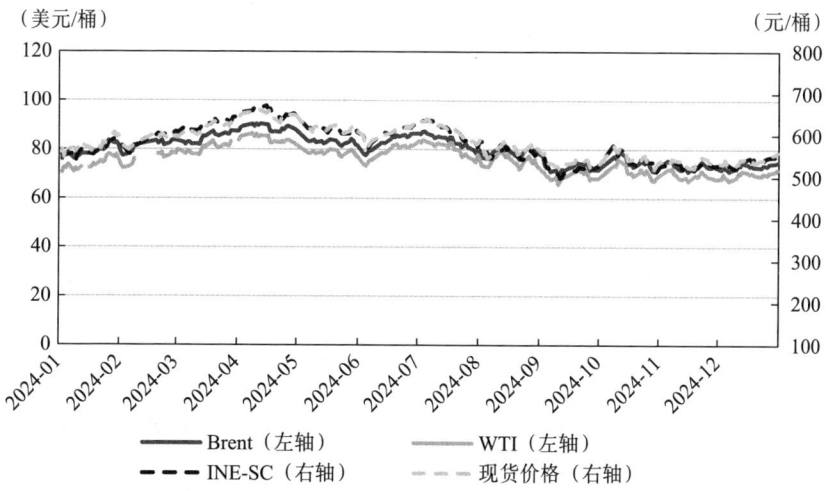

图 2－1－15　2024 年原油期货内外盘和国内现货市场价格走势

数据来源：上海期货交易所（上海国际能源交易中心）、Reuters（路透社）。

表 2-1-150　　　2024 年原油期货内外盘和国内现货市场价格指标

市场分类	2023 年末收盘价	2024 年盘中最高价	2024 年盘中最低价	2024 年末收盘价	全年涨跌	结算价平均价	标准差	极差
上期能源主力合约价格（元/桶）	542.7	681.5	490.2	559.9	17.2	579.14	42.79	191.3
CME Group WTI 连续合约价格（美元/桶）	71.33	87.67	65.27	71.87	0.54	75.76	5.18	22.4
ICE Brent 连续合约价格（美元/桶）	77.08	92.18	68.68	74.83	-2.25	79.86	5.36	23.5
原油现货市场价格（元/桶）	557.82	661.21	519.51	554.58	-3.24	582.02	38.11	141.7

数据来源：上海期货交易所（上海国际能源交易中心）、Reuters（路透社）、CME Group（芝加哥商业交易所集团）、ICE（洲际交易所）。

表 2-1-151　　　2024 年原油期货内外盘和国内现货市场价格相关性

价格选择	相关系数
上期所主力结算价与 CME WTI 连续价格	0.95
上期所主力结算价与 ICE Brent 连续价格	0.96
上期所主力结算价与现货价格	0.98

数据来源：上海期货交易所（上海国际能源交易中心）、CME Group（芝加哥商业交易所集团）、ICE（洲际交易所）。

十六、低硫燃料油期货运行情况

（一）期货交易情况（见表 2-1-152、表 2-1-153）

表 2-1-152　　　2024 年低硫燃料油期货月度交易情况

月度	成交量（万手）	同比变化（%）	成交金额（亿元）	同比变化（%）	月末持仓量（万手）	同比变化（%）
1 月	355.59	44.01	1 493.00	51.87	17.08	67.29
2 月	224.50	-32.12	964.48	-28.15	14.82	0.74
3 月	301.06	-38.29	1 330.45	-28.22	18.24	20.29
4 月	307.37	-26.55	1 406.82	-16.36	14.96	3.83
5 月	270.98	-25.95	1 143.88	-17.68	15.88	26.97
6 月	232.56	-47.30	967.06	-44.32	13.88	-22.74
7 月	289.95	-45.89	1 237.37	-43.33	11.19	-51.72
8 月	321.31	-42.69	1 325.28	-45.87	15.08	-33.38

续表

月度	成交量（万手）	同比变化（%）	成交金额（亿元）	同比变化（%）	月末持仓量（万手）	同比变化（%）
9月	399.38	1.55	1 574.49	-14.33	13.72	-18.45
10月	281.71	-24.33	1 140.88	-32.85	15.65	-20.20
11月	265.10	-51.24	1 049.67	-55.58	13.04	-29.77
12月	271.56	-41.51	1 051.42	-44.87	14.35	-2.84
总计	3 521.07	-31.78	14 684.81	-31.46	—	—

数据来源：上海期货交易所（上海国际能源交易中心）。

表 2-1-153　　2023—2024 年低硫燃料油期货年度交易情况

年度	成交量（万手）	同比变化（%）	成交金额（万亿元）	同比变化（%）	年末持仓量（万手）	同比变化（%）
2023年	5 161.17	26.37	2.14	7.27	14.77	52.58
2024年	3 521.07	-31.78	1.47	-31.46	14.35	-2.84

数据来源：上海期货交易所（上海国际能源交易中心）。

（二）交割情况（见表 2-1-154、表 2-1-155）

表 2-1-154　　2024 年低硫燃料油期货月度交割情况

月度	交割量（手）	同比变化（%）	交割金额（亿元）	同比变化（%）
1月	1 570	1 098.47	0.76	1 399.08
2月	2 822	283.95	1.20	331.60
3月	2 613	10.35	1.15	22.99
4月	1 384	-44.93	0.62	-32.90
5月	3 843	207.69	1.73	185.89
6月	495	49 400.00	0.20	44 384.79
7月	2 772	1 004.38	1.18	1 080.15
8月	2 791	123.28	1.17	128.71
9月	953	-54.51	0.41	-55.76
10月	2 955	284.27	1.52	329.12
11月	1 450	-40.53	0.60	-47.03
12月	5 815	1 463.17	2.36	1 278.41
总计	29 463	107.90	12.91	115.30

数据来源：上海期货交易所（上海国际能源交易中心）。

表 2－1－155　　2023—2024 年低硫燃料油期货年度交割情况

年度	交割量（手）	同比变化（%）	交割金额（亿元）	同比变化（%）
2023 年	14 172	－48.96	5.99	－53.89
2024 年	29 463	107.90	12.91	115.30

数据来源：上海期货交易所（上海国际能源交易中心）。

（三）期货价格走势（见图 2－1－16、表 2－1－156、表 2－1－157）

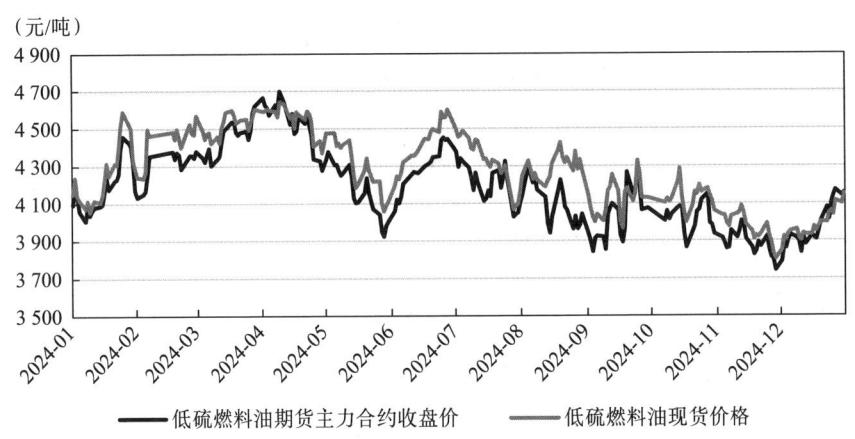

图 2－1－16　2024 年低硫燃料油期货和现货市场价格走势

数据来源：上海期货交易所（上海国际能源交易中心）、金联创。

表 2－1－156　　2024 年低硫燃料油期货和现货市场价格指标

市场分类	2023 年末收盘价	2024 年盘中最高价	2024 年盘中最低价	2024 年末收盘价	全年涨跌	结算价平均价	标准差	极差
上期能源主力价格（元/吨）	4 051	4 742	3 645	4 005	46	4 183.90	216.32	1 097
低硫燃料油现货价格（元/吨）	4 257	4 642	3 802	3 974	283	4 277.03	210.05	840

数据来源：上海期货交易所（上海国际能源交易中心）、金联创。

表 2－1－157　　2024 年低硫燃料油期货和现货市场价格相关性

价格选择	相关系数
上期能源主力结算价与低硫燃料油现货市场价格	0.93

数据来源：上海期货交易所（上海国际能源交易中心）、金联创。

十七、燃料油期货运行情况

（一）期货交易情况（见表2-1-158、表2-1-159）

表2-1-158　　　　　　　　2024年燃料油期货月度交易情况

月度	成交量（万手）	同比变化（%）	成交金额（亿元）	同比变化（%）	月末持仓量（万手）	同比变化（%）
1月	2 235.96	51.84	6 709.77	72.48	55.49	21.70
2月	928.85	-56.28	2 849.28	-51.97	46.76	-7.60
3月	1 368.05	-50.42	4 482.68	-42.10	60.38	6.79
4月	1 527.88	-27.53	5 376.47	-17.44	47.97	-1.88
5月	1 253.65	-41.69	4 278.00	-31.97	59.85	-2.93
6月	1 171.66	-34.86	4 011.16	-25.51	55.24	-22.61
7月	1 438.44	-11.54	4 953.88	-5.27	50.35	-39.29
8月	1 663.09	-40.27	5 158.05	-47.57	41.67	-31.71
9月	1 817.60	-14.08	5 066.66	-35.47	45.63	6.18
10月	1 570.27	-0.76	4 797.18	-10.34	47.50	-8.96
11月	1 494.60	-42.46	4 598.58	-43.92	54.83	-10.57
12月	1 693.05	-21.96	5 389.04	-17.94	45.33	-18.23
总计	18 163.11	-28.18	57 670.75	-26.80	—	—

数据来源：上海期货交易所（上海国际能源交易中心）。

表2-1-159　　　　　　　　2023—2024年燃料油期货年度交易情况

年度	成交量（万手）	同比变化（%）	成交金额（万亿元）	同比变化（%）	年末持仓量（万手）	同比变化（%）
2023年	25 288.41	20.16	7.88	14.79	55.44	26.14
2024年	18 163.11	-28.18	5.77	-26.80	45.33	-18.23

数据来源：上海期货交易所（上海国际能源交易中心）。

（二）交割情况（见表2-1-160、表2-1-161）

表2-1-160　　　　　　　　2024年燃料油期货月度交割情况

月度	交割量（手）	同比变化（%）	交割金额（亿元）	同比变化（%）
1月	12 454	3.97	3.77	30.39
2月	4 178	74.45	1.24	107.54
3月	9 850	776.33	2.99	837.39
4月	3 430	863.48	1.22	1 205.07
5月	4 036	-61.57	1.52	-54.52

续表

月度	交割量（手）	同比变化（%）	交割金额（亿元）	同比变化（%）
6月	1 049	2 897.14	0.40	3 454.88
7月	450	405.62	0.19	476.79
8月	49	-88.22	0.02	-87.22
9月	9 820	5.83	31.76	-8.02
10月	1 320	-22.81	0.46	-30.63
11月	0	-100.00	0.00	-100.00
12月	1 000	-42.20	0.32	-41.71
总计	47 636	13.52	15.30	18.72

数据来源：上海期货交易所（上海国际能源交易中心）。

表2-1-161　　　　2023—2024年燃料油期货年度交割情况

年度	交割量（手）	同比变化（%）	交割金额（亿元）	同比变化（%）
2023年	41 964	406.20	12.89	418.22
2024年	47 636	13.52	15.30	18.72

数据来源：上海期货交易所（上海国际能源交易中心）。

（三）期货价格走势（见图2-1-17、表2-1-162、表2-1-163）

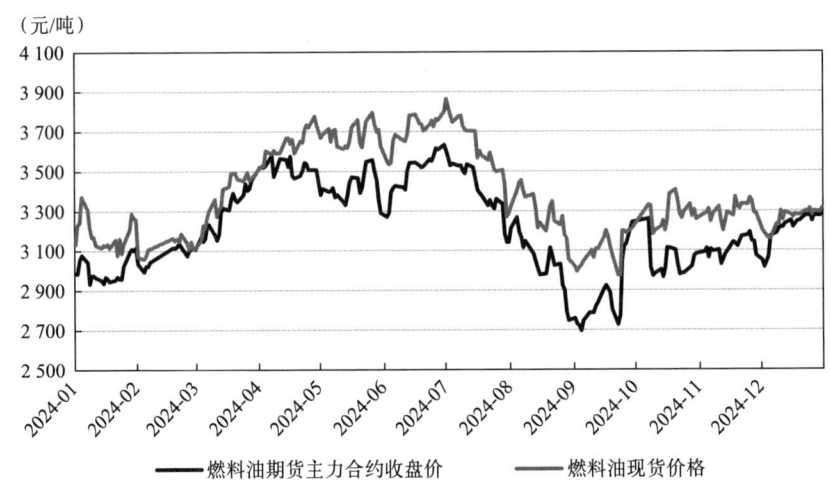

图2-1-17　2024年燃料油期货和现货市场价格走势

数据来源：上海期货交易所（上海国际能源交易中心）、金联创。

表2-1-162　　　　2024年燃料油期货和现货市场价格指标

市场分类	2023年末收盘价	2024年盘中最高价	2024年盘中最低价	2024年末收盘价	全年涨跌	结算价平均价	标准差	极差
上期所主力价格（元/吨）	2 928	3 686	2 641	3 326	398	3 216.70	226.94	1 045
燃料油现货价格（元/吨）	3 228	3 865	2 973	3 312	84	3 388.76	228.25	892

数据来源：上海期货交易所（上海国际能源交易中心）、金联创。

表 2－1－163 2024 年燃料油期货和现货市场价格相关性

价格选择	相关系数
上期所主力结算价与燃料油现货市场价格	0.92

数据来源：上海期货交易所（上海国际能源交易中心）、金联创。

十八、石油沥青期货运行情况

（一）期货交易情况（见表 2－1－164、表 2－1－165）

表 2－1－164 2024 年石油沥青期货月度交易情况

月度	成交量（万手）	同比变化（%）	成交金额（亿元）	同比变化（%）	月末持仓量（万手）	同比变化（%）
1月	448.69	－41.92	1 666.39	－43.05	34.01	－41.04
2月	201.98	－80.87	747.82	－81.43	25.10	－61.48
3月	269.78	－77.57	990.7	－77.92	25.41	－57.75
4月	304.87	－71.50	1 153.18	－71.78	25.09	－53.81
5月	436.59	－58.52	1 604.69	－58.10	30.74	－42.13
6月	395.22	－60.37	1 413.14	－60.80	38.06	－35.90
7月	494.78	－37.58	1 786.76	－38.83	38.33	－35.34
8月	586.84	－45.57	2 029.51	－49.28	35.48	－30.61
9月	734.41	0.13	2 304.50	－18.66	23.52	－50.15
10月	513.72	－1.34	1 682.18	－12.25	34.99	－37.86
11月	637.32	－20.68	2 139.24	－26.44	48.22	－11.64
12月	850.80	37.23	3 015.61	32.05	51.05	－8.17
总计	5 875.02	－45.09	20 533.70	－48.44	—	—

数据来源：上海期货交易所。

表 2－1－165 2023—2024 年石油沥青期货年度交易情况

年度	成交量（万手）	同比变化（%）	成交金额（万亿元）	同比变化（%）	年末持仓量（万手）	同比变化（%）
2023 年	10 699.01	－34.19	3.98	－37.53	55.59	－24.14
2024 年	5 875.02	－45.09	2.05	－48.44	51.05	－8.17

数据来源：上海期货交易所。

（二）交割情况（见表2－1－166、表2－1－167）

表2－1－166　　　　　　　2024年石油沥青期货月度交割情况

月度	交割量（手）	同比变化（%）	交割金额（亿元）	同比变化（%）
1月	564	-91.45	0.21	-91.52
2月	2 875	-10.96	1.07	-14.91
3月	2 812	121.77	1.00	100.48
4月	3 360	296.23	1.26	289.97
5月	1 665	334.73	0.61	336.03
6月	3 562	217.47	1.23	194.40
7月	779	-59.32	0.28	-62.40
8月	340	-41.38	0.12	-45.54
9月	6 930	50.98	2.27	26.52
10月	8 000	514.91	2.70	432.57
11月	18 000	774.64	6.06	698.03
12月	5 400	942.47	1.90	917.86
总计	54 287	122.38	18.69	101.70

数据来源：上海期货交易所。

表2－1－167　　　　　　2023—2024年石油沥青期货年度交割情况

年度	交割量（手）	同比变化（%）	交割金额（亿元）	同比变化（%）
2023年	24 412	-41.92	9.27	-47.43
2024年	54 287	122.38	18.69	101.70

数据来源：上海期货交易所。

（三）期货价格走势（见图2－1－18、表2－1－168、表2－1－169）

图2－1－18　2024年石油沥青期货和现货市场价格走势

数据来源：上海期货交易所、百川盈孚。

表 2–1–168　　　　　2024 年石油沥青期货和现货市场价格指标

市场分类	2023 年末收盘价	2024 年盘中最高价	2024 年盘中最低价	2024 年末收盘价	全年涨跌	结算价平均价	标准差	极差
上期所主力价格（元/吨）	3 658	3 875	2 961	3 708	50	3 544.89	191.43	914
石油沥青现货价格（元/吨）	3 661	3 788	3 250	3 650	-11	3 569.12	119.93	538

数据来源：上海期货交易所、百川盈孚。

表 2–1–169　　　　　2024 年石油沥青期货和现货市场价格相关性

价格选择	相关系数
上期所主力结算价与石油沥青现货市场价格	0.93

数据来源：上海期货交易所、百川盈孚。

十九、丁二烯橡胶期货、期权运行情况

（一）期货、期权交易情况（见表 2–1–170～表 2–1–173）

表 2–1–170　　　　　2024 年丁二烯橡胶期货月度交易情况

月度	成交量（万手）	同比变化（%）	成交金额（亿元）	同比变化（%）	月末持仓量（万手）	同比变化（%）
1 月	64.06	—	395.23	—	2.53	—
2 月	47.71	—	310.75	—	3.36	—
3 月	89.16	—	606.65	—	2.62	—
4 月	51.69	—	341.50	—	2.49	—
5 月	111.03	—	761.18	—	3.49	—
6 月	703.97	—	5 436.87	—	6.14	—
7 月	265.00	1 213.84	1 951.49	1 684.72	5.50	55.78
8 月	182.63	60.38	1 324.05	102.32	7.56	-51.97
9 月	270.65	-46.79	2 098.01	-40.51	5.50	-62.82
10 月	185.20	-14.32	1 440.95	3.78	5.44	-49.16
11 月	250.91	47.94	1 687.63	59.89	11.68	89.78
12 月	505.91	299.45	3 391.87	341.31	10.04	83.73
总计	2 727.92	136.16	19 746.18	163.18	—	—

数据来源：上海期货交易所。

表 2–1–171　　　　　2023—2024 年丁二烯橡胶期货年度交易情况

年度	成交量（万手）	同比变化（%）	成交金额（万亿元）	同比变化（%）	年末持仓量（万手）	同比变化（%）
2023 年	1 155.10	—	0.75	—	5.47	—
2024 年	2 727.92	136.16	1.97	163.18	10.04	83.55

数据来源：上海期货交易所。

表 2－1－172　　　　　　　　2024 年丁二烯橡胶期权月度交易情况

月度	成交量（万手）	同比变化（％）	成交量看跌/看涨（PCR）	成交金额（亿元）	同比变化（％）	月末持仓量（万手）	同比变化（％）
1 月	42.73	—	0.43	1.34	—	2.15	—
2 月	27.86	—	0.41	0.99	—	2.14	—
3 月	51.17	—	0.35	2.42	—	1.41	—
4 月	28.69	—	0.34	1.29	—	1.27	—
5 月	68.93	—	0.32	4.27	—	2.25	—
6 月	277.35	—	0.52	18.93	—	3.47	—
7 月	121.68	16 332.25	0.70	5.20	4 787.22	2.48	573.34
8 月	70.51	69.24	0.63	2.94	－47.02	2.15	－26.99
9 月	113.83	110.46	0.51	6.48	－42.37	1.94	－66.74
10 月	68.09	－36.64	0.71	3.65	－65.88	1.56	－81.06
11 月	74.77	－62.17	0.61	3.79	－68.64	2.97	－66.54
12 月	139.81	19.65	0.71	5.63	－4.35	2.73	－43.02
总计	1 085.42	109.35	0.55	56.94	24.95	—	—

数据来源：上海期货交易所。

表 2－1－173　　　　　　　　2023—2024 年丁二烯橡胶期权年度交易情况

年度	成交量（万手）	同比变化（％）	成交量看跌/看涨（PCR）	成交金额（亿元）	同比变化（％）	年末持仓量（万手）	同比变化（％）
2023 年	518.48	—	0.85	45.57	—	4.80	—
2024 年	1 085.42	109.35	0.55	56.94	24.95	2.73	－43.02

数据来源：上海期货交易所。

（二）交割、行权情况（见表 2－1－174～表 2－1－176）

表 2－1－174　　　　　　　　2024 年丁二烯橡胶期货月度交割情况

月度	交割量（手）	同比变化（％）	交割金额（亿元）	同比变化（％）
1 月	562	—	0.34	—
2 月	366	—	0.23	—
3 月	922	—	0.61	—
4 月	684	—	0.46	—
5 月	1 100	—	0.72	—
6 月	708	—	0.53	—
7 月	1 302	—	0.97	—
8 月	826	—	0.58	—
9 月	640	—	0.48	—
10 月	682	—	0.55	—
11 月	428	—	0.30	—
12 月	300	—	0.20	—
总计	8 520	—	5.96	—

数据来源：上海期货交易所。

表 2-1-175　　　　　　　　2024 年丁二烯橡胶期货年度交割情况

年度	交割量（手）	同比变化（%）	交割金额（亿元）	同比变化（%）
2024 年	8 520	—	5.96	—

数据来源：上海期货交易所。

表 2-1-176　　　　　　　　2024 年丁二烯橡胶期权月度行权情况

月度	行权量（手）
1 月	5 373
2 月	2 520
3 月	2 286
4 月	1 933
5 月	2 565
6 月	6 392
7 月	2 236
8 月	2 854
9 月	3 908
10 月	1 755
11 月	3 878
12 月	3 504
总计	39 204

数据来源：上海期货交易所。

（三）期货价格走势（见图 2-1-19、表 2-1-177、表 2-1-178）

图 2-1-19　2024 年丁二烯橡胶期货和现货市场价格走势

数据来源：上海期货交易所、隆众资讯。

表 2-1-177　　　　2024 年丁二烯橡胶期货和现货市场价格指标

市场分类	2023 年末收盘价	2024 年盘中最高价	2024 年盘中最低价	2024 年末收盘价	全年涨跌	结算价平均价	标准差	极差
上期所主力价格（元/吨）	12 660	16 650	11 855	13 090	430	13 933.47	1 038.11	4 795
丁二烯橡胶现货价格（元/吨）	12 463	16 833	12 153	13 300	837	14 144.86	1 142.82	4 680

数据来源：上海期货交易所、隆众资讯。

表 2-1-178　　　　2024 年丁二烯橡胶期货和现货市场价格相关性

价格选择	相关系数
上期所主力结算价与丁二烯橡胶现货市场价格	0.97

数据来源：上海期货交易所、隆众资讯。

二十、天然橡胶期货、期权运行情况

（一）期货、期权交易情况（见表 2-1-179~表 2-1-183）

表 2-1-179　　　　2024 年天然橡胶期货月度交易情况

月度	成交量（万手）	同比变化（%）	成交金额（亿元）	同比变化（%）	月末持仓量（万手）	同比变化（%）
1 月	492.81	-9.27	6 776.91	-4.52	21.89	-26.49
2 月	335.37	-47.93	4 557.81	-44.05	21.88	-42.69
3 月	1 182.47	56.36	17 418.89	91.33	31.43	-13.73
4 月	935.48	35.87	13 668.17	67.43	26.49	-25.41
5 月	1 019.04	16.25	15 243.13	42.83	26.54	-15.13
6 月	1 017.56	67.95	15 706.28	113.55	27.35	-8.99
7 月	710.65	3.44	10 551.36	23.75	22.61	-28.85
8 月	771.07	41.07	12 284.07	75.87	21.65	-19.37
9 月	1 229.68	13.41	21 538.78	40.17	24.97	1.08
10 月	1 047.33	22.44	19 163.09	54.53	24.75	-9.42
11 月	835.31	-3.07	14 952.78	22.20	25.38	-3.85
12 月	1 191.57	125.97	21 770.87	203.56	23.77	4.34
总计	10 768.33	24.10	173 632.78	53.35	—	—

数据来源：上海期货交易所。

表 2-1-180　　　　2023—2024 年天然橡胶期货年度交易情况

年度	成交量（万手）	同比变化（%）	成交金额（万亿元）	同比变化（%）	年末持仓量（万手）	同比变化（%）
2023 年	8 676.92	8.95	11.32	8.47	22.78	26.02
2024 年	10 768.33	24.10	17.36	53.35	23.77	4.34

数据来源：上海期货交易所。

表 2–1–181   2023—2024 年天然橡胶期货内外盘年度交易情况

年度	成交量（万手）		年末持仓量（万手）	
	上期所（SHFE）	日本交易所（JPX）	上期所（SHFE）	日本交易所（JPX）
2023 年	8 676.92	65.00	22.78	0.57
2024 年	10 768.33	42.11	23.77	0.44

注：上海期货交易所天然橡胶期货交易单位为 10 吨/手，日本交易所（JPX）3 号烟胶片期货交易单位为 5 吨/手。

数据来源：上海期货交易所、FIA（国际期货业协会）。

表 2–1–182   2024 年天然橡胶期权月度交易情况

月度	成交量（万手）	同比变化（%）	成交量看跌/看涨（PCR）	成交金额（亿元）	同比变化（%）	月末持仓量（万手）	同比变化（%）
1 月	37.41	25.94	0.47	6.54	-24.07	6.39	19.27
2 月	40.02	-12.46	0.48	5.45	-39.40	6.37	-31.91
3 月	167.89	86.57	0.32	34.16	150.28	9.47	-10.24
4 月	129.60	44.77	0.32	19.56	76.85	6.11	-27.41
5 月	137.38	29.23	0.26	42.14	129.43	7.84	-21.24
6 月	142.09	42.21	0.35	37.38	118.71	10.04	-15.04
7 月	125.95	-22.75	0.55	17.70	-23.27	8.74	-30.84
8 月	134.93	11.69	0.49	16.53	9.37	4.03	-41.49
9 月	113.92	1.49	0.51	42.71	21.35	5.98	-15.31
10 月	112.90	2.05	0.53	33.47	49.70	7.57	4.49
11 月	104.89	-28.17	0.50	24.67	4.11	8.71	13.16
12 月	146.32	57.09	0.56	24.23	67.66	5.59	22.79
总计	1 393.32	15.43	0.43	304.54	43.88	—	—

数据来源：上海期货交易所。

表 2–1–183   2023—2024 年天然橡胶期权年度交易情况

年度	成交量（万手）	同比变化（%）	成交量看跌/看涨（PCR）	成交金额（亿元）	同比变化（%）	年末持仓量（万手）	同比变化（%）
2023 年	1 207.08	125.60	0.38	211.66	90.16	4.55	27.48
2024 年	1 393.32	15.43	0.43	304.54	43.88	5.59	22.79

数据来源：上海期货交易所。

（二）交割、行权情况（见表 2-1-184 ~ 表 2-1-187）

表 2-1-184　　　　　　　　2024 年天然橡胶期货月度交割情况

月度	交割量（手）	同比变化（%）	交割金额（亿元）	同比变化（%）
1 月	2 537	-78.68	3.37	-78.78
3 月	443	-95.11	0.61	-94.37
4 月	353	-62.25	0.51	-52.37
5 月	3 068	10.16	4.27	29.40
6 月	523	-50.75	0.79	-36.90
7 月	617	-31.06	0.90	-17.61
8 月	542	3.24	0.78	25.42
9 月	6 686	120.22	10.36	165.32
10 月	237	-39.23	0.41	-18.86
11 月	2 760	33.33	4.65	75.68
总计	17 766	-45.60	26.65	-35.19

数据来源：上海期货交易所。

表 2-1-185　　　　　　　2023—2024 年天然橡胶期货年度交割情况

年度	交割量（手）	同比变化（%）	交割金额（亿元）	同比变化（%）
2023 年	32 656	123.46	41.12	125.62
2024 年	17 766	-45.60	26.65	-35.19

数据来源：上海期货交易所。

表 2-1-186　　　　　　　　2024 年天然橡胶期权月度行权情况

月度	行权量（手）
1 月	10
2 月	2 068
3 月	3 111
4 月	6 297
5 月	1 373
6 月	1 974
7 月	1 572
8 月	5 662
9 月	2 124
10 月	1 343
11 月	171
12 月	5 970
总计	31 675

数据来源：上海期货交易所。

表2-1-187　　　　　　　2023—2024年天然橡胶期权年度行权情况

年度	行权量（手）	同比变化（%）
2023年	31 848	18.25
2024年	31 675	-0.54

数据来源：上海期货交易所。

（三）期货价格走势（见图2-1-20、表2-1-188、表2-1-189）

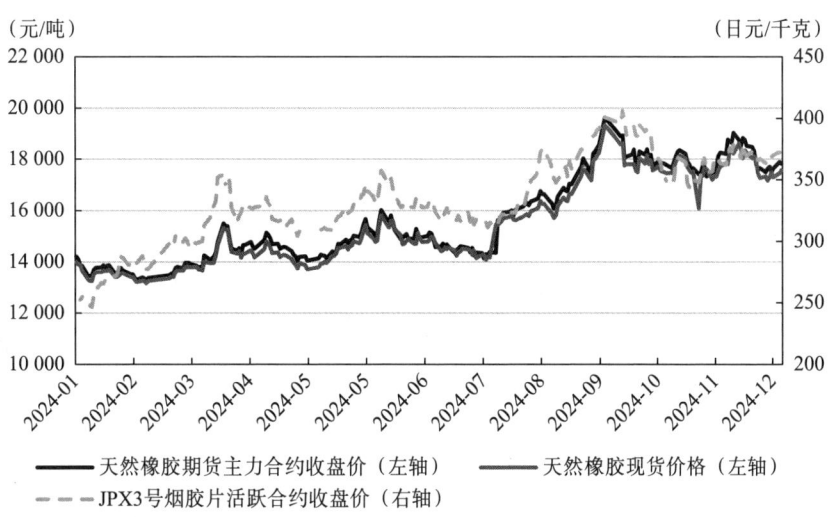

图2-1-20　2024年天然橡胶期货内外盘和国内现货市场价格走势

数据来源：上海期货交易所、Wind、金联创。

表2-1-188　　　　　　2024年天然橡胶期货内外盘和国内现货市场价格指标

市场分类	2023年末收盘价	2024年盘中最高价	2024年盘中最低价	2024年末收盘价	全年涨跌	结算价平均价	标准差	极差
上期所主力价格（元/吨）	14 170	19 850	13 120	17 820	3 650	15 696	1 713.49	6 730
JPX 3号烟胶片主力价格（日元/千克）	253.4	418.1	246.5	372.4	119	334.1	34.78	171.6
天然橡胶现货价格（元/吨）	13 900	19 335	13 150	17 530	3 630	15 472	1 651.53	6 185

数据来源：上海期货交易所、Wind。

表2-1-189　　　　　　2024年天然橡胶期货内外盘和国内现货市场价格相关性

价格选择	相关系数
上期所主力结算价与JPX3号烟胶片主力结算价	0.90
上期所主力结算价与天然橡胶现货市场价格	0.99

数据来源：上海期货交易所、Wind。

二十一、20 号胶期货运行情况

（一）期货交易情况（见表 2-1-190～表 2-1-192）

表 2-1-190　　　　　　　2024 年 20 号胶期货月度交易情况

月度	成交量（万手）	同比变化（%）	成交金额（亿元）	同比变化（%）	月末持仓量（万手）	同比变化（%）
1 月	147.70	35.05	1 648.86	51.95	10.30	16.74
2 月	109.31	-0.85	1 254.95	13.49	13.04	15.06
3 月	280.14	113.49	3 389.91	165.65	11.38	11.09
4 月	181.65	38.42	2 157.23	70.96	9.08	-0.04
5 月	237.56	45.12	2 990.63	90.49	11.77	8.11
6 月	269.18	103.92	3 476.08	173.29	10.32	8.68
7 月	193.37	19.94	2 364.00	53.78	7.79	-23.30
8 月	208.45	32.27	2 637.72	73.81	9.49	-17.74
9 月	286.29	8.90	3 933.26	39.03	10.19	-16.82
10 月	261.97	5.14	3 755.57	35.62	9.46	-33.35
11 月	247.43	34.62	3 552.95	79.83	10.81	-15.23
12 月	387.74	153.13	5 822.28	261.24	12.48	27.85
总计	2 810.79	44.47	36 983.43	86.68	—	—

数据来源：上海期货交易所（上海国际能源交易中心）。

表 2-1-191　　　　　　2023—2024 年 20 号胶期货年度交易情况

年度	成交量（万手）	同比变化（%）	成交金额（万亿元）	同比变化（%）	年末持仓量（万手）	同比变化（%）
2023 年	1 945.63	43.15	1.98	37.91	9.76	12.11
2024 年	2 810.79	44.47	3.70	86.68	12.48	27.85

数据来源：上海期货交易所（上海国际能源交易中心）。

表 2-1-192　　　　　2023—2024 年 20 号胶期货内外盘年度交易情况

年度	成交量（万手）		年末持仓量（万手）	
	上期能源（INE）	新加坡交易所（SGX）	上期能源（INE）	新加坡交易所（SGX）
2023 年	1 945.63	257.63	9.76	6.93
2024 年	2 810.79	398.90	12.48	6.82

注：上海国际能源交易中心 20 号胶期货交易单位为 10 吨/手，新加坡交易所（SGX）20 号胶期货交易单位为 5 吨/手。

数据来源：上海期货交易所（上海国际能源交易中心）、FIA（国际期货业协会）。

(二) 交割情况（见表 2 - 1 - 193、表 2 - 1 - 194）

表 2 - 1 - 193　　　　　　　　2024 年 20 号胶期货月度交割情况

月度	交割量（手）	同比变化（%）	交割金额（亿元）	同比变化（%）
1 月	940	-27.13	1.02	-19.73
2 月	810	49.72	0.87	67.26
3 月	1 880	108.89	2.12	145.14
4 月	1 300	-40.37	1.54	-23.71
5 月	1 760	39.68	2.03	69.03
6 月	2 130	-10.88	2.75	18.72
7 月	2 210	50.34	2.75	95.26
8 月	1 690	43.22	2.08	91.18
9 月	1 420	27.93	1.80	53.53
10 月	1 490	-26.60	2.13	-2.03
11 月	1 390	-1.42	2.01	37.09
12 月	700	-23.91	1.02	9.64
总计	17 720	6.23	22.12	34.66

数据来源：上海期货交易所（上海国际能源交易中心）。

表 2 - 1 - 194　　　　　　　　2023—2024 年 20 号胶期货年度交割情况

年度	交割量（手）	同比变化（%）	交割金额（亿元）	同比变化（%）
2023 年	16 681	5.85	16.42	-2.50
2024 年	17 720	6.23	22.12	34.66

数据来源：上海期货交易所（上海国际能源交易中心）。

(三) 期货价格走势（见图 2 - 1 - 21、表 2 - 1 - 195、表 2 - 1 - 196）

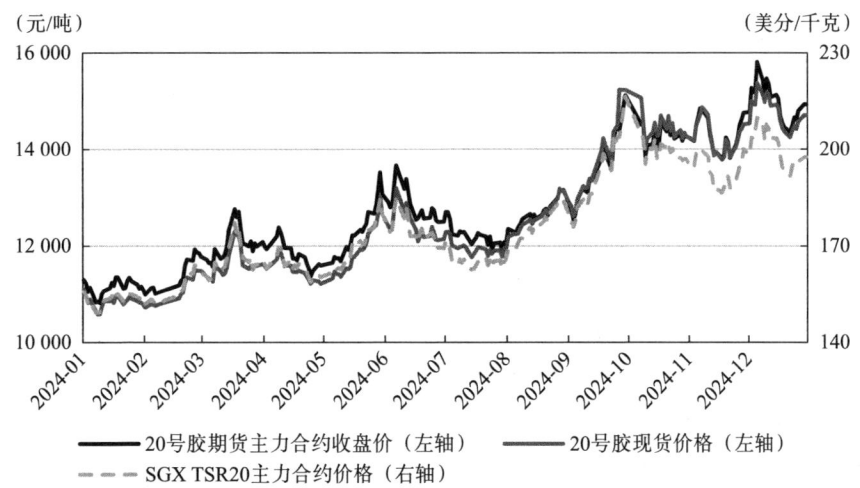

图 2 - 1 - 21　2024 年 20 号胶期货内外盘和国内现货市场价格走势

数据来源：上海期货交易所（上海国际能源交易中心）、Wind、金联创。

表 2-1-195　　　2024 年 20 号胶期货内外盘和国内现货市场价格指标

市场分类	2023年末收盘价	2024年盘中最高价	2024年盘中最低价	2024年末收盘价	全年涨跌	结算价平均价	标准差	极差
上期所主力价格（元/吨）	11 170	15 920	10 740	14 935	3 765	12 784	1 231.15	3 396
SGX TSR20 主力价格（美分/千克）	154.1	220.6	146.8	197.5	43.4	176.1	17.08	73.8
20 号胶现货价格（元/吨）	10 860	15 375	10 580	14 712	3 852	12 603	1 349.89	4 795

数据来源：上海期货交易所（上海国际能源交易中心）、Wind、金联创。

表 2-1-196　　　2024 年 20 号胶期货内外盘和国内现货市场价格相关性

价格选择	相关系数
上期能源主力结算价与 SGX 主力结算价	0.98
上期能源主力结算价与 20 号胶现货市场价格	0.99

数据来源：上海期货交易所（上海国际能源交易中心）、Wind、金联创。

二十二、纸浆期货运行情况

（一）期货交易情况（见表 2-1-197、表 2-1-198）

表 2-1-197　　　　　　2024 年纸浆期货月度交易情况

月度	成交量（万手）	同比变化（%）	成交金额（亿元）	同比变化（%）	月末持仓量（万手）	同比变化（%）
1 月	1 020.31	208.31	5 872.58	169.87	25.74	5.24
2 月	506.24	23.33	2 895.87	6.09	24.66	-1.88
3 月	775.75	4.31	4 695.11	6.74	29.22	-19.18
4 月	796.30	-3.66	5 001.78	12.50	25.43	-39.02
5 月	713.20	-29.86	4 521.71	-14.13	28.19	-33.56
6 月	641.92	-36.13	3 854.50	-25.26	30.70	-41.33
7 月	765.70	-49.45	4 415.04	-45.69	32.93	-48.99
8 月	742.85	-49.97	4 293.08	-47.07	29.32	-44.32
9 月	662.59	-53.84	3 849.87	-54.54	22.60	-49.46
10 月	546.11	-56.17	3 190.29	-58.48	22.67	-54.55
11 月	633.66	-56.67	3 714.58	-57.42	22.51	-50.65
12 月	457.42	-58.54	2 676.00	-57.22	21.70	-30.55
总计	8 262.05	-34.33	48 980.40	-31.54	—	—

数据来源：上海期货交易所。

表2-1-198　　　　　　　　2023—2024年纸浆期货年度交易情况

年度	成交量（万手）	同比变化（%）	成交金额（万亿元）	同比变化（%）	年末持仓量（万手）	同比变化（%）
2023年	12 580.48	55.01	7.15	29.85	31.24	36.35
2024年	8 262.05	-34.33	4.90	-31.54	21.70	-30.55

数据来源：上海期货交易所。

(二)交割情况（见表2-1-199、表2-1-200）

表2-1-199　　　　　　　　2024年纸浆期货月度交割情况

月度	交割量（手）	同比变化（%）	交割金额（亿元）	同比变化（%）
1月	12 362	65.05	6.94	24.04
2月	7 576	-12.68	4.18	-28.32
3月	10 804	14.04	6.44	10.66
4月	4 194	-49.43	2.59	-42.28
5月	15 578	42.53	9.52	72.59
6月	5 946	-35.21	3.51	-23.67
7月	4 194	-51.30	2.39	-47.63
8月	6 278	-4.97	3.53	1.22
9月	15 468	-5.02	8.60	-2.22
10月	1 708	-79.47	0.98	-80.58
11月	5 558	-16.52	3.19	-15.46
12月	2 956	-57.81	1.71	-55.74
总计	92 622	-13.86	53.57	-12.70

数据来源：上海期货交易所。

表2-1-200　　　　　　　　2023—2024年纸浆期货年度交割情况

年度	交割量（手）	同比变化（%）	交割金额（亿元）	同比变化（%）
2023年	107 528	73.21	61.36	39.73
2024年	92 622	-13.86	53.57	-12.70

数据来源：上海期货交易所。

（三）期货价格走势（见图2-1-22、表2-1-201、表2-1-202）

图2-1-22　2024年纸浆期货内外盘和国内现货市场价格走势

数据来源：上海期货交易所、卓创资讯。

表2-1-201　　　　　　　2024年纸浆期货和国内现货市场价格指标

市场分类	2023年末收盘价	2024年盘中最高价	2024年盘中最低价	2024年末收盘价	全年涨跌	结算价平均价	标准差	极差
上期所主力价格（元/吨）	5 640	6 520	5 530	5 944	304	5 916.88	213.24	990
纸浆现货价格（元/吨）	5 583	6 200	5 500	5 870	287	5 781.74	145.48	700

数据来源：上海期货交易所、卓创资讯。

表2-1-202　　　　　　　2024年纸浆期货和国内现货市场价格相关性

价格选择	相关系数
上期所主力结算价与纸浆现货市场价格	0.93

数据来源：上海期货交易所、卓创资讯。

二十三、集运指数（欧线）期货运行情况

（一）期货交易情况（见表2-1-203、表2-1-204）

表2-1-203　　　　　　　2024年集运指数（欧线）期货月度交易情况

月度	成交量（万手）	同比变化（%）	成交金额（亿元）	同比变化（%）	月末持仓量（万手）	同比变化（%）
1月	196.17	—	1 938.21	—	5.35	—
2月	42.59	—	392.84	—	4.08	—

续表

月度	成交量（万手）	同比变化（%）	成交金额（亿元）	同比变化（%）	月末持仓量（万手）	同比变化（%）
3月	56.24	—	499.47	—	3.94	—
4月	114.33	—	1 372.46	—	7.08	—
5月	192.66	—	3 420.31	—	8.57	—
6月	186.87	—	3 649.68	—	10.18	—
7月	354.59	—	6 073.88	—	10.65	—
8月	215.15	-23.45	2 694.47	112.87	9.50	263.09
9月	215.17	-51.38	1 884.63	-2.58	7.35	-3.04
10月	182.84	-70.02	2 137.98	-7.36	7.74	-20.02
11月	201.68	-46.44	2 543.57	76.63	8.35	-22.67
12月	153.28	-81.92	1 608.73	-65.97	8.31	-23.68
总计	2 111.57	-17.44	28 216.24	141.66	—	—

数据来源：上海期货交易所（上海国际能源交易中心）。

表2-1-204　　　　2023—2024年集运指数（欧线）期货年度交易情况

年度	成交量（万手）	同比变化（%）	成交金额（亿元）	同比变化（%）	年末持仓量（万手）	同比变化（%）
2023年	2 557.65	—	11 676.08	—	10.89	—
2024年	2 111.57	-17.44	28 216.24	141.66	8.31	-23.68

数据来源：上海期货交易所（上海国际能源交易中心）。

（二）交割情况（见表2-1-205、表2-1-206）

表2-1-205　　　　2024年集运指数（欧线）期货月度交割情况

月度	交割量（手）	同比变化（%）	交割金额（亿元）	同比变化（%）
4月	1 640	—	1.77	—
6月	1 680	—	3.83	—
8月	3 318	—	9.66	—
10月	1 533	—	1.74	—
12月	1 269	—	2.19	—

数据来源：上海期货交易所（上海国际能源交易中心）。

表2-1-206　　　　2024年集运指数（欧线）期货年度交割情况

年度	交割量（手）	同比变化（%）	交割金额（亿元）	同比变化（%）
2024年	9 440	—	19.18	—

数据来源：上海期货交易所（上海国际能源交易中心）。

第二节 郑州商品交易所上市品种运行情况

郑州商品交易所2024年全年累计成交量26.10亿手，占全国期货市场成交量的33.76%，同比下降26.14%；全年累计成交金额85.15万亿元，占全国期货市场成交额的13.75%，同比下降33.69%。截至2024年底，对外开放的品种有PTA期货和菜籽油、菜籽粕、花生期货及期权7个；共有来自28个国家和地区的699名境外客户在郑商所开户，参与特定品种交易。郑商所2024年新上市的品种有红枣期权、玻璃期权、瓶片期货和期权。

一、棉花期货、期权运行情况

（一）期货、期权交易情况（见表2-2-1～表2-2-6）

表2-2-1　　　　　　　　　2024年棉花期货月度交易情况

月度	成交量（万手）	同比变化（%）	成交金额（亿元）	同比变化（%）	月末持仓量（万手）	同比变化（%）
1月	830.68	5.71	6 545.90	14.89	77.17	-26.51
2月	486.02	-59.28	3 937.10	-54.84	74.34	-32.95
3月	764.95	-47.54	6 134.65	-41.24	71.49	-29.03
4月	822.11	-42.17	6 604.14	-37.81	65.52	-36.66
5月	842.43	-55.48	6 453.71	-56.75	70.24	-26.34
6月	807.14	-61.20	5 970.74	-65.39	70.47	-34.77
7月	988.15	-37.05	7 171.72	-46.35	69.77	-42.88
8月	971.85	-34.92	6 638.36	-48.33	60.02	-38.41
9月	921.98	-15.83	6 374.61	-32.80	57.10	-33.70
10月	722.89	-31.42	5 113.01	-41.11	64.38	-42.39
11月	747.13	-47.32	5 242.41	-52.14	75.14	-37.91
12月	693.68	-35.68	4 742.51	-42.46	79.12	-25.97
总计	9 599.01	-41.97	70 928.87	-45.95	—	—

数据来源：郑州商品交易所。

表2-2-2　　　　　　　　　2023—2024年棉花期货年度交易情况

年度	成交量（万手）	同比变化（%）	成交金额（亿元）	同比变化（%）	年末持仓量（万手）	同比变化（%）
2023年	16 541.13	28.92	131 223.46	29.21	106.87	-7.16
2024年	9 599.01	-41.97	70 928.87	-45.95	79.12	-25.97

数据来源：郑州商品交易所。

表 2-2-3　　　　　　　2023—2024 年棉花期货内外盘年度交易情况

年度	成交量（万手）		年末持仓量（万手）	
	郑商所（ZCE）	ICE（洲际交易所）	郑商所（ZCE）	ICE（洲际交易所）
2023 年	16 541.13	947.92	106.87	19.51
2024 年	9 599.01	1 133.83	79.12	23.83

注：郑州商品交易所棉花期货交易单位为 5 吨/手，ICE 棉花期货交易单位为 50 000 磅/手。
数据来源：郑州商品交易所、ICE（洲际交易所）。

表 2-2-4　　　　　　　　　2024 年棉花期权月度交易情况

月度	成交量（万手）	同比变化（%）	成交量看跌/看涨（PCR）	成交金额（亿元）	同比变化（%）	月末持仓量（万手）	同比变化（%）
1 月	312.99	79.05	0.54	17.43	23.44	58.23	113.21
2 月	168.14	-24.85	0.72	10.07	-40.45	42.96	42.58
3 月	321.81	-5.22	0.79	15.00	-14.48	51.13	60.09
4 月	330.44	29.60	0.71	20.01	-8.04	34.08	63.06
5 月	437.57	-7.59	0.62	25.41	-32.64	57.74	73.91
6 月	303.77	-33.79	0.58	19.98	-66.37	53.10	61.20
7 月	356.32	-16.47	0.68	19.38	-53.17	65.17	63.54
8 月	372.98	10.28	0.90	23.01	-40.73	35.63	15.33
9 月	362.27	-8.50	0.70	27.99	-32.73	46.61	8.57
10 月	323.77	-13.01	0.58	21.36	-39.27	62.23	36.69
11 月	380.73	-42.79	0.59	16.66	-56.94	76.33	17.86
12 月	335.87	-16.35	0.81	17.41	-22.83	41.51	-9.77
总计	4 006.64	-11.46	0.68	233.71	-39.41	—	—

数据来源：郑州商品交易所。

表 2-2-5　　　　　　　　2023—2024 年棉花期权年度交易情况

年度	成交量（万手）	同比变化（%）	成交量看跌/看涨（PCR）	成交金额（亿元）	同比变化（%）	年末持仓量（万手）	同比变化（%）
2023 年	4 525.29	156.13	0.72	385.70	76.63	46.01	118.79
2024 年	4 006.64	-11.46	0.68	233.71	-39.41	41.51	-9.77

数据来源：郑州商品交易所。

表 2-2-6　　　　　　　2023—2024 年棉花期权内外盘年度交易情况

年度	成交量（万手）		年末持仓量（万手）	
	郑商所（ZCE）	ICE（洲际交易所）	郑商所（ZCE）	ICE（洲际交易所）
2023 年	4 525.29	177.47	46.01	10.91
2024 年	4 006.64	182.58	41.51	11.89

注：郑州商品交易所棉花期权交易单位为 5 吨/手，ICE 棉花期权交易单位为 50 000 磅/手。
数据来源：郑州商品交易所、ICE（洲际交易所）。

(二) 交割、行权情况 (见表2-2-7~表2-2-10)

表2-2-7　　　　　　　　　　2024年棉花期货月度交割情况

月度	交割量（手）	同比变化（%）	交割金额（亿元）	同比变化（%）
1月	25 400	150.59	19.67	170.76
3月	14 032	44.24	11.21	59.29
5月	21 528	-24.33	16.27	-26.02
7月	7 280	-20.80	5.24	-31.23
9月	16 664	10.15	11.14	-15.74
11月	1 424	-68.04	0.96	-72.33
总计	86 328	11.99	64.48	6.39

数据来源：郑州商品交易所。

表2-2-8　　　　　　　　　　2023—2024年棉花期货年度交割情况

年度	交割量（手）	同比变化（%）	交割金额（亿元）	同比变化（%）
2023年	77 088	115.67	60.60	76.41
2024年	86 328	11.99	64.48	6.39

数据来源：郑州商品交易所。

表2-2-9　　　　　　　　　　2024年棉花期权月度行权情况

月度	行权量（手）
1月	481
2月	21 378
3月	835
4月	57 208
5月	726
6月	27 415
7月	723
8月	89 075
9月	626
10月	13 923
11月	71
12月	65 191
总计	277 652

数据来源：郑州商品交易所。

表2-2-10　　　　　　　　2023—2024年棉花期权年度行权情况

年度	行权量（手）	同比变化（%）
2023年	188 615	15.22
2024年	277 652	47.21

数据来源：郑州商品交易所。

（三）期货价格走势（见图2-2-1、表2-2-11、表2-2-12）

图2-2-1　2024年棉花期货内外盘和国内现货市场价格走势

数据来源：郑州商品交易所、ICE（洲际交易所）、中国棉花网。

表2-2-11　　　　　　　2024年棉花期货内外盘和国内现货市场价格指标

市场分类	2023年末收盘价	2024年盘中最高价	2024年盘中最低价	2024年末收盘价	全年涨跌	结算价平均价	标准差	极差
郑商所主力价格（元/吨）	15 455	16 515	13 200	13 495	-1 960	14 795	968.08	3 315
ICE连续价格（美分/磅）	81.00	107.25	65.30	68.40	-12.60	76.69	9.22	41.95
国家棉花价格指数CNCottonB（元/吨）	16 349	17 176	14 629	14 646	-1 703	15 905	812.19	2 547

数据来源：郑州商品交易所、ICE（洲际交易所）、中国棉花网。

表2-2-12　　　　　　2024年棉花期货内外盘和国内现货市场价格相关性

价格选择	相关系数
郑商所主力结算价与ICE连续价格	0.87
郑商所主力结算价与现货市场价格	0.99

数据来源：郑州商品交易所、ICE（洲际交易所）、中国棉花网。

二、白糖期货、期权运行情况

（一）期货、期权交易情况（见表2-2-13~表2-2-18）

表2-2-13　　　　　　　　2024年白糖期货月度交易情况

月度	成交量 （万手）	同比变化 （%）	成交金额 （亿元）	同比变化 （%）	月末持仓量 （万手）	同比变化 （%）
1月	877.73	51.70	5 580.84	69.02	55.55	-13.66
2月	537.17	-28.90	3 439.43	-23.185	47.84	-49.36
3月	860.95	-47.18	5 513.03	-45.53	55.93	-53.85
4月	1 041.17	-66.12	6 627.97	-67.99	53.41	-58.00
5月	916.17	-65.67	5 682.58	-69.17	53.20	-57.29
6月	1 022.84	-50.20	6 266.18	-54.92	58.49	-39.89
7月	840.42	-25.00	5 140.16	-31.73	57.47	-43.90
8月	831.13	-45.83	4 817.18	-54.09	54.78	-47.46
9月	715.19	-46.90	4 110.12	-56.09	48.10	-48.41
10月	619.79	-49.42	3 656.12	-56.16	52.46	-51.82
11月	804.63	-34.76	4 761.21	-43.63	71.45	-34.46
12月	967.66	-41.08	5 807.50	-44.10	52.44	-30.83
总计	10 034.85	-46.80	61 402.34	-51.07	—	—

数据来源：郑州商品交易所。

表2-2-14　　　　　　　2023—2024年白糖期货年度交易情况

年度	成交量 （万手）	同比变化 （%）	成交金额 （亿元）	同比变化 （%）	年末持仓量 （万手）	同比变化 （%）
2023年	18 862.46	106.46	125 494.89	138.84	75.81	-15.31
2024年	10 034.85	-46.80	61 402.34	-51.07	52.44	-30.83

数据来源：郑州商品交易所。

表2-2-15　　　　　　2023—2024年白糖期货内外盘年度交易情况

年度	成交量（万手）		年末持仓量（万手）	
	郑商所（ZCE）	ICE（洲际交易所）	郑商所（ZCE）	ICE（洲际交易所）
2023年	18 862.46	3 846.03	75.81	82.96
2024年	10 034.85	3 507.77	52.44	96.65

注：郑州商品交易所白糖期货交易单位为10吨/手，ICE 11号原糖期货交易单位为112 000磅/手。
数据来源：郑州商品交易所、ICE（洲际交易所）。

表 2-2-16　　　　　　　　　　2024 年白糖期权月度交易情况

月度	成交量（万手）	同比变化（%）	成交量看跌/看涨（PCR）	成交金额（亿元）	同比变化（%）	月末持仓量（万手）	同比变化（%）
1月	181.73	8.42	1.27	6.06	-2.05	36.64	57.22
2月	129.79	-32.78	1.37	5.25	-21.83	25.95	6.86
3月	240.32	-49.09	0.84	8.41	-61.67	34.83	-7.56
4月	279.27	-44.43	0.65	12.16	-72.42	21.77	-56.37
5月	325.74	-53.16	0.58	12.46	-68.45	42.17	-43.60
6月	347.37	-41.65	0.76	12.78	-68.14	36.15	-28.02
7月	264.04	-38.40	1.00	7.27	-55.78	42.14	-19.42
8月	267.77	-21.96	1.29	8.26	-54.43	24.06	-30.35
9月	257.41	-20.17	0.63	9.65	-43.88	30.27	-30.28
10月	253.15	-1.21	0.78	9.80	-10.17	30.16	-33.60
11月	380.79	3.21	0.61	13.83	42.64	40.74	-13.23
12月	452.30	1.21	0.68	17.50	-14.14	21.54	-21.14
总计	3 379.68	-29.48	0.78	123.44	-50.89	—	—

数据来源：郑州商品交易所。

表 2-2-17　　　　　　　　　2023—2024 年白糖期权年度交易情况

年度	成交量（万手）	同比变化（%）	成交量看跌/看涨（PCR）	成交金额（亿元）	同比变化（%）	年末持仓量（万手）	同比变化（%）
2023年	4 792.24	133.67	1.36	251.34	135.31	27.32	48.08
2024年	3 379.68	-29.48	0.78	123.44	-50.89	21.54	-21.14

数据来源：郑州商品交易所。

表 2-2-18　　　　　　　　2023—2024 年白糖期权内外盘年度交易情况

年度	成交量（万手）		年末持仓量（万手）	
	郑商所（ZCE）	ICE（洲际交易所）	郑商所（ZCE）	ICE（洲际交易所）
2023年	4 792.24	769.31	27.32	93.06
2024年	3 379.68	554.00	21.54	52.20

注：郑州商品交易所白糖期权交易单位为 10 吨/手，ICE11 号原糖期权交易单位为 112 000 磅/手。
数据来源：郑州商品交易所、ICE（洲际交易所）。

（二）交割、行权情况（见表 2-2-19~表 2-2-22）

表 2-2-19　　　　　　　　　　2024 年白糖期货月度交割情况

月度	交割量（手）	同比变化（%）	交割金额（亿元）	同比变化（%）
1月	2 646	-88.59	1.68	-87.41

续表

月度	交割量（手）	同比变化（%）	交割金额（亿元）	同比变化（%）
3月	2 076	-71.35	1.32	-70.29
5月	6 892	-25.48	4.43	-30.83
7月	3 229	-15.23	2.04	-21.78
9月	2 029	-76.53	1.15	-81.82
11月	5 977	806.98	3.57	673.30
总计	22 849	-56.72	14.18	-57.79

数据来源：郑州商品交易所。

表 2-2-20　　　　2023—2024 年白糖期货年度交割情况

年度	交割量（手）	同比变化（%）	交割金额（亿元）	同比变化（%）
2023 年	52 789	58.23	33.59	76.23
2024 年	22 849	-56.72	14.18	-57.79

数据来源：郑州商品交易所。

表 2-2-21　　　　2024 年白糖期权月度行权情况

月度	行权量（手）
1月	9
2月	14 116
3月	595
4月	21 574
5月	1 263
6月	7 174
7月	412
8月	20 734
9月	1 253
10月	10 923
11月	1 648
12月	42 669
总计	122 370

数据来源：郑州商品交易所。

表 2-2-22　　　　2023—2024 年白糖期权年度行权情况

年度	行权量（手）	同比变化（%）
2023 年	171 007	107.57
2024 年	122 370	-28.44

数据来源：郑州商品交易所。

（三）期货价格走势（见图2-2-2、表2-2-23、表2-2-24）

图2-2-2 2024年白糖期货内外盘和国内现货市场价格走势

数据来源：郑州商品交易所、ICE（洲际交易所）、泛糖科技。

表2-2-23 2024年白糖期货内外盘和国内现货市场价格指标

市场分类	2023年末收盘价	2024年盘中最高价	2024年盘中最低价	2024年末收盘价	全年涨跌	结算价平均价	标准差	极差
郑商所主力价格（元/吨）	6 307	6 795	5 508	5961	-346	6 109	258.15	1 287
ICE连续价格（美分/磅）	20.58	24.62	17.52	19.26	-1.32	20.74	1.77	7.10
广西白糖现货价格（元/吨）	6 438	6 650	5 847	5 961	-477	6 299	223.71	803

数据来源：郑州商品交易所、ICE（洲际交易所）、泛糖科技。

表2-2-24 2024年白糖期货内外盘和国内现货市场价格相关性

价格选择	相关系数
郑商所主力结算价与ICE连续价格	0.36
郑商所主力结算价与现货市场价格	0.76

数据来源：郑州商品交易所、ICE（洲际交易所）、泛糖科技。

三、菜籽油期货、期权运行情况

（一）期货、期权交易情况（见表2-2-25~表2-2-28）

表2-2-25　　　　　　2024年菜籽油期货月度交易情况

月度	成交量（万手）	同比变化（%）	成交金额（亿元）	同比变化（%）	月末持仓量（万手）	同比变化（%）
1月	975.70	56.28	7 718.58	21.56	40.12	24.15
2月	623.31	-26.90	4 811.68	-42.95	37.60	0.05
3月	1 159.69	-31.58	9 470.73	-36.96	39.38	-17.16
4月	1 485.19	-7.73	12 239.89	-10.72	42.51	-1.53
5月	1 652.86	2.46	14 564.73	13.37	45.35	-3.15
6月	1 115.94	-37.58	9 465.86	-34.98	43.59	-22.81
7月	1 997.43	-14.11	17 155.74	-22.59	45.24	-34.18
8月	1 555.41	-29.23	12 749.50	-37.33	41.24	-30.20
9月	1 334.28	-9.79	11 893.68	-10.20	36.28	-21.70
10月	825.07	-34.06	7 867.80	-27.47	42.16	-33.12
11月	1 088.21	-37.89	10 178.73	-32.10	36.66	-43.43
12月	1 509.23	9.51	13 419.30	19.29	33.30	-36.96
总计	15 322.31	-17.47	131 536.20	-19.68	—	—

数据来源：郑州商品交易所。

表2-2-26　　　　　　2023—2024年菜籽油期货年度交易情况

年度	成交量（万手）	同比变化（%）	成交金额（亿元）	同比变化（%）	年末持仓量（万手）	同比变化（%）
2023年	18 566.35	96.58	163 760.66	48.73	52.82	64.19
2024年	15 322.31	-17.47	131 536.20	-19.68	33.30	-36.96

数据来源：郑州商品交易所。

表2-2-27　　　　　　2024年菜籽油期权月度交易情况

月度	成交量（万手）	同比变化（%）	成交量看跌/看涨（PCR）	成交金额（亿元）	同比变化（%）	月末持仓量（万手）	同比变化（%）
1月	112.07	60.31	0.88	4.76	-9.16	11.05	124.85
2月	51.36	-43.12	0.75	2.64	-57.96	7.83	54.80
3月	133.86	-39.90	0.73	7.24	-50.17	9.76	-40.98
4月	153.56	17.20	0.70	11.16	14.34	9.33	15.30
5月	161.88	-26.57	0.69	13.27	-8.10	13.51	17.22

续表

月度	成交量（万手）	同比变化（%）	成交量看跌/看涨（PCR）	成交金额（亿元）	同比变化（%）	月末持仓量（万手）	同比变化（%）
6月	99.18	-45.08	0.78	5.61	-67.67	6.87	-20.89
7月	206.09	-21.25	0.86	12.47	-39.32	15.03	17.94
8月	171.44	17.88	1.11	8.63	-29.67	5.36	-22.14
9月	146.73	-30.72	0.74	14.46	11.23	13.37	29.11
10月	92.62	-21.85	1.12	11.62	28.40	10.03	5.19
11月	127.01	-56.12	0.93	11.96	-2.13	13.28	10.53
12月	158.63	-31.62	1.07	8.94	-11.04	6.41	-11.33
总计	1 614.43	-25.74	0.85	112.76	-22.09	—	—

数据来源：郑州商品交易所。

表2-2-28　2023—2024年菜籽油期权年度交易情况

年度	成交量（万手）	同比变化（%）	成交量看跌/看涨（PCR）	成交金额（亿元）	同比变化（%）	年末持仓量（万手）	同比变化（%）
2023年	2 173.90	737.98	0.94	144.72	563.57	7.23	204.39
2024年	1 614.43	-25.74	0.85	112.76	-22.09	6.41	-11.33

数据来源：郑州商品交易所。

(二) 交割、行权情况（见表2-2-29～表2-2-32）

表2-2-29　2024年菜籽油期货月度交割情况

月度	交割量（手）	同比变化（%）	交割金额（亿元）	同比变化（%）
1月	2 054	2.70	1.61	-28.35
3月	1 273	-54.19	1.02	-63.09
5月	3 794	9.09	3.18	10.82
7月	2 842	380.88	2.41	344.04
9月	4 930	264.64	4.27	238.53
11月	1 616	2.93	1.57	17.57
总计	16 509	40.26	14.07	27.71

数据来源：郑州商品交易所。

表2-2-30　2023—2024年菜籽油期货年度交割情况

年度	交割量（手）	同比变化（%）	交割金额（亿元）	同比变化（%）
2023年	11 770	66.34	11.02	21.33
2024年	16 509	40.26	14.07	27.71

数据来源：郑州商品交易所。

表 2-2-31　　　　　　　　2024 年菜籽油期权月度行权情况

月度	行权量（手）
1 月	1 937
2 月	4 943
3 月	781
4 月	6 419
5 月	429
6 月	7 572
7 月	73
8 月	11 654
9 月	1 164
10 月	9 915
11 月	6
12 月	18 703
总计	63 596

数据来源：郑州商品交易所。

表 2-2-32　　　　　　　2023—2024 年菜籽油期权年度行权情况

年度	行权量（手）	同比变化（%）
2023 年	60 105	869.12
2024 年	63 596	5.81

数据来源：郑州商品交易所。

（三）期货价格走势（见图 2-2-3、表 2-2-33、表 2-2-34）

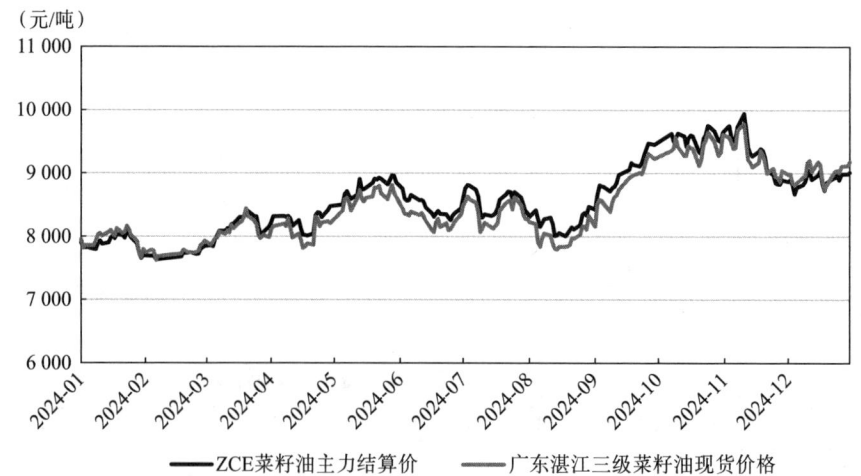

图 2-2-3　2024 年菜籽油期货和国内现货市场价格走势

数据来源：郑州商品交易所、国家粮油信息中心。

表 2 – 2 – 33　　　　　　2024 年菜籽油期货和国内现货市场价格指标

市场分类	2023 年末收盘价	2024 年盘中最高价	2024 年盘中最低价	2024 年末收盘价	全年涨跌	结算价平均价	标准差	极差
郑商所主力价格（元/吨）	7 965	10 073	7 535	9 057	1 092	8 572.1	550.83	2 538
广东湛江三级菜籽油现货价格（元/吨）	8 080	9 780	7 620	9 180	1 100	8 476.16	532.28	2 160

数据来源：郑州商品交易所、国家粮油信息中心。

表 2 – 2 – 34　　　　　　2024 年菜籽油期货和国内现货市场价格相关性

价格选择	相关系数
郑商所主力结算价与现货市场价格	0.97

数据来源：郑州商品交易所、国家粮油信息中心。

四、菜籽粕期货、期权运行情况

（一）期货、期权交易情况（见表 2 – 2 – 35 ~ 表 2 – 2 – 38）

表 2 – 2 – 35　　　　　　2024 年菜籽粕期货月度交易情况

月度	成交量（万手）	同比变化（%）	成交金额（亿元）	同比变化（%）	月末持仓量（万手）	同比变化（%）
1 月	1 888.05	134.35	4 888.19	90.09	102.06	38.43
2 月	1 139.76	– 5.36	2 819.62	– 26.56	131.32	58.71
3 月	2 632.94	61.64	6 945.39	45.17	102.27	23.39
4 月	2 184.7	50.02	5 942.39	42.09	109.28	39.26
5 月	2 218.75	12.74	6 347.95	7.41	132.77	47.38
6 月	2 110.38	13.76	5 608.74	– 2.94	144.86	31.16
7 月	5 077.79	82.26	12 741.01	27.65	168.50	49.83
8 月	3 721.98	36.38	8 349.34	– 12.67	143.60	13.74
9 月	4 984.11	109.83	12 381.52	61.58	75.59	– 16.05
10 月	1 596.54	– 15.49	3 884.08	– 29.59	105.45	– 20.95
11 月	1 692.61	– 28.66	4 045.71	– 41.64	102.54	– 31.82
12 月	2 222.04	11.73	5 085.03	– 9.78	108.03	– 2.77
总计	31 469.67	36.47	79 038.95	9.24	—	—

数据来源：郑州商品交易所。

表 2 – 2 – 36　　　　　　2023—2024 年菜籽粕期货年度交易情况

年度	成交量（万手）	同比变化（%）	成交金额（亿元）	同比变化（%）	年末持仓量（万手）	同比变化（%）
2023 年	23 059.31	59.16	72 356.42	56.57	111.11	53.24
2024 年	31 469.67	36.47	79 038.95	9.24	108.03	– 2.77

数据来源：郑州商品交易所。

表 2－2－37　　　　　　　　　　2024 年菜籽粕期权月度交易情况

月度	成交量（万手）	同比变化（%）	成交量看跌/看涨（PCR）	成交金额（亿元）	同比变化（%）	月末持仓量（万手）	同比变化（%）
1 月	255.59	211.49	0.80	7.31	168.75	29.72	246.48
2 月	121.86	59.33	0.58	3.62	83.76	25.86	236.11
3 月	357.24	103.32	0.46	10.63	182.71	33.39	144.46
4 月	224.90	54.07	0.55	8.31	104.18	20.69	108.64
5 月	328.55	－19.83	0.77	9.38	－27.40	32.50	65.16
6 月	301.68	－9.17	0.63	8.36	－28.16	37.94	101.77
7 月	938.28	85.12	0.51	25.25	19.16	78.88	230.16
8 月	610.56	75.85	0.66	15.20	－25.74	27.50	58.80
9 月	688.36	73.50	0.71	28.01	83.07	48.72	119.54
10 月	317.81	57.06	0.97	13.10	59.95	22.61	30.53
11 月	291.59	－21.13	0.85	10.11	－10.37	30.02	46.56
12 月	315.57	－10.25	0.86	9.51	－5.84	21.06	94.24
总计	4 751.99	39.90	0.66	148.79	20.38	—	—

数据来源：郑州商品交易所。

表 2－2－38　　　　　　　　　2023—2024 年菜籽粕期权年度交易情况

年度	成交量（万手）	同比变化（%）	成交量看跌/看涨（PCR）	成交金额（亿元）	同比变化（%）	年末持仓量（万手）	同比变化（%）
2023 年	3 396.61	325.11	1.07	123.60	157.71	10.84	87.22
2024 年	4 751.99	39.90	0.66	148.79	20.38	21.06	94.24

数据来源：郑州商品交易所。

（二）交割、行权情况（见表 2－2－39～表 2－2－42）

表 2－2－39　　　　　　　　　　2024 年菜籽粕期货月度交割情况

月度	交割量（手）	同比变化（%）	交割金额（万元）	同比变化（%）
1 月	4 825	2 197.62	13 020.98	1 703.59
3 月	3 409	641.09	8 323.00	484.79
5 月	2 500	122.82	6 975.22	102.50
7 月	2 430	－17.40	6 056.46	－48.25
8 月	3 100	92.91	7 072.34	13.98
9 月	3 891	74.88	8 959.94	1.78
11 月	4 576	553.71	10 096.23	390.08
总计	24 731	166.90	60 504.18	76.08

数据来源：郑州商品交易所。

表 2－2－40　　　　　　　　　2023—2024 年菜籽粕期货年度交割情况

年度	交割量（手）	同比变化（%）	交割金额（万元）	同比变化（%）
2023 年	9 266	4.08	34 361.19	7.73
2024 年	24 731	166.90	60 504.18	76.08

数据来源：郑州商品交易所。

表 2-2-41　　　　　　　　　　2024 年菜籽粕期权月度行权情况

月度	行权量（手）
1 月	834
2 月	32 368
3 月	2 725
4 月	25 442
5 月	322
6 月	13 286
7 月	15 907
8 月	120 589
9 月	679
10 月	19 325
11 月	548
12 月	25 389
总计	257 414

数据来源：郑州商品交易所。

表 2-2-42　　　　　　　　2023—2024 年菜籽粕期权年度行权情况

年度	行权量（手）	同比变化（%）
2023 年	114 377	136.00
2024 年	257 414	125.06

数据来源：郑州商品交易所。

（三）期货价格走势（见图 2-2-4、表 2-2-43、表 2-2-44）

图 2-2-4　2024 年菜籽粕期货和国内现货市场价格走势

数据来源：郑州商品交易所、国家粮油信息中心。

表 2－2－43　　2024 年菜籽粕期货和国内现货市场价格指标

市场分类	2023 年末收盘价	2024 年盘中最高价	2024 年盘中最低价	2024 年末收盘价	全年涨跌	结算价平均值	标准差	极差
郑商所主力价格（元/吨）	2 870	2 963	2 116	2 410	－460	2 525.67	190.57	847
广东湛江菜籽粕现货价格（元/吨）	2 940	2 900	2 050	2 200	－740	2 453.6	228.66	850

数据来源：郑州商品交易所、国家粮油信息中心。

表 2－2－44　　2024 年菜籽粕期货和国内现货市场价格相关性

价格选择	相关系数
郑商所主力结算价与现货市场价格	0.95

数据来源：郑州商品交易所、国家粮油信息中心。

五、花生期货、期权运行情况

（一）期货、期权交易情况（见表 2－2－45～表 2－2－48）

表 2－2－45　　2024 年花生期货月度交易情况

月度	成交量（万手）	同比变化（%）	成交金额（亿元）	同比变化（%）	月末持仓量（万手）	同比变化（%）
1 月	200.27	57.60	884.65	35.19	12.15	－0.88
2 月	125.70	－41.81	565.14	－52.07	12.21	－32.18
3 月	185.69	－35.72	854.03	－44.23	10.10	－26.58
4 月	128.50	－32.56	595.49	－39.77	10.21	－34.75
5 月	174.80	－75.73	800.03	－77.86	11.15	－61.30
6 月	194.34	－60.22	867.11	－63.97	19.17	－29.68
7 月	211.26	0.89	927.00	－13.30	20.05	－12.93
8 月	153.26	－44.42	661.73	－53.59	20.58	－38.94
9 月	200.69	－23.55	816.54	－38.09	17.54	－28.18
10 月	184.25	1.75	744.57	－12.09	15.35	－41.70
11 月	176.37	－41.73	713.08	－47.46	22.03	－2.38
12 月	186.74	－46.22	734.00	－52.14	16.32	－27.03
总计	2 121.87	－41.22	9 163.35	－48.88	—	—

数据来源：郑州商品交易所。

表 2－2－46　　2023—2024 年花生期货年度交易情况

年度	成交量（万手）	同比变化（%）	成交金额（亿元）	同比变化（%）	年末持仓量（万手）	同比变化（%）
2023 年	3 610.04	14.18	17 925.18	16.26	22.37	81.03
2024 年	2 121.87	－41.22	9 163.35	－48.88	16.32	－27.03

数据来源：郑州商品交易所。

表 2－2－47　　　　　　　　　　2024 年花生期权月度交易情况

月度	成交量（万手）	同比变化（%）	成交量看跌/看涨（PCR）	成交金额（亿元）	同比变化（%）	月末持仓量（万手）	同比变化（%）
1月	85.76	35.00	0.53	1.66	−22.07	11.84	128.80
2月	72.63	−47.89	0.58	1.37	−57.85	8.77	7.54
3月	67.51	27.63	0.42	1.54	−53.19	2.34	−12.64
4月	38.71	−36.24	0.75	2.67	−39.46	3.71	−23.41
5月	43.65	−55.88	0.63	3.07	−68.29	5.17	−35.92
6月	52.93	−33.45	0.83	2.74	−55.88	7.99	−16.74
7月	73.88	−36.94	0.85	2.68	−53.79	9.41	−16.92
8月	83.21	−56.36	0.80	1.84	−73.75	11.72	−22.29
9月	98.86	−41.65	0.74	2.25	−58.79	8.14	−23.56
10月	68.79	−37.74	0.40	1.83	−44.38	7.23	−22.12
11月	83.02	−66.12	0.48	1.62	−72.21	7.26	−34.82
12月	66.61	−59.39	0.70	1.31	−62.57	5.34	−45.25
总计	835.58	−43.99	0.62	24.58	−58.94	—	—

数据来源：郑州商品交易所。

表 2－2－48　　　　　　　　　　2023—2024 年花生期权年度交易情况

年度	成交量（万手）	同比变化（%）	成交量看跌/看涨（PCR）	成交金额（亿元）	同比变化（%）	月末持仓量（万手）	同比变化（%）
2023 年	1 491.85	566.19	0.89	59.87	392.57	9.75	155.33
2024 年	835.58	−43.99	0.62	24.58	−58.94	5.34	−45.25

数据来源：郑州商品交易所。

（二）交割、行权情况（见表 2－2－49～表 2－2－52）

表 2－2－49　　　　　　　　　　2024 年花生期货月度交割情况

月度	交割量（手）	同比变化（%）	交割金额（万元）	同比变化（%）
1月	1 076	80.23	4 860.50	65.04
3月	201	−44.17	918.74	−53.62
4月	7 750	591.96	37 078.54	553.32
10月	257	−3.02	1 025.57	−23.42
11月	586	−90.41	2 285.90	−92.00
12月	2 473	266.37	9 525.06	217.03
总计	12 343	35.27	55 694.31	27.99

数据来源：郑州商品交易所。

表 2－2－50　　　　　　　　　　2023—2024 年花生期货年度交割情况

年度	交割量（手）	同比变化（%）	交割金额（万元）	同比变化（%）
2023 年	9 125	68.05	43 515.16	78.51
2024 年	12 343	35.27	55 694.31	27.99

数据来源：郑州商品交易所。

表 2-2-51　　　　2024 年花生期权月度行权情况

月度	行权量（手）
1 月	4
2 月	4 734
3 月	5 709
4 月	0
5 月	0
6 月	0
7 月	0
8 月	9
9 月	7 276
10 月	7 075
11 月	2 832
12 月	6 833
总计	34 472

数据来源：郑州商品交易所。

表 2-2-52　　　　2023—2024 年花生期权年度行权情况

年度	行权量（手）	同比变化（%）
2023 年	42 008	699.70
2024 年	34 472	-17.94

数据来源：郑州商品交易所。

（三）期货价格走势（见图 2-2-5、表 2-2-53、表 2-2-54）

图 2-2-5　　2024 年花生期货和国内现货市场价格走势

数据来源：郑州商品交易所、卓创资讯。

表2-2-53　　　　　　　　2024年花生期货和国内现货市场价格指标

市场分类	2023年末收盘价	2024年盘中最高价	2024年盘中最低价	2024年末收盘价	全年涨跌	结算价平均价	标准差	极差
郑商所主力价格（元/吨）	8 638	9 636	7 648	7 928	-710	8 658.87	507.96	1 988
山东市场花生（油料级）日度市场价（元/吨）	8 500	8 850	7 150	7 550	-950	8 200.21	486.87	1 700

数据来源：郑州商品交易所、卓创资讯。

表2-2-54　　　　　　　　2024年花生期货和国内现货市场价格相关性

价格选择	相关系数
郑商所主力结算价与现货市场价格	0.87

数据来源：郑州商品交易所、卓创资讯。

六、PTA期货、期权运行情况

（一）期货、期权交易情况（见表2-2-55~表2-2-58）

表2-2-55　　　　　　　　2024年PTA期货月度交易情况

月度	成交量（万手）	同比变化（%）	成交金额（亿元）	同比变化（%）	月末持仓量（万手）	同比变化（%）
1月	2 281.07	-18.88	6 708.67	-13.31	175.27	-35.53
2月	1 112.71	-74.35	3 288.31	-72.83	132.92	-50.75
3月	1 999.65	-71.93	5 881.80	-71.51	142.66	-59.94
4月	1 970.51	-62.97	5 907.54	-62.77	124.90	-52.06
5月	1 449.45	-69.41	4 261.65	-66.57	132.99	-52.37
6月	1 366.49	-68.51	4 047.68	-66.14	134.05	-52.67
7月	1 588.33	-66.39	4 678.96	-65.94	134.18	-62.02
8月	1 994.14	-56.48	5 496.90	-59.40	158.38	-45.16
9月	2 886.78	-24.00	7 106.02	-39.88	127.99	-22.55
10月	1 863.47	-31.93	4 732.18	-40.60	163.93	-25.91
11月	1 742.44	-59.80	4 259.94	-66.44	169.08	-34.69
12月	1 870.71	-42.11	4 542.11	-51.13	144.30	-35.74
总计	22 125.75	-57.51	60 911.76	-59.42	—	—

数据来源：郑州商品交易所。

表2-2-56　　　　　　　　2023—2024年PTA期货年度交易情况

年度	成交量（万手）	同比变化（%）	成交金额（万亿元）	同比变化（%）	年末持仓量（万手）	同比变化（%）
2023年	52 081.16	-2.81	15.01	-3.37	224.56	-27.93
2024年	22 125.75	-57.51	6.09	-59.42	144.30	-35.74

数据来源：郑州商品交易所。

表2-2-57　　　　　　　　　　2024年PTA期权月度交易情况

月度	成交量（万手）	同比变化（%）	成交量看跌/看涨（PCR）	成交金额（亿元）	同比变化（%）	月末持仓量（万手）	同比变化（%）
1月	887.61	35.85	0.88	16.32	7.00	43.97	12.06
2月	362.94	-66.54	0.98	6.82	-66.33	39.19	-37.15
3月	715.10	-59.80	0.74	13.25	-66.55	50.50	-38.23
4月	700.76	-54.84	0.53	16.59	-55.86	41.27	-27.22
5月	568.33	-69.43	0.59	15.04	-58.07	47.40	-18.80
6月	436.83	-79.20	0.62	8.73	-79.84	47.87	-33.33
7月	560.49	-72.98	0.71	9.34	-78.10	52.49	-28.22
8月	677.68	-66.86	1.54	14.89	-64.11	43.85	-28.03
9月	1 033.66	-28.98	1.40	27.81	-31.06	43.85	-5.85
10月	518.04	-51.15	0.90	14.16	-36.76	49.97	-18.94
11月	547.07	-68.35	0.99	9.06	-76.63	48.33	-20.16
12月	555.85	-61.04	1.06	8.79	-69.12	32.53	-25.33
总计	7 564.36	-59.80	0.89	160.80	-60.39	—	—

数据来源：郑州商品交易所。

表2-2-58　　　　　　　　　2023—2024年PTA期权年度交易情况

年度	成交量（万手）	同比变化（%）	成交量看跌/看涨（PCR）	成交金额（亿元）	同比变化（%）	年末持仓量（万手）	同比变化（%）
2023年	18 818.84	173.14	0.80	405.99	72.02	43.57	13.39
2024年	7 564.36	-59.80	0.89	160.80	-60.39	32.53	-25.33

数据来源：郑州商品交易所。

（二）交割、行权情况（见表2-2-59～表2-2-62）

表2-2-59　　　　　　　　　　2024年PTA期货月度交割情况

月度	交割量（手）	同比变化（%）	交割金额（亿元）	同比变化（%）
1月	37 906	7.03	10.94	14.79
2月	61 395	56.19	18.13	65.57
3月	30 588	-18.88	8.89	-18.87
4月	43 351	60.71	12.92	50.39
5月	17 122	-28.67	4.96	-27.89
6月	15 233	11.59	4.49	17.21
7月	7 621	-21.68	2.27	-19.41
8月	2 851	-93.56	0.80	-93.86
9月	16 311	161.06	3.96	105.37

续表

月度	交割量（手）	同比变化（%）	交割金额（亿元）	同比变化（%）
10月	19 231	-34.10	4.91	-42.73
11月	44 428	588.27	10.80	468.21
12月	57 090	25.20	13.52	4.64
总计	353 127	10.86	96.59	5.09

数据来源：郑州商品交易所。

表 2-2-60　2023—2024 年 PTA 期货年度交割情况

年度	交割量（手）	同比变化（%）	交割金额（亿元）	同比变化（%）
2023年	318 527	83.47	91.92	73.73
2024年	353 127	10.86	96.59	5.09

数据来源：郑州商品交易所。

表 2-2-61　2024 年 PTA 期权月度行权情况

月度	行权量（手）
1月	26 245
2月	20 025
3月	18 460
4月	31 608
5月	27 858
6月	12 197
7月	9 205
8月	77 300
9月	104 883
10月	21 767
11月	14 441
12月	69 102
总计	433 091

数据来源：郑州商品交易所。

表 2-2-62　2023—2024 年 PTA 期权年度行权情况

年度	行权量（手）	同比变化（%）
2023年	399 509	38.41
2024年	433 091	8.41

数据来源：郑州商品交易所。

（三）期货价格走势（见图2-2-6、表2-2-63、表2-2-64）

图2-2-6　2024年PTA期货和国内现货市场价格走势

数据来源：郑州商品交易所、化纤信息网。

表2-2-63　　　　　　2024年PTA期货和国内现货市场价格指标

市场分类	2023年末收盘价	2024年盘中最高价	2024年盘中最低价	2024年末收盘价	全年涨跌	结算价平均价	标准差	极差
郑商所主力价格（元/吨）	5 936	6 118	4 636	4 892	-1 044	5 549.39	459.46	1 482
国产PTA现货价格（元/吨）	5 885	6 110	4 610	4 760	-1 125	5 513.93	496.40	1 500

数据来源：郑州商品交易所、化纤信息网。

表2-2-64　　　　　　2024年PTA期货和国内现货市场价格相关性

价格选择	相关系数
郑商所连续价格与PTA现货市场价格	1.00

数据来源：郑州商品交易所、化纤信息网。

七、短纤期货、期权运行情况

（一）期货、期权交易情况（见表2-2-65~表2-2-68）

表2-2-65　　　　　　2024年短纤期货月度交易情况

月度	成交量（万手）	同比变化（%）	成交金额（亿元）	同比变化（%）	月末持仓量（万手）	同比变化（%）
1月	304.11	-41.82	1 128.95	-40.04	22.77	-62.73
2月	143.16	-78.84	530.79	-78.29	17.34	-67.26
3月	187.09	-72.96	686.77	-72.77	18.58	-67.34

续表

月度	成交量（万手）	同比变化（%）	成交金额（亿元）	同比变化（%）	月末持仓量（万手）	同比变化（%）
4月	286.13	-55.76	1 063.29	-56.10	25.02	-59.06
5月	278.89	-55.96	1 029.51	-53.92	23.35	-68.04
6月	373.00	-39.36	1 403.32	-35.31	35.50	-43.88
7月	392.06	-36.02	1 487.44	-33.36	27.72	-73.53
8月	315.45	-50.63	1 147.75	-51.81	23.58	-75.72
9月	446.92	-18.10	1 535.41	-27.21	19.40	-62.72
10月	273.65	-23.94	953.69	-28.02	18.30	-51.08
11月	335.03	-37.28	1 155.82	-41.32	26.17	-64.23
12月	344.54	-41.08	1 189.53	-43.81	22.42	-51.60
总计	3 680.05	-47.89	13 312.28	-48.42	—	—

数据来源：郑州商品交易所。

表2-2-66　　　　　2023—2024年短纤期货年度交易情况

年度	成交量（万手）	同比变化（%）	成交金额（万亿元）	同比变化（%）	年末持仓量（万手）	同比变化（%）
2023年	7 062.47	6.20	2.58	3.98	46.32	-32.39
2024年	3 680.05	-47.89	1.33	-48.42	22.42	-51.60

数据来源：郑州商品交易所。

表2-2-67　　　　　2024年短纤期权月度交易情况

月度	成交量（万手）	同比变化（%）	成交量看跌/看涨（PCR）	成交金额（亿元）	同比变化（%）	月末持仓量（万手）	同比变化（%）
1月	13.57	—	0.77	0.17	—	1.79	—
2月	4.10	—	1.01	0.07	—	1.03	—
3月	8.20	—	0.76	0.12	—	1.36	—
4月	12.56	—	0.95	0.18	—	1.44	—
5月	52.78	—	0.50	0.76	—	5.26	—
6月	92.26	—	0.45	1.94	—	10.10	—
7月	92.86	—	0.56	1.22	—	6.15	—
8月	59.89	—	1.32	1.06	—	4.80	—
9月	143.20	—	1.57	3.15	—	4.51	—
10月	38.14	1 126.77	0.99	1.00	637.97	3.45	337.04
11月	49.33	180.53	0.76	0.86	84.70	3.01	17.73
12月	52.08	104.74	1.01	0.68	43.84	3.16	17.08
总计	618.97	1 241.74	0.86	11.20	940.44	—	—

数据来源：郑州商品交易所。

表 2-2-68　　　　　　　　　　2023—2024 年短纤期权年度交易情况

年度	成交量（万手）	同比变化（%）	成交量看跌/看涨（PCR）	成交金额（亿元）	同比变化（%）	年末持仓量（万手）	同比变化（%）
2023 年	46.13	—	0.96	1.08	—	2.70	—
2024 年	618.97	1 241.74	0.86	11.20	940.44	3.16	17.08

数据来源：郑州商品交易所。

（二）交割、行权情况（见表 2-2-69～表 2-2-72）

表 2-2-69　　　　　　　　　　2024 年短纤期货月度交割情况

月度	交割量（手）	同比变化（%）	交割金额（亿元）	同比变化（%）
1 月	86	-89.41	0.03	-89.48
2 月	7 140	66.47	2.63	69.28
3 月	5 234	85.14	1.90	85.45
4 月	4 409	123.47	1.62	119.93
5 月	3 386	33.36	1.22	30.10
6 月	3 839	291.73	1.41	286.68
7 月	2 214	679.58	0.84	721.66
8 月	1 995	767.39	0.73	753.37
9 月	1 233	61.81	0.43	51.79
10 月	2 477	199.52	0.88	184.88
11 月	1	-99.89	0.00	-99.89
12 月	478	-77.01	0.16	-78.44
总计	32 492	75.70	11.85	74.89

数据来源：郑州商品交易所。

表 2-2-70　　　　　　　　　　2023—2024 年短纤期货年度交割情况

年度	交割量（手）	同比变化（%）	交割金额（亿元）	同比变化（%）
2023 年	18 493	11.66	6.77	9.50
2024 年	32 492	75.70	11.85	74.89

数据来源：郑州商品交易所。

表 2-2-71　　　　　　　　　　2024 年短纤期权月度行权情况

月度	行权量（手）
1 月	1 271
2 月	921
3 月	368
4 月	896
5 月	806
6 月	2 251

续表

月度	行权量（手）
7月	5 170
8月	8 553
9月	12 005
10月	5 171
11月	4 700
12月	2 533
总计	44 645

数据来源：郑州商品交易所。

表2－2－72　　　　　　　　2023—2024年短纤期权年度行权情况

年度	行权量（手）	同比变化（%）
2023年	2 352	—
2024年	44 645	1 798.17

数据来源：郑州商品交易所。

（三）期货价格走势（见图2－2－7、表2－2－73、表2－2－74）

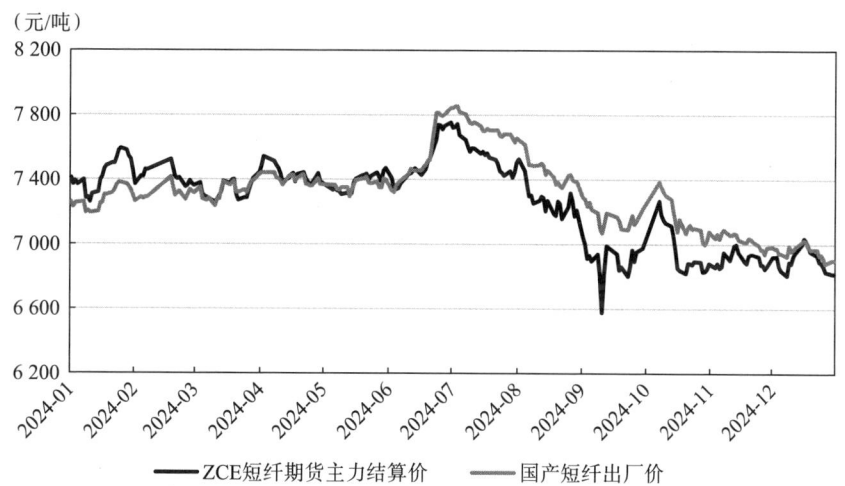

图2－2－7　2024年短纤期货和国内现货市场价格走势

数据来源：郑州商品交易所、化纤信息网。

表2－2－73　　　　　　　2024年短纤期货和国内现货市场价格指标

市场分类	2023年末收盘价	2024年盘中最高价	2024年盘中最低价	2024年末收盘价	全年涨跌	结算价平均价	标准差	极差
郑商所主力价格（元/吨）	7 366	7 826	6 398	6 826	-540	7 252.56	262.56	1 428
国产短纤现货价格（元/吨）	7 245	7 855	6 880	6 900	-345	7 315.14	227.06	975

数据来源：郑州商品交易所、化纤信息网。

表2-2-74　　　　　　2024年短纤期货和国内现货市场价格相关性

价格选择	相关系数
郑商所连续价格与短纤现货市场价格	0.86

数据来源：郑州商品交易所、化纤信息网。

八、甲醇期货、期权运行情况

（一）期货、期权交易情况（见表2-2-75～表2-2-78）

表2-2-75　　　　　　　2024年甲醇期货月度交易情况

月度	成交量（万手）	同比变化（%）	成交金额（亿元）	同比变化（%）	月末持仓量（万手）	同比变化（%）
1月	2 199.90	1.16	5 245.93	-9.25	110.83	-42.70
2月	1 601.02	-48.33	3 994.83	-51.12	114.27	-46.27
3月	2 396.07	-39.78	6 046.97	-40.15	102.80	-61.64
4月	2 049.02	-26.08	5 167.15	-23.18	93.62	-56.76
5月	1 887.53	-51.70	4 928.86	-41.30	110.98	-59.63
6月	1 220.40	-68.03	3 103.90	-60.57	90.58	-66.83
7月	1 638.86	-60.11	4 158.79	-54.88	101.43	-62.49
8月	1 504.89	-63.80	3 731.12	-62.94	82.75	-60.29
9月	1 452.29	-57.71	3 476.40	-60.37	82.33	-54.99
10月	1 246.37	-49.36	3 080.36	-48.35	90.73	-45.38
11月	1 349.59	-55.01	3 418.18	-53.48	100.57	-44.75
12月	1 718.86	-43.12	4 490.41	-38.68	116.73	-20.25
总计	20 264.80	-49.25	50 842.91	-46.90	—	—

数据来源：郑州商品交易所。

表2-2-76　　　　　　　2023—2024年甲醇期货年度交易情况

年度	成交量（万手）	同比变化（%）	成交金额（亿元）	同比变化（%）	年末持仓量（万手）	同比变化（%）
2023年	39 930.92	0.95	95 743.02	-9.37	146.36	-23.20
2024年	20 264.80	-49.25	50 842.91	-46.90	116.73	-20.25

数据来源：郑州商品交易所。

表2-2-77　　　　　　　2024年甲醇期权月度交易情况

月度	成交量（万手）	同比变化（%）	成交量看跌/看涨（PCR）	成交金额（亿元）	同比变化（%）	月末持仓量（万手）	同比变化（%）
1月	615.90	84.96	1.10	12.98	46.86	29.09	74.50
2月	343.61	-35.29	1.22	9.78	-22.07	29.72	14.19

续表

月度	成交量 （万手）	同比变化 （%）	成交量看跌/ 看涨（PCR）	成交金额 （亿元）	同比变化 （%）	月末持仓量 （万手）	同比变化 （%）
3月	672.63	-3.36	0.73	15.46	4.49	39.67	5.22
4月	589.33	5.04	0.73	15.60	39.61	24.79	-16.84
5月	512.32	-51.29	0.55	17.07	-39.81	30.54	-42.81
6月	279.58	-82.20	0.81	7.78	-78.44	27.68	-58.48
7月	498.28	-61.78	1.26	9.05	-70.08	30.96	-55.32
8月	406.08	-71.15	1.78	7.14	-80.19	20.07	-53.94
9月	340.39	-71.15	1.48	8.26	-75.41	16.76	-53.85
10月	204.46	-77.07	0.70	5.46	-74.10	22.40	-46.95
11月	260.33	-79.58	0.67	5.32	-82.63	22.87	-41.37
12月	371.89	-66.11	0.73	8.09	-65.98	27.16	15.52
总计	5 094.80	-57.18	0.92	122.00	-57.52	—	—

数据来源：郑州商品交易所。

表2-2-78　　　　2023—2024年甲醇期权年度交易情况

年度	成交量 （万手）	同比变化 （%）	成交量看跌/ 看涨（PCR）	成交金额 （亿元）	同比变化 （%）	年末持仓量 （万手）	同比变化 （%）
2023年	11 898.90	195.75	0.85	287.21	110.68	23.51	38.34
2024年	5 094.80	-57.18	0.92	122.00	-57.52	27.16	15.52

数据来源：郑州商品交易所。

（二）交割、行权情况（见表2-2-79～表2-2-82）

表2-2-79　　　　2024年甲醇期货月度交割情况

月度	交割量（手）	同比变化（%）	交割金额（万元）	同比变化（%）
1月	294	17.13	692.96	6.06
2月	2 461	146.10	6 154.96	127.79
3月	1 852	-2.53	4 754.08	-5.44
4月	144	-83.37	366.34	-82.63
5月	1 136	-68.24	2 997.90	-63.37
6月	906	-15.17	2 349.26	6.32
7月	1 500	-5.72	3 783.00	8.28
8月	1 158	28.38	2 828.11	35.09
9月	1 841	2.85	4 352.12	-3.48
10月	1 445	-71.78	3 582.16	-71.13
11月	760	-89.22	1 879.48	-89.20
12月	600	-88.86	1 478.40	-88.78
总计	14 097	-53.79	35 218.77	-52.39

数据来源：郑州商品交易所。

表 2－2－80　　　　　　　　2023—2024 年甲醇期货年度交割情况

年度	交割量（手）	同比变化（%）	交割金额（万元）	同比变化（%）
2023 年	30 506	83.92	73 978.70	66.59
2024 年	14 097	-53.79	35 218.77	-52.39

数据来源：郑州商品交易所。

表 2－2－81　　　　　　　　2024 年甲醇期权月度行权情况

月度	行权量（手）
1 月	29 563
2 月	14 643
3 月	4 019
4 月	27 500
5 月	12 597
6 月	7 063
7 月	7 482
8 月	43 988
9 月	29 129
10 月	9 595
11 月	3 773
12 月	24 156
总计	213 508

数据来源：郑州商品交易所。

表 2－2－82　　　　　　　　2023—2024 年甲醇期权年度行权情况

年度	行权量（手）	同比变化（%）
2023 年	318 327	83.29
2024 年	213 508	-32.93

数据来源：郑州商品交易所。

（三）期货价格走势（见图 2－2－8、表 2－2－83、表 2－2－84）

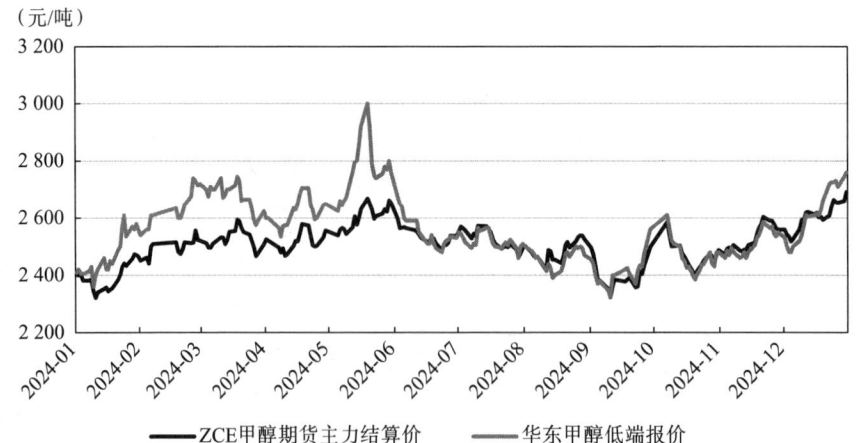

图 2－2－8　2024 年甲醇期货和国内现货市场价格比较

数据来源：郑州商品交易所、金联创。

表 2-2-83　　　　　　　　2024 年甲醇期货和国内现货市场价格指标

市场分类	2023 年末收盘价	2024 年盘中最高价	2024 年盘中最低价	2024 年末收盘价	全年涨跌	结算价平均价	标准差	极差
郑商所主力价格（元/吨）	2 431	2 708	2 292	2 703	272	2 508.08	74.64	416
华东甲醇低端报价（元/吨）	2 435	3 000	2 325	2 760	325	2 557.69	117.67	675

数据来源：郑州商品交易所、金联创。

表 2-2-84　　　　　　　　2024 年甲醇期货和国内现货市场价格相关性

价格选择	相关系数
郑商所主力结算价与现货市场价格	0.77

数据来源：郑州商品交易所、金联创。

九、尿素期货、期权运行情况

（一）期货、期权交易情况（见表 2-2-85～表 2-2-88）

表 2-2-85　　　　　　　　2024 年尿素期货月度交易情况

月度	成交量（万手）	同比变化（%）	成交金额（亿元）	同比变化（%）	月末持仓量（万手）	同比变化（%）
1 月	584.86	145.66	2 423.68	97.35	26.64	-1.86
2 月	317.83	-3.82	1 346.09	-17.88	30.25	-7.62
3 月	522.17	-3.13	2 149.58	-18.48	32.31	-14.55
4 月	785.71	40.57	3 130.19	30.10	26.51	-36.62
5 月	607.22	-30.61	2 618.89	-16.25	26.85	-59.13
6 月	470.15	-67.50	1 980.88	-60.60	25.72	-68.59
7 月	417.88	-81.99	1 719.18	-82.12	21.92	-71.62
8 月	364.26	-88.09	1 415.26	-89.33	21.78	-66.65
9 月	356.65	-77.10	1 285.73	-81.29	21.41	-50.43
10 月	336.70	-67.53	1 237.06	-72.60	25.24	-50.49
11 月	270.79	-77.13	987.30	-82.07	22.90	-27.07
12 月	340.61	-47.08	1 192.09	-58.63	28.03	4.97
总计	5 374.82	-61.02	21 485.93	-63.41	—	—

数据来源：郑州商品交易所。

表 2-2-86　　　　　　　　2023—2024 年尿素期货年度交易情况

年度	成交量（万手）	同比变化（%）	成交金额（万亿元）	同比变化（%）	年末持仓量（万手）	同比变化（%）
2023 年	13 787.68	408.52	58 713.73	331.49	26.71	5.82
2024 年	5 374.82	-61.02	21 485.93	-63.41	28.03	4.94

数据来源：郑州商品交易所。

表 2-2-87　　　　　　　　　　2024 年尿素期权月度交易情况

月度	成交量 (万手)	同比变化 (%)	成交量看跌/ 看涨(PCR)	成交金额 (亿元)	同比变化 (%)	月末持仓量 (万手)	同比变化 (%)
1月	42.11	—	1.14	1.81	—	4.65	—
2月	17.30	—	0.90	0.87	—	3.82	—
3月	46.74	—	0.72	2.10	—	7.31	—
4月	33.60	—	0.62	2.25	—	3.38	—
5月	23.83	—	0.62	2.27	—	4.22	—
6月	27.75	—	0.70	2.21	—	4.81	—
7月	46.86	—	0.91	2.48	—	7.37	—
8月	33.49	—	1.32	1.51	—	3.22	—
9月	19.66	—	1.07	1.49	—	3.53	—
10月	16.59	124.23	0.49	1.36	126.00	4.94	135.18
11月	21.79	-69.67	0.54	0.91	-78.58	5.48	11.78
12月	26.40	-64.21	0.57	1.17	-67.56	3.23	-32.37
总计	356.14	132.76	0.80	20.45	141.13	—	—

数据来源：郑州商品交易所。

表 2-2-88　　　　　　　　　　2024 年尿素期权年度交易情况

年度	成交量 (万手)	同比变化 (%)	成交量看跌/ 看涨(PCR)	成交金额 (亿元)	同比变化 (%)	年末持仓量 (万手)	同比变化 (%)
2023 年	153.01	—	0.88	8.48	—	4.77	—
2024 年	356.14	132.76	0.80	20.45	141.13	3.23	-32.37

数据来源：郑州商品交易所。

（二）交割、行权情况（见表 2-2-89～表 2-2-92）

表 2-2-89　　　　　　　　　　2024 年尿素期货月度交割情况

月度	交割量（手）	同比变化（%）	交割金额（亿元）	同比变化（%）
1月	1 106	-12.50	0.49	-27.72
2月	657	-25.09	0.29	-39.09
3月	744	26.53	0.33	4.56
4月	357	1 328.00	0.15	1 167.58
5月	1 115	-17.28	0.50	-18.93
6月	38	-88.99	0.02	-87.76
7月	214	-54.66	0.09	-54.06
8月	497	297.60	0.20	239.11
9月	1 070	123.38	0.40	64.16

续表

月度	交割量（手）	同比变化（%）	交割金额（亿元）	同比变化（%）
10月	314	46.05	0.11	11.47
11月	1 983	23.94	0.71	-11.21
12月	668	-7.73	0.23	-32.68
总计	8 763	8.70	3.52	-11.66

数据来源：郑州商品交易所。

表 2-2-90   2023—2024 年尿素期货年度交割情况

年度	交割量（手）	同比变化（%）	交割金额（亿元）	同比变化（%）
2023年	8 062	9.78	3.99	0.88
2024年	8 763	8.70	3.52	-11.66

数据来源：郑州商品交易所。

表 2-2-91   2024 年尿素期权月度行权情况

月度	行权量（手）
1月	1 563
2月	3 086
3月	758
4月	6 254
5月	912
6月	448
7月	119
8月	4 093
9月	513
10月	145
11月	149
12月	4 964
总计	23 004

数据来源：郑州商品交易所。

表 2-2-92   2023—2024 年尿素期权年度行权情况

年度	行权量（手）	同比变化（%）
2023年	3 170	—
2024年	23 004	625.68

数据来源：郑州商品交易所。

（三）期货价格走势（见图2－2－9、表2－2－93、表2－2－94）

图2－2－9　2024年尿素期货和国内现货市场价格走势

数据来源：郑州商品交易所、隆众资讯。

表2－2－93　　　　　　2024年尿素期货和国内现货市场价格指标

市场分类	2023年末收盘价	2024年盘中最高价	2024年盘中最低价	2024年末收盘价	全年涨跌	结算价平均价	标准差	极差
郑商所主力价格（元/吨）	2 112	2 250	1 690	1 707	-405	1 966.10	146.23	560
山东尿素主流价格（元/吨）	2 290	2 400	1 650	1 650	-640	2 085.41	217.62	750

数据来源：郑州商品交易所、隆众资讯。

表2－2－94　　　　　　2024年尿素期货和国内现货市场价格相关性

价格选择	相关系数
郑商所主力结算价与尿素现货市场价格	0.95

数据来源：郑州商品交易所、隆众资讯。

十、玻璃期货、期权运行情况

2024年6月21日，玻璃期权在郑商所上市交易。

（一）交易情况（见表2－2－95～表2－2－98）

表2－2－95　　　　　　2024年玻璃期货月度交易情况

月度	成交量（万手）	同比变化（%）	成交金额（亿元）	同比变化（%）	月末持仓量（万手）	同比变化（%）
1月	2 315.33	58.33	8 443.00	72.36	63.30	-51.96

续表

月度	成交量 （万手）	同比变化 （%）	成交金额 （亿元）	同比变化 （%）	月末持仓量 （万手）	同比变化 （%）
2月	1 229.24	-39.59	4 226.78	-33.06	76.03	-55.65
3月	2 465.80	-10.34	7 672.35	-12.96	141.98	-2.52
4月	2 801.31	-25.78	8 468.84	-36.77	88.99	-46.42
5月	2 190.23	-55.10	7 199.40	-53.35	88.27	-51.37
6月	1 770.35	-49.79	5 766.44	-46.54	87.85	-54.12
7月	1 860.68	-43.84	5 442.28	-49.44	112.21	-36.13
8月	2 232.59	-52.73	5 770.02	-63.56	104.10	-34.88
9月	3 808.57	24.12	8 548.57	-20.02	112.02	-22.11
10月	5 809.34	287.10	14 961.21	203.48	152.07	10.19
11月	3 417.65	44.81	9 109.64	12.75	123.72	-12.05
12月	2 331.01	-17.10	6 195.49	-41.14	92.61	-23.81
总计	32 232.09	-10.97	91 804.01	-23.79	—	—

数据来源：郑州商品交易所。

表 2-2-96   2023—2024 年玻璃期货年度交易情况

年度	成交量 （万手）	同比变化 （%）	成交金额 （亿元）	同比变化 （%）	年末持仓量 （万手）	同比变化 （%）
2023 年	36 203.11	61.26	120 465.50	59.35	121.56	10.65
2024 年	32 232.09	-10.97	91 804.01	-23.79	92.61	-23.81

数据来源：郑州商品交易所。

表 2-2-97   2024 年玻璃期权月度交易情况

月度	成交量 （万手）	同比变化 （%）	成交量看跌/ 看涨（PCR）	成交金额 （亿元）	同比变化 （%）	月末持仓量 （万手）	同比变化 （%）
1月	—	—	—	—	—	—	—
2月	—	—	—	—	—	—	—
3月	—	—	—	—	—	—	—
4月	—	—	—	—	—	—	—
5月	—	—	—	—	—	—	—
6月	23.55	—	0.73	1.38	—	5.18	—
7月	196.88	—	0.74	7.73	—	22.97	—
8月	333.32	—	0.84	10.29	—	25.92	—
9月	616.16	—	0.63	25.81	—	38.95	—
10月	721.64	—	0.60	47.98	—	54.22	—
11月	732.04	—	0.69	27.65	—	59.40	—
12月	555.51	—	0.91	16.26	—	29.63	—
总计	3 179.11	—	0.71	137.09	—	—	—

数据来源：郑州商品交易所。

表 2-2-98　　2024 年玻璃期权年度交易情况

年度	成交量（万手）	同比变化（%）	成交量看跌/看涨（PCR）	成交金额（亿元）	同比变化（%）	年末持仓量（万手）	同比变化（%）
2024 年	3 179.11	—	0.71	137.09	—	29.63	—

数据来源：郑州商品交易所。

(二) 交割、行权情况（见表 2-2-99～表 2-2-102）

表 2-2-99　　2024 年玻璃期货月度交割情况

月度	交割量（手）	同比变化（%）	交割金额（万元）	同比变化（%）
1 月	2 130	183.24	7 523.16	226.72
2 月	660	-28.65	2 383.92	-16.92
3 月	512	406.93	1 721.34	463.60
4 月	330	-50.60	1 009.14	-55.52
5 月	1 901	106.41	5 581.34	51.20
6 月	364	-22.72	1 185.91	-27.84
7 月	690	57.18	1 919.58	29.28
8 月	2 031	144.70	5 296.85	72.39
9 月	1 826	104.94	3 429.23	-1.67
10 月	2 224	456.00	4 799.39	215.58
11 月	1 725	228.57	4 084.19	118.40
12 月	1 391	-31.17	3 416.30	-54.14
总计	15 784	76.48	42 350.35	32.49

数据来源：郑州商品交易所。

表 2-2-100　　2023—2024 年玻璃期货年度交割情况

年度	交割量（手）	同比变化（%）	交割金额（万元）	同比变化（%）
2023 年	8 944	65.88	31 965.92	67.06
2024 年	15 784	76.48	42 350.35	32.49

数据来源：郑州商品交易所。

表 2-2-101　　2024 年玻璃期权月度行权情况

月度	行权量（手）
1 月	0
2 月	0
3 月	0
4 月	0
5 月	0
6 月	27
7 月	9

续表

月度	行权量（手）
8月	27 254
9月	32 012
10月	24 580
11月	14 070
12月	37 364
总计	135 316

数据来源：郑州商品交易所。

表2－2－102　　　　　　　　2024年玻璃期权年度行权情况

年度	行权量（手）	同比变化（%）
2024年	135 316	—

数据来源：郑州商品交易所。

（三）期货价格走势（见图2－2－10、表2－2－103、表2－2－104）

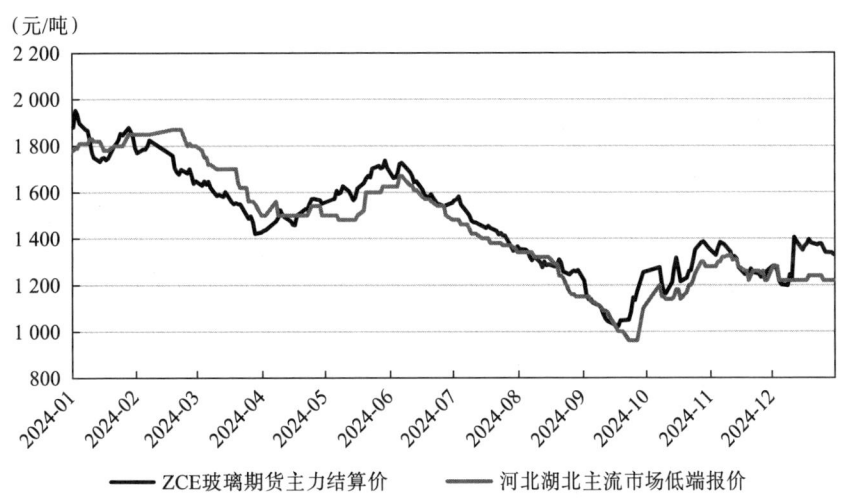

图2－2－10　2024年玻璃期货和国内现货市场价格比较

数据来源：郑州商品交易所、卓创资讯。

表2－2－103　　　　　　　　2024年玻璃期货和国内现货市场价格指标

市场分类	2023年末收盘价	2024年盘中最高价	2024年盘中最低价	2024年末收盘价	全年涨跌	结算价平均价	标准差	极差
郑商所主力价格（元/吨）	1 913	1 985	1 004	1 327	－586	1 468.37	210.86	981
河北湖北主流市场低端报价（元/吨）	1 780	1 870	960	1 220	－560	1 446.61	239.47	910

数据来源：郑州商品交易所、卓创资讯。

表 2-2-104　　2024 年玻璃期货和国内现货市场价格相关性

价格选择	相关系数
郑商所连续价格与现货市场价格	0.95

数据来源：郑州商品交易所、卓创资讯。

十一、纯碱期货、期权运行情况

（一）交易情况（见表 2-2-105～表 2-2-108）

表 2-2-105　　2024 年纯碱期货月度交易情况

月度	成交量 （万手）	同比变化 （%）	成交金额 （亿元）	同比变化 （%）	月末持仓量 （万手）	同比变化 （%）
1 月	2 034.47	-14.00	8 040.42	-39.35	69.02	-47.19
2 月	923.52	-71.94	3 443.86	-81.44	90.74	-31.60
3 月	2 131.62	-38.02	7 860.14	-57.21	114.83	-17.34
4 月	3 288.80	-10.66	13 456.71	-19.26	99.31	-33.69
5 月	3 211.90	-59.17	14 709.13	-46.11	101.57	-61.52
6 月	2 544.68	-55.59	10 892.60	-41.69	107.03	-64.16
7 月	3 613.19	-44.67	14 215.42	-38.67	134.75	-50.31
8 月	4 353.31	-57.01	14 361.67	-62.35	144.64	-16.53
9 月	5 102.81	26.44	14 904.30	-5.32	146.19	-0.07
10 月	5 741.81	325.88	17 616.69	281.13	169.15	7.71
11 月	2 856.08	-30.19	8 686.17	-48.94	161.30	47.97
12 月	2 100.00	-32.59	6 150.80	-56.38	124.85	94.68
总计	37 902.20	-31.86	134 337.92	-40.46	—	—

数据来源：郑州商品交易所。

表 2-2-106　　2023—2024 年纯碱期货年度交易情况

年度	成交量 （万手）	同比变化 （%）	成交金额 （亿元）	同比变化 （%）	年末持仓量 （万手）	同比变化 （%）
2023 年	55 620.64	68.18	225 629.38	29.69	64.13	-39.87
2024 年	37 902.20	-31.86	134 337.92	-40.46	124.85	94.68

数据来源：郑州商品交易所。

表 2-2-107　　2024 年纯碱期权月度交易情况

月度	成交量 （万手）	同比变化 （%）	成交量看跌/ 看涨（PCR）	成交金额 （亿元）	同比变化 （%）	月末持仓量 （万手）	同比变化 （%）
1 月	604.31	—	0.79	38.66	—	47.07	—
2 月	274.09	—	0.74	15.56	—	41.98	—

续表

月度	成交量（万手）	同比变化（%）	成交量看跌/看涨（PCR）	成交金额（亿元）	同比变化（%）	月末持仓量（万手）	同比变化（%）
3月	573.17	—	0.62	30.27	—	56.39	—
4月	556.92	—	0.66	40.93	—	36.69	—
5月	617.89	—	0.73	54.03	—	45.67	—
6月	468.55	—	0.78	33.62	—	41.67	—
7月	947.76	—	0.79	53.41	—	78.09	—
8月	1 057.40	—	0.82	47.85	—	61.73	—
9月	1 089.53	—	0.66	60.92	—	66.62	—
10月	1 001.97	2 245.24	0.55	73.41	2 761.62	95.37	858.42
11月	983.29	65.76	0.60	40.47	-15.57	100.23	103.66
12月	666.90	-3.77	0.75	21.88	-63.00	45.74	70.22
总计	8 841.79	565.33	0.70	511.02	366.03	—	—

数据来源：郑州商品交易所。

表2-2-108　2023—2024年纯碱期权年度交易情况

年度	成交量（万手）	同比变化（%）	成交量看跌/看涨（PCR）	成交金额（亿元）	同比变化（%）	年末持仓量（万手）	同比变化（%）
2023年	1 328.93	—	1.13	109.65	—	26.87	—
2024年	8 841.79	565.33	0.70	511.02	366.03	45.74	70.22

数据来源：郑州商品交易所。

（二）交割、行权情况（见表2-2-109～表2-2-112）

表2-2-109　2024年纯碱期货月度交割情况

月度	交割量（手）	同比变化（%）	交割金额（万元）	同比变化（%）
1月	1 553	-54.89	7 094.10	-65.81
2月	3 400	60.60	13 722.40	5.63
3月	2 054	67.95	7 842.17	6.75
4月	1 721	125.85	6 470.96	47.19
5月	2 392	35.45	10 189.95	23.33
6月	6 293	308.90	26 946.40	355.49
7月	3 279	187.88	13 124.24	195.16
8月	8 730	1 174.45	29 761.00	894.20
9月	5 502	2 251.28	15 121.79	859.08
10月	3 547	223.04	10 335.73	81.79
11月	1 337	-18.97	3 864.26	-44.45
12月	6 559	543.04	18 841.20	222.26
总计	46 367	178.05	163 314.20	87.36

数据来源：郑州商品交易所。

表2-2-110　　　　　　　　2023—2024年纯碱期货年度交割情况

年度	交割量（手）	同比变化（%）	交割金额（万元）	同比变化（%）
2023年	16 676	-40.91	87 167.55	-44.1
2024年	46 367	178.05	163 314.20	87.36

数据来源：郑州商品交易所。

表2-2-111　　　　　　　　2024年纯碱期权月度行权情况

月度	行权量（手）
1月	24 366
2月	9 989
3月	8 572
4月	28 193
5月	11 219
6月	14 722
7月	21 752
8月	82 342
9月	37 509
10月	24 709
11月	14 068
12月	30 025
总计	307 466

数据来源：郑州商品交易所。

表2-2-112　　　　　　　　2024年纯碱期权年度行权情况

年度	行权量（手）	同比变化（%）
2023年	37 012	—
2024年	307 466	730.72

数据来源：郑州商品交易所。

（三）期货价格走势（见图2-2-11、表2-2-113、表2-2-114）

图2-2-11　2024年纯碱期货和国内现货市场价格比较

数据来源：郑州商品交易所、卓创资讯。

表 2-2-113 2024 年纯碱期货和国内现货市场价格指标

市场分类	2023 年末收盘价	2024 年盘中最高价	2024 年盘中最低价	2024 年末收盘价	全年涨跌	结算价平均价	标准差	极差
郑商所主力价格（元/吨）	2 044	2 471	1 317	1 433	-611	1 803.39	285.22	1 154
华中地区重质纯碱平均价（元/吨）	2 825	2 750	1 500	1 505	-1 320	1 943.14	321.53	1 250

数据来源：郑州商品交易所、卓创资讯。

表 2-2-114 2024 年纯碱期货和国内现货市场价格相关性

价格选择	相关系数
郑商所连续价格与现货市场价格	0.86

数据来源：郑州商品交易所、卓创资讯。

十二、硅铁期货、期权运行情况

（一）期货、期权交易情况（见表 2-2-115～表 2-2-118）

表 2-2-115 2024 年硅铁期货月度交易情况

月度	成交量（万手）	同比变化（%）	成交金额（亿元）	同比变化（%）	月末持仓量（万手）	同比变化（%）
1 月	390.79	-7.80	1 310.61	-26.72	25.86	-31.94
2 月	192.81	-63.26	635.23	-69.94	20.84	-41.45
3 月	270.85	-55.93	881.96	-63.58	35.29	-19.71
4 月	649.63	25.57	2 198.92	11.03	37.60	-27.88
5 月	1 254.86	132.68	4 670.57	137.21	40.94	-26.10
6 月	739.46	42.71	2 693.08	46.73	26.12	-54.09
7 月	291.24	-54.76	987.77	-56.00	25.85	-69.72
8 月	328.97	-60.67	1 087.50	-63.16	23.20	-69.33
9 月	246.38	-61.92	770.55	-67.75	20.69	-56.34
10 月	223.25	-50.83	731.61	-54.39	19.21	-68.40
11 月	244.06	-57.09	777.09	-61.17	25.77	-65.13
12 月	405.62	-30.12	1 277.58	-35.51	29.25	-43.09
总计	5 237.94	-23.74	18 022.46	-28.71	—	—

数据来源：郑州商品交易所。

表 2-2-116 2023—2024 年硅铁期货年度交易情况

年度	成交量（万手）	同比变化（%）	成交金额（亿元）	同比变化（%）	年末持仓量（万手）	同比变化（%）
2023 年	6 868.64	-0.31	25 280.83	-15.88	51.40	29.80
2024 年	5 237.94	-23.74	18 022.46	-28.71	29.25	-43.09

数据来源：郑州商品交易所。

表 2–2–117　　2024 年硅铁期权月度交易情况

月度	成交量（万手）	同比变化（%）	成交量看跌/看涨（PCR）	成交金额（亿元）	同比变化（%）	月末持仓量（万手）	同比变化（%）
1 月	16.06	—	0.59	0.26	—	2.37	—
2 月	5.06	—	0.71	0.10	—	1.98	—
3 月	17.27	—	0.39	0.33	—	4.24	—
4 月	38.81	—	0.32	1.59	—	4.63	—
5 月	133.15	—	0.39	7.26	—	9.79	—
6 月	143.22	—	0.59	5.06	—	9.19	—
7 月	75.57	—	0.50	2.10	—	6.47	—
8 月	116.37	—	0.76	3.50	—	3.58	—
9 月	40.68	—	0.87	1.12	—	2.53	—
10 月	21.44	644.31	0.41	0.90	826.38	4.28	337.19
11 月	22.13	11.48	0.44	0.54	-1.99	3.29	-16.73
12 月	32.05	4.22	0.63	0.58	-20.11	2.97	-24.19
总计	661.79	1 137.47	0.54	23.36	1 594.18	—	—

数据来源：郑州商品交易所。

表 2–2–118　　2023—2024 年硅铁期权年度交易情况

年度	成交量（万手）	同比变化（%）	成交量看跌/看涨（PCR）	成交金额（亿元）	同比变化（%）	月末持仓量（万手）	同比变化（%）
2023 年	53.48	—	0.44	1.38	—	3.92	—
2024 年	661.79	1 137.47	0.54	23.36	1 594.18	2.97	-24.19

数据来源：郑州商品交易所。

（二）交割情况（见表 2–2–119～表 2–2–122）

表 2–2–119　　2024 年硅铁期货月度交割情况

月度	交割量（手）	同比变化（%）	交割金额（万元）	同比变化（%）
1 月	5 189	-10.07	17 186.63	-31.75
2 月	2 127	-42.88	6 737.71	-54.97
3 月	5 041	-7.61	16 625.22	-23.86
4 月	2 982	-47.31	9 694.48	-56.01
5 月	4 290	-75.54	14 984.97	-76.67
6 月	3 558	-25.11	12 734.08	-21.09
7 月	7 775	-34.40	26 574.95	-35.90
8 月	2 833	-25.95	9 462.22	-29.74
9 月	3 215	-41.69	9 786.46	-49.88

续表

月度	交割量（手）	同比变化（%）	交割金额（万元）	同比变化（%）
10月	2 289	-55.21	7 289.23	-59.22
11月	1 773	-78.14	5 647.78	-80.37
12月	1 975	-36.64	6 253.73	-40.57
总计	43 047	-46.48	142 977.46	-51.70

数据来源：郑州商品交易所。

表 2-2-120　　　　　2023—2024 年硅铁期货年度交割情况

年度	交割量（手）	同比变化（%）	交割金额（万元）	同比变化（%）
2023年	80 433	232.42	296 002.78	181.11
2024年	43 047	-46.48	142 977.46	-51.70

数据来源：郑州商品交易所。

表 2-2-121　　　　　2024 年硅铁期权月度行权情况

月度	行权量（手）
1月	2 156
2月	1 832
3月	576
4月	2 380
5月	5 963
6月	7 480
7月	5 766
8月	8 248
9月	5 082
10月	2 494
11月	2 062
12月	2 296
总计	46 335

数据来源：郑州商品交易所。

表 2-2-122　　　　　2024 年硅铁期权年度行权情况

年度	行权量（手）	同比变化（%）
2023年	2 167	—
2024年	46 335	2 038.21

数据来源：郑州商品交易所。

(三) 期货价格走势（见图 2-2-12、表 2-2-123、表 2-2-124）

图 2-2-12　2024 年硅铁期货和国内现货市场价格比较

数据来源：郑州商品交易所、我的钢铁网。

表 2-2-123　　　　　　　2024 年硅铁期货和国内现货市场价格指标

市场分类	2023 年末收盘价	2024 年盘中最高价	2024 年盘中最低价	2024 年末收盘价	全年涨跌	结算价平均价	标准差	极差
郑商所主力价格（元/吨）	6 754	8 234	6 014	6 256	-498	7 447.97	336.81	2 220
河北市场硅铁 72 合格块现货价（元/吨）	6 830	7 730	6 300	6 320	-510	6 726.98	288.81	1 430

数据来源：郑州商品交易所、我的钢铁网。

表 2-2-124　　　　　　　2024 年硅铁期货和国内现货市场价格相关性

价格选择	相关系数
郑商所主力结算价与现货市场价格	0.95

数据来源：郑州商品交易所、我的钢铁网。

十三、锰硅期货、期权运行情况

(一) 期货、期权交易情况（见表 2-2-125 ~ 表 2-2-128）

表 2-2-125　　　　　　　2024 年锰硅期货月度交易情况

月度	成交量（万手）	同比变化（%）	成交金额（亿元）	同比变化（%）	月末持仓量（万手）	同比变化（%）
1 月	326.93	1.10	1 045.37	-15.52	26.48	-22.93

续表

月度	成交量（万手）	同比变化（%）	成交金额（亿元）	同比变化（%）	月末持仓量（万手）	同比变化（%）
2月	166.78	-60.77	526.47	-66.90	25.57	-29.81
3月	251.20	-49.05	780.18	-56.84	37.67	-18.72
4月	983.88	88.26	3 504.97	90.62	61.52	41.55
5月	4 655.89	994.51	20 530.49	1 312.11	125.03	137.58
6月	1 660.20	275.38	6 854.96	369.66	73.24	39.09
7月	742.10	33.06	2 722.35	46.71	57.69	-29.31
8月	541.82	-16.70	1 753.80	-20.85	53.84	-29.29
9月	392.12	-35.79	1 210.26	-43.81	45.74	-21.11
10月	393.87	-10.46	1 249.57	-15.05	47.24	-22.83
11月	455.20	-15.25	1 447.41	-19.10	45.88	-47.61
12月	435.24	-12.18	1 359.12	-14.94	47.00	-5.21
总计	11 005.24	85.79	42 984.93	109.98	—	—

数据来源：郑州商品交易所。

表2-2-126　　　　　2023—2024年锰硅期货年度交易情况

年度	成交量（万手）	同比变化（%）	成交金额（亿元）	同比变化（%）	年末持仓量（万手）	同比变化（%）
2023年	5 923.33	34.19	20 471.00	19.07	49.59	43.39
2024年	11 005.24	85.79	42 984.93	109.98	47.00	-5.21

数据来源：郑州商品交易所。

表2-2-127　　　　　2024年锰硅期权月度交易情况

月度	成交量（万手）	同比变化（%）	成交量看跌/看涨（PCR）	成交金额（亿元）	同比变化（%）	月末持仓量（万手）	同比变化（%）
1月	9.02	—	0.45	0.17	—	1.74	—
2月	3.38	—	0.51	0.07	—	1.12	—
3月	13.22	—	0.36	0.29	—	2.88	—
4月	56.31	—	0.63	3.87	—	8.26	—
5月	679.53	—	0.97	53.12	—	44.41	—
6月	571.70	—	1.03	32.43	—	34.08	—
7月	390.92	—	0.85	13.75	—	26.46	—
8月	250.56	—	0.70	8.02	—	13.23	—
9月	90.92	—	0.58	3.34	—	11.75	—
10月	71.97	3 694.41	0.37	3.41	4 042.52	15.49	3 453.80
11月	94.24	1 369.75	0.30	2.58	1 246.10	15.63	1 173.20
12月	66.95	391.62	0.74	1.14	230.94	8.33	295.79
总计	2 298.72	10 383.81	0.82	122.18	19 643.65	—	—

数据来源：郑州商品交易所。

表 2-2-128　　　　　　　　　　2024 年锰硅期权年度交易情况

年度	成交量（万手）	同比变化（%）	成交量看跌/看涨（PCR）	成交金额（亿元）	同比变化（%）	年末持仓量（万手）	同比变化（%）
2023 年	21.93	—	0.47	0.62	—	2.10	—
2024 年	2 298.72	10 383.81	0.82	122.18	19 643.65	8.33	295.79

数据来源：郑州商品交易所。

（二）交割情况（见表 2-2-129 ~ 表 2-2-132）

表 2-2-129　　　　　　　　　　2024 年锰硅期货月度交割情况

月度	交割量（手）	同比变化（%）	交割金额（万元）	同比变化（%）
1 月	11 827	1 024.24	37 562.75	832.76
2 月	8 604	333.67	26 896.10	260.58
3 月	7 350	46.21	22 847.25	22.34
4 月	8 885	121.46	27 337.23	90.01
5 月	30 742	686.44	125 948.28	817.91
6 月	33 214	1 226.97	135 202.05	1 507.62
7 月	23 705	501.04	87 143.97	562.73
8 月	19 709	230.47	62 266.37	200.47
9 月	45 898	570.14	135 921.47	464.27
10 月	13 041	271.33	39 828.78	236.72
11 月	19 594	1 478.89	61 603.54	1 363.02
12 月	11 017	56.58	34 560.33	54.12
总计	233 586	396.64	797 118.11	388.72

数据来源：郑州商品交易所。

表 2-2-130　　　　　　　　　　2023—2024 年锰硅期货年度交割情况

年度	交割量（手）	同比变化（%）	交割金额（万元）	同比变化（%）
2023 年	47 033	-15.74	163 103.14	-25.92
2024 年	233 586	396.64	797 118.11	388.72

数据来源：郑州商品交易所。

表 2-2-131　　　　　　　　　　2024 年锰硅期权月度行权情况

月度	行权量（手）
1 月	1 812
2 月	2 013
3 月	1 013
4 月	4 512
5 月	35 917
6 月	25 338

续表

月度	行权量（手）
7月	20 125
8月	27 464
9月	8 053
10月	4 132
11月	3 430
12月	7 693
总计	141 502

数据来源：郑州商品交易所。

表2－2－132　　　　2023—2024年锰硅期权年度行权情况

年度	行权量（手）	同比变化（%）
2023年	1 741	—
2024年	141 502	8 027.63

数据来源：郑州商品交易所。

（三）期货价格走势（见图2－2－13、表2－2－133、表2－2－134）

图2－2－13　2024年锰硅期货和国内现货市场价格比较

数据来源：郑州商品交易所、我的钢铁网。

表2－2－133　　　　2024年锰硅期货和国内现货市场价格指标

市场分类	2023年末收盘价	2024年盘中最高价	2024年盘中最低价	2024年末收盘价	全年涨跌	结算价平均价	标准差	极差
郑商所主力价格（元/吨）	6 380	9 786	5 886	6 090	－290	7 189.61	829.90	3 900
江苏市场锰硅FeMn65Si17现货价格（元/吨）	6 450	8 800	5 740	5 930	－520	6 614.34	764.50	3 060

数据来源：郑州商品交易所、我的钢铁网。

表2－2－134 2024年锰硅期货和国内现货市场价格相关性

价格选择	相关系数
郑商所主力结算价与现货市场价格	0.99

数据来源：郑州商品交易所、我的钢铁网。

十四、苹果期货、期权运行情况

（一）期货、期权交易情况（见表2－2－135～表2－2－138）

表2－2－135 2024年苹果期货月度交易情况

月度	成交量 （万手）	同比变化 （％）	成交金额 （亿元）	同比变化 （％）	月末持仓量 （万手）	同比变化 （％）
1月	145.76	－41.23	1 201.83	－43.10	9.23	－64.90
2月	87.58	－71.30	720.87	－73.36	8.72	－68.17
3月	183.09	－58.15	1 482.25	－61.30	11.64	－49.81
4月	218.71	－37.13	1 672.35	－42.23	14.15	－21.14
5月	233.15	－15.37	1 740.21	－26.46	19.09	10.42
6月	242.49	5.32	1 697.55	－13.54	22.95	20.79
7月	282.10	37.73	1 954.60	10.39	20.44	－0.10
8月	313.24	48.24	2 167.77	16.47	20.54	20.84
9月	254.51	41.74	1 741.51	6.08	14.13	－2.21
10月	304.75	69.40	2 169.59	32.99	18.46	17.18
11月	317.13	11.85	2 459.78	－2.39	13.56	15.99
12月	286.75	63.21	2 162.84	45.89	12.48	10.87
总计	2 869.25	－6.82	21 171.16	－20.95	—	—

数据来源：郑州商品交易所。

表2－2－136 2023—2024年苹果期货年度交易情况

年度	成交量 （万手）	同比变化 （％）	成交金额 （亿元）	同比变化 （％）	年末持仓量 （万手）	同比变化 （％）
2023年	3 079.15	－35.23	26 780.66	－35.56	11.26	－57.51
2024年	2 869.25	－6.82	21 171.16	－20.95	12.48	10.87

数据来源：郑州商品交易所。

表2－2－137 2024年苹果期权月度交易情况

月度	成交量 （万手）	同比变化 （％）	成交量看跌/ 看涨（PCR）	成交金额 （亿元）	同比变化 （％）	月末持仓量 （万手）	同比变化 （％）
1月	4.96	—	1.51	0.64	—	1.25	—
2月	5.98	—	1.15	0.46	—	1.71	—

续表

月度	成交量 (万手)	同比变化 (%)	成交量看跌/ 看涨(PCR)	成交金额 (亿元)	同比变化 (%)	月末持仓量 (万手)	同比变化 (%)
3月	59.16	—	0.69	2.40	—	0.25	—
4月	6.98	—	0.51	1.07	—	2.08	—
5月	15.22	—	0.33	1.93	—	4.07	—
6月	18.40	—	0.47	1.98	—	6.69	—
7月	27.99	—	0.39	1.89	—	9.05	—
8月	99.61	—	0.58	3.01	—	1.20	—
9月	30.75	—	0.48	1.22	—	2.66	—
10月	47.71	750.21	0.35	4.21	950.97	7.21	306.86
11月	104.78	111.15	0.58	4.46	102.99	0.38	29.54
12月	9.67	203.67	0.84	1.31	129.08	2.08	149.34
总计	431.20	638.10	0.55	24.61	676.40	—	—

数据来源：郑州商品交易所。

表 2-2-138   2023—2024 年苹果期权年度交易情况

年度	成交量 (万手)	同比变化 (%)	成交量看跌/ 看涨(PCR)	成交金额 (亿元)	同比变化 (%)	月末持仓量 (万手)	同比变化 (%)
2023年	58.42	—	1.15	3.17	—	0.84	—
2024年	431.20	638.10	0.55	24.61	676.40	2.08	149.34

数据来源：郑州商品交易所。

（二）交割、行权情况（见表 2-2-139 ~ 表 2-2-142）

表 2-2-139   2024 年苹果期货月度交割情况

月度	交割量（手）	同比变化（%）	交割金额（万元）	同比变化（%）
1月	414	216.03	3 661.805	209.77
2月	0	-100.00	0.00	-100.00
3月	100	-61.69	916.06	-58.21
4月	259	156.44	1 770.51	132.08
5月	84	-74.07	520.52	-81.27
6月	0	-100.00	0.00	-100.00
7月	0	—	0.00	—
8月	0	—	0.00	—
9月	0	—	0.00	—
10月	507	-43.29	3 777.15	-51.70
11月	641	11.28	4 529.25	-14.32
12月	499	183.52	3 853.18	130.14
总计	2 504	-0.20	19 028.47	-13.88

数据来源：郑州商品交易所。

表 2－2－140　　　　　　　　2023—2024 年苹果期货年度交割情况

年度	交割量（手）	同比变化（%）	交割金额（万元）	同比变化（%）
2023 年	2 509	70.56	22 095.34	68.64
2024 年	2 504	-0.20	19 028.47	-13.88

数据来源：郑州商品交易所。

表 2－2－141　　　　　　　　2024 年苹果期权月度行权情况

月度	行权量（手）
1 月	14
2 月	29
3 月	7 109
4 月	0
5 月	0
6 月	9
7 月	51
8 月	6 871
9 月	1 406
10 月	400
11 月	4 952
12 月	10
总计	20 851

数据来源：郑州商品交易所。

表 2－2－142　　　　　　　　2023—2024 年苹果期权年度行权情况

年度	行权量（手）	同比变化（%）
2023 年	2 978	—
2024 年	20 851	600.17

数据来源：郑州商品交易所。

（三）期货价格走势（见图 2－2－14、表 2－2－143、表 2－2－144）

图 2－2－14　2024 年苹果期货和国内现货市场价格走势

数据来源：郑州商品交易所、卓创资讯。

表 2-2-143　　　　　　2024 年苹果期货和国内现货市场价格指标

市场分类	2023 年末收盘价	2024 年盘中最高价	2024 年盘中最低价	2024 年末收盘价	全年涨跌	结算价平均价	标准差	极差
郑商所主力价格（元/吨）	8 163	8 702	6 595	7 080	-1 083	7 466.69	561.22	2 107
山东栖霞苹果市场价格（元/吨）	7 600	8 300	5 100	7 000	-600	6 323.55	798.28	3 200

数据来源：郑州商品交易所、卓创资讯。

表 2-2-144　　　　　　2024 年苹果期货和国内现货市场价格相关性

价格选择	相关系数
郑商所连续价格与现货市场价格	0.63

数据来源：郑州商品交易所、卓创资讯。

十五、烧碱期货、期权运行情况

（一）交易情况（见表 2-2-145～表 2-2-148）

表 2-2-145　　　　　　2024 年烧碱期货月度交易情况

月度	成交量（万手）	同比变化（%）	成交金额（亿元）	同比变化（%）	月末持仓量（万手）	同比变化（%）
1 月	191.48	—	1 582.06	—	5.15	—
2 月	61.56	—	495.26	—	5.22	—
3 月	100.71	—	801.04	—	6.33	—
4 月	139.38	—	1 035.57	—	2.81	—
5 月	136.14	—	1 148.90	—	4.80	—
6 月	124.32	—	1 020.33	—	6.05	—
7 月	237.75	—	1 806.88	—	9.17	—
8 月	278.52	—	2 055.08	—	5.19	—
9 月	248.27	-32.52	1 807.71	-45.30	4.25	-7.31
10 月	545.91	27.70	4 370.31	30.48	11.33	17.78
11 月	279.89	2.07	2 216.67	1.93	10.38	92.33
12 月	287.32	-2.17	2 298.97	-4.88	18.16	180.79
总计	2 631.25	93.00	20 638.76	83.53		

数据来源：郑州商品交易所。

表 2-2-146　　　　　　2023—2024 年烧碱期货年度交易情况

年度	成交量（万手）	同比变化（%）	成交金额（亿元）	同比变化（%）	年末持仓量（万手）	同比变化（%）
2023 年	1 363.33	—	11 245.47	—	6.47	—
2024 年	2 631.25	93.00	20 638.76	83.53	18.16	180.79

数据来源：郑州商品交易所。

表 2-2-147　　　　　　　　　2024 年烧碱期权月度交易情况

月度	成交量（万手）	同比变化（%）	成交量看跌/看涨（PCR）	成交金额（亿元）	同比变化（%）	月末持仓量（万手）	同比变化（%）
1月	13.93	—	0.39	2.01	—	3.67	—
2月	10.48	—	0.43	0.85	—	4.61	—
3月	44.96	—	0.65	2.05	—	8.05	—
4月	42.47	—	0.63	1.81	—	2.10	—
5月	13.80	—	0.44	1.44	—	1.55	—
6月	9.53	—	0.77	0.84	—	1.67	—
7月	52.21	—	0.85	2.63	—	4.97	—
8月	63.94	—	1.32	2.60	—	3.02	—
9月	42.38	1 945.23	1.03	2.07	100.50	1.76	308.71
10月	48.26	822.90	0.73	5.30	243.38	4.43	259.38
11月	53.10	295.00	0.78	2.98	9.65	3.69	83.30
12月	51.81	146.84	1.06	2.66	-40.39	3.64	38.01
总计	446.88	970.83	0.82	27.24	179.21	—	—

数据来源：郑州商品交易所。

表 2-2-148　　　　　　　　2023—2024 年烧碱期权年度交易情况

年度	成交量（万手）	同比变化（%）	成交量看跌/看涨（PCR）	成交金额（亿元）	同比变化（%）	年末持仓量（万手）	同比变化（%）
2023 年	41.73	—	0.45	9.76	—	2.64	—
2024 年	446.88	970.83	0.82	27.24	179.21	3.64	38.01

数据来源：郑州商品交易所。

（二）交割、行权情况（见表 2-2-149~表 2-2-152）

表 2-2-149　　　　　　　　　2024 年烧碱期货月度交割情况

月度	交割量（手）	同比变化（%）	交割金额（万元）	同比变化（%）
1月	—	—	—	—
2月	—	—	—	—
3月	—	—	—	—
4月	—	—	—	—
5月	485	—	3 487.59	—
6月	40	—	293.89	—
7月	82	—	574.82	—
8月	1	—	7.90	—
9月	327	—	2 444.55	—

续表

月度	交割量（手）	同比变化（%）	交割金额（万元）	同比变化（%）
10月	100	—	723.90	—
11月	84	—	730.66	—
12月	149	—	1 207.90	—
总计	1 268	—	9 471.21	—

数据来源：郑州商品交易所。

表2－2－150　　　　　　　2024年烧碱期货年度交割情况

年度	交割量（手）	同比变化（%）	交割金额（万元）	同比变化（%）
2024年	1 268	—	9 471.21	—

数据来源：郑州商品交易所。

表2－2－151　　　　　　　2024年烧碱期权月度行权情况

月度	行权量（手）
1月	7
2月	0
3月	1
4月	5 286
5月	735
6月	205
7月	129
8月	4 131
9月	1 542
10月	1 480
11月	2 020
12月	2 889
总计	18 425

数据来源：郑州商品交易所。

表2－2－152　　　　　　2023—2024年烧碱期权年度行权情况

年度	行权量（手）	同比变化（%）
2023年	8	—
2024年	18 425	230 212.50

数据来源：郑州商品交易所。

（三）期货价格走势（见图2－2－15、表2－2－153、表2－2－154）

图2－2－15 2024年烧碱期货和国内现货市场价格比较

数据来源：郑州商品交易所、百川盈孚。

表2－2－153　　　　2024年烧碱期货和国内现货市场价格指标

市场分类	2023年末收盘价	2024年盘中最高价	2024年盘中最低价	2024年末收盘价	全年涨跌	结算价平均价	标准差	极差
郑商所主力价格（元/吨）	2 823	2 978	2 251	2 907	84	2 614.40	139.63	727
山东32%液碱市场成交价（折百）（元/吨）	2 381	3 247	2 313	2 581	200	2 616.43	283.07	934

数据来源：郑州商品交易所、百川盈孚。

表2－2－154　　　　2024年烧碱期货和国内现货市场价格相关性

价格选择	相关系数
郑商所连续价格与现货市场价格	－0.13

数据来源：郑州商品交易所、百川盈孚。

十六、对二甲苯期货、期权运行情况

（一）期货、期权交易情况（见表2－2－155～表2－2－158）

表2－2－155　　　　2024年对二甲苯期货月度交易情况

月度	成交量（万手）	同比变化（%）	成交金额（亿元）	同比变化（%）	月末持仓量（万手）	同比变化（%）
1月	137.08	—	583.64	—	10.69	—
2月	73.97	—	315.24	—	13.73	—

续表

月度	成交量（万手）	同比变化（%）	成交金额（亿元）	同比变化（%）	月末持仓量（万手）	同比变化（%）
3月	158.58	—	670.98	—	12.12	—
4月	139.25	—	601.03	—	9.25	—
5月	132.79	—	562.46	—	11.43	—
6月	112.45	—	479.98	—	11.19	—
7月	137.51	—	581.90	—	14.27	—
8月	222.16	—	877.06	—	10.12	—
9月	345.75	198.45	1 208.76	123.58	9.67	147.73
10月	224.25	54.83	802.53	30.93	13.00	82.79
11月	259.48	77.89	886.76	42.81	17.22	121.00
12月	281.57	104.73	959.68	66.51	11.72	15.37
总计	2 224.85	308.92	8 530.02	262.85	—	—

数据来源：郑州商品交易所。

表 2 - 2 - 156　　　　　2023—2024 年对二甲苯期货年度交易情况

年度	成交量（万手）	同比变化（%）	成交金额（万亿元）	同比变化（%）	年末持仓量（万手）	同比变化（%）
2023 年	544.08	—	0.24	—	10.16	—
2024 年	2 224.85	308.92	0.85	262.85	11.72	15.37

数据来源：郑州商品交易所。

表 2 - 2 - 157　　　　　2024 年对二甲苯期权月度交易情况

月度	成交量（万手）	同比变化（%）	成交量看跌/看涨（PCR）	成交金额（亿元）	同比变化（%）	月末持仓量（万手）	同比变化（%）
1月	11.96	—	0.40	0.50	—	4.05	—
2月	13.33	—	0.66	0.35	—	5.59	—
3月	62.05	—	0.60	0.74	—	1.15	—
4月	17.54	—	0.89	1.06	—	1.81	—
5月	25.42	—	0.73	1.16	—	3.38	—
6月	32.30	—	0.98	0.89	—	4.59	—
7月	79.86	—	1.00	0.71	—	0.76	—
8月	32.98	—	1.31	0.99	—	2.24	—
9月	47.95	1 631.84	0.74	1.48	157.27	2.58	361.98
10月	39.85	632.77	0.76	0.85	-7.29	3.14	142.54
11月	87.68	549.23	0.80	0.97	-43.85	0.35	-82.32
12月	64.19	311.28	0.87	0.73	-34.21	0.74	-78.56
总计	515.11	1 280.28	0.82	10.42	141.14	—	—

数据来源：郑州商品交易所。

表 2-2-158　　　　　　　　2023—2024 年对二甲苯期权年度交易情况

年度	成交量（万手）	同比变化（%）	成交量看跌/看涨（PCR）	成交金额（亿元）	同比变化（%）	年末持仓量（万手）	同比变化（%）
2023 年	37.32	—	0.70	4.32	—	3.43	—
2024 年	515.11	1 280.28	0.82	10.42	141.14	0.74	-78.56

数据来源：郑州商品交易所。

（二）交割、行权情况（见表 2-2-159~表 2-2-163）

表 2-2-159　　　　　　　　2024 年对二甲苯期货月度交割情况

月度	交割量（手）	同比变化（%）	交割金额（亿元）	同比变化（%）
5 月	4 499	—	1.86	—
6 月	1 385	—	0.57	—
7 月	32	—	0.01	—
8 月	16	—	0.01	—
9 月	2 514	—	0.96	—
10 月	987	—	0.34	—
11 月	987	—	0.33	—
12 月	105	—	0.03	—
总计	10 525		4.11	

数据来源：郑州商品交易所。

表 2-2-160　　　　　　　　2024 年对二甲苯期货年度交割情况

年度	交割量（手）	同比变化（%）	交割金额（亿元）	同比变化（%）
2024 年	10 525	—	4.11	—

数据来源：郑州商品交易所。

表 2-2-161　　　　　　　　2024 年对二甲苯期权月度行权情况

月度	行权量（手）
1 月	0
2 月	0
3 月	5 608
4 月	829
5 月	250
6 月	90
7 月	10 301
8 月	1 239
9 月	6 386

续表

月度	行权量（手）
10 月	7 680
11 月	6 975
12 月	3 957
总计	43 315

数据来源：郑州商品交易所。

表 2－2－162　　　　　　2023—2024 年对二甲苯期权年度行权情况

年度	行权量（手）	同比变化（%）
2023 年	90	—
2024 年	43 315	48 027.78

数据来源：郑州商品交易所。

（三）期货价格走势（见图 2－2－16、表 2－2－163、表 2－2－164）

图 2－2－16　2024 年对二甲苯期货和现货市场价格走势

数据来源：郑州商品交易所、化纤信息网。

表 2－2－163　　　　　　2024 年对二甲苯期货和现货市场价格指标

市场分类	2023 年末收盘价	2024 年盘中最高价	2024 年盘中最低价	2024 年末收盘价	全年涨跌	结算价平均价	标准差	极差
郑商所主力价格（元/吨）	8 590	8 896	6 480	6 992	－1 598	7 942.98	735.59	2 416
外盘 PX 折算人民币现货价（元/吨）	8 327	8 760	6 644	6 935	－1 392	7 879.78	727.69	2 116

数据来源：郑州商品交易所、化纤信息网。

155

表 2-2-164 2024 年对二甲苯期货和现货市场价格相关性

价格选择	相关系数
郑商所连续价格与对二甲苯现货市场价格	0.96

数据来源：郑州商品交易所、化纤信息网。

十七、红枣期货、期权运行情况

2024 年 6 月 21 日，红枣期权在郑商所上市交易。

（一）期货、期权交易情况（见表 2-2-165 ~ 表 2-2-168）

表 2-2-165 2024 年红枣期货月度交易情况

月度	成交量（万手）	同比变化（%）	成交金额（亿元）	同比变化（%）	月末持仓量（万手）	同比变化（%）
1 月	94.39	105.94	650.54	171.56	9.00	45.14
2 月	55.58	-22.00	351.20	-6.56	7.44	9.58
3 月	77.27	17.73	490.19	50.79	7.28	9.45
4 月	95.36	39.52	597.75	74.44	7.52	23.84
5 月	96.99	40.79	605.42	65.94	9.85	71.92
6 月	78.00	64.92	449.15	83.71	10.20	68.11
7 月	120.84	-32.29	647.30	-37.01	10.68	36.39
8 月	121.88	-3.24	627.95	-22.70	7.58	-13.28
9 月	123.95	18.43	596.73	-15.36	10.11	17.80
10 月	192.86	22.77	956.57	-9.35	15.61	22.15
11 月	287.53	23.53	1 434.45	-14.90	17.17	46.52
12 月	168.43	88.27	794.76	16.05	13.60	25.97
总计	1 513.07	20.51	8 202.01	4.32	—	—

数据来源：郑州商品交易所。

表 2-2-166 2023—2024 年红枣期货年度交易情况

年度	成交量（万手）	同比变化（%）	成交金额（亿元）	同比变化（%）	年末持仓量（万手）	同比变化（%）
2023 年	1 255.52	174.07	7 862.66	187.99	10.80	114.65
2024 年	1 513.07	20.51	8 202.01	4.32	13.60	25.97

数据来源：郑州商品交易所。

表 2-2-167 2024 年红枣期权月度交易情况

月度	成交量（万手）	同比变化（%）	成交量看跌/看涨（PCR）	成交金额（亿元）	同比变化（%）	月末持仓量（万手）	同比变化（%）
1 月	0.00	—		0.00		0.00	—

续表

月度	成交量（万手）	同比变化（%）	成交量看跌/看涨（PCR）	成交金额（亿元）	同比变化（%）	月末持仓量（万手）	同比变化（%）
2月	0.00	—	—	0.00	—	0.00	—
3月	0.00	—	—	0.00	—	0.00	—
4月	0.00	—	—	0.00	—	0.00	—
5月	0.00	—	—	0.00	—	0.00	—
6月	9.08	—	0.40	0.58	—	2.19	—
7月	54.42	—	0.59	1.71	—	0.71	—
8月	9.18	—	0.45	0.99	—	2.33	—
9月	14.10	—	0.37	1.42	—	3.66	—
10月	26.84	—	0.16	2.14	—	6.63	—
11月	62.61	—	0.26	2.47	—	1.37	—
12月	6.71	—	0.36	0.65	—	2.71	—
总计	182.94	—	0.35	9.96	—	—	—

数据来源：郑州商品交易所。

表2-2-168　2024年红枣期权年度交易情况

年度	成交量（万手）	同比变化（%）	成交量看跌/看涨（PCR）	成交金额（亿元）	同比变化（%）	月末持仓量（万手）	同比变化（%）
2024年	182.94	—	0.35	9.96	—	2.71	—

数据来源：郑州商品交易所。

（二）交割、行权情况（见表2-2-169～表2-2-172）

表2-2-169　2024年红枣期货月度交割情况

月度	交割量（手）	同比变化（%）	交割金额（万元）	同比变化（%）
1月	1 239	40	9 005.05	108.47
2月	0	—	0.00	—
3月	1 378	-6.70	8 640.95	15.60
4月	0	—	0.00	—
5月	2 219	-31.07	13 590.00	-15.04
6月	0	—	0.00	—
7月	1 098	-2.05	6 028.12	7.45
8月	0	—	0.00	—
9月	951	-66.16	4 344.72	-71.97
10月	0	—	0.00	—
11月	0	—	0.00	—
12月	124	-86.28	601.80	-90.99
总计	7 009	-32.71	42 210.64	-24.05

数据来源：郑州商品交易所。

表 2-2-170　　　　　　　　2023—2024 年红枣期货年度交割情况

年度	交割量（手）	同比变化（%）	交割金额（万元）	同比变化（%）
2023 年	10 416	-17.07	55 576.83	-21.63
2024 年	7 009	-32.71	42 210.64	-24.05

数据来源：郑州商品交易所。

表 2-2-171　　　　　　　　2024 年红枣期权月度行权情况

月度	行权量（手）
1 月	0
2 月	0
3 月	0
4 月	0
5 月	0
6 月	0
7 月	2 384
8 月	19
9 月	65
10 月	199
11 月	3 456
12 月	0
总计	6 123

数据来源：郑州商品交易所。

表 2-2-172　　　　　　　　2024 年红枣期权年度行权情况

年度	行权量（手）	同比变化（%）
2024 年	6 123	—

数据来源：郑州商品交易所。

（三）期货价格走势（见图 2-2-17、表 2-2-173、表 2-2-174）

图 2-2-17　2024 年红枣期货和国内现货市场价格走势

数据来源：郑州商品交易所、钢联数据。

表2-2-173　　　　　2024年红枣期货和国内现货市场价格指标

市场分类	2023年末收盘价	2024年盘中最高价	2024年盘中最低价	2024年末收盘价	全年涨跌	结算价平均价	标准差	极差
郑商所主力价格（元/吨）	15 145	15 300	9 045	9 210	-5 935	11 222.05	1 462.27	6 255
河北特级灰枣（元/吨）	14 100	14 100	8 800	8 800	-5 300	11 359.50	1 547.86	5 300

数据来源：郑州商品交易所、钢联数据。

表2-2-174　　　　　2024年红枣期货和国内现货市场价格相关性

价格选择	相关系数
郑商所连续价格与现货市场价格	0.97

数据来源：郑州商品交易所、钢联数据。

十八、棉纱期货运行情况

（一）期货交易情况（见表2-2-175）

表2-2-175　　　　　2023—2024年棉纱期货年度交易情况

年度	成交量（万手）	同比变化（%）	成交金额（亿元）	同比变化（%）	年末持仓量（手）	同比变化（%）
2023年	96.37	14.72	1 067.77	9.30	4 159	24.6
2024年	72.05	-25.24	744.66	-30.26	11 679	180.81

数据来源：郑州商品交易所。

（二）交割情况（见表2-2-176）

表2-2-176　　　　　2023—2024年棉纱期货年度交割情况

年度	交割量（手）	同比变化（%）	交割金额（万元）	同比变化（%）
2023年	896	-44.55	9 652.63	-52.8
2024年	956	6.70	9 718.07	0.68

数据来源：郑州商品交易所。

(三) 期货价格走势（见图 2-2-18、表 2-2-177、表 2-2-178）

图 2-2-18　2024 年棉纱期货和国内现货市场价格走势

数据来源：郑州商品交易所、中国棉纺织信息网。

表 2-2-177　2024 年棉纱期货和国内现货市场价格指标

市场分类	2023 年末收盘价	2024 年盘中最高价	2024 年盘中最低价	2024 年末收盘价	全年涨跌	结算价平均价	标准差	极差
郑商所主力价格（元/吨）	21 180	22 550	18 530	19 435	-1 745	20 507	984.64	4 020
棉纱现货价格指数 CYC32（元/吨）	22 040	23 400	20 690	20 690	-1 350	21 914	709.55	2 710

数据来源：郑州商品交易所、中国棉纺织信息网。

表 2-2-178　2024 年棉纱期货和国内现货市场价格相关性

价格选择	相关系数
郑商所主力结算价与现货市场价格	0.93

数据来源：郑州商品交易所、中国棉纺织信息网。

十九、油菜籽期货运行情况

（一）期货交易情况（见表 2-2-179、表 2-2-180）

表 2-2-179　2023—2024 年油菜籽期货年度交易情况

年度	成交量（手）	同比变化（%）	成交金额（亿元）	同比变化（%）	年末持仓量（手）	同比变化（%）
2023 年	7 051	1.66	4.26	-4.08	3	-57.14
2024 年	19 871	181.82	10.74	152.15	68	2 166.67

数据来源：郑州商品交易所。

表 2-2-180　　　　　　2023—2024 年油菜籽期货内外盘交易情况

年度	成交量（手）		年末持仓量（手）	
	郑商所（ZCE）	ICE（洲际交易所）	郑商所（ZCE）	ICE（洲际交易所）
2023 年	7 051	8 872 587	3	240 298
2024 年	19 871	12 791 910	68	230 538

注：郑州商品交易所油菜籽期货交易单位为 10 吨/手；ICE 油菜籽期货交易单位为 20 吨/手。
数据来源：郑州商品交易所、ICE（洲际交易所）。

（二）交割情况（见表 2-2-181）

表 2-2-181　　　　　　2023—2024 年油菜籽期货年度交割情况

年度	交割量（手）	同比变化（%）	交割金额（万元）	同比变化（%）
2023 年	0	—	0	—
2024 年	22	—	112.82	—

数据来源：郑州商品交易所。

（三）期货价格走势（见图 2-2-19、表 2-2-182、表 2-2-183）

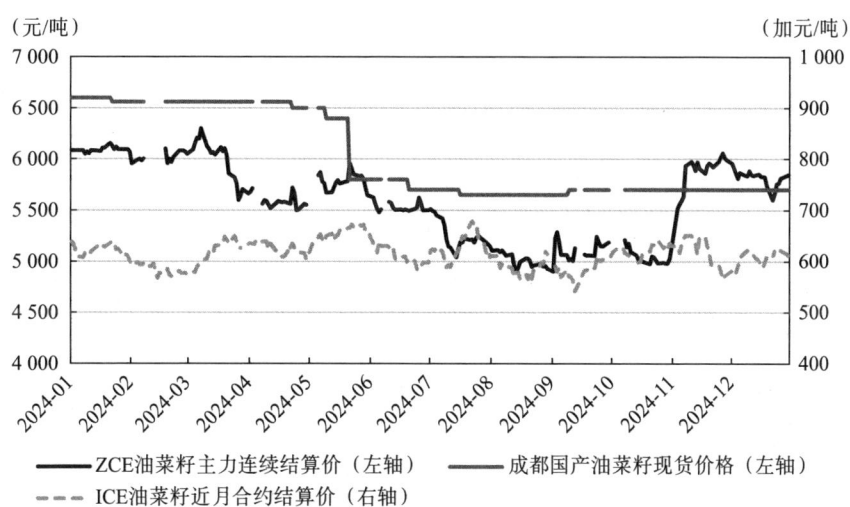

图 2-2-19　2024 年油菜籽期货内外盘和国内现货市场价格走势

数据来源：郑州商品交易所、ICE（洲际交易所）、国家粮油信息中心。

表 2-2-182　　　　　　2024 年油菜籽期货内外盘和国内现货市场价格指标

市场分类	2023 年末收盘价	2024 年盘中最高价	2024 年盘中最低价	2024 年末收盘价	全年涨跌	结算价平均价	标准差	极差
郑商所主力价格（元/吨）	6 099	6 336	4 834	5 836	-263	5 591.5	394.9	1 502
ICE 连续价格（加元/吨）	648.4	681	538.8	611.5	-36.9	614.11	26.54	142.2

续表

市场分类	2023年末收盘价	2024年盘中最高价	2024年盘中最低价	2024年末收盘价	全年涨跌	结算价平均价	标准差	极差
四川成都油菜籽现货价格（元/吨）	6 600	6 600	5 650	5 700	-900	6 015.17	411.09	950

数据来源：郑州商品交易所、ICE（洲际交易所）、国家粮油信息中心。

表2-2-183　2024年油菜籽期货内外盘和国内现货市场价格相关性

价格选择	相关系数
郑商所主力结算价与ICE连续价格	0.15
郑商所主力结算价与现货市场价格	0.65

数据来源：郑州商品交易所、ICE（洲际交易所）、国家粮油信息中心。

二十、瓶片期货、期权运行情况

2024年8月30日，瓶片期货在郑商所上市交易；12月27日，瓶片期权上市交易。

（一）期货、期权交易情况（见表2-2-184、表2-2-185）

表2-2-184　2024年瓶片期货年度交易情况

年度	成交量（万手）	同比变化（%）	成交金额（万亿元）	同比变化（%）	年末持仓量（万手）	同比变化（%）
2024年	496.29	—	0.46	—	2.45	—

数据来源：郑州商品交易所。

表2-2-185　2024年瓶片期权年度交易情况

年度	成交量（万手）	同比变化（%）	成交量看跌/看涨（PCR）	成交金额（亿元）	同比变化（%）	年末持仓量（万手）	同比变化（%）
2024年	0.41	—	0.87	0.02	—	0.16	—

数据来源：郑州商品交易所。

（二）交割、行权情况

2024年，瓶片期货无交割，瓶片期权无行权。

（三）期货价格走势（见图2-2-20、表2-2-186、表2-2-187）

图2-2-20 2024年瓶片期货和国内现货市场价格走势

数据来源：郑州商品交易所、化纤信息网。

表2-2-186　　　　2024年瓶片期货和国内现货市场价格指标

市场分类	2023年末收盘价	2024年盘中最高价	2024年盘中最低价	2024年末收盘价	全年涨跌	结算价平均价	标准差	极差
郑商所主力价格（元/吨）	—	6 820	5 736	6 160	—	6 218.74	131.87	1 084
华东水瓶片现货价格（元/吨）	—	6 670	6 033	6 058	—	6 207.90	144.02	637

数据来源：郑州商品交易所、化纤信息网。

表2-2-187　　　　2024年瓶片期货和国内现货市场价格相关性

价格选择	相关系数
郑商所连续价格与瓶片现货市场价格	0.86

数据来源：郑州商品交易所、化纤信息网。

二十一、强麦期货运行情况

（一）期货交易情况（见表2-2-188）

2024年，郑商所强麦期货无成交。

表2-2-188　　　　2023—2024年强麦期货内外盘年度交易情况

年度	成交量（手）		年末持仓量（手）	
	郑商所（ZCE）	CME Group（芝加哥商业交易所集团）	郑商所（ZCE）	CME Group（芝加哥商业交易所集团）
2023年	294	30 926 174	0	359 935
2024年	0	32 206 222	0	460 497

注：郑州商品交易所强麦期货交易单位为20吨/手；CME Group软红冬小麦期货交易单位为5 000蒲式耳/手。
数据来源：郑州商品交易所、CME Group（芝加哥商业交易所集团）。

(二) 交割情况

2024年，郑商所强麦期货无交割。

(三) 期货价格走势（见图2-2-21、表2-2-189、表2-2-190）

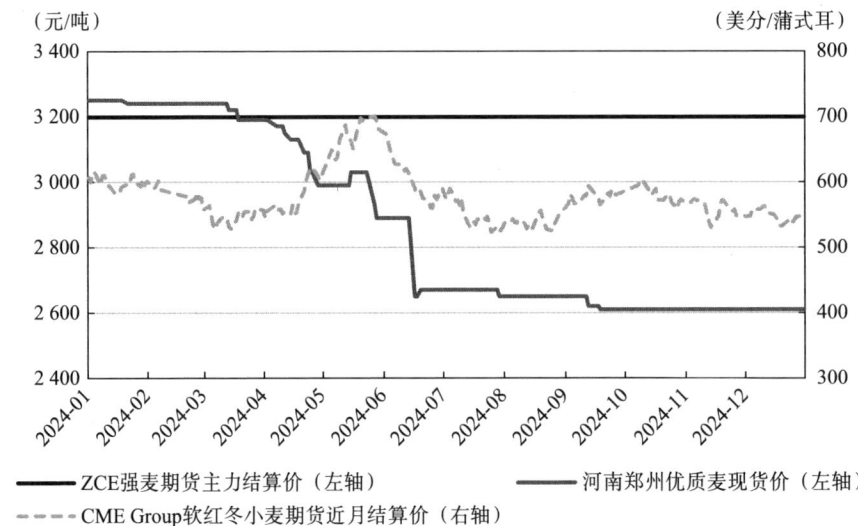

图 2-2-21　2024年强麦期货内外盘和国内现货市场价格走势

数据来源：郑州商品交易所、CME Group（芝加哥商业交易所集团）、国家粮油信息中心。

表 2-2-189　　　　　　　2024年强麦期货内外盘和国内现货市场价格指标

市场分类	2023年末收盘价	2024年盘中最高价	2024年盘中最低价	2024年末收盘价	全年涨跌	结算价平均价	标准差	极差
郑商所主力价格（元/吨）	3 198	3 198	3 198	3 198	0	3 198	0.00	0.00
CME Group 软红冬小麦近月连续价格（美分/蒲式耳）	628	700.25	498	551.50	-76.5	572.98	39.87	202.25
河南郑州郑麦366进厂价格（元/吨）	3 270	3 250	2 610	2 610	-660	2 855.95	264.35	640

数据来源：郑州商品交易所、CME Group（芝加哥商业交易所集团）、国家粮油信息中心。

表 2-2-190　　　　　　　2024年强麦期货内外盘和国内现货市场价格相关性

价格选择	相关系数
郑商所主力结算价与CME Group连续价格	0
郑商所主力结算价与现货市场价格	0

数据来源：郑州商品交易所、CME Group（芝加哥商业交易所集团）、国家粮油信息中心。

二十二、普麦期货运行情况

（一）期货交易情况（见表2-2-191）

2024年，郑商所普麦期货无成交。

表2-2-191　　　　2023—2024年普麦期货内外盘年度交易情况

年度	成交量（手）		年末持仓量（手）	
	郑商所（ZCE）	CME Group（芝加哥商业交易所集团）	郑商所（ZCE）	CME Group（芝加哥商业交易所集团）
2023年	0	30 926 174	0	359 935
2024年	0	32 206 222	0	460 497

注：郑州商品交易所普麦期货交易单位为50吨/手；CME Group软红冬小麦期货交易单位为5 000蒲式耳/手。
数据来源：郑州商品交易所、CME Group（芝加哥商业交易所集团）。

（二）交割情况

2024年，郑商所普麦期货无交割。

（三）期货价格走势（见图2-2-22、表2-2-192、表2-2-193）

图2-2-22　2024年普麦期货内外盘和国内现货市场价格走势

数据来源：郑州商品交易所、CME Group（芝加哥商业交易所集团）、国家粮油信息中心。

表 2－2－192　　2024 年普麦期货内外盘和国内现货市场价格指标

市场分类	2023年末收盘价	2024年盘中最高价	2024年盘中最低价	2024年末收盘价	全年涨跌	结算价平均价	标准差	极差
郑商所主力价格（元/吨）	3 122	3 122	3 122	3 122	0	3 122	0.00	0.00
CME Group 软红冬小麦近月连续价格（美分/蒲式耳）	628	700.25	498	551.50	-76.5	572.98	39.87	202.25
河南郑州普通小麦进厂价格（元/吨）	2 880	2 860	2 410	2 410	-470	2 574.42	137.81	450

数据来源：郑州商品交易所、CME Group（芝加哥商业交易所集团）、国家粮油信息中心。

表 2－2－193　　2024 年普麦期货内外盘和国内现货市场价格相关性

价格选择	相关系数
郑商所主力结算价与 CME Group 连续价格	0
郑商所主力结算价与现货市场价格	0

数据来源：郑州商品交易所、CME Group（芝加哥商业交易所集团）、国家粮油信息中心。

二十三、早籼稻期货运行情况

（一）期货交易情况（见表 2－2－194）

2024 年，郑商所早籼稻期货无成交。

表 2－2－194　　2023—2024 年早籼稻期货内外盘年度交易情况

年度	成交量（手）		年末持仓量（手）	
	郑商所（ZCE）	CME Group（芝加哥商业交易所集团）	郑商所（ZCE）	CME Group（芝加哥商业交易所集团）
2023 年	0	248 959	0	10 871
2024 年	0	291 675	0	11 790

注：郑州商品交易所早籼稻期货交易单位为 20 吨/手；CME Group 糙米期货交易单位为 2 000 美担/手。
数据来源：郑州商品交易所、CME Group（芝加哥商业交易所集团）。

（二）交割情况

2024 年，郑商所早籼稻期货无交割。

（三）期货价格走势（见图2－2－23、表2－2－195、表2－2－196）

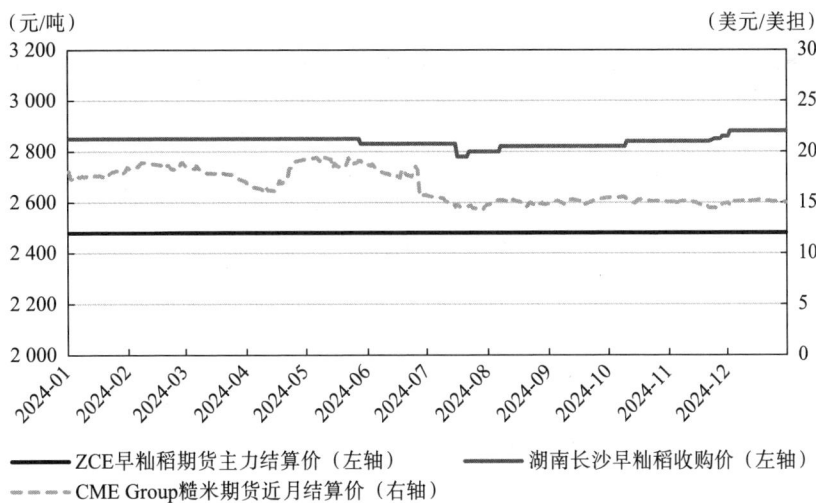

图2－2－23　2024年早籼稻期货内外盘和国内现货市场价格走势

数据来源：郑州商品交易所、CME Group（芝加哥商业交易所集团）、国家粮油信息中心。

表2－2－195　　　2024年早籼稻期货内外盘和国内现货市场价格指标

市场分类	2023年末收盘价	2024年盘中最高价	2024年盘中最低价	2024年末收盘价	全年涨跌	结算价平均价	标准差	极差
郑商所主力价格（元/吨）	2 479	2 479	2 479	2 479	0	2 479	0	0
CME Group糙米近月连续价格（美元/美担）	17.52	19.46	13.84	14.10	－3.42	16.37	2.36	5.62
湖南长沙早籼稻收购价格（元/吨）	2 850	2 880	2 780	2 880	30	2 840.25	20.16	100

数据来源：郑州商品交易所、CME Group（芝加哥商业交易所集团）、国家粮油信息中心。

表2－2－196　　　2024年早籼稻期货内外盘和国内现货市场价格相关性

价格选择	相关系数
郑商所主力结算价与CME Group连续价格	0
郑商所主力结算价与现货市场价格	0

数据来源：郑州商品交易所、CME Group（芝加哥商业交易所集团）、国家粮油信息中心。

二十四、晚籼稻期货运行情况

（一）期货交易情况（见表2－2－197）

2024年，郑商晚籼稻期货无成交。

表 2-2-197　　　　　2023—2024 年晚籼稻期货内外盘年度交易情况

年度	成交量（手）		年末持仓量（手）	
	郑商所（ZCE）	CME Group（芝加哥商业交易所集团）	郑商所（ZCE）	CME Group（芝加哥商业交易所集团）
2023 年	0	248 959	0	10 871
2024 年	0	291 675	0	11 790

注：郑州商品交易所晚籼稻期货交易单位为 20 吨/手；CME Group 糙米期货交易单位为 2 000 美担/手。

数据来源：郑州商品交易所、CME Group（芝加哥商业交易所集团）。

（二）交割情况

2024 年，郑商所晚籼稻期货无交割。

（三）期货价格走势（见图 2-2-24、表 2-2-198、表 2-2-199）

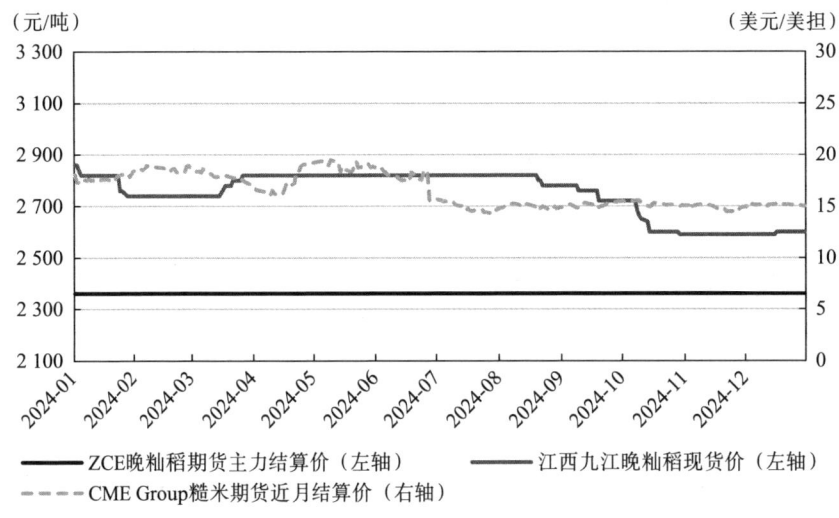

图 2-2-24　2024 年晚籼稻期货内外盘和国内现货市场价格走势

数据来源：郑州商品交易所、CME Group（芝加哥商业交易所集团）、国家粮油信息中心。

表 2-2-198　　　　　2024 年晚籼稻期货内外盘和国内现货市场价格指标

市场分类	2023 年末收盘价	2024 年盘中最高价	2024 年盘中最低价	2024 年末收盘价	全年涨跌	结算价平均价	标准差	极差
郑商所主力价格（元/吨）	2 360	2 360	2 360	2 360	0	2 360	0	0
CME Group 糙米近月连续价格（美元/美担）	17.52	19.46	13.84	14.10	-3.42	16.37	2.36	5.62
江西九江晚籼稻出库价格（元/吨）	2 860	2 860	2 590	2 600	-260	2 746.57	91.79	270

数据来源：郑州商品交易所、CME Group（芝加哥商业交易所集团）、国家粮油信息中心。

表2-2-199　　2024年晚籼稻期货内外盘和国内现货市场价格相关性

价格选择	相关系数
郑商所主力结算价与CME Group连续价格	0
郑商所主力结算价与现货市场价格	0

数据来源：郑州商品交易所、CME Group（芝加哥商业交易所集团）、国家粮油信息中心。

二十五、粳稻期货运行情况

（一）期货交易情况

2024年，郑商所粳稻期货无成交。

（二）交割情况

2024年，郑商所粳稻期货无交割。

（三）期货价格走势（见图2-2-25、表2-2-200、表2-2-201）

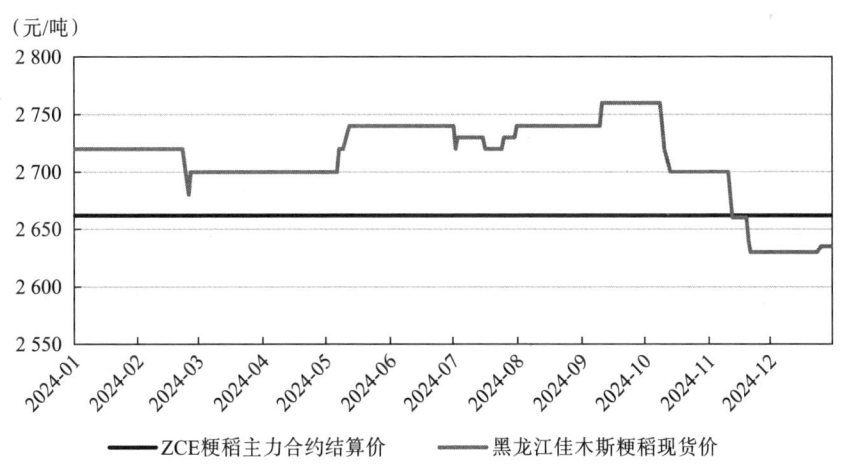

图2-2-25　2024年粳稻期货和国内现货市场价格走势

数据来源：郑州商品交易所、国家粮油信息中心。

表2-2-200　　2024年粳稻期货和国内现货市场价格指标

市场分类	2023年末收盘价	2024年盘中最高价	2024年盘中最低价	2024年末收盘价	全年涨跌	结算价平均价	标准差	极差
郑商所主力价格（元/吨）	2 662	2 662	2 662	2 662	0	2 662	0	0
黑龙江佳木斯圆粒粳稻出库价格（元/吨）	2 720	2 760	2 630	2 635	-85	2 710.04	35.98	130

数据来源：郑州商品交易所、国家粮油信息中心。

表 2-2-201　　2024 年粳稻期货和国内现货市场价格相关性

价格选择	相关系数
郑商所连续价格与现货市场价格	0

数据来源：郑州商品交易所、国家粮油信息中心。

二十六、动力煤期货、期权运行情况

（一）期货、期权交易情况（见表 2-2-202、表 2-2-203）

2024 年，郑商所动力煤期货无成交。

表 2-2-202　　2023—2024 年动力煤期货内外盘年度交易情况

年度	成交量（手）		年末持仓量（手）	
	郑商所（ZCE）	CMEGroup（芝加哥商业交易所集团）	郑商所（ZCE）	CME Group（芝加哥商业交易所集团）
2023 年	0	10 972	0	6 059
2024 年	0	2 979	0	2 346

注：郑州商品交易所动力煤期货交易单位为 100 吨/手；CME Group 北欧三港（API2）（MTF）交易单位为 1 000 吨/手。

数据来源：郑州商品交易所、CME Group（芝加哥商业交易所集团）。

表 2-2-203　　2023—2024 年动力煤期权年度交易情况

年度	成交量（手）	同比变化（%）	成交量看跌/看涨（PCR）	成交金额（万元）	同比变化（%）	年末持仓量（万手）	同比变化（%）
2023 年	0	-100	—	0	-100	0	-100
2024 年	12	—	0	7.51	—	0	—

数据来源：郑州商品交易所。

（二）交割、行权情况

2024 年郑商所动力煤期货无交割，动力煤期权无行权。

(三) 期货价格走势（见图 2-2-26、表 2-2-204、表 2-2-205）

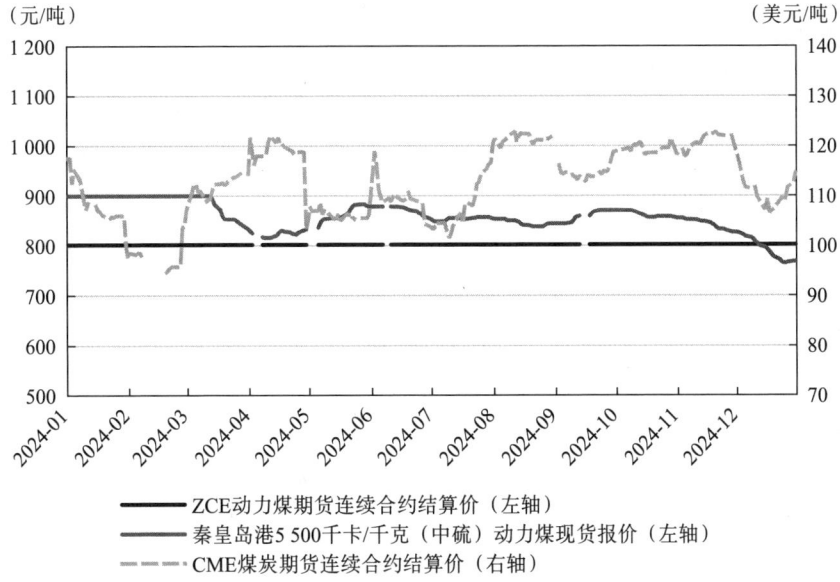

图 2-2-26　2024 年动力煤期货内外盘和国内现货市场价格走势

数据来源：郑州商品交易所、CME Group（芝加哥商业交易所集团）、中国煤炭市场网。

表 2-2-204　　　　　　　　2024 年动力煤期货内外盘和国内现货市场价格指标

市场分类	2023 年末收盘价	2024 年盘中最高价	2024 年盘中最低价	2024 年末收盘价	全年涨跌	结算价平均价	标准差	极差
郑商所主力价格（元/吨）	801.4	801.4	801.4	801.4	0	801.4	0	0
CME 煤炭期货近月结算价（美元/吨）	117.55	122.9	94	114.5	-3.05	112.32	7.40	28.9
秦皇岛港 5 500 千卡/千克（中硫）动力煤平仓价格（元/吨）	900	900	765	768	-132	856.47	31.07	135

数据来源：郑州商品交易所、CME Group（芝加哥商业交易所集团）、中国煤炭市场网。

表 2-2-205　　　　　　　　2024 年动力煤期货内外盘和国内现货市场价格相关性

价格选择	相关系数
郑商所连续价格与 CME 连续价格	0
郑商所连续价格与现货市场价格	0

数据来源：郑州商品交易所、CME Group（芝加哥商业交易所集团）、中国煤炭市场网。

第三节　大连商品交易所上市品种运行情况

大连商品交易所2024年全年累计成交量22.68亿手，占全国期货市场成交量的29.35%，同比下降9.57%；全年累计成交额98.35万亿元，占全国期货市场成交额的15.88%，同比下降13.44%。目前，对外开放黄大豆1号、黄大豆2号、豆油、豆粕、棕榈油、铁矿石、聚乙烯期货和期权共14个产品。截至2024年底，共有来自12个国家和地区的86家境外中介机构在大商所备案，参与特定品种交易。

成交较为活跃的品种有豆粕、聚氯乙烯、棕榈油、豆油、铁矿石、玉米、苯乙烯、乙二醇、液化石油气期货和期权，以及聚丙烯、聚乙烯、黄大豆1号、黄大豆2号、玉米淀粉、焦煤、鸡蛋、生猪期货。成交较为低迷的品种有焦炭、纤维板、粳米、胶合板期货，黄大豆1号、黄大豆2号、聚乙烯、聚丙烯期权，单个品种年成交量在全国占比不足0.1%。2024年大商所新上市的品种有鸡蛋期权、玉米淀粉期权、生猪期权、原木期货和期权。

一、黄大豆1号期货、期权运行情况

（一）期货、期权交易情况（见表2-3-1~表2-3-6）

表2-3-1　　　　　　　　2024年黄大豆1号期货月度交易情况

月度	成交量（万手）	同比变化（%）	成交金额（亿元）	同比变化（%）	月末持仓量（万手）	同比变化（%）
1月	231.19	23.39	1 105.21	10.55	25.51	26.73
2月	183.16	-23.35	852.78	-35.80	26.72	4.88
3月	248.79	-8.75	1 166.77	-21.32	15.27	-33.34
4月	219.68	-37.59	1 033.39	-41.81	13.39	-40.61
5月	230.13	-54.37	1 070.39	-57.32	16.35	-28.04
6月	230.91	-50.09	1 064.30	-53.80	21.66	-6.35
7月	241.00	-49.39	1 102.66	-54.59	18.37	-19.71
8月	249.53	-52.81	1 099.64	-59.16	18.75	-12.90
9月	217.99	-28.95	923.05	-41.47	20.57	16.19
10月	237.32	-25.75	945.46	-40.40	29.36	21.35
11月	266.50	-0.40	1 057.14	-20.71	28.93	60.96
12月	333.72	11.02	1 285.37	-12.79	26.43	20.02
总计	2 889.92	-31.48	12 706.14	-40.87	—	—

数据来源：大连商品交易所。

表 2-3-2　　　　　　　　　2023—2024 年黄大豆 1 号期货年度交易情况

年度	成交量（万手）	同比变化（%）	成交金额（亿元）	同比变化（%）	年末持仓量（万手）	同比变化（%）
2023 年	4 217.53	20.99	21 489.63	4.23	22.03	-14.61
2024 年	2 889.92	-31.48	12 706.14	-40.87	26.43	20.02

数据来源：大连商品交易所。

表 2-3-3　　　　　　　　2023—2024 年黄大豆 1 号期货内外盘年度交易情况

年度	成交量（万手）		年末持仓量（万手）	
	大商所（DCE）	CME Group（芝加哥商业交易所集团）	大商所（DCE）	CME Group（芝加哥商业交易所集团）
2023 年	4 217.53	6 241.17	22.03	62.76
2024 年	2 889.92	6 976.52	26.43	81.48

注：大连商品交易所黄大豆 1 号期货交易单位为 10 吨/手；CME Group 大豆期货交易单位为 5 000 蒲式耳/手。
数据来源：大连商品交易所、CME Group（芝加哥商业交易所集团）。

表 2-3-4　　　　　　　　　2024 年黄大豆 1 号期权月度交易情况

月度	成交量（万手）	同比变化（%）	成交量看跌/看涨（PCR）	成交金额（亿元）	同比变化（%）	月末持仓量（万手）	同比变化（%）
1 月	53.63	102.34	1.44	1.08	25.84	10.52	70.39
2 月	23.29	-34.40	1.25	0.50	-56.62	4.05	-43.02
3 月	48.91	-46.45	0.70	1.03	-55.10	6.32	-5.31
4 月	27.91	-61.83	0.60	0.70	-65.88	4.12	-21.61
5 月	51.45	-72.11	0.50	1.05	-69.95	7.95	5.40
6 月	42.71	-74.25	0.53	0.91	-73.60	5.05	-22.51
7 月	45.18	-49.78	0.61	1.06	-55.00	6.14	-38.60
8 月	36.82	-72.17	0.72	0.85	-80.05	3.09	-58.38
9 月	40.68	-61.44	0.57	1.13	-66.96	6.37	-22.59
10 月	44.82	-29.33	0.44	1.84	-15.55	8.65	37.86
11 月	51.06	-35.67	0.38	1.71	-39.84	11.05	72.13
12 月	49.97	-23.26	0.74	1.24	-39.26	4.05	-36.28
总计	516.41	-53.58	0.65	13.11	-56.89	—	—

数据来源：大连商品交易所。

表 2-3-5　　　　　　　　　2023—2024 年黄大豆 1 号期权年度交易情况

年度	成交量（万手）	同比变化（%）	成交量看跌/看涨（PCR）	成交金额（亿元）	同比变化（%）	年末持仓量（万手）	同比变化（%）
2023 年	1 112.43	509.08	0.83	30.41	394.27	6.35	24.06
2024 年	516.41	-53.58	0.65	13.11	-56.89	4.05	-36.28

数据来源：大连商品交易所。

表 2-3-6　　2023—2024 年黄大豆 1 号期权内外盘年度交易情况

年度	成交量（万手）		年末持仓量（万手）	
	大商所（DCE）	CME Group（芝加哥商业交易所集团）	大商所（DCE）	CME Group（芝加哥商业交易所集团）
2023 年	1 112.43	1 828.33	6.35	50.47
2024 年	516.41	2 392.61	4.05	73.19

注：大连商品交易所黄大豆 1 号期权交易单位为 1 手（10 吨）黄大豆 1 号期货合约，CME Group 大豆期权交易单位为 1 手（5 000 蒲式耳）大豆期货合约。

数据来源：大连商品交易所、CME Group（芝加哥商业交易所集团）。

（二）交割、行权情况（见表 2-3-7～表 2-3-10）

表 2-3-7　　2024 年黄大豆 1 号期货月度交割情况

月度	交割量（手）	同比变化（％）	交割金额（亿元）	同比变化（％）
1 月	8 765	3 323.83	4.17	2 902.27
3 月	8 497	211.25	3.91	161.12
5 月	1 223	-50.24	0.57	-53.04
7 月	228	-95.88	0.11	-96.32
9 月	4 090	-69.29	1.82	-73.97
11 月	5 562	-24.1	2.19	-38.55
总计	28 365	-10.31	12.76	-21.67

数据来源：大连商品交易所。

表 2-3-8　　2023—2024 年黄大豆 1 号期货年度交割情况

年度	交割量（手）	同比变化（％）	交割金额（亿元）	同比变化（％）
2023 年	31 626	5.02	16.30	-9.44
2024 年	28 365	-10.31	12.76	-21.67

数据来源：大连商品交易所。

表 2-3-9　　2024 年黄大豆 1 号期权月度行权情况

月度	行权量（手）
1 月	19
2 月	13 086
3 月	77
4 月	9 441
5 月	31
6 月	4 653
8 月	1
9 月	3 326
10 月	3

续表

月度	行权量(手)
11 月	9 788
12 月	11
总计	19 428

数据来源：大连商品交易所。

表 2 – 3 – 10　　　　　2023—2024 年黄大豆 1 号期权年度行权情况

年度	行权量(手)	同比变化(%)
2023 年	34 345	—
2024 年	59 864	74.30

数据来源：大连商品交易所。

（三）期货价格走势（见图 2 – 3 – 1、表 2 – 3 – 11、表 2 – 3 – 12）

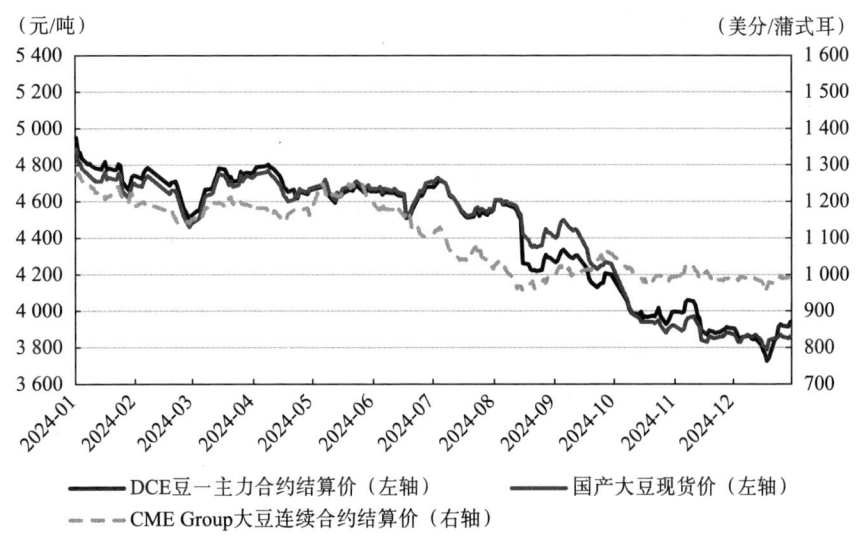

图 2 – 3 – 1　2024 年黄大豆 1 号期货内外盘和国内现货市场价格走势

数据来源：大连商品交易所、德朗咨询。

表 2 – 3 – 11　　　　2024 年黄大豆 1 号期货内外盘和国内现货市场价格指标

市场分类	2023 年末收盘价	2024 年盘中最高价	2024 年盘中最低价	2024 年末收盘价	全年涨跌	结算价平均价	标准差	极差
大商所主力价格（元/吨）	4 986	4 991	3 711	3 936	-1 050	4 429.02	334.72	1 280
CME Group 连续价格（美分/蒲式耳）	1 297.5	1 290.75	945.25	1 010	-287.5	1 098.76	97.73	345.5
国产大豆现货价格（元/吨）	4 900	4 890	3 790	3 860	-1 040	4 428.68	332.6	1 100

数据来源：大连商品交易所、德朗咨询、Wind。

表 2-3-12   2024 年黄大豆 1 号期货内外盘和国内现货市场价格相关性

价格选择	相关系数
大商所主力结算价与 CME Group 连续价格	0.85
大商所主力结算价与黄大豆 1 号现货市场价格	0.98

数据来源：大连商品交易所、德朗咨询、Wind。

二、黄大豆 2 号期货、期权运行情况

（一）期货、期权交易情况（见表 2-3-13~表 2-3-18）

表 2-3-13   2024 年黄大豆 2 号期货月度交易情况

月度	成交量（万手）	同比变化（%）	成交金额（亿元）	同比变化（%）	月末持仓量（万手）	同比变化（%）
1 月	299.98	196.23	1 166.49	131.61	12.78	124.21
2 月	181.07	29.56	647.92	-2.05	9.66	15.49
3 月	358.94	95.92	1 367.22	73.57	11.99	80.03
4 月	351.07	94.93	1 341.24	82.87	10.92	81.09
5 月	318.13	18.64	1 308.55	22.59	13.64	41.21
6 月	232.17	-36.52	914.61	-39.85	12.88	17.42
7 月	333.59	26.56	1 254.22	2.35	15.38	120.77
8 月	359.72	0.44	1 263.89	-30.79	17.56	58.29
9 月	375.22	53.08	1 372.55	13.67	12.35	35.55
10 月	297.35	49.29	1 086.75	23.06	13.06	37.89
11 月	377.53	50.57	1 394.71	22.92	17.93	85.99
12 月	368.68	40.28	1 251.60	10.15	24.23	126.80
总计	3 853.45	36.75	14 369.75	13.26	—	—

数据来源：大连商品交易所。

表 2-3-14   2023—2024 年黄大豆 2 号期货年度交易情况

年度	成交量（万手）	同比变化（%）	成交金额（亿元）	同比变化（%）	年末持仓量（万手）	同比变化（%）
2023 年	2 817.79	70.96	12 687.47	51.65	10.68	115.32
2024 年	3 853.45	36.75	14 369.75	13.26	24.23	126.80

数据来源：大连商品交易所。

表 2-3-15　　　　　　2023—2024 年黄大豆 2 号期货内外盘年度交易情况

年度	成交量（万手）		年末持仓量（万手）	
	大商所（DCE）	CMEGroup（芝加哥商业交易所集团）	大商所（DCE）	CME Group（芝加哥商业交易所集团）
2023 年	2 817.79	6 241.17	10.68	62.76
2024 年	3 853.45	6 976.52	24.23	81.48

注：大连商品交易所黄大豆 2 号期货交易单位为 10 吨/手，CME Group 大豆期货交易单位为 5 000 蒲式耳/手。

数据来源：大连商品交易所、CME Group（芝加哥商业交易所集团）、FIA（国际期货业协会）。

表 2-3-16　　　　　　　2024 年黄大豆 2 号期权月度交易情况

月度	成交量（万手）	同比变化（%）	成交量看跌/看涨（PCR）	成交金额（亿元）	同比变化（%）	月末持仓量（万手）	同比变化（%）
1 月	86.68	103.67	0.84	2.08	126.97	5.93	177.12
2 月	35.37	-51.21	0.80	0.69	-58.25	3.24	27.31
3 月	58.59	-54.08	0.74	2.01	-30.70	4.56	32.71
4 月	44.66	-61.80	0.60	1.15	-54.05	5.26	29.72
5 月	36.60	-81.76	0.67	1.56	-57.37	2.34	-45.94
6 月	20.94	-93.27	0.77	1.23	-80.78	2.84	-63.30
7 月	55.69	-53.27	0.69	1.73	-54.28	5.33	44.00
8 月	91.72	-59.43	0.74	2.24	-73.30	6.97	-31.62
9 月	93.45	-21.78	0.76	2.38	-42.88	3.88	23.96
10 月	53.99	-49.56	0.73	1.50	-44.96	4.44	15.05
11 月	55.52	-72.93	0.61	1.93	-69.08	4.63	20.82
12 月	79.21	-57.37	0.86	2.14	-66.39	6.95	29.42
总计	712.39	-61.15	0.74	20.63	-58.49	—	—

数据来源：大连商品交易所。

表 2-3-17　　　　　　2023—2024 年黄大豆 2 号期权年度交易情况

年度	成交量（万手）	同比变化（%）	成交量看跌/看涨（PCR）	成交金额（亿元）	同比变化（%）	年末持仓量（万手）	同比变化（%）
2023 年	1 833.84	1 252.97	0.92	49.71	1 123.27	5.37	174.42
2024 年	712.39	-61.15	0.74	20.63	-58.49	6.95	29.42

数据来源：大连商品交易所。

表 2-3-18　　　　　2023—2024 年黄大豆 2 号期权内外盘年度交易情况

年度	成交量（万手）		年末持仓量（万手）	
	大商所（DCE）	CME Group（芝加哥商业交易所集团）	大商所（DCE）	CME Group（芝加哥商业交易所集团）
2023 年	1 833.84	1 828.33	5.37	50.47
2024 年	712.39	2 392.61	6.95	73.19

注：大连商品交易所黄大豆 2 号期权交易单位为 1 手（10 吨）黄大豆 2 号期货合约，CME Group 大豆期权交易单位为 1 手（5 000 蒲式耳）大豆期货合约。

数据来源：大连商品交易所、CME Group（芝加哥商业交易所集团）、FIA（国际期货业协会）。

（二）交割、行权情况（见表 2-3-19 ~ 表 2-3-22）

表 2-3-19　　　　　　　2024 年黄大豆 2 号期货月度交割情况

月度	交割量（手）	同比变化（%）	交割金额（亿元）	同比变化（%）
1 月	1 000	-23.08	0.41	-37.28
2 月	11 900	1 387.50	4.48	1 022.23
3 月	1 100	-42.11	0.40	-54.88
4 月	5 300	488.89	2.01	426.99
5 月	4 300	290.91	1.65	265.23
6 月	5 800	427.27	2.22	395.62
7 月	200	—	0.07	—
8 月	1 900	137.50	0.67	69.01
9 月	3 800	245.45	1.36	119.13
10 月	1 500	-31.82	0.54	-44.85
11 月	300	-92.86	0.11	-94.36
12 月	1 200	-14.29	0.42	-32.45
总计	38 300	127.98	14.34	85.50

数据来源：大连商品交易所。

表 2-3-20　　　　　　2023—2024 年黄大豆 2 号期货年度交割情况

年度	交割量（手）	同比变化（%）	交割金额（亿元）	同比变化（%）
2023 年	16 800	522.22	7.73	456.12
2024 年	38 300	127.98	14.34	85.5

数据来源：大连商品交易所。

表 2-3-21　　　　　　　2024 年黄大豆 2 号期权月度行权情况

月度	行权量（手）
1 月	7 565

续表

月度	行权量（手）
2月	10 218
3月	3 244
4月	6 757
5月	6 998
6月	1 857
7月	125
8月	7 047
9月	17 298
10月	8 116
11月	5 567
12月	10 570
总计	85 362

数据来源：大连商品交易所。

表2-3-22　　　　　　2023—2024年黄大豆2号期权年度行权情况

年度	行权量（手）	同比变化（%）
2023年	87 146	—
2024年	85 362	-2.05

数据来源：大连商品交易所。

（三）期货价格走势（见图2-3-2、表2-3-23、表2-3-24）

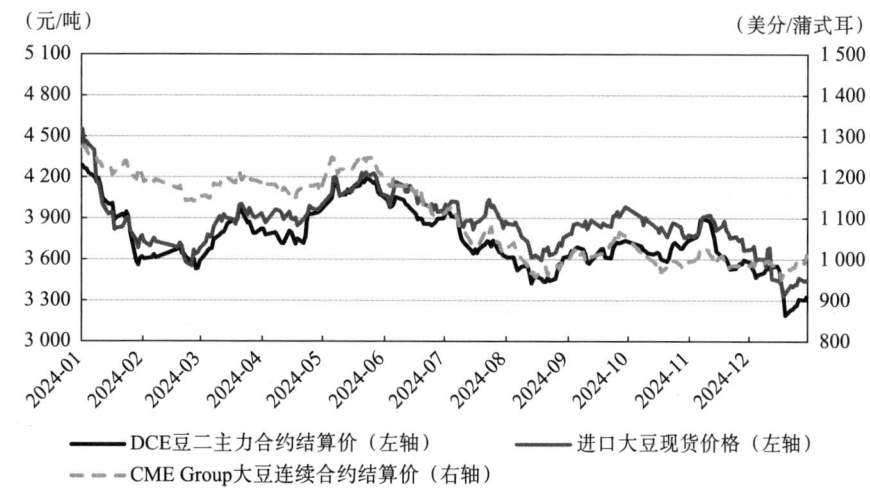

图2-3-2　2024年黄大豆2号期货内外盘和国内现货市场价格走势

数据来源：大连商品交易所、中国汇易网。

表 2-3-23   2024 年黄大豆 2 号期货内外盘和国内现货市场价格指标

市场分类	2023 年末收盘价	2024 年盘中最高价	2024 年盘中最低价	2024 年末收盘价	全年涨跌	结算价平均价	标准差	极差
大商所主力价格（元/吨）	4 368	4 341	3 152	3 327	−1 041	3 749.78	220.07	1 189
CME Group 连续价格（美分/蒲式耳）	1 297.5	1 290.75	945.25	1 010	−287.5	1 098.76	97.73	345.5
进口大豆现货价格（元/吨）	4 577.81	4 553.02	3 329.8	3 449.07	−1 128.74	3 866.47	197.97	1 223.22

数据来源：大连商品交易所、Wind。

表 2-3-24   2024 年黄大豆 2 号期货内外盘和国内现货市场价格相关性

价格选择	相关系数
大商所主力结算价与 CME Group 连续价格	0.77
大商所主力结算价与黄大豆 2 号现货市场价格	0.91

数据来源：大连商品交易所、Wind。

三、豆粕期货、期权运行情况

（一）期货、期权交易情况（见表 2-3-25~表 2-3-30）

表 2-3-25   2024 年豆粕期货月度交易情况

月度	成交量（万手）	同比变化（%）	成交金额（亿元）	同比变化（%）	月末持仓量（万手）	同比变化（%）
1 月	2 886.45	108.85	8 972.87	66.30	264.49	28.82
2 月	1 829.09	−0.94	5 530.60	−22.79	286.05	25.38
3 月	4 361.52	84.88	14 145.30	63.24	284.38	31.57
4 月	3 437.82	18.06	11 430.50	11.20	274.73	11.89
5 月	3 842.06	33.39	13 640.00	36.48	318.77	29.83
6 月	2 753.68	−6.52	9 369.55	−11.21	319.51	30.41
7 月	4 178.94	6.82	13 388.60	−14.09	357.00	19.20
8 月	3 859.74	−22.44	11 462.96	−43.30	337.63	4.44
9 月	4 020.13	15.79	12 213.42	−11.24	320.43	1.34
10 月	3 377.69	29.82	9 952.58	0.93	399.47	32.61
11 月	4 103.23	28.46	12 002.68	−2.92	415.92	36.26
12 月	3 989.53	34.26	10 737.86	1.78	417.05	59.65
总计	42 639.87	20.27	132 846.90	−1.14	—	—

数据来源：大连商品交易所。

表 2-3-26　　　　　　　　　2023—2024 年豆粕期货年度交易情况

年度	成交量（万手）	同比变化（%）	成交金额（亿元）	同比变化（%）	年末持仓量（万手）	同比变化（%）
2023 年	35 453.08	9.05	134 384.35	5.10	261.22	29.47
2024 年	42 639.87	20.27	132 846.90	-1.14	417.05	59.65

数据来源：大连商品交易所。

表 2-3-27　　　　　　　　2023—2024 年豆粕期货内外盘年度交易情况

年度	成交量（万手）		年末持仓量（万手）	
	大商所（DCE）	CME Group（芝加哥商业交易所集团）	大商所（DCE）	CME Group（芝加哥商业交易所集团）
2023 年	35 453.08	3 719.54	261.22	42.68
2024 年	42 639.87	4 420.54	417.05	55.86

注：大连商品交易所豆粕期货交易单位为 10 吨/手，CME Group 豆粕期货交易单位为 100 短吨/手。
数据来源：大连商品交易所、CME Group（芝加哥商业交易所集团）、FIA（国际期货业协会）。

表 2-3-28　　　　　　　　　2024 年豆粕期权月度交易情况

月度	成交量（万手）	同比变化（%）	成交量看跌/看涨（PCR）	成交金额（亿元）	同比变化（%）	月末持仓量（万手）	同比变化（%）
1 月	514.10	180.68	0.69	20.66	104.39	84.51	105.04
2 月	283.49	26.67	0.57	8.62	-15.88	92.89	117.01
3 月	754.33	65.05	0.54	27.50	49.12	92.77	67.40
4 月	344.22	-6.83	0.59	14.72	-5.35	54.20	30.17
5 月	674.97	5.66	0.45	35.12	48.00	102.40	57.94
6 月	486.81	-36.17	0.52	18.75	-36.51	116.43	85.89
7 月	900.92	31.37	0.58	23.93	-26.75	140.98	92.71
8 月	526.54	-10.44	0.71	16.57	-50.36	79.72	44.99
9 月	651.66	24.56	0.59	23.96	-3.96	90.81	11.73
10 月	536.60	12.43	0.58	16.87	6.74	87.63	15.06
11 月	516.45	-20.24	0.44	16.63	-22.92	87.85	26.61
12 月	523.62	80.70	0.68	20.27	62.55	65.35	86.23
总计	6 713.71	14.83	0.57	243.61	-1.96	—	—

数据来源：大连商品交易所。

表 2-3-29　　　　　　　　2023—2024 年豆粕期权年度交易情况

年度	成交量（万手）	同比变化（%）	成交量看跌/看涨（PCR）	成交金额（亿元）	同比变化（%）	年末持仓量（万手）	同比变化（%）
2023 年	5 846.40	9.47	1.10	248.47	-28.56	35.09	13.45
2024 年	6 713.71	14.83	0.57	243.61	-1.96	65.35	86.23

数据来源：大连商品交易所。

表 2－3－30　　　　　　2023—2024 年豆粕期权内外盘年度交易情况

年度	成交量（万手）		年末持仓量（万手）	
	大商所（DCE）	CME Group（芝加哥商业交易所集团）	大商所（DCE）	CME Group（芝加哥商业交易所集团）
2023 年	5 846.4	504.07	35.09	23.77
2024 年	6 713.71	553.15	65.35	22.77

注：大连商品交易所豆粕期权交易单位为 1 手（10 吨）豆粕期货合约，CME Group 豆粕期权交易单位为 1 手（100 短吨）豆粕期货合约。

数据来源：大连商品交易所、CME Group（芝加哥商业交易所集团）。

（二）交割、行权情况（见表 2－3－31～表 2－3－34）

表 2－3－31　　　　　　　　2024 年豆粕期货月度交割情况

月度	交割量（手）	同比变化（％）	交割金额（亿元）	同比变化（％）
1 月	8 000	14.89	2.99	－6.54
3 月	1 423	－87.72	0.45	－90.25
5 月	14 709	24.32	5.05	13.76
7 月	13 069	2 413.27	4.16	1 850.8
8 月	22 250	898.65	6.67	575.49
9 月	21 051	528.58	6.32	293.84
11 月	17 221	10.24	5.06	－22.52
12 月	4 720	59.89	1.34	16.95
总计	102 443	86.09	32.05	41.06

数据来源：大连商品交易所。

表 2－3－32　　　　　　　　2023—2024 年豆粕期货年度交割情况

年度	交割量（手）	同比变化（％）	交割金额（亿元）	同比变化（％）
2023 年	55 049	151.26	22.72	129.73
2024 年	102 443	86.09	32.05	41.06

数据来源：大连商品交易所。

表 2－3－33　　　　　　　　2024 年豆粕期权月度行权情况

月度	行权量（手）
1 月	18 850
2 月	27 463
3 月	3 373
4 月	112 359
5 月	2 185

续表

月度	行权量（手）
6月	36 850
7月	27 470
8月	149 072
9月	918
10月	81 056
11月	9 476
12月	140 138
总计	609 210

数据来源：大连商品交易所。

表 2-3-34　　　　　2023—2024 年豆粕期权年度行权情况

年度	行权量（手）	同比变化（%）
2023 年	466 397	47.35
2024 年	609 210	30.62

数据来源：大连商品交易所。

（三）期货价格走势（见图 2-3-3、表 2-3-35、表 2-3-36）

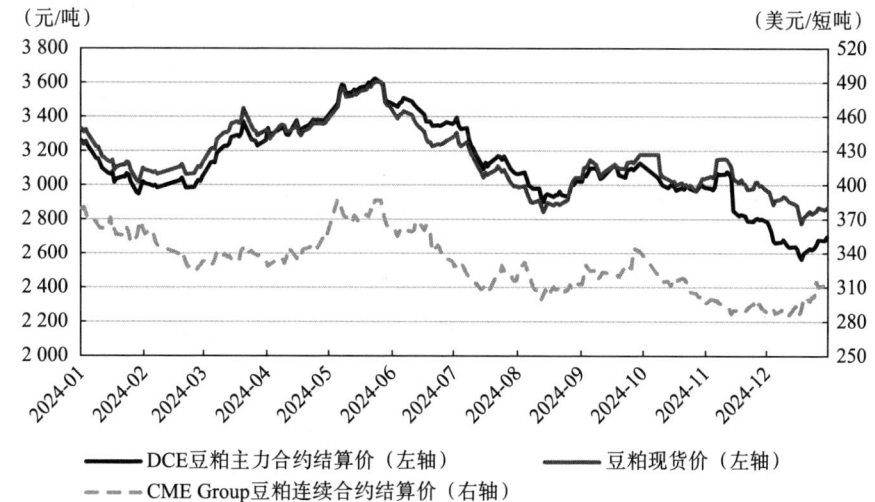

图 2-3-3　2024 年豆粕期货内外盘和国内现货市场价格走势

数据来源：大连商品交易所、国家粮油信息中心、Wind。

表 2-3-35　　2024 年豆粕期货内外盘和国内现货市场价格指标

市场分类	2023 年末收盘价	2024 年盘中最高价	2024 年盘中最低价	2024 年末收盘价	全年涨跌	结算价平均价	标准差	极差
大商所主力价格（元/吨）	3 313	3 659	2 549	2 696	-617	3 120.14	244.57	1 110
CME Group 连续价格（美元/短吨）	386.1	391.3	285.1	317.3	-68.8	330.37	26.2	106.2
豆粕现货价格（元/吨）	3 813	3 604	2 775	2 866	-947	3 154.64	191.96	829

数据来源：大连商品交易所、国家粮油信息中心、Wind。

表 2-3-36　　2024 年豆粕期货内外盘和国内现货市场价格相关性

价格选择	相关系数
大商所主力结算价与 CME Group 连续价格	0.77
大商所主力结算价与豆粕现货市场价格	0.94

数据来源：大连商品交易所、国家粮油信息中心、Wind。

四、豆油期货、期权运行情况

（一）期货、期权交易情况（见表 2-3-37~表 2-3-42）

表 2-3-37　　2024 年豆油期货月度交易情况

月度	成交量（万手）	同比变化（%）	成交金额（亿元）	同比变化（%）	月末持仓量（万手）	同比变化（%）
1 月	1 224.00	50.95	9 137.90	29.85	78.44	20.53
2 月	707.82	-32.69	5 105.21	-44.53	81.00	7.28
3 月	1 325.21	-17.97	10 182.25	-23.89	102.74	22.88
4 月	1 333.93	-13.47	10 204.14	-16.25	85.32	-6.87
5 月	1 303.24	-32.80	10 311.80	-26.81	102.72	-7.50
6 月	1 070.73	-45.36	8 428.29	-41.57	96.70	-9.54
7 月	1 336.75	-45.49	10 377.99	-47.67	95.77	-1.76
8 月	1 353.52	-45.77	10 132.64	-50.36	88.44	-14.46
9 月	1 209.44	-35.08	9 432.73	-38.26	93.88	5.99
10 月	1 122.49	-16.84	9 265.61	-13.08	110.41	17.76
11 月	1 549.46	-21.72	12 909.11	-20.20	94.46	-1.88
12 月	1 358.34	1.76	10 618.97	2.49	81.77	-5.21
总计	14 894.94	-26.96	116 106.63	-28.78	—	—

数据来源：大连商品交易所。

表 2-3-38　　　　　　　　2023—2024 年豆油期货年度交易情况

年度	成交量（万手）	同比变化（%）	成交金额（亿元）	同比变化（%）	年末持仓量（万手）	同比变化（%）
2023 年	20 394.03	11.14	163 033.26	-9.72	86.27	35.75
2024 年	14 894.94	-26.96	116 106.63	-28.78	81.77	-5.21

数据来源：大连商品交易所。

表 2-3-39　　　　　　　　2023—2024 年豆油期货内外盘年度交易情况

年度	成交量（万手）		年末持仓量（万手）	
	大商所（DCE）	CME Group（芝加哥商业交易所集团）	大商所（DCE）	CME Group（芝加哥商业交易所集团）
2023 年	20 394.03	3 754.39	86.27	48.8
2024 年	14 894.94	4 447.65	81.77	54.95

注：大连商品交易所豆油期货交易单位为 10 吨/手，CME Group 豆油期货交易单位为 60 000 磅/手。
数据来源：大连商品交易所、CME Group（芝加哥商业交易所集团）、FIA（国际期货业协会）。

表 2-3-40　　　　　　　　2024 年豆油期权月度交易情况

月度	成交量（万手）	同比变化（%）	成交量看跌/看涨（PCR）	成交金额（亿元）	同比变化（%）	月末持仓量（万手）	同比变化（%）
1 月	87.41	96.74	1.15	5.77	68.16	15.38	109.11
2 月	53.92	1.81	1.00	2.73	-26.21	14.06	101.76
3 月	126.49	-14.51	0.89	7.72	-22.65	13.49	3.56
4 月	65.96	-18.51	1.05	4.94	0.36	7.86	23.61
5 月	124.04	-12.28	0.54	10.57	14.93	14.73	7.05
6 月	86.36	-68.73	0.76	5.13	-68.30	13.30	-3.96
7 月	158.67	-16.22	1.01	7.01	-50.60	13.19	0.75
8 月	137.29	-3.58	0.95	10.36	-40.57	16.57	59.17
9 月	155.34	-8.48	0.78	13.24	-25.83	23.63	-1.25
10 月	120.58	-27.57	0.84	10.71	-1.16	14.80	-42.05
11 月	143.54	-59.57	0.96	10.93	-41.47	15.62	-36.87
12 月	123.96	-20.59	0.87	6.35	-41.68	5.04	-28.58
总计	1 383.57	-28.05	0.87	95.48	-30.47	—	—

数据来源：大连商品交易所。

表 2-3-41　　　　　　　　2023—2024 年豆油期权年度交易情况

年度	成交量（万手）	同比变化（%）	成交量看跌/看涨（PCR）	成交金额（亿元）	同比变化（%）	年末持仓量（万手）	同比变化（%）
2023 年	1 923.03	464.32	0.80	137.32	356.34	7.06	20.89
2024 年	1 383.57	-28.05	0.87	95.48	-30.47	5.04	-28.58

数据来源：大连商品交易所。

表 2-3-42　　　　2023—2024 年豆油期权内外盘年度交易情况

年度	成交量（万手）		年末持仓量（万手）	
	大商所（DCE）	CME Group（芝加哥商业交易所集团）	大商所（DCE）	CME Group（芝加哥商业交易所集团）
2023 年	1 923.03	420.72	7.06	9.56
2024 年	1 383.57	514.68	5.04	20.34

注：大连商品交易所豆油期权交易单位为 1 手（10 吨）豆油期货合约，CME Group 豆油期权交易单位为 1 手（10 公吨）豆油期货合约。

数据来源：大连商品交易所、CME Group（芝加哥商业交易所集团）。

（二）交割、行权情况（见表 2-3-43~表 2-3-46）

表 2-3-43　　　　2024 年豆油期货月度交割情况

月度	交割量（手）	同比变化（%）	交割金额（亿元）	同比变化（%）
1 月	1 348	124.67	1.05	91.19
3 月	625	31.58	0.46	5.59
5 月	2 005	-57.01	1.52	-59.15
7 月	1 247	31.68	0.95	25.7
8 月	3 514	211.8	2.6	189.27
9 月	6 975	189.54	5.38	156.77
11 月	3 591	-19.18	2.97	-18.55
12 月	6 826	6 726	5.57	6 717.03
总计	26 131	76.98	20.5	68.24

数据来源：大连商品交易所。

表 2-3-44　　　　2023—2024 年豆油期货年度交割情况

年度	交割量（手）	同比变化（%）	交割金额（亿元）	同比变化（%）
2023 年	14 765	47.78	12.19	19.04
2024 年	26 131	76.98	20.5	68.24

数据来源：大连商品交易所。

表 2-3-45　　　　2024 年豆油期权月度行权情况

月度	行权量（手）
1 月	0
2 月	7 245
3 月	794

续表

月度	行权量（手）
4 月	26 206
5 月	454
6 月	6 775
7 月	11 755
8 月	25 597
9 月	898
10 月	26 551
11 月	3 479
12 月	35 147
总计	144 901

数据来源：大连商品交易所。

表 2-3-46　　　　2023—2024 年豆油期权年度行权情况

年度	行权量（手）	同比变化（%）
2023 年	133 458	—
2024 年	144 901	8.57

数据来源：大连商品交易所。

（三）期货价格走势（见图 2-3-4、表 2-3-47、表 2-3-48）

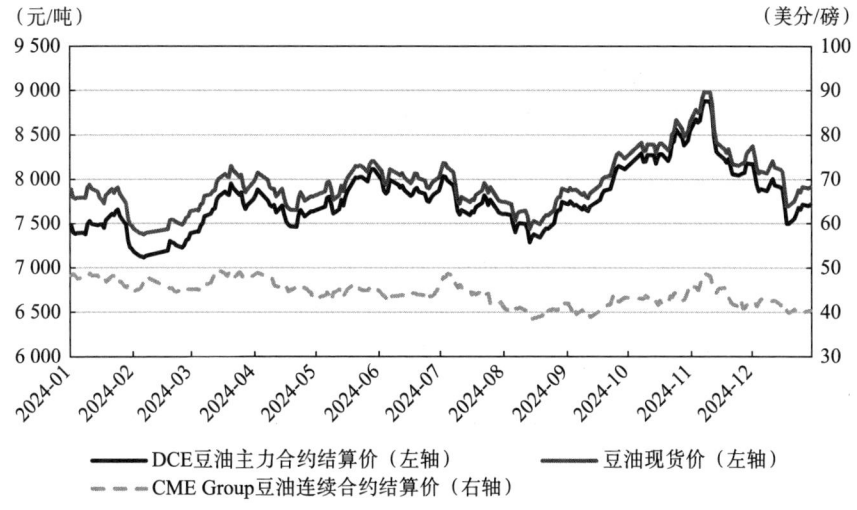

图 2-3-4　2024 年豆油期货内外盘和国内现货市场价格走势

数据来源：大连商品交易所、国家粮油信息中心、Wind。

表 2-3-47　　　　2024 年豆油期货内外盘和国内现货市场价格指标

市场分类	2023 年末收盘价	2024 年盘中最高价	2024 年盘中最低价	2024 年末收盘价	全年涨跌	结算价平均价	标准差	极差
大商所主力价格（元/吨）	7 522	9 024	7 044	7 712	190	7 785.53	342.24	1 980
CME Group 连续价格（美元/吨）	48.15	49.8	37.66	40.43	-7.72	44.22	2.72	12.14
豆油现货价格（元/吨）	7 984	8 980	7 374	7 914	-70	7 962.1	304.9	1 606

数据来源：大连商品交易所、国家粮油信息中心、Wind。

表 2-3-48　　　　2024 年豆油期货内外盘和国内现货市场价格相关性

价格选择	相关系数
大商所主力结算价与 CME Group 连续价格	0.03
大商所主力结算价与豆油现货市场价格	0.99

数据来源：大连商品交易所、国家粮油信息中心、Wind。

五、玉米期货、期权运行情况

（一）期货、期权交易情况（见表 2-3-49～表 2-3-54）

表 2-3-49　　　　2024 年玉米期货月度交易情况

月度	成交量（万手）	同比变化（%）	成交金额（亿元）	同比变化（%）	月末持仓量（万手）	同比变化（%）
1 月	1 356.45	57.38	3 220.69	30.47	144.95	-3.49
2 月	837.09	-18.36	2 031.84	-29.84	137.96	-11.52
3 月	1 213.60	-15.02	2 952.12	-25.58	143.63	-10.08
4 月	1 101.52	-20.50	2 657.69	-29.07	138.74	-12.71
5 月	1 243.06	-20.99	3 047.74	-23.98	141.02	-19.17
6 月	1 073.86	-31.60	2 650.98	-35.69	125.92	-19.39
7 月	1 400.42	-4.23	3 342.62	-14.58	148.88	12.77
8 月	1 545.30	-21.81	3 549.06	-33.15	129.25	-3.73
9 月	1 644.18	30.94	3 636.09	10.02	124.65	-8.96
10 月	1 327.11	24.27	2 939.85	8.72	148.20	5.69
11 月	1 394.42	16.61	3 090.01	1.55	178.63	13.73
12 月	2 075.65	42.11	4 474.49	25.69	202.82	40.78
总计	16 212.67	-0.31	37 593.19	-12.66	—	—

数据来源：大连商品交易所。

表2-3-50　　　　　　　　　2023—2024年玉米期货年度交易情况

年度	成交量（万手）	同比变化（%）	成交金额（亿元）	同比变化（%）	年末持仓量（万手）	同比变化（%）
2023年	16 262.70	21.04	43 043.25	13.11	144.07	-5.05
2024年	16 212.67	-0.31	37 593.19	-12.66	202.82	40.78

数据来源：大连商品交易所。

表2-3-51　　　　　　　　2023—2024年玉米期货内外盘年度交易情况

年度	成交量（万手）		年末持仓量（万手）	
	大商所（DCE）	CME Group（芝加哥商业交易所集团）	大商所（DCE）	CME Group（芝加哥商业交易所集团）
2023年	16 262.7	8 309.48	144.07	130.7
2024年	16 212.67	10 142.84	202.82	165.08

注：大连商品交易所玉米期货交易单位为10吨/手，CME Group玉米期货交易单位为5 000蒲式耳/手。
数据来源：大连商品交易所、CME Group（芝加哥商业交易所集团）、FIA（国际期货业协会）。

表2-3-52　　　　　　　　　2024年玉米期权月度交易情况

月度	成交量（万手）	同比变化（%）	成交量看跌/看涨（PCR）	成交金额（亿元）	同比变化（%）	月末持仓量（万手）	同比变化（%）
1月	165.90	31.43	1.20	2.92	-3.59	44.46	21.73
2月	95.73	-34.56	1.37	1.75	-44.38	33.90	-8.81
3月	164.04	-47.31	1.06	2.18	-65.21	47.26	-13.75
4月	106.53	-56.42	0.93	1.66	-72.23	25.42	-42.82
5月	181.85	-56.96	0.48	2.58	-74.14	43.99	-22.94
6月	146.96	-61.76	0.66	2.34	-71.43	36.45	-2.83
7月	267.92	-22.65	0.86	3.84	-44.99	64.65	16.23
8月	188.94	-44.36	1.18	3.28	-63.69	27.28	-9.38
9月	271.02	-12.78	0.84	5.09	-27.52	45.83	-1.61
10月	168.25	-17.97	0.49	3.01	-36.23	41.23	34.14
11月	163.47	-46.91	0.49	2.49	-67.00	57.26	64.79
12月	255.65	-23.69	0.80	4.79	-45.46	29.26	-26.27
总计	2 176.24	-37.46	0.81	35.92	-55.46	—	—

数据来源：大连商品交易所。

表2-3-53　　　　　　　　　2023—2024年玉米期权年度交易情况

年度	成交量（万手）	同比变化（%）	成交量看跌/看涨（PCR）	成交金额（亿元）	同比变化（%）	年末持仓量（万手）	同比变化（%）
2023年	3 479.82	14.36	1.20	80.65	-5.41	39.68	22.92
2024年	2 176.24	-37.46	0.81	35.92	-55.46	29.26	-26.27

数据来源：大连商品交易所。

表 2-3-54　　　2023—2024 年玉米期权内外盘年度交易情况

年度	成交量（万手）		年末持仓量（万手）	
	大商所（DCE）	CME Group（芝加哥商业交易所集团）	大商所（DCE）	CME Group（芝加哥商业交易所集团）
2023 年	3 479.82	3 079.57	39.68	81.1
2024 年	2 176.24	2 925.15	29.26	124.47

注：大连商品交易所玉米期权交易单位为 1 手（10 吨）玉米期货合约，CME Group 玉米期权交易单位为 1 手（5 000 蒲式耳）玉米期货合约。

数据来源：大连商品交易所、CME Group（芝加哥商业交易所集团）、FIA（国际期货业协会）。

（二）交割、行权情况（见表 2-3-55~表 2-3-58）

表 2-3-55　　　　　2024 年玉米期货月度交割情况

月度	交割量（手）	同比变化（%）	交割金额（亿元）	同比变化（%）
1 月	1 986	-93.53	0.44	-94.94
3 月	1 223	-92.33	0.28	-93.68
5 月	79 048	268.02	18.99	253.51
7 月	41 324	36.41	10.15	21.58
9 月	25 158	62.01	5.76	32.9
11 月	45 054	301.94	9.85	268.03
总计	193 793	54.83	45.47	34.56

数据来源：大连商品交易所。

表 2-3-56　　　　　2023—2024 年玉米期货年度交割情况

年度	交割量（手）	同比变化（%）	交割金额（亿元）	同比变化（%）
2023 年	125 162	-63.57	33.79	-64.58
2024 年	193 793	54.83	45.47	34.56

数据来源：大连商品交易所。

表 2-3-57　　　　　2024 年玉米期权月度行权情况

月度	行权量（手）
1 月	9 447
2 月	35 565
3 月	175
4 月	67 486
5 月	10
6 月	24 808
7 月	795
8 月	106 746
9 月	3 173

续表

月度	行权量（手）
10 月	37 530
11 月	35
12 月	74 478
总计	360 248

数据来源：大连商品交易所。

表2-3-58　　　　　　　　2023—2024年玉米期权年度行权情况

年度	行权量（手）	同比变化（％）
2023 年	335 748	-6.17
2024 年	360 248	7.30

数据来源：大连商品交易所。

（三）期货价格走势（见图2-3-5、表2-3-59、表2-3-60）

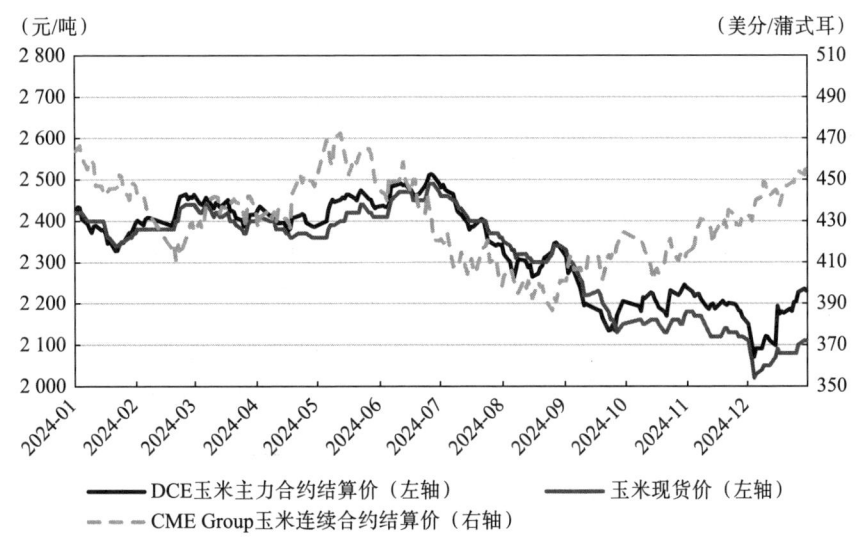

图2-3-5　2024年玉米期货内外盘和国内现货市场价格走势

数据来源：大连商品交易所、卓创资讯、Wind。

表2-3-59　　　　　　　2024年玉米期货内外盘和国内现货市场价格指标

市场分类	2023年末收盘价	2024年盘中最高价	2024年盘中最低价	2024年末收盘价	全年涨跌	结算价平均价	标准差	极差
大商所主力价格（元/吨）	2 413	2 520	2 035	2 229	-184	2 335.42	114.4	485
CME Group 连续价格（美分/蒲式耳）	470.75	475.5	385	458.75	-12	430.21	19.86	90.5
玉米现货价格（元/吨）	2 420	2 490	2 020	2 110	-310	2 312.4	128.77	470

数据来源：大连商品交易所、卓创资讯、Wind。

表 2 - 3 - 60　　　　2024 年玉米期货内外盘和国内现货市场价格相关性

价格选择	相关系数
大商所主力结算价与 CME Group 连续价格	0.33
大商所主力结算价与玉米现货市场价格	0.96

数据来源：大连商品交易所、卓创资讯、Wind。

六、玉米淀粉期货、期权运行情况

2024 年 8 月 23 日，玉米淀粉期权在大商所上市交易。

（一）期货、期权交易情况（见表 2 - 3 - 61 ~ 表 2 - 3 - 63）

表 2 - 3 - 61　　　　　　　2024 年玉米淀粉期货月度交易情况

月度	成交量（万手）	同比变化（%）	成交金额（亿元）	同比变化（%）	月末持仓量（万手）	同比变化（%）
1月	433.36	53.67	1 230.11	43.45	30.79	4.75
2月	217.88	-43.72	629.00	-45.62	25.31	-28.96
3月	275.49	-43.06	790.79	-46.23	24.99	-38.91
4月	281.06	-41.95	793.45	-45.20	25.31	-25.47
5月	270.49	-53.56	771.88	-54.12	19.46	-32.01
6月	266.41	-48.97	766.87	-50.52	23.44	-31.15
7月	321.46	-24.33	909.85	-30.11	31.10	31.89
8月	336.55	-40.69	910.86	-46.83	22.15	-29.54
9月	322.91	-22.87	841.17	-31.94	21.55	-18.43
10月	265.97	-36.52	694.95	-42.47	20.34	-24.00
11月	250.12	-45.55	649.89	-51.67	29.40	0.23
12月	308.90	-30.58	772.40	-38.80	29.74	-0.56
总计	3 550.59	-35.16	9 761.25	-39.86	—	—

数据来源：大连商品交易所。

表 2 - 3 - 62　　　　　2023—2024 年玉米淀粉期货年度交易情况

年度	成交量（万手）	同比变化（%）	成交金额（亿元）	同比变化（%）	年末持仓量（万手）	同比变化（%）
2023 年	5 475.83	18.53	16 230.89	11.35	29.91	17.02
2024 年	3 550.59	-35.16	9 761.25	-39.86	29.74	-0.56

数据来源：大连商品交易所。

表 2 - 3 - 63　　　　　　2024 年玉米淀粉期权年度交易情况

年度	成交量（万手）	同比变化（%）	成交量看跌/看涨（PCR）	成交金额（亿元）	同比变化（%）	年末持仓量（万手）	同比变化（%）
2024 年	85.16	—	0.93	2.24	—	2.51	—

数据来源：大连商品交易所。

（二）交割情况（见表 2-3-64～表 2-3-66）

表 2-3-64　2024 年玉米淀粉期货月度交割情况

月度	交割量（手）	同比变化（%）	交割金额（亿元）	同比变化（%）
1 月	2 159	-81.51	0.6	-82.62
3 月	553	-89.08	0.17	-87.96
5 月	7 005	4.24	2.03	1.93
7 月	2 535	10.22	0.75	4.84
9 月	384	-92.5	0.11	-92.75
11 月	1 982	20.63	0.51	11.27
总计	14 618	-55.05	4.16	-56.29

数据来源：大连商品交易所。

表 2-3-65　2023—2024 年玉米淀粉期货年度交割情况

年度	交割量（手）	同比变化（%）	交割金额（亿元）	同比变化（%）
2023 年	32 519	-51.86	9.52	-54.84
2024 年	14 618	-55.05	4.16	-56.29

数据来源：大连商品交易所。

表 2-3-66　2024 年玉米淀粉期权年度行权情况

年度	行权量（手）	同比变化（%）
2024 年	10 668	—

数据来源：大连商品交易所。

（三）期货价格走势（见图 2-3-6、表 2-3-67、表 2-3-68）

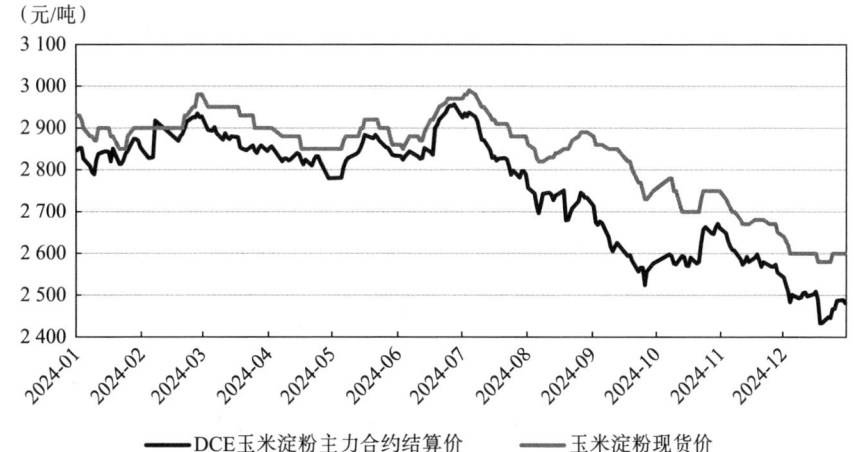

图 2-3-6　2024 年玉米淀粉期货和现货市场价格走势

数据来源：大连商品交易所、卓创资讯。

表2－3－67　　　　　2024年玉米淀粉期货和现货市场价格指标

市场分类	2023年末收盘价	2024年盘中最高价	2024年盘中最低价	2024年末收盘价	全年涨跌	结算价平均值	标准差	极差
大商所主力价格（元/吨）	2 939	3 202	2 755	2 857	－82	2 974.54	82.36	447
玉米淀粉现货价格（元/吨）	2 950	3 180	2 880	2 920	－30	3 005.83	69.75	300

数据来源：大连商品交易所、卓创资讯。

表2－3－68　　　　　2024年玉米淀粉期货和现货市场价格相关性

价格选择	相关系数
大商所主力结算价与玉米淀粉现货市场价格	0.94

数据来源：大连商品交易所、卓创资讯。

七、棕榈油期货、期权运行情况

（一）期货、期权交易情况（见表2－3－69～表2－3－74）

表2－3－69　　　　　2024年棕榈油期货月度交易情况

月度	成交量（万手）	同比变化（%）	成交金额（亿元）	同比变化（%）	月末持仓量（万手）	同比变化（%）
1月	1 383.58	8.87	10 045.24	－0.26	55.68	－27.97
2月	742.47	－49.02	5 348.37	－54.13	57.64	－26.19
3月	1 956.57	－0.27	15 600.24	3.04	71.26	－10.87
4月	2 104.08	20.45	16 316.95	26.66	58.86	－31.85
5月	1 667.53	－17.70	12 656.84	－8.63	76.20	－30.20
6月	1 552.12	－29.70	11 894.32	－21.15	71.10	－25.91
7月	2 137.89	－8.67	16 724.24	－5.98	63.61	－21.29
8月	2 060.80	－3.87	15 906.03	－2.05	71.61	－1.71
9月	1 630.93	－2.62	13 161.10	5.00	63.03	3.43
10月	1 630.33	30.37	14 666.33	62.93	77.83	20.31
11月	2 941.46	55.62	28 671.68	104.79	85.78	41.22
12月	3 073.21	101.87	29 068.69	167.91	60.09	10.23
总计	22 880.98	6.46	190 060.02	19.45	—	—

数据来源：大连商品交易所。

表2－3－70　　　　　2023—2024年棕榈油期货年度交易情况

年度	成交量（万手）	同比变化（%）	成交金额（亿元）	同比变化（%）	年末持仓量（万手）	同比变化（%）
2023年	21 492.65	－11.03	159 106.43	－29.34	54.52	－20.73
2024年	22 880.98	6.46	190 060.02	19.45	60.09	10.23

数据来源：大连商品交易所。

表2-3-71　　　　　　　2023—2024年棕榈油期货内外盘年度交易情况

年度	成交量（万手）		年末持仓量（万手）	
	大商所（DCE）	BMD（马来西亚衍生品交易所）	大商所（DCE）	BMD（马来西亚衍生品交易所）
2023年	21 492.65	1 481.94	54.52	21.47
2024年	22 880.98	1 894.63	60.09	23.95

注：大连商品交易所棕榈油期货交易单位为10吨/手，BMD棕榈油期货交易单位为25公吨/手。

数据来源：大连商品交易所、FIA（国际期货业协会）。

表2-3-72　　　　　　　　2024年棕榈油期权月度交易情况

月度	成交量（万手）	同比变化（%）	成交量看跌/看涨（PCR）	成交金额（亿元）	同比变化（%）	月末持仓量（万手）	同比变化（%）
1月	227.82	86.42	0.93	11.45	26.20	16.04	50.62
2月	126.63	-33.64	0.92	5.80	-53.30	15.23	4.95
3月	357.13	-4.27	1.01	23.76	0.83	26.69	21.29
4月	352.22	5.99	0.70	19.20	-0.79	17.40	37.80
5月	235.69	-36.27	0.52	16.21	-30.10	18.21	-11.12
6月	241.40	-75.38	0.64	14.38	-69.90	18.59	-34.48
7月	504.49	-12.15	0.74	24.65	-39.80	27.01	3.18
8月	580.67	11.85	0.99	28.02	-13.83	32.17	127.25
9月	423.24	34.87	0.95	24.39	6.22	20.29	46.71
10月	308.87	25.31	1.04	25.58	81.73	30.52	56.87
11月	473.15	-3.68	1.35	39.45	45.98	37.91	73.77
12月	617.07	91.63	1.48	36.94	116.87	20.31	43.29
总计	4 448.37	-8.01	0.96	269.83	-6.93	—	—

数据来源：大连商品交易所。

表2-3-73　　　　　　　2023—2024年棕榈油期权年度交易情况

年度	成交量（万手）	同比变化（%）	成交量看跌/看涨（PCR）	成交金额（亿元）	同比变化（%）	年末持仓量（万手）	同比变化（%）
2023年	4 835.57	81.05	0.73	289.93	-15.79	14.18	49.26
2024年	4 448.37	-8.01	0.96	269.83	-6.93	20.31	43.29

数据来源：大连商品交易所。

表2-3-74　　　　　　　2023—2024年棕榈油期权内外盘年度交易情况

年度	成交量（万手）		年末持仓量（万手）	
	大商所（DCE）	BMD（马来西亚衍生品交易所）	大商所（DCE）	BMD（马来西亚衍生品交易所）
2023年	4 835.57	2.45	14.18	0.27
2024年	4 448.37	4.18	20.31	1.31

注：大连商品交易所棕榈油期权交易单位为1手（10吨）棕榈油期货合约，BMD棕榈油期权交易单位为1手（25公吨）棕榈油期货合约。

数据来源：大连商品交易所、BMD（马来西亚衍生品交易所）。

(二) 交割、行权情况（见表 2-3-75～表 2-3-78）

表 2-3-75　　　　　　　　　　2024 年棕榈油期货月度交割情况

月度	交割量（手）	同比变化（%）	交割金额（亿元）	同比变化（%）
1 月	702	-82.76	0.49	-84.64
2 月	1 644	1.17	1.20	-4.92
3 月	4 111	78.51	3.19	70.63
4 月	1 647	-15.50	1.39	-8.97
5 月	1 294	-56.69	1.01	-55.13
6 月	520	55.22	0.40	72.60
7 月	0	-100.00	0.00	-100.00
8 月	1 032	597.30	0.79	598.21
9 月	531	-73.21	0.43	-72.01
10 月	830	-0.95	0.75	25.95
11 月	680	—	0.67	—
12 月	990	-49.97	1.02	-26.83
总计	13 981	-23.65	11.35	-19.36

数据来源：大连商品交易所。

表 2-3-76　　　　　　　　　2023—2024 年棕榈油期货年度交割情况

年度	交割量（手）	同比变化（%）	交割金额（亿元）	同比变化（%）
2023 年	18 312	19.8	14.07	-14.05
2024 年	13 981	-23.65	11.35	-19.36

数据来源：大连商品交易所。

表 2-3-77　　　　　　　　　　2024 年棕榈油期权月度行权情况

月度	行权量（手）
1 月	7 891
2 月	7 813
3 月	6 599
4 月	40 542
5 月	9 969
6 月	7 807
7 月	9 363
8 月	19 156
9 月	21 912
10 月	13 517

续表

月度	行权量（手）
11月	11 366
12月	65 750
总计	221 685

数据来源：大连商品交易所。

表 2-3-78　2023—2024 年棕榈油期权年度行权情况

年度	行权量（手）	同比变化（%）
2023 年	141 479	-0.03
2024 年	221 685	56.69

数据来源：大连商品交易所。

（三）期货价格走势（见图 2-3-7、表 2-3-79、表 2-3-80）

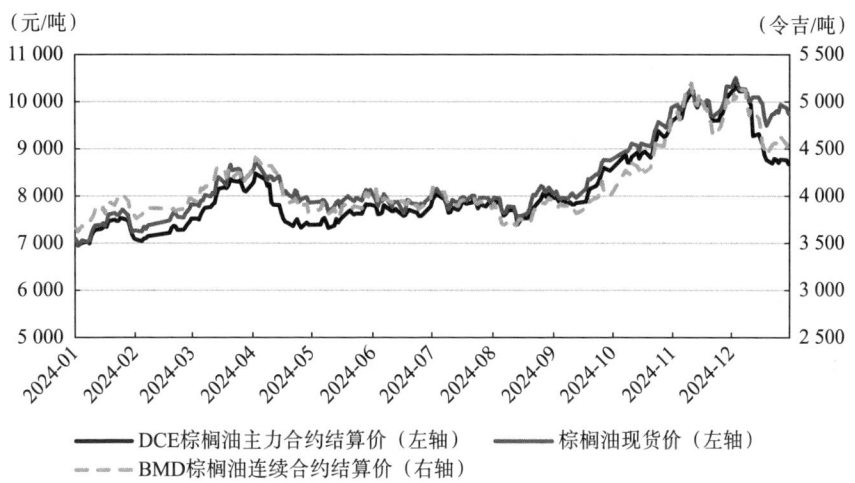

图 2-3-7　2024 年棕榈油期货内外盘和国内现货市场价格走势

数据来源：大连商品交易所、国家粮油信息中心、Wind。

表 2-3-79　2024 年棕榈油期货内外盘和国内现货市场价格指标

市场分类	2023 年末收盘价	2024 年盘中最高价	2024 年盘中最低价	2024 年末收盘价	全年涨跌	结算价平均价	标准差	极差
大商所主力价格（元/吨）	7 086	10 518	6 898	8 668	1 582	8 136.19	862.08	3 620
BMD 连续价格（令吉/吨）	3 721	5 202	3 607	4 444	723	4 137.25	383.73	1 595
棕榈油现货价格（元/吨）	7 110	10 510	6 950	9 750	2 640	8 373.14	891.97	3 560

数据来源：大连商品交易所、国家粮油信息中心、Wind。

表 2-3-80　　　2024 年棕榈油期货内外盘和国内现货市场价格相关性

价格选择	相关系数
大商所主力结算价与 BMD 连续价格	0.95
大商所主力结算价与棕榈油现货市场价格	0.96

数据来源：大连商品交易所、国家粮油信息中心、Wind。

八、鸡蛋期货、期权运行情况

2024 年 8 月 23 日，鸡蛋期权在大商所上市交易。

（一）期货、期权交易情况（见表 2-3-81~表 2-3-83）

表 2-3-81　　　　　　　2024 年鸡蛋期货月度交易情况

月度	成交量（万手）	同比变化（%）	成交金额（亿元）	同比变化（%）	月末持仓量（万手）	同比变化（%）
1 月	393.33	177.40	1 332.75	116.91	30.06	56.69
2 月	302.38	66.07	1 032.57	29.36	30.47	41.97
3 月	464.59	68.46	1 650.46	37.09	38.84	59.96
4 月	824.43	274.68	2 909.19	209.64	60.54	165.36
5 月	1 146.64	337.94	4 324.56	300.62	49.79	97.95
6 月	554.01	91.17	2 176.61	82.56	34.16	17.58
7 月	557.14	49.59	2 232.14	42.88	38.29	18.55
8 月	472.06	18.81	1 771.68	4.13	30.20	14.42
9 月	465.49	33.97	1 688.42	8.65	30.25	33.35
10 月	325.96	83.87	1 161.89	52.84	28.89	26.17
11 月	341.55	27.69	1 209.53	8.26	33.79	54.03
12 月	398.62	36.62	1 388.55	26.25	34.55	56.65
总计	6 246.20	93.67	22 878.36	67.94	—	—

数据来源：大连商品交易所。

表 2-3-82　　　　　　2023—2024 年鸡蛋期货年度交易情况

年度	成交量（万手）	同比变化（%）	成交金额（亿元）	同比变化（%）	年末持仓量（万手）	同比变化（%）
2023 年	3 225.10	28.64	13 622.85	24.29	22.06	16.29
2024 年	6 246.20	93.67	22 878.36	67.94	34.55	56.65

数据来源：大连商品交易所。

表 2-3-83　　　　　　　2024 年鸡蛋期权年度交易情况

年度	成交量（万手）	同比变化（%）	成交量看跌/看涨（PCR）	成交金额（亿元）	同比变化（%）	年末持仓量（万手）	同比变化（%）
2024 年	135.37	—	0.54	5.47	—	5.28	—

数据来源：大连商品交易所。

(二) 交割情况 (见表2-3-84～表2-3-86)

表2-3-84　　　　　　　　2024年鸡蛋期货月度交割情况

月度	交割量（手）	同比变化（%）	交割金额（亿元）	同比变化（%）
1月	77	20.31	0.03	3.29
2月	140	-7.89	0.05	-30.96
3月	45	-48.86	0.02	-60.88
4月	54	-76.21	0.02	-83.77
5月	20	-87.18	0.01	-88.66
6月	211	97.20	0.08	72.80
7月	174	-6.95	0.08	1.72
8月	481	550.00	0.23	523.73
9月	39	-79.69	0.02	-81.61
10月	23	-78.70	0.01	-78.68
11月	40	-82.68	0.02	-83.98
12月	135	187.23	0.06	212.18
总计	1 439	-11.88	0.62	-17.52

数据来源：大连商品交易所。

表2-3-85　　　　　　　　2023—2024年鸡蛋期货年度交割情况

年度	交割量（手）	同比变化（%）	交割金额（亿元）	同比变化（%）
2023年	1 633	224.65	0.75	25
2024年	1 439	-11.88	0.62	-17.52

数据来源：大连商品交易所。

表2-3-86　　　　　　　　2024年鸡蛋期权年度行权情况

年度	行权量（手）	同比变化（%）
2024年	3 894	—

数据来源：大连商品交易所。

(三) 期货价格走势 (见图2-3-8、表2-3-87、表2-3-88)

图2-3-8　2024年鸡蛋期货和现货市场价格走势

数据来源：大连商品交易所、Wind。

表 2-3-87　　　　　　　　2024 年鸡蛋期货和现货市场价格指标

市场分类	2023 年末收盘价	2024 年盘中最高价	2024 年盘中最低价	2024 年末收盘价	全年涨跌	结算价平均价	标准差	极差
大商所主力价格（元/500 千克）	3 641	4 149	3 122	3 380	-261	3 669.11	256.4	1 027
鸡蛋现货价格（元/500 千克）	3 990.62	4 930.00	2 910.00	4 200.00	209.38	3 868.47	514.62	2 020.00

数据来源：大连商品交易所、卓创资讯。

表 2-3-88　　　　　　　　2024 年鸡蛋期货和现货市场价格相关性

价格选择	相关系数
大商所主力结算价与鸡蛋现货市场价格	0.06

数据来源：大连商品交易所、卓创资讯。

九、线型低密度聚乙烯（LLDPE）期货、期权运行情况

（一）期货、期权交易情况（见表 2-3-89～表 2-3-92）

表 2-3-89　　　　　　　　2024 年 LLDPE 期货月度交易情况

月度	成交量（万手）	同比变化（%）	成交金额（亿元）	同比变化（%）	月末持仓量（万手）	同比变化（%）
1 月	613.54	0.24	2 504.96	-0.34	43.43	-36.84
2 月	385.23	-49.92	1 575.42	-50.35	44.27	-31.58
3 月	731.35	-13.36	3 010.46	-12.50	40.67	-31.44
4 月	757.28	-6.29	3 177.91	-3.54	47.75	-21.93
5 月	730.98	-24.50	3 125.60	-16.62	52.08	-29.90
6 月	627.61	-24.08	2 680.77	-16.47	47.19	-37.52
7 月	637.14	-31.97	2 678.85	-28.90	45.84	-42.87
8 月	676.02	-39.76	2 751.18	-40.42	42.14	-40.68
9 月	627.85	-36.27	2 496.79	-39.46	43.78	-26.02
10 月	567.46	-22.00	2 320.04	-20.57	54.55	-8.21
11 月	901.75	10.58	3 730.52	13.22	90.73	59.56
12 月	900.43	9.74	3 704.50	11.56	63.79	13.56
总计	8 156.64	-20.31	33 757.00	-18.51	—	—

数据来源：大连商品交易所。

表2-3-90　　　　　　　　2023—2024年LLDPE期货年度交易情况

年度	成交量（万手）	同比变化（%）	成交金额（亿元）	同比变化（%）	年末持仓量（万手）	同比变化（%）
2023年	10 236.03	-25.00	41 425.82	-27.82	56.18	-16.49
2024年	8 156.64	-20.31	33 757.00	-18.51	63.79	13.56

数据来源：大连商品交易所。

表2-3-91　　　　　　　　2024年LLDPE期权月度交易情况

月度	成交量（万手）	同比变化（%）	成交量看跌/看涨（PCR）	成交金额（亿元）	同比变化（%）	月末持仓量（万手）	同比变化（%）
1月	8.78	-39.96	1.05	0.40	-49.39	2.36	43.30
2月	7.80	-82.40	1.23	0.27	-73.71	2.95	-2.92
3月	32.71	-60.97	0.40	0.58	-61.71	5.74	22.15
4月	17.53	-74.50	0.41	0.49	-72.93	2.66	-17.24
5月	32.88	-69.71	0.31	1.51	-46.96	4.81	21.54
6月	28.11	-89.80	0.51	0.83	-85.12	5.92	-7.11
7月	40.10	-56.16	0.90	0.62	-65.88	7.32	18.97
8月	24.91	-62.77	1.43	0.38	-86.22	2.28	30.33
9月	17.77	-62.72	1.09	0.52	-79.94	2.00	-33.88
10月	15.59	-58.67	0.72	0.44	-62.38	3.75	5.44
11月	59.27	-29.54	0.40	1.28	-38.71	9.23	106.43
12月	55.56	26.10	0.45	0.73	-63.75	2.02	3.76
总计	341.03	-64.76	0.57	8.05	-69.02	—	—

数据来源：大连商品交易所。

表2-3-92　　　　　　　　2023—2024年LLDPE期权年度交易情况

年度	成交量（万手）	同比变化（%）	成交量看跌/看涨（PCR）	成交金额（亿元）	同比变化（%）	年末持仓量（万手）	同比变化（%）
2023年	967.69	99.55	0.90	25.99	13.49	1.95	72.57
2024年	341.03	-64.76	0.57	8.05	-69.02	2.02	3.76

数据来源：大连商品交易所。

（二）交割、行权情况（见表2-3-93～表2-3-96）

表2-3-93　　　　　　　　2024年LLDPE期货月度交割情况

月度	交割量（手）	同比变化（%）	交割金额（亿元）	同比变化（%）
1月	2 335	688.85	0.94	684.75
2月	1 411	175.05	0.57	168.44

续表

月度	交割量（手）	同比变化（%）	交割金额（亿元）	同比变化（%）
3月	1 734	73.05	0.70	69.40
4月	448	3 346.15	0.18	3 283.84
5月	1 280	2.73	0.54	5.88
6月	143	－77.30	0.06	－75.26
7月	254	－87.55	0.11	－86.70
8月	566	－73.45	0.24	－73.25
9月	3 155	－44.54	1.29	－46.06
10月	506	－63.52	0.21	－62.38
11月	284	－74.80	0.12	－74.44
12月	566	－47.79	0.25	－42.08
总计	12 682	－26.09	5.19	－26.03

数据来源：大连商品交易所。

表2－3－94　　　　　2023—2024年LLDPE期货年度交割情况

年度	交割量（手）	同比变化（%）	交割金额（亿元）	同比变化（%）
2023年	17 159	40.58	7.02	36.58
2024年	12 682	－26.09	5.19	－26.03

数据来源：大连商品交易所。

表2－3－95　　　　　2024年LLDPE期权月度行权情况

月度	行权量（手）
1月	75
2月	28
3月	13
4月	5 658
5月	19
6月	25
7月	189
8月	9 707
9月	846
10月	728
11月	952
12月	5 617
总计	23 857

数据来源：大连商品交易所。

表 2-3-96　　　　　　　　2023—2024 年 LLDPE 期权年度行权情况

年度	行权量（手）	同比变化（%）
2023 年	23 328	11.37
2024 年	23 857	2.27

数据来源：大连商品交易所。

（三）期货价格走势（见图 2-3-9、表 2-3-97、表 2-3-98）

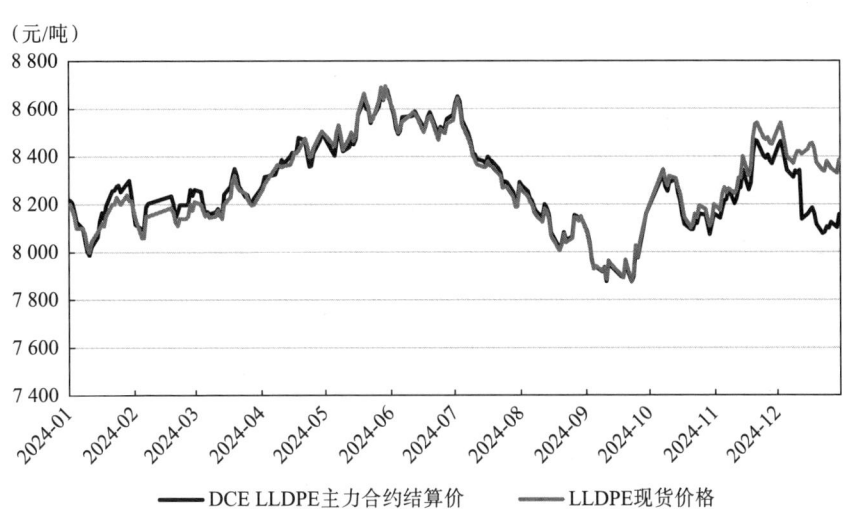

图 2-3-9　2024 年 LLDPE 期货和现货市场价格走势

数据来源：大连商品交易所、卓创资讯。

表 2-3-97　　　　　　　　2024 年 LLDPE 期货和现货市场价格指标

市场分类	2023 年末收盘价	2024 年盘中最高价	2024 年盘中最低价	2024 年末收盘价	全年涨跌	结算价平均价	标准差	极差
大商所主力价格（元/吨）	8 280	8 754	7 823	8 178	-102	8 275.44	183.9	931
LLDPE 现货价格（元/吨）	8 209	8 695	7 874	8 385	176	8 290.26	187.93	821

数据来源：大连商品交易所、卓创资讯。

表 2-3-98　　　　　　　　2024 年 LLDPE 期货和现货市场价格相关性

价格选择	相关系数
大商所主力结算价与 LLDPE 现货市场价格	0.94

数据来源：大连商品交易所、卓创资讯。

十、聚丙烯（PP）期货、期权运行情况

（一）期货、期权交易情况（见表2-3-99～表2-3-102）

表2-3-99　　　　　　　　　2024年PP期货月度交易情况

月度	成交量（万手）	同比变化（%）	成交金额（亿元）	同比变化（%）	月末持仓量（万手）	同比变化（%）
1月	708.31	-9.53	2 618.31	-14.92	45.46	-33.59
2月	452.36	-54.73	1 676.48	-57.57	49.91	-24.37
3月	812.70	-27.99	3 051.41	-29.54	48.17	-37.90
4月	802.66	-14.10	3 048.02	-13.83	42.33	-44.80
5月	818.05	-35.50	3 150.76	-29.83	59.54	-45.03
6月	642.83	-47.60	2 478.85	-42.06	51.30	-50.07
7月	668.79	-49.75	2 569.07	-46.70	48.74	-44.51
8月	733.98	-49.70	2 775.09	-49.26	48.46	-37.44
9月	738.39	-40.82	2 716.71	-44.86	49.87	-24.16
10月	557.59	-43.56	2 105.94	-43.07	52.77	-22.27
11月	633.97	-38.68	2 369.60	-39.77	58.76	-11.72
12月	656.04	-36.39	2 441.54	-36.79	52.56	-24.50
总计	8 225.67	-38.76	31 001.77	-38.46	—	—

数据来源：大连商品交易所。

表2-3-100　　　　　　　2023—2024年PP期货年度交易情况

年度	成交量（万手）	同比变化（%）	成交金额（亿元）	同比变化（%）	年末持仓量（万手）	同比变化（%）
2023年	13 431.33	-21.52	50 376.38	-28.74	69.62	-12.08
2024年	8 225.67	-38.76	31 001.77	-38.46	52.56	-24.50

数据来源：大连商品交易所。

表2-3-101　　　　　　　　　2024年PP期权月度交易情况

月度	成交量（万手）	同比变化（%）	成交量看跌/看涨（PCR）	成交金额（亿元）	同比变化（%）	月末持仓量（万手）	同比变化（%）
1月	9.29	-33.76	0.80	0.37	-50.16	2.36	11.01
2月	7.79	-78.91	0.99	0.20	-78.58	2.39	-41.56
3月	46.45	-35.19	0.23	0.88	-36.49	6.56	16.93
4月	14.64	-74.57	0.28	0.29	-80.72	1.89	-39.58
5月	26.43	-71.97	0.42	1.10	-62.34	4.31	-5.41
6月	22.14	-91.39	0.38	0.56	-91.37	5.14	-33.72
7月	32.33	-73.04	1.07	0.42	-85.40	5.61	-34.40

续表

月度	成交量（万手）	同比变化（%）	成交量看跌/看涨（PCR）	成交金额（亿元）	同比变化（%）	月末持仓量（万手）	同比变化（%）
8月	22.47	-70.25	1.39	0.36	-88.45	2.42	-21.42
9月	23.99	-40.04	1.13	0.65	-73.94	3.07	-28.00
10月	17.62	-48.34	0.79	0.47	-55.58	3.88	-28.36
11月	23.39	-68.04	0.75	0.44	-77.46	5.17	-9.25
12月	28.47	-25.02	0.84	0.43	-72.20	3.38	39.92
总计	275.01	-69.86	0.64	6.15	-77.15	—	—

数据来源：大连商品交易所。

表 2-3-102　2023—2024 年 PP 期权年度交易情况

年度	成交量（万手）	同比变化（%）	成交量看跌/看涨（PCR）	成交金额（亿元）	同比变化（%）	年末持仓量（万手）	同比变化（%）
2023年	912.48	157.36	0.81	26.93	62.23	2.42	83.33
2024年	275.01	-69.86	0.64	6.15	-77.15	3.38	39.92

数据来源：大连商品交易所。

（二）交割、行权情况（见表 2-3-103～表 2-3-106）

表 2-3-103　2024 年 PP 期货月度交割情况

月度	交割量（手）	同比变化（%）	交割金额（亿元）	同比变化（%）
1月	2 170	-4.36	0.80	-8.90
2月	4 165	534.91	1.50	482.20
3月	3 894	316.47	1.41	277.73
4月	3 429	210.32	1.27	201.62
5月	5 453	322.71	2.03	326.27
6月	2 112	545.87	0.80	604.34
7月	1 142	563.95	0.43	612.25
8月	946	2 766.67	0.36	2 811.47
9月	582	-74.72	0.22	-76.01
10月	1 165	127.54	0.44	125.51
11月	149	-75.97	0.05	-77.06
12月	69	-79.03	0.03	-79.01
总计	25 276	139.58	9.34	130.86

数据来源：大连商品交易所。

表 2-3-104　2023—2024 年 PP 期货年度交割情况

年度	交割量（手）	同比变化（%）	交割金额（亿元）	同比变化（%）
2023年	10 550	-25.16	4.05	-30.89
2024年	25 276	139.58	9.34	130.86

数据来源：大连商品交易所。

表2-3-105　　2024年PP期权月度行权情况

月度	行权量（手）
1月	35
2月	44
3月	29
4月	5 241
5月	59
6月	25
7月	125
8月	4 124
9月	2 137
10月	1 128
11月	687
12月	3 446
总计	17 080

数据来源：大连商品交易所。

表2-3-106　　2023—2024年PP期权年度行权情况

年度	行权量（手）	同比变化（%）
2023年	28 739	59.31
2024年	17 080	-40.57

数据来源：大连商品交易所。

（三）期货价格走势（见图2-3-10、表2-3-107、表2-3-108）

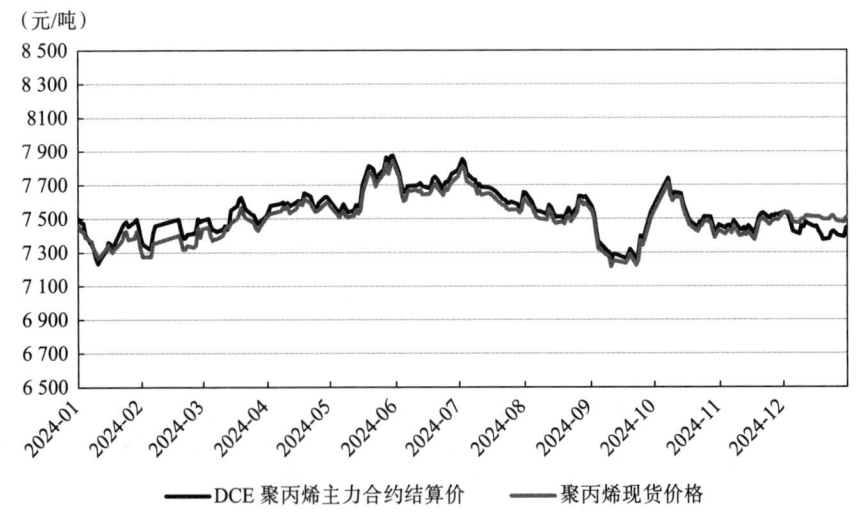

图2-3-10　2024年PP期货和现货市场价格走势

数据来源：大连商品交易所、卓创资讯。

表2–3–107　　　　　　　2024年PP期货和现货市场价格指标

市场分类	2023年末收盘价	2024年盘中最高价	2024年盘中最低价	2024年末收盘价	全年涨跌	结算价平均价	标准差	极差
大商所主力价格（元/吨）	7 560	7 928	7 199	7 477	-83	7 533.89	135.85	729
聚丙烯现货价格（元/吨）	7 590	7 844	7 215	7 505	-85	7 505.05	131.13	629

数据来源：大连商品交易所、卓创资讯。

表2–3–108　　　　　　　2024年PP期货和现货市场价格相关性

价格选择	相关系数
大商所主力结算价与PP现货市场价格	0.96

数据来源：大连商品交易所、卓创资讯。

十一、聚氯乙烯（PVC）期货、期权运行情况

（一）期货、期权交易情况（见表2–3–109～表2–3–112）

表2–3–109　　　　　　　2024年PVC期货月度交易情况

月度	成交量（万手）	同比变化（%）	成交金额（亿元）	同比变化（%）	月末持仓量（万手）	同比变化（%）
1月	1 570.14	-7.62	4 601.46	-15.56	98.75	-19.14
2月	1 043.06	-48.50	3 051.40	-52.31	103.67	-10.03
3月	1 971.27	-12.81	5 851.35	-17.50	119.52	13.51
4月	1 934.64	-5.02	5 701.42	-8.73	101.18	-13.57
5月	3 301.93	51.67	10 475.05	65.83	115.81	-20.57
6月	2 352.40	5.84	7 325.20	14.78	104.24	-29.71
7月	1 797.21	-28.03	5 305.11	-29.10	118.79	-5.21
8月	2 340.98	-9.42	6 533.91	-18.63	118.00	11.49
9月	2 556.91	-12.41	6 892.29	-26.28	93.25	-16.77
10月	2 451.86	28.83	6 811.11	19.52	102.50	-14.70
11月	1 968.69	-11.81	5 281.23	-21.74	123.14	2.74
12月	2 352.31	0.82	6 072.68	-12.08	113.86	-1.92
总计	25 641.40	-4.65	73 902.19	-9.99	—	—

数据来源：大连商品交易所。

表2–3–110　　　　　　　2023—2024年PVC期货年度交易情况

年度	成交量（万手）	同比变化（%）	成交金额（亿元）	同比变化（%）	年末持仓量（万手）	同比变化（%）
2023年	26 891.88	-5.20	82 100.88	-19.85	116.09	-14.10
2024年	25 641.40	-4.65	73 902.19	-9.99	113.86	-1.92

数据来源：大连商品交易所。

表 2-3-111　　　2024 年 PVC 期权月度交易情况

月度	成交量（万手）	同比变化（%）	成交量看跌/看涨（PCR）	成交金额（亿元）	同比变化（%）	月末持仓量（万手）	同比变化（%）
1 月	38.03	11.25	0.71	1.25	-42.41	10.98	89.91
2 月	46.90	-45.81	0.39	1.06	-64.52	17.01	62.88
3 月	210.97	46.35	0.25	3.50	5.68	33.38	153.04
4 月	90.81	-3.68	0.32	2.01	-19.51	14.29	169.17
5 月	406.89	164.99	0.20	16.24	275.36	37.29	208.14
6 月	237.53	-31.71	0.33	6.39	-14.74	33.13	52.72
7 月	253.09	-10.63	0.41	4.02	-40.04	39.12	88.74
8 月	195.91	21.75	0.61	3.19	-50.10	18.87	221.69
9 月	168.53	55.67	0.73	4.27	-39.26	10.37	5.35
10 月	156.64	10.90	0.33	4.10	13.12	20.21	-14.98
11 月	152.15	-47.99	0.39	2.45	-62.85	26.96	18.91
12 月	262.52	40.38	0.62	3.67	-47.78	15.59	85.17
总计	2 219.97	9.16	0.39	52.14	-13.30	—	—

数据来源：大连商品交易所。

表 2-3-112　　　2023—2024 年 PVC 期权年度交易情况

年度	成交量（万手）	同比变化（%）	成交量看跌/看涨（PCR）	成交金额（亿元）	同比变化（%）	年末持仓量（万手）	同比变化（%）
2023 年	2 033.66	234.03	0.66	60.13	101.17	8.42	141.95
2024 年	2 219.97	9.16	0.39	52.14	-13.30	15.59	85.17

数据来源：大连商品交易所。

（二）交割、行权情况（见表 2-3-113～表 2-3-116）

表 2-3-113　　　2024 年 PVC 期货月度交割情况

月度	交割量（手）	同比变化（%）	交割金额（亿元）	同比变化（%）
1 月	20 541	314.97	5.71	271.20
2 月	20 103	336.83	5.56	287.67
3 月	24 771	1 414.12	6.89	1 238.21
4 月	14 770	878.15	4.25	803.71
5 月	32 371	322.87	9.42	320.49
6 月	23 657	401.63	7.24	445.07
7 月	20 422	242.19	6.05	251.39
8 月	18 532	107.55	5.07	83.99
9 月	39 456	228.06	10.31	170.49

续表

月度	交割量（手）	同比变化（%）	交割金额（亿元）	同比变化（%）
10月	16 717	60.29	4.59	50.55
11月	13 698	-17.44	3.65	-26.86
12月	16 557	-18.83	4.13	-29.28
总计	261 595	163.14	72.87	145.42

数据来源：大连商品交易所。

表2-3-114   2023—2024年PVC期货年度交割情况

年度	交割量（手）	同比变化（%）	交割金额（亿元）	同比变化（%）
2023年	99 413	74.79	29.69	33.5
2024年	261 595	163.14	72.87	145.42

数据来源：大连商品交易所。

表2-3-115   2024年PVC期权月度行权情况

月度	行权量（手）
1月	521
2月	161
3月	79
4月	19 429
5月	2 320
6月	8 667
7月	1 906
8月	41 472
9月	10 996
10月	3 872
11月	1 693
12月	17 364
总计	108 480

数据来源：大连商品交易所。

表2-3-116   2023—2024年PVC期权年度行权情况

年度	行权量（手）	同比变化（%）
2023年	54 580	32.46
2024年	108 480	98.75

数据来源：大连商品交易所。

（三）期货价格走势（见图2－3－11、表2－3－117、表2－3－118）

图2－3－11　2024年PVC期货和现货市场价格走势

数据来源：大连商品交易所、卓创资讯。

表2－3－117　2024年PVC期货和现货市场价格指标

市场分类	2023年末收盘价	2024年盘中最高价	2024年盘中最低价	2024年末收盘价	全年涨跌	结算价平均价	标准差	极差
大商所主力价格（元/吨）	5 879	6 664	4 916	5 290	－589	5 720.98	350.1	1 748
PVC现货价格（元/吨）	5 655	6 165	4 749	5 057	－598	5 470.54	311.48	1 416

数据来源：大连商品交易所、卓创资讯。

表2－3－118　2024年PVC期货和现货市场价格相关性

价格选择	相关系数
大商所主力结算价与PVC现货市场价格	0.99

数据来源：大连商品交易所、卓创资讯。

十二、焦炭期货运行情况

（一）期货交易情况（见表2－3－119、表2－3－120）

表2－3－119　2024年焦炭期货月度交易情况

月度	成交量（万手）	同比变化（%）	成交金额（亿元）	同比变化（%）	月末持仓量（万手）	同比变化（%）
1月	51.93	6.08	1 271.93	－5.85	3.02	－29.47

续表

月度	成交量（万手）	同比变化（%）	成交金额（亿元）	同比变化（%）	月末持仓量（万手）	同比变化（%）
2月	32.83	-48.84	769.31	-57.30	3.15	-33.21
3月	51.41	-34.09	1 131.06	-48.40	4.45	2.08
4月	60.35	-11.27	1 317.58	-18.70	3.35	-34.30
5月	50.71	-42.72	1 169.83	-37.06	3.14	-48.98
6月	46.15	-43.85	1 042.25	-38.44	3.22	-37.08
7月	48.83	-41.22	1 080.54	-40.82	3.49	-37.71
8月	57.67	-40.72	1 120.70	-47.85	3.12	-32.78
9月	50.79	-40.45	965.31	-53.41	2.92	-42.72
10月	45.43	-33.92	942.24	-42.63	2.89	-43.58
11月	46.81	-46.48	916.41	-59.59	3.50	-34.95
12月	47.07	-40.44	863.34	-57.50	2.95	-17.98
总计	589.99	-36.61	12 590.50	-44.06	—	—

数据来源：大连商品交易所。

表2-3-120　　　　　　　　　2023—2024年焦炭期货年度交易情况

年度	成交量（万手）	同比变化（%）	成交金额（亿元）	同比变化（%）	年末持仓量（万手）	同比变化（%）
2023年	930.74	0.54	22 505.80	-20.08	3.59	15.06
2024年	589.99	-36.61	12 590.50	-44.06	2.95	-17.98

数据来源：大连商品交易所。

（二）交割情况（见表2-3-121、表2-3-122）

表2-3-121　　　　　　　　　　2024年焦炭期货月度交割情况

月度	交割量（手）	同比变化（%）	交割金额（亿元）	同比变化（%）
1月	820	6.49	1.95	-12.05
2月	170	—	0.38	—
3月	240	—	0.53	—
4月	30	—	0.06	—
5月	410	583.33	0.92	603.72
6月	30	—	0.07	—
7月	10	—	0.02	—
8月	30	—	0.06	—
9月	280	-12.5	0.5	-35.79
10月	60	-40	0.12	-53.52
11月	40	-50	0.07	-63.37

续表

月度	交割量（手）	同比变化（%）	交割金额（亿元）	同比变化（%）
12月	50	0	0.09	-28.54
总计	2 170	57.25	4.77	28.76

数据来源：大连商品交易所。

表2-3-122　　　　　　2023—2024年焦炭期货年度交割情况

年度	交割量（手）	同比变化（%）	交割金额（亿元）	同比变化（%）
2023年	1 380	-11.54	3.7	-19.74
2024年	2 170	57.25	4.77	28.76

数据来源：大连商品交易所。

（三）期货价格走势（见图2-3-12、表2-3-123、表2-3-124）

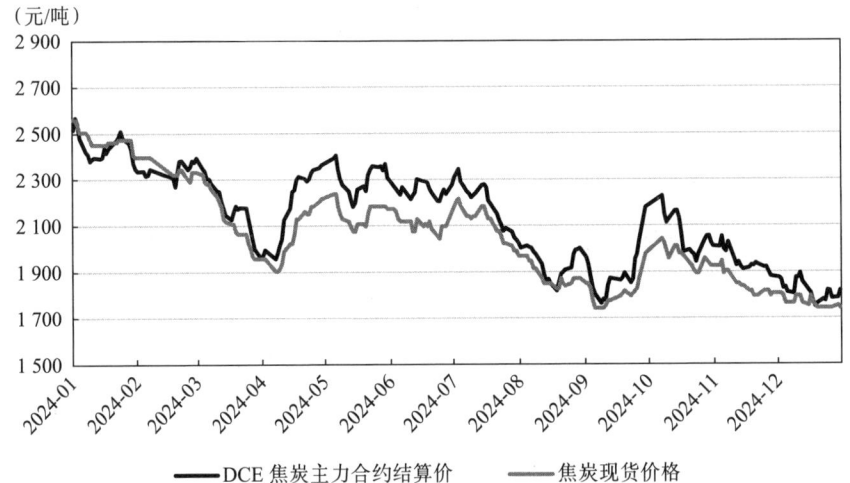

图2-3-12　2024年焦炭期货和现货市场价格走势

数据来源：大连商品交易所、上海钢联。

表2-3-123　　　　　　2024年焦炭期货和现货市场价格指标

市场分类	2023年末收盘价	2024年盘中最高价	2024年盘中最低价	2024年末收盘价	全年涨跌	结算价平均价	标准差	极差
大商所主力价格（元/吨）	2 491.50	2 598.00	1 717.00	1 812.00	-679.50	2 128.14	207.16	881.00
焦炭现货价格（元/吨）	2 516.13	2 559.14	1 741.94	1 741.94	-774.19	2 051.14	216.97	817.20

数据来源：大连商品交易所、上海钢联。

表2-3-124　　　　　　2024年焦炭期货和现货市场价格相关性

价格选择	相关系数
大商所主力结算价与焦炭现货市场价格	0.95

数据来源：大连商品交易所、上海钢联。

十三、焦煤期货运行情况

（一）期货交易情况（见表2-3-125、表2-3-126）

表2-3-125　　　　2024年焦煤期货月度交易情况

月度	成交量（万手）	同比变化（%）	成交金额（亿元）	同比变化（%）	月末持仓量（万手）	同比变化（%）
1月	244.79	183.28	2 671.80	179.11	14.54	59.29
2月	176.48	44.88	1 832.28	32.10	14.92	40.86
3月	307.49	120.91	3 060.31	92.37	20.08	140.98
4月	361.82	173.65	3 625.03	189.23	18.18	66.09
5月	317.61	-4.75	3 336.84	25.76	18.26	-13.27
6月	248.70	-20.62	2 421.61	-1.68	20.22	3.56
7月	241.74	-33.26	2 254.37	-26.99	18.12	-21.70
8月	307.96	-26.24	2 536.52	-30.51	18.66	-9.77
9月	284.35	-40.16	2 215.31	-56.17	17.63	-8.72
10月	276.73	4.50	2 352.60	-15.40	19.83	5.84
11月	265.73	-37.94	2 078.38	-59.36	26.74	26.52
12月	428.78	15.56	3 020.87	-30.84	27.63	88.81
总计	3 462.17	0.49	31 405.92	-8.60	—	—

数据来源：大连商品交易所。

表2-3-126　　　　2023—2024年焦煤期货年度交易情况

年度	成交量（万手）	同比变化（%）	成交金额（亿元）	同比变化（%）	年末持仓量（万手）	同比变化（%）
2023年	3 445.29	128.51	34 359.78	65.17	14.63	89.02
2024年	3 462.17	0.49	31 405.92	-8.60	27.63	88.81

数据来源：大连商品交易所。

（二）交割情况（见表2-3-127、表2-3-128）

表2-3-127　　　　2024年焦煤期货月度交割情况

月度	交割量（手）	同比变化（%）	交割金额（亿元）	同比变化（%）
1月	700	250	0.92	198.34
2月	600	—	0.7	—

续表

月度	交割量（手）	同比变化（%）	交割金额（亿元）	同比变化（%）
3月	600	—	0.7	—
4月	600	—	0.66	—
5月	3 800	533.33	3.6	655.18
6月	300	—	0.25	—
7月	0	—	0	—
8月	0	—	0	—
9月	4 000	233.33	3.21	152.99
10月	0	-100	0	-100
11月	100	-50	0.08	-69.73
12月	100	-50	0.08	-74.08
总计	10 800	227.27	10.19	179.81

数据来源：大连商品交易所。

表2-3-128　　　　　2023—2024年焦煤期货年度交割情况

年度	交割量（手）	同比变化（%）	交割金额（亿元）	同比变化（%）
2023年	3 300	-28.26	3.64	-46.31
2024年	10 800	227.27	10.19	179.81

数据来源：大连商品交易所。

（三）期货价格走势（见图2-3-13、表2-3-129、表2-3-130）

图2-3-13　2024年焦煤期货和现货市场价格走势

数据来源：大连商品交易所、上海钢联。

表 2-3-129　　　　　2024 年焦煤期货和现货市场价格指标

市场分类	2023 年末收盘价	2024 年盘中最高价	2024 年盘中最低价	2024 年末收盘价	全年涨跌	结算价平均价	标准差	极差
大商所主力价格（元/吨）	1 887.5	1 983	1 116	1 160.5	-727	1 522.56	214.5	867
焦煤现货价格（元/吨）	1 956.2	2 120	1 190	1 190	-766.2	1 599.61	234.56	930

数据来源：大连商品交易所、上海钢联。

表 2-3-130　　　　　2024 年焦煤期货和现货市场价格相关性

价格选择	相关系数
大商所主力结算价与焦煤现货市场价格	0.91

数据来源：大连商品交易所、上海钢联。

十四、铁矿石期货、期权运行情况

（一）期货、期权交易情况（见表 2-3-131～表 2-3-136）

表 2-3-131　　　　　2024 年铁矿石期货月度交易情况

月度	成交量（万手）	同比变化（%）	成交金额（亿元）	同比变化（%）	月末持仓量（万手）	同比变化（%）
1 月	850.81	-32.25	8 189.89	-22.96	84.69	-35.50
2 月	742.33	-52.38	6 680.05	-50.61	90.31	-33.92
3 月	1 480.83	-22.73	12 069.62	-28.46	97.65	-29.15
4 月	1 312.30	-29.25	10 876.63	-24.97	68.26	-50.54
5 月	888.74	-59.95	7 847.92	-50.18	72.29	-51.95
6 月	865.82	-60.24	7 098.36	-58.36	75.80	-51.87
7 月	1 061.35	-37.98	8 537.72	-38.56	75.98	-49.04
8 月	1 423.14	-30.05	10 530.15	-33.93	77.05	-39.98
9 月	1 476.93	-2.42	10 393.35	-19.69	68.71	-42.61
10 月	1 091.20	-13.06	8 494.76	-20.28	68.55	-57.86
11 月	891.51	-40.41	6 888.64	-50.62	66.87	-51.09
12 月	852.23	-5.59	6 734.25	-21.74	61.63	-33.52
总计	12 937.20	-34.98	104 341.34	-36.50	—	—

数据来源：大连商品交易所。

表 2-3-132　　　　　2023—2024 年铁矿石期货年度交易情况

年度	成交量（万手）	同比变化（%）	成交金额（亿元）	同比变化（%）	年末持仓量（万手）	同比变化（%）
2023 年	19 895.75	-10.02	164 306.66	-1.68	92.71	-29.41
2024 年	12 937.20	-34.98	104 341.34	-36.50	61.63	-33.52

数据来源：大连商品交易所。

表 2－3－133　　2023—2024 年铁矿石期货内外盘年度交易情况

年度	成交量（万手）		年末持仓量（万手）	
	大商所（DCE）	SGX（新加坡交易所）	大商所（DCE）	SGX（新加坡交易所）
2023 年	19 895.75	3 694.43	92.71	105.47
2024 年	12 937.2	4 901.1	61.63	104.16

注：大连商品交易所铁矿石期货交易单位为 100 吨/手，SGX 铁矿石期货交易单位为 100 公吨/手。

数据来源：大连商品交易所、SGX（新加坡交易所）、FIA（国际期货业协会）。

表 2－3－134　　2024 年铁矿石期权月度交易情况

月度	成交量（万手）	同比变化（%）	成交量看跌/看涨（PCR）	成交金额（亿元）	同比变化（%）	月末持仓量（万手）	同比变化（%）
1 月	647.29	98.62	1.74	73.63	99.74	56.38	29.58
2 月	545.64	14.66	1.84	70.19	34.72	56.95	－3.44
3 月	916.25	18.10	1.30	110.51	34.72	64.54	－7.94
4 月	662.92	－5.82	1.25	73.29	－4.21	38.02	－22.18
5 月	456.06	－52.79	0.97	51.01	－53.89	39.24	－41.73
6 月	487.20	－64.99	0.96	50.40	－68.45	49.09	－42.72
7 月	628.56	－28.84	1.10	56.37	－33.69	59.65	－33.37
8 月	691.53	－21.24	1.40	60.35	－25.69	48.37	－23.11
9 月	740.72	10.55	1.12	84.32	14.45	43.45	－24.39
10 月	489.26	－17.82	0.89	55.94	－5.26	50.64	－25.03
11 月	422.44	－65.64	0.95	42.78	－69.23	44.68	－46.44
12 月	413.94	－50.78	1.02	33.99	－66.38	28.67	－49.04
总计	7 101.81	－27.06	1.21	762.77	－27.83	—	—

数据来源：大连商品交易所。

表 2－3－135　　2023—2024 年铁矿石期权年度交易情况

年度	成交量（万手）	同比变化（%）	成交量看跌/看涨（PCR）	成交金额（亿元）	同比变化（%）	年末持仓量（万手）	同比变化（%）
2023 年	9 736.21	133.41	1.34	1 056.92	81.44	56.26	37.89
2024 年	7 101.81	－27.06	1.21	762.77	－27.83	28.67	－49.04

数据来源：大连商品交易所。

表 2－3－136　　2023—2024 年铁矿石期权内外盘年度交易情况

年度	成交量（万手）		年末持仓量（万手）	
	大商所（DCE）	SGX（新加坡交易所）	大商所（DCE）	SGX（新加坡交易所）
2023 年	9 736.21	689.27	56.26	76.86
2024 年	7 101.81	862.89	28.67	124.36

注：大连商品交易所铁矿石期权交易单位为 1 手（100 吨）铁矿石期货合约；SGX 铁矿石期权交易单位为 1 手（100 公吨）铁矿石期货合约。

数据来源：大连商品交易所、SGX（新加坡交易所）。

（二）交割、行权情况（见表 2-3-137～表 2-3-140）

表 2-3-137　2024 年铁矿石期货月度交割情况

月度	交割量（手）	同比变化（%）	交割金额（亿元）	同比变化（%）
1 月	3 200	-38.46	3.41	-24.57
2 月	700	-68.18	0.73	-63.34
3 月	1 500	36.36	1.43	36.06
4 月	200	-50.00	0.17	-55.58
5 月	1 300	-76.79	1.16	-75.13
6 月	2 900	107.14	2.48	115.02
7 月	600	-80.00	0.52	-80.22
8 月	2 000	100.00	1.58	73.06
9 月	2 600	-10.34	1.91	-28.74
10 月	2 300	35.29	1.78	14.13
11 月	1 400	-39.13	1.08	-51.65
12 月	300	-75.00	0.24	-80.04
总计	19 000	-32.14	16.49	-34.00

数据来源：大连商品交易所。

表 2-3-138　2023—2024 年铁矿石期货年度交割情况

年度	交割量（手）	同比变化（%）	交割金额（亿元）	同比变化（%）
2023 年	28 000	45.08	24.98	75.67
2024 年	19 000	-32.14	16.49	-34

数据来源：大连商品交易所。

表 2-3-139　2024 年铁矿石期权月度行权情况

月度	行权量（手）
1 月	28 982
2 月	25 289
3 月	24 811
4 月	52 569
5 月	21 213
6 月	19 950
7 月	13 555
8 月	45 321
9 月	42 844
10 月	21 949
11 月	11 463
12 月	62 632
总计	370 578

数据来源：大连商品交易所。

表 2-3-140　　2023—2024 年铁矿石期权年度行权情况

年度	行权量（手）	同比变化（％）
2023 年	350 999	120.41
2024 年	370 578	5.58

数据来源：大连商品交易所。

（三）期货价格走势（见图 2-3-14、表 2-3-141、表 2-3-142）

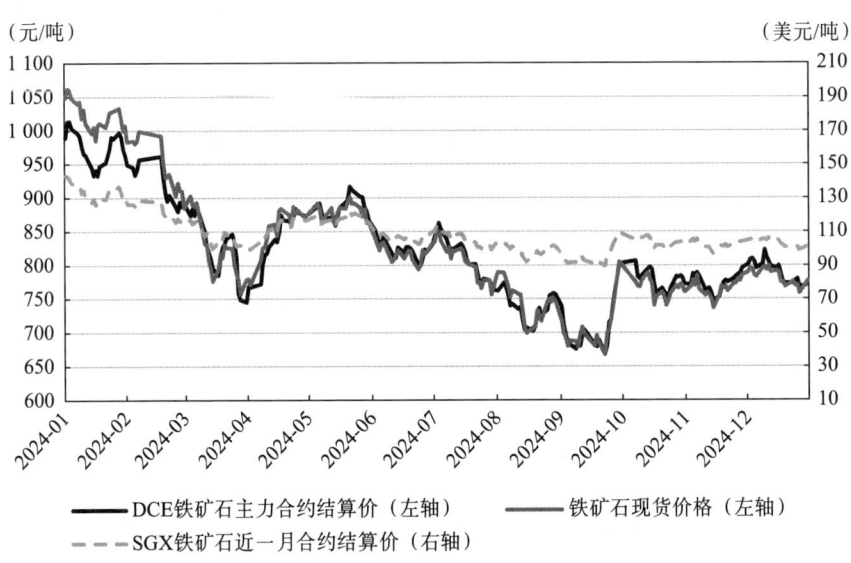

图 2-3-14　2024 年铁矿石期货内外盘和国内现货市场价格走势

数据来源：大连商品交易所、上海钢联、Wind。

表 2-3-141　　2024 年铁矿石期货内外盘和国内现货市场价格指标

市场分类	2023 年末收盘价	2024 年盘中最高价	2024 年盘中最低价	2024 年末收盘价	全年涨跌	结算价平均价	标准差	极差
大商所主力价格（元/吨）	979	1 025.5	657.5	779	-200	821.34	77.18	368
SGX 连续价格（美元/公吨）	140.08	143.5	88.4	101.4	-38.55	107.95	14.94	55.1
铁矿石现货价格（元/吨）	1 106	1 062	667	777	-329	825.23	89.96	395

数据来源：大连商品交易所、上海钢联、Wind。

表 2-3-142　　2024 年铁矿石期货内外盘和国内现货市场价格相关性

价格选择	相关系数
大商所主力结算价与 SGX 连续价格	0.98
大商所主力结算价与铁矿石现货市场价格	0.98

数据来源：大连商品交易所、上海钢联、Wind。

十五、乙二醇期货、期权运行情况

(一) 期货、期权交易情况 (见表2-3-143~表2-3-146)

表2-3-143　　　　　2024年乙二醇期货月度交易情况

月度	成交量 (万手)	同比变化 (%)	成交金额 (亿元)	同比变化 (%)	月末持仓量 (万手)	同比变化 (%)
1月	1 643.38	194.75	7 624.49	221.14	55.73	19.96
2月	749.57	17.46	3 486.83	28.47	52.71	3.23
3月	809.02	0.34	3 688.26	9.86	49.39	-11.33
4月	639.72	-20.50	2 863.74	-15.37	39.93	-27.95
5月	554.00	-40.24	2 497.83	-35.95	44.64	-38.79
6月	460.26	-37.12	2 098.31	-28.07	42.63	-40.52
7月	702.02	-9.19	3 293.72	3.92	37.29	-37.44
8月	516.84	-43.26	2 396.03	-35.64	37.34	-39.02
9月	484.61	-50.35	2 182.67	-47.80	30.42	-46.07
10月	459.23	-24.30	2 153.23	-13.37	32.24	-51.64
11月	388.50	-45.00	1 789.27	-39.19	32.02	-44.96
12月	450.43	-52.57	2 131.94	-48.25	35.55	-39.33
总计	7 857.58	-16.31	36 206.31	-7.80	—	—

数据来源：大连商品交易所。

表2-3-144　　　　　2023—2024年乙二醇期货年度交易情况

年度	成交量 (万手)	同比变化 (%)	成交金额 (亿元)	同比变化 (%)	年末持仓量 (万手)	同比变化 (%)
2023年	9 388.56	-20.03	39 267.49	-27.00	58.60	14.77
2024年	7 857.58	-16.31	36 206.31	-7.80	35.55	-39.33

数据来源：大连商品交易所。

表2-3-145　　　　　2024年乙二醇期权月度交易情况

月度	成交量 (万手)	同比变化 (%)	成交量看跌/ 看涨 (PCR)	成交金额 (亿元)	同比变化 (%)	月末持仓量 (万手)	同比变化 (%)
1月	80.19	—	0.43	5.85	—	8.81	—
2月	38.7	—	0.68	2.1	—	10.27	—
3月	108.67	—	0.69	2.78	—	15.84	—
4月	37.74	—	0.79	1	—	3.88	—
5月	53.5	-3.61	0.46	3.22	9.3	8.22	90.25
6月	61.12	-67.88	0.48	2.87	-45.73	11.8	19.03
7月	218.83	2.89	0.74	6.36	30.1	19.02	55.3
8月	120.24	8.66	0.98	2.97	-38.78	8.15	137.98

续表

月度	成交量（万手）	同比变化（%）	成交量看跌/看涨（PCR）	成交金额（亿元）	同比变化（%）	月末持仓量（万手）	同比变化（%）
9月	93.39	7.89	1.19	3.8	-48.37	6.1	8.5
10月	63.96	-33.28	0.68	3.19	-19.16	8.08	-33.25
11月	57.72	-70.09	0.59	1.98	-68.66	9.65	-27.47
12月	70.62	-27.78	0.52	2.04	-66.48	3.97	-41.36
总计	1 004.68	-3.61	0.7	38.15	-8.4	—	—

数据来源：大连商品交易所。

表2-3-146　　2023—2024年乙二醇期权年度交易情况

年度	成交量（万手）	同比变化（%）	成交量看跌/看涨（PCR）	成交金额（亿元）	同比变化（%）	年末持仓量（万手）	同比变化（%）
2023年	1 042.29	—	0.57	41.65	—	6.78	—
2024年	1 004.68	-3.61	0.7	38.15	-8.4	3.97	-41.36

数据来源：大连商品交易所。

（二）交割情况（见表2-3-147~表2-3-150）

表2-3-147　　2024年乙二醇期货月度交割情况

月度	交割量（手）	同比变化（%）	交割金额（亿元）	同比变化（%）
1月	7 007	-19.41	3.06	-11.99
2月	3 267	-5.36	1.53	3.58
3月	3 139	10.33	1.40	16.87
4月	2 884	-15.03	1.29	-8.01
5月	4 210	-21.51	1.81	-17.49
6月	1 631	-42.75	0.74	-33.79
7月	942	-54.36	0.44	-46.11
8月	800	-66.83	0.37	-63.20
9月	6 061	-12.93	2.85	1.19
10月	1 058	-58.02	0.51	-49.75
11月	1 191	-62.66	0.54	-58.20
12月	83	-95.86	0.04	-95.32
总计	32 273	-29.46	14.57	-21.68

数据来源：大连商品交易所。

表2-3-148　　2023—2024年乙二醇期货年度交割情况

年度	交割量（手）	同比变化（%）	交割金额（亿元）	同比变化（%）
2023年	45 749	4.12	18.6	-6.01
2024年	32 273	-29.46	14.57	-21.68

数据来源：大连商品交易所。

表2-3-149　　　　　　　　　2024年乙二醇期权月度行权情况

月度	行权量（手）
1月	2 818
2月	750
3月	139
4月	21 345
5月	191
6月	26
7月	110
8月	19 884
9月	6 615
10月	5 113
11月	1 991
12月	18 281
总计	77 263

数据来源：大连商品交易所。

表2-3-150　　　　　　　　2023—2024年乙二醇期权年度行权情况

年度	行权量（手）	同比变化（％）
2023年	31 449	—
2024年	77 263	—

数据来源：大连商品交易所。

（三）期货价格走势（见图2-3-15、表2-3-151、表2-3-152）

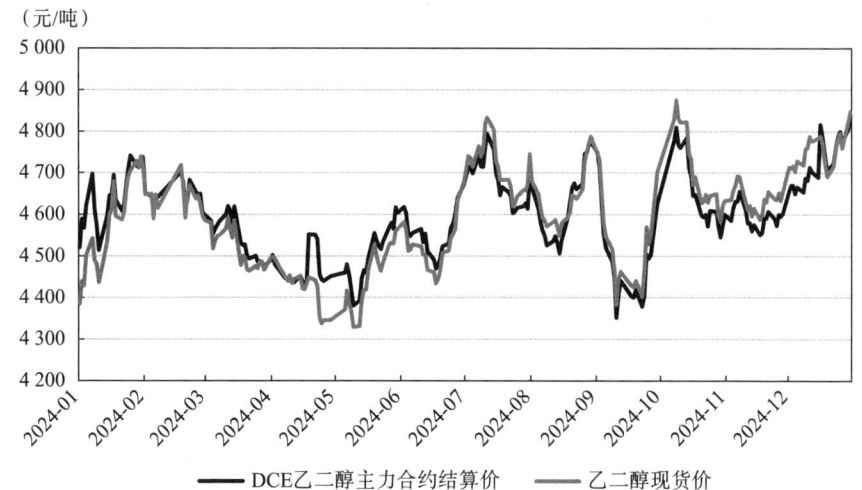

图2-3-15　2024年乙二醇期货和现货市场价格走势

数据来源：大连商品交易所、卓创资讯。

表2–3–151　　2024年乙二醇期货和现货市场价格指标

市场分类	2023年末收盘价	2024年盘中最高价	2024年盘中最低价	2024年末收盘价	全年涨跌	结算价平均价	标准差	极差
大商所主力价格（元/吨）	4 428	4 884	4 292	4 846	418	4 595.94	101.4	592
乙二醇现货价格（元/吨）	4 405	4 875	4 329	4 848	443	4 594.08	122.57	546

数据来源：大连商品交易所、卓创资讯。

表2–3–152　　2024年乙二醇期货和现货市场价格相关性

价格选择	相关系数
大商所主力结算价与乙二醇现货市场价格	0.93

数据来源：大连商品交易所、卓创资讯。

十六、胶合板期货运行情况

（一）期货交易情况（见表2–3–153）

表2–3–153　　2023—2024年胶合板期货年度交易情况

年度	成交量（手）	同比变化（%）	成交金额（万元）	同比变化（%）	年末持仓量（手）	同比变化（%）
2023年	0	−100	0	−100	0	—
2024年	3 100	—	3.35	—	0	—

数据来源：大连商品交易所。

（二）交割情况

2024年，大商所胶合板期货无交割。

（三）期货价格走势（见图2–3–16、表2–3–154、表2–3–155）

图2–3–16　2024年胶合板期货和现货市场价格走势

数据来源：大连商品交易所、隆众资讯。

表 2-3-154　　　　　2024 年胶合板期货和现货市场价格指标

市场分类	2023 年末收盘价	2024 年盘中最高价	2024 年盘中最低价	2024 年末收盘价	全年涨跌	结算价平均价	标准差	极差
大商所主力价格（元/张）	—	397.95	158.4	164.35	-235.65	269.97	93.97	397.95
鱼珠现货市场胶合板现货价格（元/张）	112	113	112	112	0	112.29	0.45	1

数据来源：大连商品交易所、隆众资讯。

表 2-3-155　　　　　2024 年胶合板期货和现货市场价格相关性

价格选择	相关系数
大商所主力结算价与胶合板现货市场价格	0.45

数据来源：大连商品交易所、隆众资讯。

十七、纤维板期货运行情况

（一）期货交易情况（见表 2-3-156）

表 2-3-156　　　　　2023—2024 年纤维板期货年度交易情况

年度	成交量（万手）	同比变化（%）	成交金额（亿元）	同比变化（%）	年末持仓量（手）	同比变化（%）
2023 年	43.52	-9.58	55.22	-13.69	0.06	-68.42
2024 年	243.89	460.37	324.42	487.48	0.01	-76.52

数据来源：大连商品交易所。

（二）交割情况（见表 2-3-157、表 2-3-158）

表 2-3-157　　　　　2024 年纤维板期货月度交割情况

月度	交割量（手）	同比变化（%）	交割金额（万元）	同比变化（%）
1 月	250	657.58	0.03	674.64
2 月	173	94.38	0.02	79.97
3 月	600	140	0.08	139.25
4 月	132	85.92	0.02	103.52
5 月	188	45.74	0.02	55.54
6 月	61	-54.48	0.01	-52.09
7 月	0	—	0	—
8 月	3	—	0	—
9 月	50	-24.24	0.01	-25.18
10 月	0	—	0	—

续表

月度	交割量（手）	同比变化（%）	交割金额（万元）	同比变化（%）
11月	0	—	0	—
12月	0	—	0	—
总计	1 457	88.73	0.18	92.9

数据来源：大连商品交易所。

表2-3-158　　　　　2023—2024年纤维板期货年度交割情况

年度	交割量（手）	同比变化（%）	交割金额（亿元）	同比变化（%）
2023年	772	-24.54	0.09	-30.77
2024年	1 457	88.73	0.18	92.9

数据来源：大连商品交易所。

（三）期货价格走势（见图2-3-17、表2-3-159、表2-3-160）

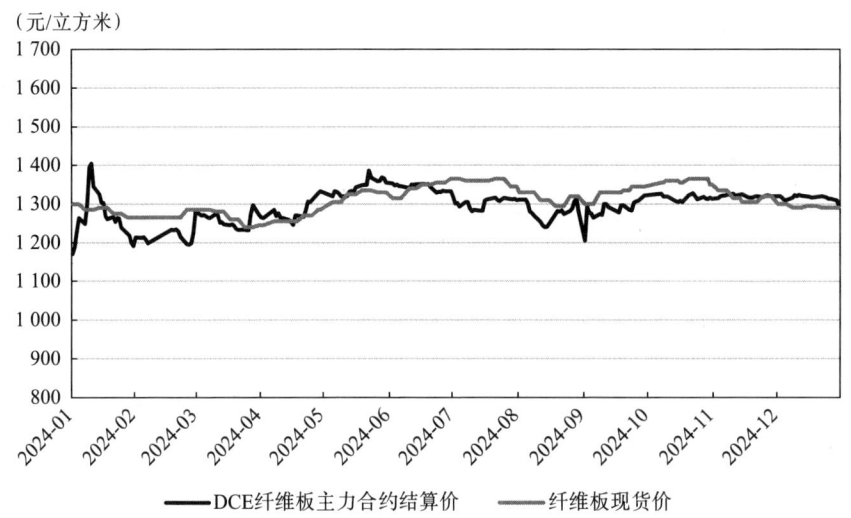

图2-3-17　2024年纤维板期货和现货市场价格走势

数据来源：大连商品交易所、隆众资讯。

表2-3-159　　　　　2024年纤维板期货和现货市场价格指标

市场分类	2023年末收盘价	2024年盘中最高价	2024年盘中最低价	2024年末收盘价	全年涨跌	结算价平均价	标准差	极差
大商所主力价格（元/立方米）	1 176	1 480	1 138	1 297.5	121.5	1 295.44	41.53	342
纤维板现货价格（元/立方米）	1 315	1 365	1 240	1 290	-25	1 310.54	35.28	125

数据来源：大连商品交易所、隆众资讯。

表 2-3-160   2024 年纤维板期货和现货市场价格相关性

价格选择	相关系数
大商所主力结算价与纤维板现货市场价格	0.55

数据来源：大连商品交易所、隆众资讯。

十八、粳米期货运行情况

（一）期货交易情况（见表 2-3-161、表 2-3-162）

表 2-3-161   2024 年粳米期货月度交易情况

月度	成交量（万手）	同比变化（%）	成交金额（亿元）	同比变化（%）	月末持仓量（万手）	同比变化（%）
1 月	10.79	12.30	38.08	18.27	2.00	-23.63
2 月	3.09	-85.22	10.78	-84.75	1.70	-52.03
3 月	2.88	-86.94	10.17	-86.35	1.73	-55.38
4 月	2.82	-89.45	10.09	-88.97	1.25	-75.20
5 月	10.74	-80.25	37.83	-79.81	1.21	-76.84
6 月	11.31	-76.33	39.49	-76.34	1.14	-85.27
7 月	13.12	-65.44	45.87	-65.82	1.03	-81.98
8 月	9.73	-79.58	34.12	-79.97	1.03	-82.62
9 月	10.08	-62.64	35.19	-63.92	0.93	-80.85
10 月	9.71	-59.12	34.04	-59.51	1.16	-72.78
11 月	11.15	-67.68	39.00	-68.22	1.34	-77.45
12 月	11.23	-53.09	38.67	-54.17	1.48	-78.52
总计	106.65	-71.65	373.32	-71.64	—	—

数据来源：大连商品交易所。

表 2-3-162   2023—2024 年粳米期货年度交易情况

年度	成交量（万手）	同比变化（%）	成交金额（亿元）	同比变化（%）	年末持仓量（万手）	同比变化（%）
2023 年	376.24	54.03	1 316.33	57.91	6.87	177.02
2024 年	106.65	-71.65	373.32	-71.64	1.48	-78.52

数据来源：大连商品交易所。

（二）交割情况（见表2-3-163、表2-3-164）

表2-3-163　　　　　　　　2024年粳米期货月度交割情况

月度	交割量（手）	同比变化（%）	交割金额（万元）	同比变化（%）
1月	0	-100	0	-100
2月	20	—	0.01	—
3月	178	249.02	0.06	258.78
4月	0	-100	0	-100
5月	158	—	0.06	—
6月	0	-100	0	-100
7月	0	-100	0	-100
8月	0	-100	0	-100
9月	0	-100	0	-100
10月	4	-99.53	0	-99.55
11月	8	-60	0	-62.57
12月	0	-100	0	-100
总计	368	-92.13	0.13	-92.13

数据来源：大连商品交易所。

表2-3-164　　　　　　　　2023—2024年粳米期货年度交割情况

年度	交割量（手）	同比变化（%）	交割金额（亿元）	同比变化（%）
2023年	4 676	404.42	1.63	425.81
2024年	368	-92.13	0.13	-92.13

数据来源：大连商品交易所。

（三）期货价格走势（见图2-3-18、表2-3-165、表2-3-166）

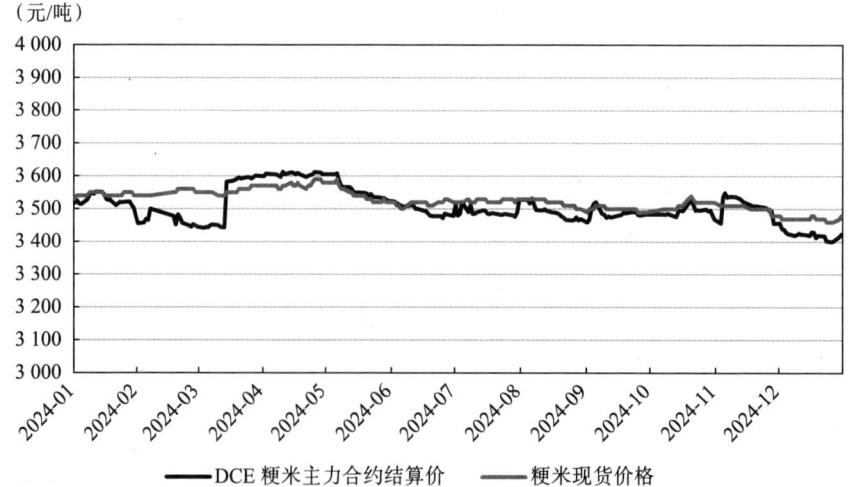

图2-3-18　2024年粳米期货和现货市场价格走势

数据来源：大连商品交易所、德朗咨询。

表 2-3-165　　　　　　　2024 年粳米期货和现货市场价格指标

市场分类	2023 年末收盘价	2024 年盘中最高价	2024 年盘中最低价	2024 年末收盘价	全年涨跌	结算价平均价	标准差	极差
大商所主力价格（元/吨）	3 518	3 629	3 396	3 427	-91	3 505.62	51.24	233
粳米现货价格（元/吨）	3 530	3 590	3 460	3 480	-50	3 525.04	28.72	130

数据来源：大连商品交易所、德朗咨询。

表 2-3-166　　　　　　　2024 年粳米期货和现货市场价格相关性

价格选择	相关系数
大商所主力结算价与粳米现货市场价格	0.72

数据来源：大连商品交易所、德朗咨询。

十九、苯乙烯期货、期权运行情况

（一）期货、期权交易情况（见表 2-3-167~表 2-3-170）

表 2-3-167　　　　　　　2024 年苯乙烯期货月度交易情况

月度	成交量（万手）	同比变化（%）	成交金额（亿元）	同比变化（%）	月末持仓量（万手）	同比变化（%）
1 月	1 257.28	172.98	5 438.65	175.90	45.28	55.16
2 月	846.76	61.75	3 815.66	72.14	46.91	75.60
3 月	1 123.77	81.36	5 195.83	99.63	47.30	77.47
4 月	895.94	78.68	4 249.83	97.95	38.10	17.19
5 月	860.42	11.33	4 039.88	35.29	43.43	-0.44
6 月	830.03	-25.45	3 883.89	-3.70	44.49	-10.36
7 月	969.94	-14.06	4 449.73	1.79	44.86	-5.10
8 月	925.07	-27.56	4 219.72	-20.66	46.93	5.29
9 月	1 016.30	-43.83	4 393.00	-47.32	29.31	-27.40
10 月	617.58	-48.70	2 646.52	-48.26	37.55	-18.85
11 月	558.78	-62.99	2 339.90	-63.43	35.87	-25.32
12 月	572.64	-55.79	2 413.88	-54.59	38.91	-34.39
总计	10 474.50	-14.25	47 086.49	-7.34	—	—

数据来源：大连商品交易所。

表 2-3-168　　　　　　　2023—2024 年苯乙烯期货年度交易情况

年度	成交量（万手）	同比变化（%）	成交金额（亿元）	同比变化（%）	年末持仓量（万手）	同比变化（%）
2023 年	12 215.33	53.83	50 814.65	43.28	59.31	114.81
2024 年	10 474.50	-14.25	47 086.49	-7.34	38.91	-34.39

数据来源：大连商品交易所。

表 2-3-169　　　　　　　　　2024 年苯乙烯期权月度交易情况

月度	成交量（万手）	同比变化（%）	成交量看跌/看涨（PCR）	成交金额（亿元）	同比变化（%）	月末持仓量（万手）	同比变化（%）
1 月	215.78	—	0.74	4.84	—	12.3	—
2 月	174.75	—	0.89	3.22	—	8.78	—
3 月	234.21	—	0.66	5.14	—	12.32	—
4 月	172.01	—	0.88	3.54	—	9.93	—
5 月	229.49	118.87	0.79	5.37	130.76	12.64	90.47
6 月	274.77	-23.25	0.96	5.6	-17.4	14.15	38.15
7 月	341.5	12.23	1.42	7.31	0.46	15.17	84.3
8 月	360.83	-4.69	1.44	7.6	-31.45	16.71	71.21
9 月	334.99	11.2	2.11	10	-14.56	9.8	-3.46
10 月	189.16	-30.13	1.09	3.99	-38	12.18	52.72
11 月	164.99	-64.84	1.41	3.41	-73.21	8.18	-38.32
12 月	183.51	-53.65	0.93	3.58	-68.1	10.03	-13
总计	2 876.01	11.34	1.1	63.6	-8.57	—	—

数据来源：大连商品交易所。

表 2-3-170　　　　　　　2023—2024 年苯乙烯期权年度交易情况

年度	成交量（万手）	同比变化（%）	成交量看跌/看涨（PCR）	成交金额（亿元）	同比变化（%）	年末持仓量（万手）	同比变化（%）
2023 年	2 582.99	—	0.82	69.57	—	11.53	—
2024 年	2 876.01	—	1.1	63.6	—	10.03	—

数据来源：大连商品交易所。

(二) 交割情况 (见表 2-3-171~表 2-3-174)

表 2-3-171　　　　　　　　2024 年苯乙烯期货月度交割情况

月度	交割量（手）	同比变化（%）	交割金额（亿元）	同比变化（%）
1 月	1 655	1.91	0.71	2.00
2 月	3 900	-26.80	1.77	-21.33
3 月	1 304	-87.04	0.61	-85.69
4 月	2 700	-19.31	1.29	-11.06
5 月	2 101	-12.13	0.98	2.19
6 月	1 200	-59.31	0.57	-48.70
7 月	6 361	170.34	2.91	221.07
8 月	4 210	44.08	1.94	54.01
9 月	647	-26.06	0.28	-29.70

续表

月度	交割量（手）	同比变化（%）	交割金额（亿元）	同比变化（%）
10月	764	-50.26	0.33	-49.98
11月	100	-91.58	0.04	-91.59
12月	4 617	278.44	1.99	302.78
总计	29 559	-17.42	13.40	-10.38

数据来源：大连商品交易所。

表 2-3-172　　　　　2023—2024 年苯乙烯期货年度交割情况

年度	交割量（手）	同比变化（%）	交割金额（亿元）	同比变化（%）
2023 年	35 796	120.54	14.96	95.3
2024 年	29 559	-17.42	13.4	-10.38

数据来源：大连商品交易所。

表 2-3-173　　　　　2024 年苯乙烯期权月度行权情况

月度	行权量（手）
1月	6 860
2月	11 575
3月	4 268
4月	9 563
5月	6 403
6月	9 097
7月	7 773
8月	13 886
9月	9 889
10月	6 489
11月	5 648
12月	7 493
总计	98 944

数据来源：大连商品交易所。

表 2-3-174　　　　　2023—2024 年苯乙烯期权年度行权情况

年度	行权量（手）	同比变化（%）
2023 年	82 935	—
2024 年	98 944	—

数据来源：大连商品交易所。

（三）期货价格走势（见图2-3-19、表2-3-175、表2-3-176）

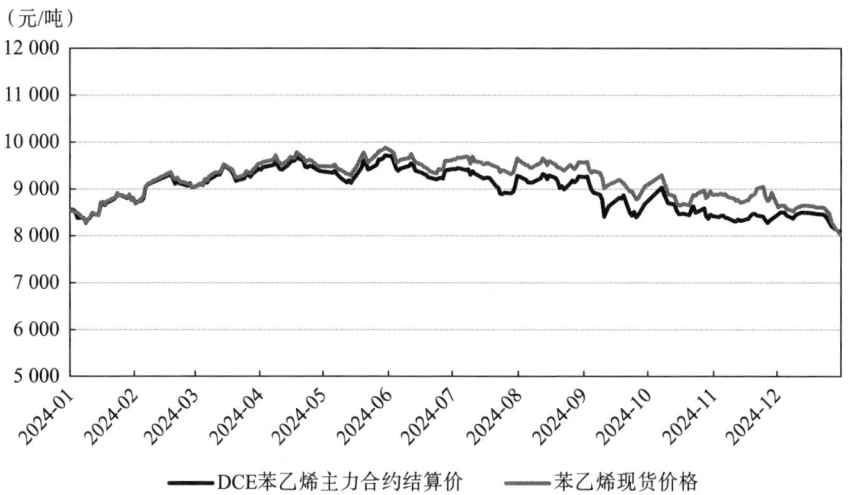

图2-3-19　2024年苯乙烯期货和现货市场价格走势

数据来源：大连商品交易所、卓创资讯。

表2-3-175　　　　　　　　2024年苯乙烯期货和现货市场价格指标

市场分类	2023年末收盘价	2024年盘中最高价	2024年盘中最低价	2024年末收盘价	全年涨跌	结算价平均价	标准差	极差
大商所主力价格（元/吨）	8 484	9 819	8 047	8 098	-386	8 975.23	421.22	1 772
苯乙烯现货价格（元/吨）	8 420	9 880	8 030	8 030	-390	9 184.34	407.92	1 850

数据来源：大连商品交易所、卓创资讯。

表2-3-176　　　　　　　　2024年苯乙烯期货和现货市场价格相关性

价格选择	相关系数
大商所主力结算价与苯乙烯现货市场价格	0.93

数据来源：大连商品交易所、卓创资讯。

二十、液化石油气期货、期权运行情况

（一）期货、期权交易情况（见表2-3-177～表2-3-180）

表2-3-177　　　　　　　　2024年液化石油气期货月度交易情况

月度	成交量（万手）	同比变化（%）	成交金额（亿元）	同比变化（%）	月末持仓量（万手）	同比变化（%）
1月	554.56	150.37	4 933.74	145.97	15.03	1.77
2月	312.88	-7.02	2 696.25	-17.50	9.06	-31.53

续表

月度	成交量（万手）	同比变化（%）	成交金额（亿元）	同比变化（%）	月末持仓量（万手）	同比变化（%）
3月	318.83	18.09	2 982.89	17.48	8.02	-44.09
4月	271.01	7.12	2 531.07	8.53	9.63	-28.37
5月	318.36	0.08	2 954.22	12.49	16.07	-19.02
6月	309.19	-14.75	2 863.95	4.21	16.29	-32.03
7月	244.76	-41.41	2 284.62	-31.08	13.39	-36.95
8月	242.52	-61.05	2 350.35	-59.26	11.40	-29.00
9月	213.49	-67.06	2 017.50	-72.17	9.42	-34.77
10月	150.31	-74.60	1 427.48	-76.42	12.60	-20.60
11月	189.42	-72.10	1 665.88	-75.74	11.52	-25.83
12月	192.50	-64.74	1 682.82	-67.38	15.73	16.27
总计	3 317.84	-37.01	30 390.78	-39.13	—	—

数据来源：大连商品交易所。

表2-3-178　　　　　　　2023—2024年液化石油气期货年度交易情况

年度	成交量（万手）	同比变化（%）	成交金额（亿元）	同比变化（%）	年末持仓量（万手）	同比变化（%）
2023年	5 266.90	18.38	49 930.14	3.34	13.53	-3.77
2024年	3 317.84	-37.01	30 390.78	-39.13	15.73	16.27

数据来源：大连商品交易所。

表2-3-179　　　　　　　2024年液化石油气期权月度交易情况

月度	成交量（万手）	同比变化（%）	成交量看跌/看涨（PCR）	成交金额（亿元）	同比变化（%）	月末持仓量（万手）	同比变化（%）
1月	156.36	241.65	0.56	7.43	169.82	11.36	222.77
2月	91.46	17.41	0.77	2.95	-24.70	4.28	7.26
3月	76.60	12.81	0.63	3.30	-11.34	4.21	15.61
4月	64.34	-9.40	0.44	3.01	-8.58	4.08	17.67
5月	71.65	-47.77	0.48	3.83	-24.61	5.99	-6.74
6月	49.26	-68.12	0.46	2.98	-60.97	3.45	-31.76
7月	52.54	-71.93	0.69	2.32	-76.06	4.87	-32.57
8月	65.30	-68.28	0.99	2.64	-79.58	4.18	-48.71
9月	47.79	-69.68	1.08	2.39	-80.91	1.82	-57.13
10月	32.20	-80.72	0.80	1.82	-76.66	3.39	-53.65
11月	46.90	-82.47	0.65	2.34	-84.40	2.98	-58.19
12月	52.35	-71.58	0.64	2.18	-79.26	3.24	-50.72
总计	806.74	-53.20	0.64	37.19	-60.78	—	—

数据来源：大连商品交易所。

表 2-3-180 2023—2024 年液化石油气期权年度交易情况

年度	成交量（万手）	同比变化（%）	成交量看跌/看涨（PCR）	成交金额（亿元）	同比变化（%）	年末持仓量（万手）	同比变化（%）
2023 年	1 723.75	214.42	0.80	94.85	103.63	6.58	60.49
2024 年	806.74	-53.20	0.64	37.19	-60.78	3.24	-50.72

数据来源：大连商品交易所。

（二）交割、行权情况（见表 2-3-181~表 2-3-184）

表 2-3-181 2024 年液化石油气期货月度交割情况

月度	交割量（手）	同比变化（%）	交割金额（亿元）	同比变化（%）
1 月	1 432	17.76	1.35	30.93
2 月	137	-79.05	0.11	-82.28
3 月	121	-71.86	0.11	-73.50
4 月	1 581	-42.99	1.50	-42.44
5 月	1 156	20.42	1.03	20.94
6 月	382	-78.32	0.37	-73.22
7 月	1 690	2.49	1.71	33.97
8 月	647	-87.17	0.61	-85.61
9 月	249	-91.06	0.24	-91.23
10 月	1 523	17.61	1.50	12.50
11 月	1 903	105.73	1.71	78.43
12 月	564	-50.53	0.50	-54.96
总计	11 385	-44.82	10.75	-42.32

数据来源：大连商品交易所。

表 2-3-182 2023—2024 年液化石油气期货年度交割情况

年度	交割量（手）	同比变化（%）	交割金额（亿元）	同比变化（%）
2023 年	20 632	46.21	18.64	24.35
2024 年	11 385	-44.82	10.75	-42.32

数据来源：大连商品交易所。

表 2-3-183 2024 年液化石油气期权月度行权情况

月度	行权量（手）
1 月	5 711
2 月	6 455
3 月	2 391
4 月	3 207
5 月	3 177
6 月	4 146
7 月	1 710

续表

月度	行权量（手）
8月	2 723
9月	3 613
10月	2 591
11月	4 704
12月	1 808
总计	42 236

数据来源：大连商品交易所。

表2-3-184　　2023—2024年液化石油气期权年度行权情况

年度	行权量（手）	同比变化（%）
2023年	72 163	86.79
2024年	42 236	−41.47

数据来源：大连商品交易所。

（三）期货价格走势（见图2-3-20、表2-3-185、表2-3-186）

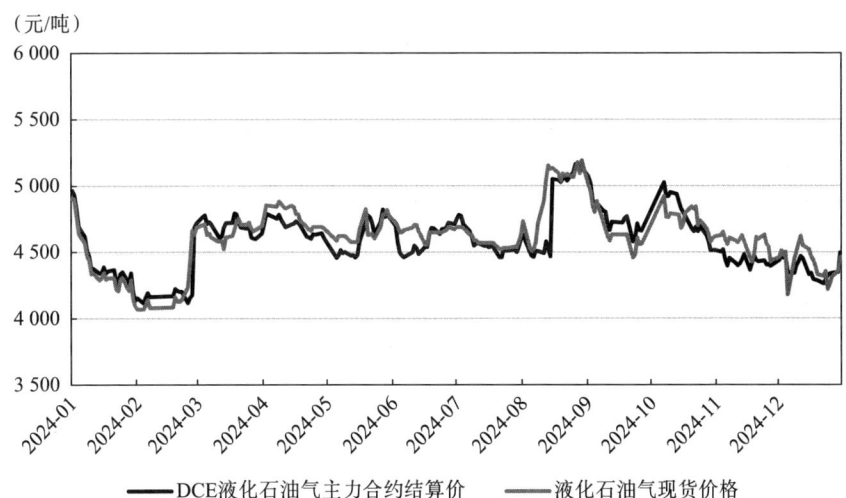

图2-3-20　2024年液化石油气期货和现货市场价格走势

数据来源：大连商品交易所、卓创资讯。

表2-3-185　　2024年液化石油气期货和现货市场价格指标

市场分类	2023年末收盘价	2024年盘中最高价	2024年盘中最低价	2024年末收盘价	全年涨跌	结算价平均价	标准差	极差
大商所主力价格（元/吨）	4 796	5 195	4 055	4 541	−255	4 585.18	218.59	1 140
液化石油气现货价格（元/吨）	4 850	5 192	4 069	4 460	−390	4 612.99	220.56	1 123

数据来源：大连商品交易所、卓创资讯。

表 2-3-186   2024 年液化石油气期货和现货市场价格相关性

价格选择	相关系数
大商所主力结算价与液化石油气现货市场价格	0.86

数据来源：大连商品交易所、卓创资讯。

二十一、生猪期货、期权运行情况

2024 年 8 月 23 日，生猪期权在大商所上市交易。

（一）交易情况（见表 2-3-187 ~ 表 2-3-189）

表 2-3-187   2024 年生猪期货月度交易情况

月度	成交量（万手）	同比变化（%）	成交金额（亿元）	同比变化（%）	月末持仓量（万手）	同比变化（%）
1 月	181.28	246.61	4 092.27	212.09	17.34	82.57
2 月	93.75	48.45	2 164.02	31.71	12.95	67.42
3 月	167.34	145.55	4 252.09	138.15	15.39	59.63
4 月	160.73	111.31	4 444.70	123.73	13.53	60.38
5 月	151.28	85.47	4 311.74	104.82	17.54	57.50
6 月	148.63	58.83	4 242.44	76.64	16.95	38.45
7 月	142.00	17.13	4 055.10	30.62	16.23	19.43
8 月	149.57	10.72	4 331.79	17.39	14.88	12.01
9 月	125.60	22.63	3 430.95	24.42	12.49	-3.70
10 月	96.58	-7.36	2 408.02	-9.99	13.08	-22.61
11 月	103.28	-36.03	2 497.69	-37.50	15.04	-24.91
12 月	127.27	-55.13	2 757.65	-57.71	15.11	-24.36
总计	1 647.30	22.67	42 988.46	26.52	—	—

数据来源：大连商品交易所。

表 2-3-188   2023—2024 年生猪期货年度交易情况

年度	成交量（万手）	同比变化（%）	成交金额（亿元）	同比变化（%）	年末持仓量（万手）	同比变化（%）
2023 年	1 342.92	62.20	33 977.09	38.51	19.97	178.13
2024 年	1 647.30	22.67	42 988.46	26.52	15.11	-24.36

数据来源：大连商品交易所。

表 2-3-189   2024 年生猪期权年度交易情况

年度	成交量（万手）	同比变化（%）	成交量看跌/看涨（PCR）	成交金额（亿元）	同比变化（%）	年末持仓量（万手）	同比变化（%）
2024 年	37.02	—	0.54	11.14	—	2.64	—

数据来源：大连商品交易所。

（二）交割情况（见表 2-3-190～表 2-3-192）

表 2-3-190　　2024 年生猪期货月度交割情况

月度	交割量（手）	同比变化（%）	交割金额（万元）	同比变化（%）
1月	59	227.78	0.13	186.16
3月	6	-95.62	0.01	-95.77
5月	82	355.56	0.19	350.3
7月	51	75.86	0.15	140.48
9月	214	7 033.33	0.67	8 004.57
11月	286	3 985.71	0.76	4 598.07
总计	698	229.25	1.92	273.31

数据来源：大连商品交易所。

表 2-3-191　　2023—2024 年生猪期货年度交割情况

年度	交割量（手）	同比变化（%）	交割金额（亿元）	同比变化（%）
2023 年	212	-64.25	0.51	-65.77
2024 年	698	229.25	1.92	273.31

数据来源：大连商品交易所。

表 2-3-192　　2024 年生猪期权年度行权情况

年度	行权量（手）	同比变化（%）
2024 年	2 526	—

数据来源：大连商品交易所。

（三）期货价格走势（见图 2-3-21、表 2-3-193、表 2-3-194）

图 2-3-21　2024 年生猪期货和现货市场价格走势

数据来源：大连商品交易所、卓创资讯。

表 2-3-193　　　　　　　　2024 年生猪期货和现货市场价格指标

市场分类	2023 年末收盘价	2024 年盘中最高价	2024 年盘中最低价	2024 年末收盘价	全年涨跌	结算价平均价	标准差	极差
大商所主力价格（元/吨）	13 715	19 365	12 505	12 800	-915	16 305.79	1 860.16	6 860
生猪现货价格（元/吨）	14 450	20 999	13 950	16 100	1 650	16 827.29	1 938.69	7 049

数据来源：大连商品交易所、卓创资讯。

表 2-3-194　　　　　　　　2024 年生猪期货和现货市场价格相关性

价格选择	相关系数
大商所主力结算价与生猪现货市场价格	0.67

数据来源：大连商品交易所、卓创资讯。

二十二、原木期货、期权运行情况

2024 年 11 月 18 日，原木期货在大商所上市交易；11 月 19 日，原木期权上市交易。

（一）期货、期权交易情况（见表 2-3-195、表 2-3-196）

表 2-3-195　　　　　　　　2024 年原木期货年度交易情况

年度	成交量（万手）	同比变化（%）	成交金额（亿元）	同比变化（%）	年末持仓量（万手）	同比变化（%）
2024 年	161.77	—	1 170.95	—	1.96	—

数据来源：大连商品交易所。

表 2-3-196　　　　　　　　2024 年原木期权年度交易情况

年度	成交量（万手）	同比变化（%）	成交量看跌/看涨（PCR）	成交金额（亿元）	同比变化（%）	年末持仓量（万手）	同比变化（%）
2024 年	10.03	—	0.58	2.86	—	1.48	—

数据来源：大连商品交易所。

（二）交割情况

2024 年，大商所原木期货无交割，原木期权无行权。

（三）期货价格走势（见图 2-3-22、表 2-3-197、表 2-3-198）

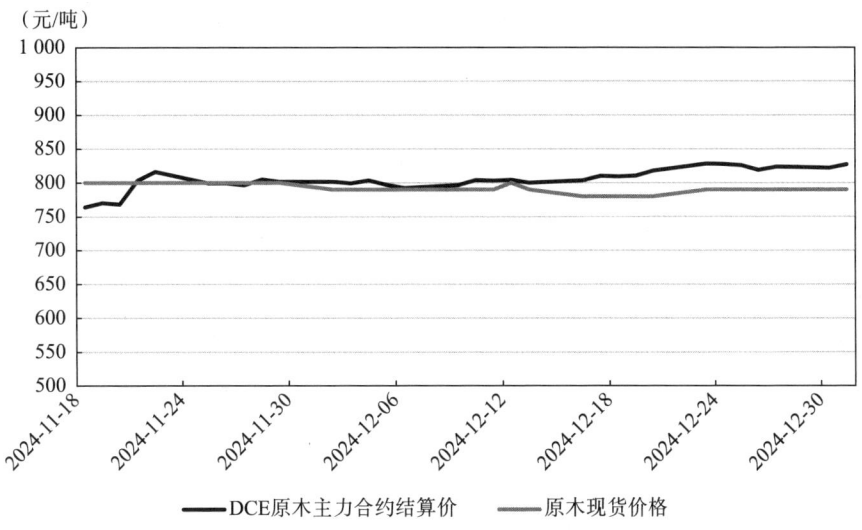

图 2-3-22　2024 年原木期货和现货市场价格走势

数据来源：大连商品交易所、卓创资讯。

表 2-3-197　　　　　　　　2024 年原木期货和现货市场价格指标

市场分类	2023年末收盘价	2024年盘中最高价	2024年盘中最低价	2024年末收盘价	全年涨跌	结算价平均价	标准差	极差
大商所主力价格（元/吨）	—	839	761.5	827.5	—	806.06	14.13	77.5
原木现货价格（元/吨）	—	800	780	790	—	791.61	6.77	20

数据来源：大连商品交易所、卓创资讯。

表 2-3-198　　　　　　　　2024 年原木期货和现货市场价格相关性

价格选择	相关系数
大商所主力结算价与原木现货市场价格	-0.44

数据来源：大连商品交易所、卓创资讯。

>>> 第四节　中国金融期货交易所上市品种运行情况

中国金融期货交易所 2024 年全年总成交量 2.53 亿手，同比增加 50.53%，占全国期货市场成交量的 3.28%，总成交额 190.93 万亿元，同比增加 43.37%，占全国期货市场成交额的 30.83%。其中，沪深 300、上证 50、中证 500、中证 1 000 四个股指期货产品总成交量 1.19 亿手，同比增加 70.49%，总成交额 122.99 万亿元，同比增加 59.47%；沪深 300、上证 50、中证 1 000 三个股指期权产品总成交量 0.79 亿手，同比增加 49.39%，总成交额 5 773.09 亿元，同比增加 114.51%；2 年期、5 年期、10 年期、30 年期四个国债期货产品总成交量 0.55 亿手，同比增加 21.24%，总成交额 67.37 万亿元，同比增加 20.78%。

一、沪深 300 股指期货、期权运行情况

（一）期货、期权交易情况（见表 2－4－1～表 2－4－4）

表 2－4－1　　　　　　　　2024 年沪深 300 股指期货月度交易情况

月度	成交量（万手）	较上年变化（%）	成交金额（亿元）	较上年变化（%）	月末持仓量（万手）	较上年变化（%）
1 月	291.53	102.24	28 642.01	62.40	26.92	19.49
2 月	208.68	9.64	20 894.70	－11.03	26.39	24.66
3 月	210.10	－4.57	22 336.26	－15.93	22.85	16.28
4 月	190.37	23.79	20 210.79	7.63	24.30	18.02
5 月	164.30	－7.73	17 875.53	－14.83	23.67	9.18
6 月	171.20	－4.07	17 995.56	－12.44	23.87	16.04
7 月	196.33	15.02	20 205.22	1.59	24.18	－0.86
8 月	182.60	－29.04	18 245.89	－38.89	24.17	－9.68
9 月	265.25	36.63	27 295.68	24.64	29.45	13.27
10 月	386.69	121.64	46 284.50	146.37	28.64	7.47
11 月	355.44	81.64	42 661.02	103.01	28.15	4.72
12 月	298.49	28.12	35 481.60	50.02	28.57	4.46
总计	2 921.00	27.54	318 129.06	20.91	—	—

数据来源：中国金融期货交易所。

表 2－4－2　　　　　　　2023—2024 年沪深 300 股指期货年度交易情况

年度	成交量（万手）	较上年变化（%）	成交金额（亿元）	较上年变化（%）	年末持仓量（万手）	较上年变化（%）
2023 年	2 290.22	－14.38	263 106.56	－20.62	27.35	38.69
2024 年	2 921.00	27.54	318 129.06	20.91	28.57	4.46

数据来源：中国金融期货交易所。

表 2－4－3　　　　　　　　2024 年沪深 300 股指期权月度交易情况

月度	成交量（万手）	同比变化（%）	看跌看涨成交比（PCR）	成交金额（亿元）	同比变化（%）	月末持仓量（万手）	同比变化（%）
1 月	300.64	90.12	0.81	141.41	65.60	18.94	42.81
2 月	184.37	3.77	0.71	97.19	10.81	16.46	10.41

续表

月度	成交量（万手）	同比变化（%）	看跌看涨成交比（PCR）	成交金额（亿元）	同比变化（%）	月末持仓量（万手）	同比变化（%）
3月	176.65	-18.24	0.75	83.08	-22.02	14.68	5.12
4月	185.54	17.43	0.67	78.38	5.93	16.18	19.73
5月	151.74	-21.20	0.59	66.22	-24.61	17.28	-5.52
6月	147.32	-21.80	0.68	58.68	-35.38	16.09	-7.30
7月	180.25	-17.73	0.69	73.30	-28.32	17.31	-4.41
8月	154.95	-51.24	0.66	60.83	-61.34	17.17	-29.96
9月	248.19	31.99	0.59	187.42	109.40	16.31	-23.68
10月	276.00	45.26	0.63	256.74	201.08	20.22	-4.52
11月	262.78	42.98	0.58	179.85	127.49	20.83	-2.16
12月	216.98	-5.79	0.52	118.04	-1.10	18.94	-5.43
总计	2 485.42	2.71	0.66	1 401.16	20.26	—	—

数据来源：中国金融期货交易所。

表2-4-4　　　　　2023—2024年沪深300股指期权年度交易情况

年度	成交量（万手）	同比变化（%）	看跌看涨成交比（PCR）	成交金额（亿元）	同比变化（%）	年末持仓量（万手）	同比变化（%）
2023年	2 419.85	-23.31	0.75	1 165.07	-43.31	20.02	38.55
2024年	2 485.42	2.71	0.66	1 401.16	20.26	18.94	-5.43

数据来源：中国金融期货交易所。

（二）交割、行权情况（见表2-4-5～表2-4-8）

表2-4-5　　　　　　2024年沪深300股指期货月度交割情况

月度	交割量（手）	同比变化（%）
1月	13 474	14.71
2月	8 402	-5.11
3月	17 154	43.90
4月	9 917	3.88
5月	7 937	-1.16
6月	15 682	22.17
7月	12 487	15.61
8月	11 269	6.60
9月	18 462	-22.69
10月	12 482	-19.19
11月	10 757	5.51
12月	19 435	-7.96
总计	157 458	1.62

数据来源：中国金融期货交易所。

表 2-4-6　　　　　　　　2023—2024 年沪深 300 股指期货年度交割情况

年度	交割量（手）	同比变化（%）
2023 年	154 943	23.54
2024 年	157 458	1.62

数据来源：中国金融期货交易所。

表 2-4-7　　　　　　　　2024 年沪深 300 股指期权月度行权情况

月度	行权量（手）	同比变化（%）	到期未平仓量（手）	行权比例（%）
1 月	14 643	4.24	76 999	19.02
2 月	8 605	-5.97	44 545	19.32
3 月	16 882	17.63	72 103	23.41
4 月	6 703	-11.25	45 322	14.79
5 月	7 026	-32.95	42 697	16.46
6 月	14 812	-2.85	79 290	18.68
7 月	14 810	2.88	53 772	27.54
8 月	14 909	-6.09	70 993	21.00
9 月	21 717	-9.68	100 869	21.53
10 月	21 032	4.41	75 525	27.85
11 月	16 345	27.78	90 034	18.15
12 月	24 991	5.45	113 580	22.00
总计	182 475	0.38	865 729	21.08

数据来源：中国金融期货交易所。

表 2-4-8　　　　　　　　2023—2024 年沪深 300 股指期权年度行权情况

年度	行权量（手）	同比变化（%）
2023 年	181 778	-20.99
2024 年	182 475	0.38

数据来源：中国金融期货交易所。

（三）期货价格走势（见图 2-4-1、表 2-4-9、表 2-4-10）

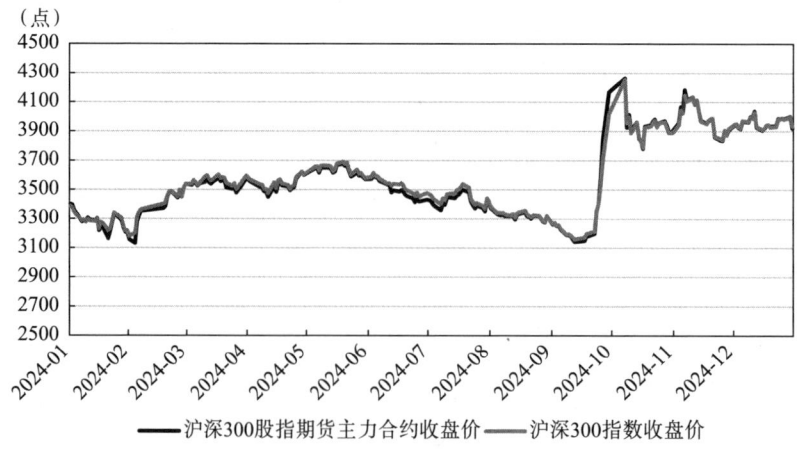

图 2-4-1　2024 年沪深 300 股指期货和沪深 300 指数价格比较

数据来源：中国金融期货交易所。

表 2－4－9　　　　2024 年沪深 300 股指期货和现货指数价格主要显性指标

市场分类	2023 年末收盘价	2024 年盘中最高价	2024 年盘中最低价	2024 年末收盘价	全年涨跌	结算价平均价	标准差	极差
沪深 300 股指期货主力合约价格	3 439.40	4 549.00	3 060.00	3 921.00	481.60	3 568.55	266.81	1 489.00
沪深 300 指数价格	3 431.11	4 450.37	3 108.35	3 934.91	503.80	3 578.88	258.03	1 342.02

数据来源：中国金融期货交易所。

表 2－4－10　　　　2024 年沪深 300 股指期货和现货指数价格相关性

价格选择	相关系数
沪深 300 股指期货主力合约收盘价与沪深 300 指数收盘价	0.9972

数据来源：中国金融期货交易所。

二、上证 50 股指期货、期权运行情况

（一）期货、期权交易情况（见表 2－4－11～表 2－4－14）

表 2－4－11　　　　　　2024 年上证 50 股指期货月度交易情况

月度	成交量（万手）	较上年变化（％）	成交金额（亿元）	较上年变化（％）	月末持仓量（万手）	较上年变化（％）
1 月	174.11	71.54	11 770.66	39.01	13.99	10.51
2 月	123.60	－7.40	8 648.95	－21.88	12.64	－2.92
3 月	126.71	－13.64	9 183.99	－22.10	11.26	－10.21
4 月	112.60	5.95	8 184.23	－4.05	12.04	－0.82
5 月	91.93	－29.10	6 850.31	－32.76	10.72	－22.88
6 月	96.91	－24.69	6 976.37	－28.14	11.04	－25.41
7 月	110.82	－9.32	7 915.89	－15.10	10.09	－31.41
8 月	93.77	－44.09	6 561.87	－49.25	9.99	－29.30
9 月	139.54	17.18	10 066.00	10.86	13.34	2.93
10 月	193.58	91.36	15 848.42	113.97	12.38	－4.77
11 月	177.67	60.25	14 375.60	78.95	12.26	－8.37
12 月	147.88	6.31	11 874.07	24.57	12.04	－17.65
总计	1 589.13	5.49	118 256.35	1.89	—	—

数据来源：中国金融期货交易所。

表 2－4－12　　　　　2023—2024 年上证 50 股指期货年度交易情况

年度	成交量（万手）	较上年变化（％）	成交金额（亿元）	较上年变化（％）	年末持仓量（万手）	较上年变化（％）
2023 年	1 506.47	－2.23	116 058.40	－9.94	14.62	23.06
2024 年	1 589.13	5.49	118 256.35	1.89	12.04	－17.65

数据来源：中国金融期货交易所。

表 2−4−13 2024 年上证 50 股指期权月度交易情况

月度	成交量(万手)	同比变化(%)	看跌看涨成交比(PCR)	成交金额(亿元)	同比变化(%)	月末持仓量(万手)	同比变化(%)
1月	147.17	150.96	0.80	45.30	141.44	8.65	160.45
2月	88.46	27.16	0.65	30.74	34.47	8.11	76.69
3月	66.43	−13.25	0.66	19.58	−23.63	6.30	37.83
4月	69.04	−2.39	0.63	18.04	−21.39	6.97	45.20
5月	51.32	−48.86	0.56	13.48	−55.14	7.23	−9.97
6月	53.65	−41.96	0.64	12.17	−57.53	6.47	−29.29
7月	61.26	−37.51	0.69	13.95	−54.10	6.55	−24.04
8月	55.98	−64.35	0.68	12.65	−75.68	5.91	−50.28
9月	101.65	22.01	0.64	52.27	105.60	7.14	−29.07
10月	122.02	37.89	0.58	71.68	198.67	8.87	−7.41
11月	113.76	43.72	0.50	46.34	122.06	9.88	6.92
12月	88.49	−22.90	0.48	29.46	−20.21	7.61	−18.00
总计	1 019.23	−6.41	0.63	365.67	8.01	—	—

数据来源：中国金融期货交易所。

表 2−4−14 2023—2024 年上证 50 股指期权年度交易情况

年度	成交量(万手)	同比变化(%)	看跌看涨成交比(PCR)	成交金额(亿元)	同比变化(%)	年末持仓量(万手)	同比变化(%)
2023年	1 089.09	5 328.43	0.69	338.55	4 181.28	9.28	252.85
2024年	1 019.23	−6.41	0.63	365.67	8.01	7.61	−18.00

注：上证 50 股指期权于 2022 年 12 月 19 日在中国金融期货交易所上市交易。
数据来源：中国金融期货交易所。

（二）交割、行权情况（见表 2−4−15~表 2−4−18）

表 2−4−15 2024 年上证 50 股指期货月度交割情况

月度	交割量（手）	同比变化（%）
1月	8 563	25.56
2月	6 194	5.05
3月	9 224	12.67
4月	6 871	−25.34
5月	5 248	−20.33
6月	5 863	−26.45
7月	7 446	−8.94

续表

月度	交割量（手）	同比变化（%）
8月	6 195	-5.99
9月	7 934	-28.12
10月	11 257	10.00
11月	5 367	5.46
12月	11 269	11.93
总计	91 431	-4.62

数据来源：中国金融期货交易所。

表2-4-16　　2023—2024年上证50股指期货年度交割情况

年度	交割量（手）	同比变化（%）
2023年	95 860	44.00
2024年	91 431	-4.62

数据来源：中国金融期货交易所。

表2-4-17　　2024年上证50股指期权月度行权情况

月度	行权量（手）	同比变化（%）	到期未平仓量（手）	行权比例（%）
1月	7 845	115.29	47 110	16.65
2月	6 076	34.51	25 018	24.29
3月	8 119	63.33	40 358	20.12
4月	4 637	16.01	24 708	18.77
5月	4 962	28.78	21 162	23.45
6月	6 326	-4.15	39 452	16.03
7月	5 620	-38.01	22 050	25.49
8月	5 632	-34.15	30 881	18.24
9月	8 089	-20.99	43 505	18.59
10月	9 175	-1.76	45 000	20.39
11月	7 368	5.91	45 549	16.18
12月	9 929	-26.35	57 097	17.39
总计	83 778	-1.69	441 890	18.96

数据来源：中国金融期货交易所。

表2-4-18　　2023—2024年上证50股指期权年度行权情况

年度	行权量（手）	同比变化（%）
2023年	85 217	—
2024年	83 778	-1.69

数据来源：中国金融期货交易所。

（三）期货价格走势（见图2-4-2、表2-4-19、表2-4-20）

图2-4-2　2024年上证50股指期货和上证50指数价格比较

数据来源：中国金融期货交易所。

表2-4-19　　　　2024年上证50股指期货和现货指数价格主要显性指标

市场分类	2023年末收盘价	2024年盘中最高价	2024年盘中最低价	2024年末收盘价	全年涨跌	结算价平均价	标准差	极差
上证50股指期货主力合约价格	2 326.60	3 138.80	2 153.00	2 681.20	354.60	2 451.20	158.42	985.80
上证50指数价格	2 326.17	3 016.87	2 163.87	2 684.77	358.60	2 456.07	151.38	853.01

数据来源：中国金融期货交易所。

表2-4-20　　　　2024年上证50股指期货和现货指数价格相关性

价格选择	相关系数
上证50股指期货主力合约收盘价与上证50指数收盘价	0.9954

数据来源：中国金融期货交易所。

三、中证500股指期货运行情况

（一）期货交易情况（见表2-4-21、表2-4-22）

表2-4-21　　　　2024年中证500股指期货月度交易情况

月度	成交量（万手）	较上年变化（%）	成交金额（亿元）	较上年变化（%）	月末持仓量（万手）	较上年变化（%）
1月	250.66	133.24	24 935.29	89.96	32.12	11.64

续表

月度	成交量（万手）	较上年变化（%）	成交金额（亿元）	较上年变化（%）	月末持仓量（万手）	较上年变化（%）
2月	265.15	76.80	26 170.31	38.26	28.12	-1.16
3月	202.16	24.66	21 571.78	6.67	25.53	-7.06
4月	185.65	48.35	19 636.65	24.24	25.79	-7.23
5月	148.82	10.18	16 065.86	-2.17	25.27	-13.67
6月	167.84	16.24	17 148.82	-1.06	24.72	-13.99
7月	188.76	54.99	18 069.08	23.87	25.67	-9.07
8月	181.04	7.81	16 808.71	-14.55	25.08	-15.58
9月	229.67	54.75	21 799.75	28.35	26.04	-9.49
10月	310.09	141.69	35 650.47	152.95	25.28	-15.90
11月	282.99	88.45	33 634.23	101.42	24.57	-17.30
12月	244.49	38.62	28 753.16	50.53	24.23	-16.85
总计	2 657.33	54.75	280 244.13	38.07	—	—

数据来源：中国金融期货交易所。

表2-4-22　　2023—2024年中证500股指期货年度交易情况

年度	成交量（万手）	较上年变化（%）	成交金额（亿元）	较上年变化（%）	年末持仓量（万手）	较上年变化（%）
2023年	1 717.18	-34.51	202 975.09	-37.14	29.14	-5.48
2024年	2 657.33	54.75	280 244.13	38.07	24.23	-16.85

数据来源：中国金融期货交易所。

（二）交割情况（见表2-4-23、表2-4-24）

表2-4-23　　2024年中证500股指期货月度交割情况

月度	交割量（手）	同比变化（%）
1月	12 785	74.80
2月	14 233	107.30
3月	19 591	119.46
4月	12 560	71.56
5月	8 472	31.76
6月	16 442	79.05
7月	12 059	33.99
8月	9 017	-0.72
9月	13 814	-3.92
10月	12 601	37.33
11月	7 441	-8.43
12月	13 997	14.59
总计	153 012	41.66

数据来源：中国金融期货交易所。

表2-4-24　　　　　2023—2024年中证500股指期货年度交割情况

年度	交割量（手）	同比变化（%）
2023年	108 017	-6.68
2024年	153 012	41.66

数据来源：中国金融期货交易所。

（三）期货价格走势（见图2-4-3、表2-4-25、表2-4-26）

图2-4-3　2024年中证500股指期货和中证500指数价格比较

数据来源：中国金融期货交易所。

表2-4-25　　　　　2024年中证500股指期货和现货指数价格指标

市场分类	2023年末收盘价	2024年盘中最高价	2024年盘中最低价	2024年末收盘价	全年涨跌	结算价平均价	标准差	极差
中证500股指期货主力合约价格	5 409.00	6 476.20	4 129.20	5 647.00	238.00	5 223.19	469.01	2 347.00
中证500指数价格	5 429.23	6 417.81	4 281.24	5 725.73	296.50	5 266.70	462.98	2 136.57

数据来源：中国金融期货交易所。

表2-4-26　　　　　2024年中证500股指期货和现货指数价格相关性

价格选择	相关系数
中证500股指期货主力合约收盘价与中证500指数收盘价	0.9971

数据来源：中国金融期货交易所。

四、中证1000股指期货、期权运行情况

（一）期货、期权交易情况（见表2-4-27~表2-4-30）

表2-4-27　　　　　　2024年中证1000股指期货月度交易情况

月度	成交量（万手）	较上年变化（%）	成交金额（亿元）	较上年变化（%）	月末持仓量（万手）	较上年变化（%）
1月	316.87	358.17	33 027.51	263.57	30.52	117.69
2月	398.47	246.13	38 430.54	141.77	29.21	113.06
3月	357.56	197.77	38 493.66	135.84	27.34	87.26
4月	330.25	234.91	34 755.51	157.86	26.37	55.21
5月	249.08	131.23	26 953.55	91.07	25.42	50.15
6月	279.57	148.57	28 100.23	91.76	27.24	58.74
7月	360.07	234.26	33 901.51	142.52	29.29	52.47
8月	330.26	109.16	30 425.69	55.10	29.84	39.70
9月	390.77	178.47	36 452.96	113.80	30.74	47.15
10月	596.08	379.16	69 048.38	372.56	34.91	56.69
11月	612.13	280.89	75 099.81	285.28	35.52	47.82
12月	554.73	212.88	68 548.52	229.40	34.83	38.49
总计	4 775.84	220.20	513 237.89	171.41	—	—

数据来源：中国金融期货交易所。

表2-4-28　　　　　　2023—2024年中证1000股指期货年度交易情况

年度	成交量（万手）	较上年变化（%）	成交金额（亿元）	较上年变化（%）	年末持仓量（万手）	较上年变化（%）
2023年	1 491.53	143.89	189 101.15	135.33	25.15	90.93
2024年	4 775.84	220.20	513 237.89	171.41	34.83	38.49

数据来源：中国金融期货交易所。

表2-4-29　　　　　　2024年中证1000股指期权月度交易情况

月度	成交量（万手）	同比变化（%）	看跌看涨成交比（PCR）	成交金额（亿元）	同比变化（%）	月末持仓量（万手）	同比变化（%）
1月	354.58	338.68	0.92	318.04	497.17	22.11	281.19
2月	352.38	198.88	0.80	384.21	342.69	21.59	246.23
3月	326.24	149.74	0.96	298.71	203.27	20.34	169.38

续表

月度	成交量（万手）	同比变化（%）	看跌看涨成交比（PCR）	成交金额（亿元）	同比变化（%）	月末持仓量（万手）	同比变化（%）
4月	356.73	184.40	1.01	295.75	220.26	18.95	98.51
5月	247.12	84.78	0.82	200.01	136.59	20.17	113.35
6月	300.03	136.60	0.99	213.26	160.20	18.40	122.98
7月	393.68	184.16	0.87	268.49	203.73	19.29	93.70
8月	338.97	58.23	0.79	214.23	41.65	21.93	60.88
9月	410.82	164.78	0.70	356.26	254.53	16.71	37.67
10月	418.26	187.41	0.72	547.24	473.70	21.81	67.99
11月	437.46	135.89	0.91	500.21	319.81	22.65	57.19
12月	418.62	111.37	0.82	409.86	202.28	21.06	37.22
总计	4 354.89	148.53	0.86	4 006.27	237.33	—	—

数据来源：中国金融期货交易所。

表2-4-30 　　2023—2024年中证1000股指期权年度交易情况

年度	成交量（万手）	同比变化（%）	看跌看涨成交比（PCR）	成交金额（亿元）	同比变化（%）	年末持仓量（万手）	同比变化（%）
2023年	1 752.29	157.79	0.87	1 187.64	104.64	15.35	131.52
2024年	4 354.89	148.53	0.86	4 006.27	237.33	21.06	37.22

注：中证1000股指期权于2022年7月22日在中国金融期货交易所上市交易。

数据来源：中国金融期货交易所。

（二）交割、行权情况（见表2-4-31~表2-4-34）

表2-4-31 　　2024年中证1000股指期货月度交割情况

月度	交割量（手）	同比变化（%）
1月	10 721	94.82
2月	12 474	126.88
3月	15 878	104.27
4月	11 596	134.26
5月	8 845	55.26
6月	16 277	63.29
7月	11 992	46.60
8月	12 801	31.44
9月	17 785	46.77

续表

月度	交割量（手）	同比变化（%）
10 月	16 005	68.44
11 月	11 989	92.25
12 月	20 516	117.19
总计	166 879	76.39

数据来源：中国金融期货交易所。

表 2-4-32　　2023—2024 年中证 1000 股指期货年度交割情况

年度	交割量（手）	同比变化（%）
2023 年	94 610	266.12
2024 年	166 879	76.39

数据来源：中国金融期货交易所。

表 2-4-33　　2024 年中证 1000 股指期权月度行权情况

月度	行权量（手）	同比变化（%）	到期未平仓量（手）	行权比例（%）
1 月	11 862	96.59	61 267	19.36
2 月	16 979	133.84	77 221	21.99
3 月	22 862	267.03	97 675	23.41
4 月	12 791	111.63	79 460	16.10
5 月	11 270	9.17	60 920	18.50
6 月	15 673	84.24	99 148	15.81
7 月	16 170	129.13	85 118	19.00
8 月	11 198	43.84	86 702	12.92
9 月	18 678	92.58	121 769	15.34
10 月	22 035	130.03	88 289	24.96
11 月	17 583	89.70	104 916	16.76
12 月	24 829	136.17	128 064	19.39
总计	201 930	105.42	1 090 549	18.52

数据来源：中国金融期货交易所。

表 2-4-34　　2023—2024 年中证 1000 股指期权年度行权情况

年度	行权量（手）	同比变化（%）
2023 年	98 300	224.83
2024 年	201 930	105.42

数据来源：中国金融期货交易所。

(三) 期货价格走势（见图 2-4-4、表 2-4-35、表 2-4-36）

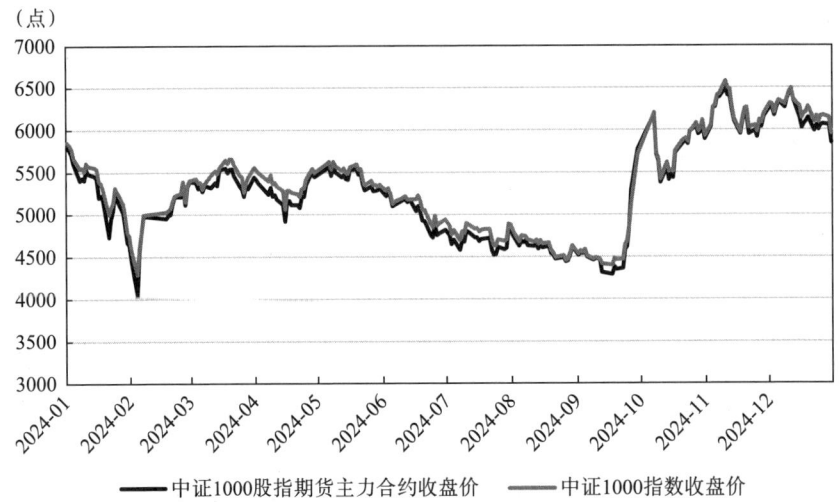

图 2-4-4　2024 年中证 1000 股指期货和中证 1000 指数价格比较

数据来源：中国金融期货交易所。

表 2-4-35　2024 年中证 1000 股指期货和现货指数价格主要显性指标

市场分类	2023 年末收盘价	2024 年盘中最高价	2024 年盘中最低价	2024 年末收盘价	全年涨跌	结算价平均值	标准差	极差
中证 1000 股指期货主力合约价格	5 855.00	6 538.00	3 976.00	5 848.60	-6.40	5 278.94	573.40	2 562.00
中证 1000 指数价格	5 887.24	6 616.16	4 177.94	5 957.72	70.48	5 351.63	565.68	2 438.21

数据来源：中国金融期货交易所。

表 2-4-36　2024 年中证 1000 股指期货和现货指数价格相关性

价格选择	相关系数
中证 1000 股指期货主力合约收盘价与中证 1000 指数收盘价	0.9962

数据来源：中国金融期货交易所。

五、5 年期国债期货运行情况

（一）期货交易情况（见表 2-4-37、表 2-4-38）

表 2-4-37　2024 年 5 年期国债期货月度交易情况

月度	成交量（万手）	同比变化（%）	成交金额（亿元）	同比变化（%）	月末持仓量（万手）	同比变化（%）
1 月	127.06	60.18	13 031.39	62.90	14.26	32.70

续表

月度	成交量 （万手）	同比变化 （%）	成交金额 （亿元）	同比变化 （%）	月末持仓量 （万手）	同比变化 （%）
2月	90.10	−29.76	9 269.44	−28.34	11.79	29.53
3月	127.01	7.94	13 077.85	10.18	13.94	23.17
4月	130.67	35.92	13 498.14	38.81	14.54	19.36
5月	139.06	10.04	14 374.48	11.78	11.21	13.13
6月	79.03	−26.18	8 194.35	−24.90	13.11	17.43
7月	99.94	−2.61	10 403.18	−0.76	14.62	15.14
8月	155.48	6.83	16 239.07	8.98	11.80	11.84
9月	117.89	0.40	12 377.26	3.47	13.18	11.93
10月	99.63	−10.89	10 429.73	−8.28	13.00	9.12
11月	138.28	−8.14	14 549.35	−5.17	12.14	27.33
12月	143.34	22.97	15 233.89	27.91	13.22	11.49
总计	1 447.47	3.44	150 678.12	5.91	—	—

数据来源：中国金融期货交易所。

表2－4－38　　2023—2024年5年期国债期货年度交易情况

年度	成交量 （万手）	同比变化 （%）	成交金额 （亿元）	同比变化 （%）	年末持仓量 （万手）	同比变化 （%）
2023年	1 399.29	19.95	142 267.11	20.16	11.85	26.78
2024年	1 447.47	3.44	150 678.12	5.91	13.22	11.49

数据来源：中国金融期货交易所。

（二）交割情况（见表2－4－39、表2－4－40）

表2－4－39　　2024年5年期国债期货月度交割情况

月度	交割量（手）	同比变化（%）	交割金额（亿元）	同比变化（%）
3月	5 997	631.34	62.24	647.18
6月	4 630	471.60	47.91	477.23
9月	1 630	−25.57	17.22	−22.99
12月	4 322	17.89	45.59	21.09
总计	16 579	121.47	172.96	125.68

数据来源：中国金融期货交易所。

表2－4－40　　2023—2024年5年期国债期货年度交割情况

年度	交割量（手）	同比变化（%）	交割金额（亿元）	同比变化（%）
2023年	7 486	22.20	76.64	21.46
2024年	16 579	121.47	172.96	125.68

数据来源：中国金融期货交易所。

（三）期货价格走势（见图2－4－5、表2－4－41、表2－4－42）

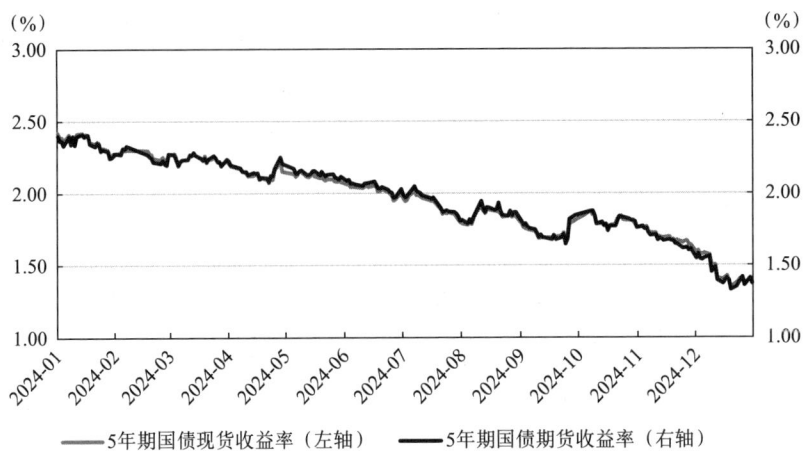

图2－4－5　2024年5年期国债期货和现货市场收益率①比较

数据来源：中国金融期货交易所、Wind。

表2－4－41　　　　　　　　2024年5年期国债期现货收益率主要指标

市场分类	2023年末	2024年最高值	2024年最低值	2024年末	全年涨跌	平均值	标准差
5年期国债期货收益率（%）	2.343	2.409	1.328	1.372	－0.971	1.964	0.269
5年期国债现货收益率（%）	2.370	2.420	1.350	1.378	－0.993	1.961	0.266

数据来源：中国金融期货交易所、Wind。

表2－4－42　　　　　　　　2024年5年期国债期现货价格相关性

价格选择	相关系数
5年期国债期货价格与国债现货价格	0.9954

数据来源：中国金融期货交易所、Wind。

六、10年期国债期货运行情况

（一）期货交易情况（见表2－4－43、表2－4－44）

表2－4－43　　　　　　　　2024年10年期国债期货月度交易情况

月度	成交量（万手）	同比变化（%）	成交金额（亿元）	同比变化（%）	月末持仓量（万手）	同比变化（%）
1月	156.22	45.38	16 090.30	49.77	20.99	13.67
2月	128.18	－27.12	13 279.88	－24.53	18.09	15.35

---

① 国债现货收益率为主力合约对应的最便宜可交割券（CTD）收益率。

续表

月度	成交量（万手）	同比变化（%）	成交金额（亿元）	同比变化（%）	月末持仓量（万手）	同比变化（%）
3月	184.16	23.31	19 137.58	27.90	20.00	2.40
4月	153.12	12.07	15 968.59	16.09	20.36	-8.23
5月	165.69	-8.72	17 285.31	-6.18	16.84	-6.06
6月	92.31	-36.79	9 677.27	-34.83	20.77	2.90
7月	115.66	-22.32	12 194.94	-19.70	22.88	-1.95
8月	196.94	-7.24	20 841.29	-4.15	20.54	10.82
9月	145.73	-10.37	15 499.20	-6.33	20.25	3.42
10月	138.81	-1.92	14 697.82	2.24	19.92	5.23
11月	173.58	-16.08	18 518.90	-12.19	20.84	22.64
12月	167.46	24.95	18 141.69	32.17	19.07	-7.02
总计	1 817.85	-4.48	191 332.78	-0.86	—	—

数据来源：中国金融期货交易所。

表 2-4-44　　　　2023—2024 年 10 年期国债期货年度交易情况

年度	成交量（万手）	同比变化（%）	成交金额（亿元）	同比变化（%）	年末持仓量（万手）	同比变化（%）
2023年	1 903.05	-4.80	193 000.79	-3.98	20.50	25.84
2024年	1 817.85	-4.48	191 332.78	-0.86	19.07	-7.02

数据来源：中国金融期货交易所。

（二）交割情况（见表 2-4-45、表 2-4-46）

表 2-4-45　　　　2024 年 10 年期国债期货月度交割情况

月度	交割量（手）	同比变化（%）	交割金额（亿元）	同比变化（%）
3月	4 146	38.62	42.7	44.84
6月	842	-75.54	8.68	-75.17
9月	5 977	69.66	61.64	73.73
12月	6 481	7.84	66.8	10.34
总计	17 446	9.26	179.82	12.07

数据来源：中国金融期货交易所。

表 2-4-46　　　　2023—2024 年 10 年期国债期货年度交割情况

年度	交割量（手）	同比变化（%）	交割金额（亿元）	同比变化（%）
2023年	15 967	72.45	160.46	74.28
2024年	17 446	9.26	179.82	12.07

数据来源：中国金融期货交易所。

（三）期货价格走势（见图2-4-6、表2-4-47、表2-4-48）

图2-4-6　2024年10年期国债期货和现货收益率比较

数据来源：中国金融期货交易所、Wind。

表2-4-47　　　　2024年10年期国债期货和现货收益率主要指标

市场分类	2023年末	2024年最高值	2024年最低值	2024年末	全年涨跌	平均值	标准差
10年期国债期货收益率（%）	2.524	2.538	1.590	1.590	-0.934	2.143	0.231
10年期国债现货收益率（%）	2.525	2.553	1.579	1.579	-0.946	2.132	0.229

数据来源：中国金融期货交易所、Wind。

表2-4-48　　　　2024年10年期国债期货期现货价格相关性

价格选择	相关系数
10年期国债期货价格与国债现货价格	0.9986

数据来源：中国金融期货交易所、Wind。

七、2年期国债期货运行情况

（一）期货交易情况（见表2-4-49、表2-4-50）

表2-4-49　　　　2024年2年期国债期货月度交易情况

月度	成交量（万手）	同比变化（%）	成交金额（亿元）	同比变化（%）	月末持仓量（万手）	同比变化（%）
1月	76.27	22.50	15 443.77	22.98	8.00	63.70
2月	55.40	-42.69	11 237.10	-42.34	6.40	26.77

续表

月度	成交量（万手）	同比变化（%）	成交金额（亿元）	同比变化（%）	月末持仓量（万手）	同比变化（%）
3月	74.73	-6.95	15 170.55	-6.28	7.10	-0.21
4月	67.33	35.48	13 688.84	36.50	6.77	-3.05
5月	75.91	8.61	15 441.42	9.27	5.58	11.81
6月	50.80	-34.95	10 347.52	-34.57	6.16	6.35
7月	55.24	-17.90	11 271.00	-17.35	6.68	16.65
8月	94.40	11.45	19 284.80	12.28	5.42	-2.65
9月	72.60	-1.38	14 864.34	-0.21	6.64	-5.83
10月	63.99	-19.88	13 097.65	-18.85	7.17	-1.21
11月	85.34	-24.48	17 508.40	-23.29	5.84	-4.36
12月	87.77	0.48	18 062.38	2.24	6.38	-10.86
总计	859.77	-8.80	175 417.77	-7.94	—	—

数据来源：中国金融期货交易所。

表2-4-50　　　　2023—2024年2年期国债期货年度交易情况

年度	成交量（万手）	同比变化（%）	成交金额（亿元）	同比变化（%）	年末持仓量（万手）	同比变化（%）
2023年	942.73	31.64	190 546.39	31.63	7.15	62.47
2024年	859.77	-8.80	175 417.77	-7.94	6.38	-10.86

数据来源：中国金融期货交易所。

（二）交割情况（见表2-4-51、表2-4-52）

表2-4-51　　　　2024年2年期国债期货月度交割情况

月度	交割量（手）	同比变化（%）	交割金额（亿元）	同比变化（%）
3月	3 634	261.59	73.56	261.30
6月	1 890	-2.33	38.58	-1.63
9月	760	-80.77	15.65	-80.46
12月	1 312	-82.58	26.58	-82.40
总计	7 596	-47.33	154.37	-46.90

数据来源：中国金融期货交易所。

表2-4-52　　　　2023—2024年2年期国债期货年度交割情况

年度	交割量（手）	同比变化（%）	交割金额（亿元）	同比变化（%）
2023年	14 422	128.78	290.70	127.75
2024年	7 596	-47.33	154.37	-46.90

数据来源：中国金融期货交易所。

（三）期货价格走势（见图2-4-7、表2-4-53、表2-4-54）

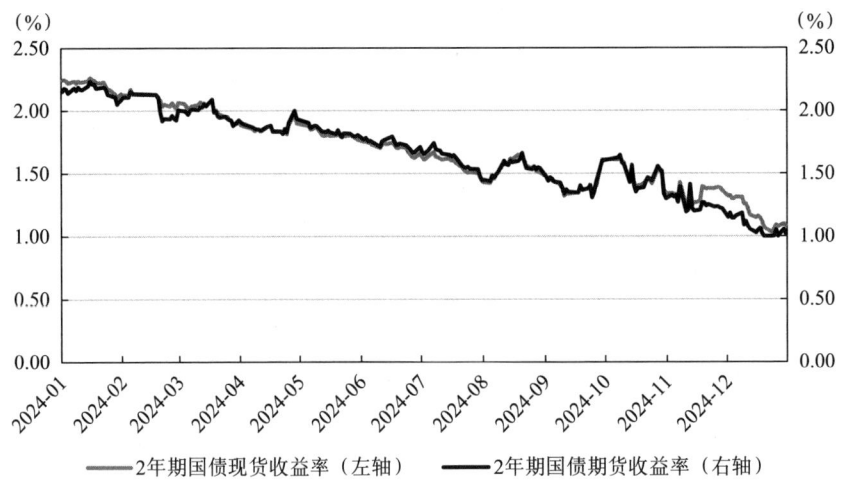

图2-4-7　2024年2年期国债期货和现货市场收益率比较

数据来源：中国金融期货交易所、Wind。

表2-4-53　　　　　　2024年2年期国债期现货收益率主要指标

市场分类	2023年末	2024年最高值	2024年最低值	2024年末	全年涨跌	平均值	标准差
2年期国债期货收益率（％）	2.105	2.237	1.000	1.012	-1.0933	1.662	0.325
2年期国债现货收益率（％）	2.200	2.265	2.265	1.085	-1.1150	1.679	0.313

数据来源：中国金融期货交易所、Wind。

表2-4-54　　　　　　2024年2年期国债期现货价格相关性

价格选择	相关系数
2年期国债期货价格与国债现货价格	0.9751

数据来源：中国金融期货交易所、Wind。

八、30年期国债期货运行情况

（一）期货交易情况（见表2-4-55、表2-4-56）

表2-4-55　　　　　　2024年30年期国债期货月度交易情况

月度	成交量（万手）	同比变化（％）	成交金额（亿元）	同比变化（％）	月末持仓量（万手）	同比变化（％）
1月	61.26	—	6 308.19	—	5.98	—
2月	55.77	—	5 892.51	—	5.90	—

续表

月度	成交量（万手）	同比变化（%）	成交金额（亿元）	同比变化（%）	月末持仓量（万手）	同比变化（%）
3月	113.33	—	12 033.38	—	7.42	—
4月	96.56	2 034.05	10 291.20	2 263.64	8.15	760.93
5月	98.35	629.11	10 446.38	697.99	7.30	453.92
6月	66.08	203.82	7 136.64	236.54	8.51	332.59
7月	100.21	232.58	10 949.93	268.67	9.97	295.48
8月	150.77	233.25	16 791.84	269.96	8.70	164.76
9月	151.42	192.07	17 142.35	233.57	8.54	112.35
10月	166.97	304.94	18 668.26	360.06	9.30	144.36
11月	157.95	126.44	17 856.09	158.09	9.41	194.14
12月	193.79	336.99	22 708.72	408.88	11.04	127.54
总计	1 412.46	338.22	156 225.50	388.94	—	—

数据来源：中国金融期货交易所。

表2-4-56　　2023—2024年30年期国债期货年度交易情况

年度	成交量（万手）	同比变化（%）	成交金额（亿元）	同比变化（%）	年末持仓量（万手）	同比变化（%）
2023年	322.31	—	31 951.96	—	4.85	—
2024年	1 412.46	338.22	156 225.50	388.94	11.04	127.54

数据来源：中国金融期货交易所。

（二）交割情况（见表2-4-57、表2-4-58）

表2-4-57　　2024年30年期国债期货月度交割情况

月度	交割量（手）	同比变化（%）	交割金额（亿元）	同比变化（%）
3月	2 519	—	31.15	—
6月	1 053	209.71	13.19	268.44
9月	2 334	90.84	30.42	123.84
12月	3 080	231.54	39.75	295.13
总计	8 986	260.59	114.51	320.53

数据来源：中国金融期货交易所。

表2-4-58　　2023—2024年30年期国债期货年度交割情况

年度	交割量（手）	同比变化（%）	交割金额（亿元）	同比变化（%）
2023年	2 492	—	27.23	—
2024年	8 986	260.59	114.51	320.53

注：30年期国债期货于2023年4月21日上市，首批合约于2023年6月开始交割。

数据来源：中国金融期货交易所。

（三）期货价格走势（见图2-4-8、表2-4-59、表2-4-60）

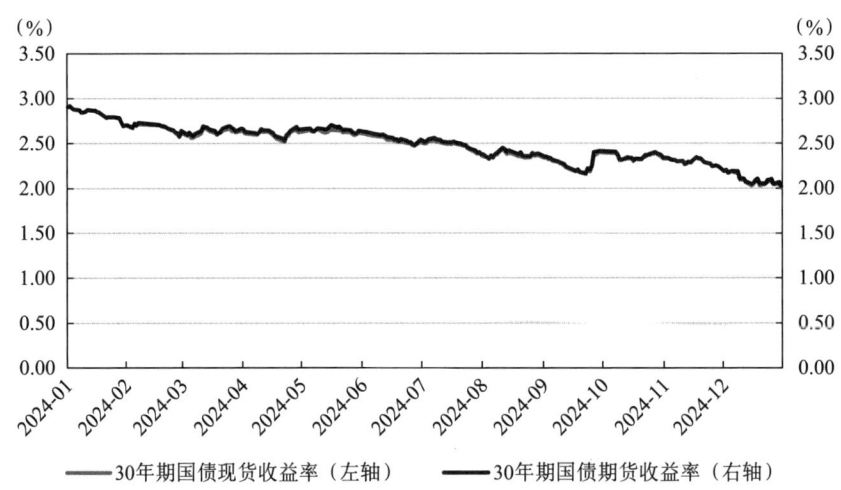

图2-4-8　2024年30年期国债期货和现货市场收益率比较

数据来源：中国金融期货交易所、Wind。

表2-4-59　　　　　　　2024年30年期国债期现货收益率主要指标

市场分类	2023年末	2024年最高值	2024年最低值	2024年末	全年涨跌	平均值	标准差
30年期国债期货收益率（%）	2.9010	2.9156	2.0242	2.0242	-0.8768	2.4892	0.2084
30年期国债现货收益率（%）	2.9050	2.9150	2.9150	2.0060	-0.8990	2.4752	0.2076

数据来源：中国金融期货交易所、Wind。

表2-4-60　　　　　　　2024年30年期国债期现货价格相关性

价格选择	相关系数
30年期国债期货价格与国债现货价格	0.9980

数据来源：中国金融期货交易所、Wind。

第五节　广州期货交易所上市品种运行情况

广州期货交易所2024年全年累计成交量1.97亿手，占全国期货市场成交量的2.54%；全年累计成交额10.89万亿元，占全国期货市场成交额的1.76%。2024年广期所新上市的品种有多晶硅期货及期权。

一、工业硅期货、期权运行情况

（一）期货、期权交易情况（见表2-5-1~表2-5-4）

表2-5-1　　　　　　　　2024年工业硅期货月度交易情况

月度	成交量 （万手）	同比变化 （%）	成交金额 （亿元）	同比变化 （%）	月末持仓量 （万手）	同比变化 （%）
1月	267.42	395.20	1 814.94	277.18	13.72	0.91
2月	170.27	76.19	1 136.73	33.01	15.92	163.89
3月	518.69	290.38	3 341.73	205.57	28.08	232.65
4月	691.63	345.75	4 146.67	251.15	29.22	268.68
5月	1 106.00	491.02	6 876.54	436.24	41.59	244.72
6月	999.21	288.96	6 021.28	259.01	36.94	171.79
7月	1 057.23	345.67	5 781.51	260.04	36.66	146.73
8月	1 106.12	463.10	5 626.20	321.34	34.45	170.18
9月	964.07	291.07	4 969.62	177.50	29.89	145.18
10月	731.48	365.78	4 380.43	287.90	29.83	140.21
11月	698.22	244.56	4 333.37	202.06	29.95	139.85
12月	653.05	177.78	3 818.44	132.06	33.42	211.02
总计	8 963.39	315.42	52 247.46	236.84	—	—

数据来源：广州期货交易所。

表2-5-2　　　　　　　2023—2024年工业硅期货年度交易情况

年度	成交量 （万手）	同比变化 （%）	成交金额 （亿元）	同比变化 （%）	年末持仓量 （万手）	同比变化 （%）
2023年	2 157.66	—	15 511.15	—	10.75	—
2024年	8 963.39	315.42	52 247.46	236.84	33.42	211.02

数据来源：广州期货交易所。

表2-5-3　　　　　　　　2024年工业硅期权月度交易情况

月度	成交量 （万手）	同比变化 （%）	成交量看跌/ 看涨（PCR）	成交金额 （亿元）	同比变化 （%）	月末持仓量 （万手）	同比变化 （%）
1月	40.28	765.51	0.66	1.59	-16.74	4.63	323.12
2月	27.11	523.63	0.52	0.99	-37.79	4.68	171.87
3月	101.24	1 785.71	0.37	4.54	397.12	15.61	457.76
4月	141.51	1 493.25	0.34	5.78	421.79	16.33	298.69
5月	301.02	1 133.13	0.26	16.70	358.37	21.90	181.57
6月	234.24	227.05	0.48	11.65	124.32	22.23	80.92
7月	236.96	216.07	0.63	11.04	125.75	26.88	199.76
8月	257.30	363.34	0.70	12.18	305.21	18.76	203.81

续表

月度	成交量（万手）	同比变化（%）	成交量看跌/看涨（PCR）	成交金额（亿元）	同比变化（%）	月末持仓量（万手）	同比变化（%）
9月	281.98	359.82	0.61	14.00	182.27	13.74	190.68
10月	194.99	693.03	0.40	12.07	721.19	16.81	358.19
11月	237.35	658.63	0.59	11.51	623.81	18.47	414.41
12月	269.57	451.12	0.81	10.97	380.88	16.48	223.04
总计	2 323.54	458.68	0.52	113.02	247.13	—	—

数据来源：广州期货交易所。

表2-5-4　　　　2023—2024年工业硅期权年度交易情况

年度	成交量（万手）	同比变化（%）	成交量看跌/看涨（PCR）	成交金额（亿元）	同比变化（%）	年末持仓量（万手）	同比变化（%）
2023年	415.90	—	0.48	32.56	—	5.10	—
2024年	2 323.54	458.68	0.52	113.02	247.13	16.48	223.04

数据来源：广州期货交易所。

（二）交割、行权情况（见表2-5-5~表2-5-8）

表2-5-5　　　　2024年工业硅期货月度交割情况

月度	交割量（手）	同比变化（%）	交割金额（亿元）	同比变化（%）
1月	9 075	—	7.21	—
2月	7 722	—	5.79	—
3月	6 605	—	5.01	—
4月	11 383	—	7.86	—
5月	8 227	—	5.71	—
6月	6 774	—	4.80	—
7月	9 693	—	6.37	—
8月	8 032	-24.47	4.91	-38.42
9月	10 461	-8.52	6.10	-31.17
10月	6 307	-28.39	3.72	-46.06
11月	9 624	18.20	5.75	-6.09
12月	19 206	53.45	11.50	19.63
总计	113 109	119.48	74.73	89.38

数据来源：广州期货交易所。

表2-5-6　　　　2023—2024年工业硅期货年度交割情况

年度	交割量（手）	同比变化（%）	交割金额（亿元）	同比变化（%）
2023年	51 534	—	39.46	—
2024年	113 109	119.48	74.73	89.38

数据来源：广州期货交易所。

表 2-5-7　　　　　　　　　2024 年工业硅期权月度行权情况

月度	行权量（手）
1 月	4 601
2 月	4 301
3 月	4 406
4 月	12 130
5 月	10 369
6 月	11 824
7 月	13 185
8 月	20 011
9 月	10 957
10 月	8 066
11 月	7 465
12 月	21 769
总计	129 084

数据来源：广州期货交易所。

表 2-5-8　　　　　　　2023—2024 年工业硅期权年度行权情况

年度	行权量（手）
2023 年	39 229
2024 年	129 084

数据来源：广州期货交易所。

（三）期货价格走势（见图 2-5-1、表 2-5-9、表 2-5-10）

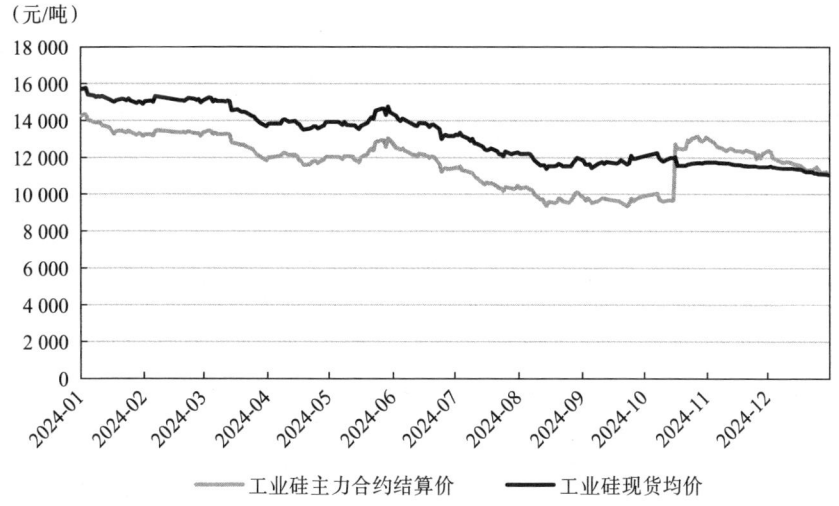

图 2-5-1　2024 年工业硅期货和现货市场价格走势

数据来源：广州期货交易所、上海有色网、百川盈孚。

表 2-5-9　　　　　　　　2024 年工业硅期货和现货市场价格指标

市场分类	2023 年末收盘价	2024 年盘中最高价	2024 年盘中最低价	2024 年末收盘价	全年涨跌	结算价平均价	标准差	极差
广期所主力价格（元/吨）	14 160	14 530	9 200	10 985	-3 175	11 814.69	1 303.17	5 330
工业硅现货价格（元/吨）	15 850	15 765	11 055	11 055	-4 795	13 086.40	1 423.57	4 710

数据来源：广州期货交易所、上海有色网、百川盈孚。

表 2-5-10　　　　　　　　2024 年工业硅期货和现货市场价格相关性

价格选择	相关系数
广期所主力结算价与工业硅现货市场价格	0.974

数据来源：广州期货交易所、上海有色网、百川盈孚。

二、碳酸锂期货、期权运行情况

（一）期货、期权交易情况（见表 2-5-11～表 2-5-14）

表 2-5-11　　　　　　　　2024 年碳酸锂期货月度交易情况

月度	成交量（万手）	同比变化（%）	成交金额（亿元）	同比变化（%）	月末持仓量（万手）	同比变化（%）
1 月	315.06	—	3 201.98	—	25.25	—
2 月	298.46	—	3 114.43	—	32.13	—
3 月	775.97	—	8 921.04	—	30.11	—
4 月	370.91	—	4 140.97	—	27.68	—
5 月	311.89	—	3 365.45	—	29.07	—
6 月	350.22	—	3 384.42	—	30.68	—
7 月	396.94	812.98	3 559.51	268.46	31.75	1 947.64
8 月	489.44	323.37	3 767.78	64.22	35.34	725.96
9 月	695.48	129.52	5 316.53	8.31	43.99	337.58
10 月	621.80	4.40	4 683.33	-48.97	40.27	150.92
11 月	1 014.52	-11.61	8 168.80	-45.05	47.81	45.50
12 月	480.98	-63.55	3 718.53	-71.58	37.65	36.61
总计	6 121.68	73.66	55 342.77	22.18	—	—

数据来源：广州期货交易所。

表 2-5-12　　　　　　　　2023—2024 年碳酸锂期货年度交易情况

年度	成交量（万手）	同比变化（%）	成交金额（亿元）	同比变化（%）	年末持仓量（万手）	同比变化（%）
2023 年	3 525.15	—	45 296.11	—	27.56	—
2024 年	6 121.68	73.66	55 342.77	22.18	37.65	36.61

数据来源：广州期货交易所。

表 2–5–13　　　　　　　　　2024 年碳酸锂期权月度交易情况

月度	成交量（万手）	同比变化（％）	成交量看跌/看涨（PCR）	成交金额（亿元）	同比变化（％）	月末持仓量（万手）	同比变化（％）
1 月	77.23	—	0.48	10.05	—	14.18	—
2 月	87.87	—	0.40	13.38	—	16.88	—
3 月	175.57	—	0.49	25.55	—	20.78	—
4 月	93.00	—	0.33	13.18	—	18.95	—
5 月	160.63	—	0.31	15.09	—	29.13	—
6 月	191.33	—	0.52	15.90	—	21.10	—
7 月	186.54	18 278.11	0.54	14.66	970.21	18.77	5 247.78
8 月	192.26	4 820.17	0.57	19.53	469.37	23.75	2 169.44
9 月	293.68	3 145.66	0.47	31.90	499.63	23.66	650.16
10 月	232.62	1 266.33	0.36	24.02	374.00	22.64	227.35
11 月	335.07	218.75	0.38	38.20	93.99	26.01	46.62
12 月	158.47	-33.51	0.57	8.80	-80.75	12.50	-39.97
总计	2 184.27	483.30	0.45	230.27	185.72	—	—

数据来源：广州期货交易所。

表 2–5–14　　　　　　　　2023—2024 年碳酸锂期权年度交易情况

年度	成交量（万手）	同比变化（％）	成交量看跌/看涨（PCR）	成交金额（亿元）	同比变化（％）	年末持仓量（万手）	同比变化（％）
2023 年	374.47	—	0.43	80.59	—	20.83	—
2024 年	2 184.27	483.30	0.45	230.27	185.72	12.50	-39.97

数据来源：广州期货交易所。

（二）交割、行权情况（见表 2–5–15～表 2–5–18）

表 2–5–15　　　　　　　　2024 年碳酸锂期货月度交割情况

月度	交割量（手）	同比变化（％）	交割金额（亿元）	同比变化（％）
1 月	11 351	—	11.12	—
2 月	5 411	—	5.17	—
3 月	5 593	—	6.33	—
4 月	8 628	—	9.60	—
5 月	7 614	—	8.31	—
6 月	6 675	—	6.69	—
7 月	11 296	—	9.89	—
8 月	18 008	—	14.37	—
9 月	13 626	—	10.08	—

续表

月度	交割量（手）	同比变化（%）	交割金额（亿元）	同比变化（%）
10月	12 403	—	9.51	—
11月	24 615	—	18.56	—
12月	22 962	—	17.74	—
总计	148 182	—	127.38	—

数据来源：广州期货交易所。

表2-5-16　　　　　　　　2023—2024年碳酸锂期货年度交割情况

年度	交割量（手）	同比变化（%）	交割金额（亿元）	同比变化（%）
2023年	—	—	—	—
2024年	148 182	—	127.38	—

数据来源：广州期货交易所。

表2-5-17　　　　　　　　2024年碳酸锂期权月度行权情况

月度	行权量（手）
1月	5 565
2月	4 958
3月	9 379
4月	3 059
5月	3 387
6月	10 208
7月	9 649
8月	7 784
9月	7 079
10月	16 533
11月	5 534
12月	14 027
总计	97 162

数据来源：广州期货交易所。

表2-5-18　　　　　　　　2023—2024年碳酸锂期权年度行权情况

年度	行权量（手）
2023年	34 156
2024年	97 162

数据来源：广州期货交易所。

(三) 期货价格走势（见图2-5-2、表2-5-19、表2-5-20）

图2-5-2　2024年碳酸锂期货和现货市场价格走势

数据来源：广州期货交易所、上海有色网。

表2-5-19　　　　　　2024年碳酸锂期货和现货市场价格指标

市场分类	2023年末收盘价	2024年盘中最高价	2024年盘中最低价	2024年末收盘价	全年涨跌	结算价平均价	标准差	极差
广期所主力价格（元/吨）	107 700	125 000	68 350	77 100	-30 600	92 055.58	14 745.24	56 650
电池级碳酸锂现货价格（元/吨）	96 900	113 250	72 250	75 050	-21 850	90 509.73	14 158.55	41 000

数据来源：广州期货交易所、上海有色网。

表2-5-20　　　　　　2024年碳酸锂期货和现货市场价格相关性

价格选择	相关系数
广期所主力结算价与碳酸锂现货市场价格	0.977

数据来源：广州期货交易所、上海有色网。

三、多晶硅期货、期权运行情况

2024年12月26日，多晶硅期货在广期所上市交易；12月27日，多晶硅期权上市交易。

（一）期货、期权交易情况（见表 2-5-21、表 2-5-22）

表 2-5-21　　　　　　　　2024 年多晶硅期货年度交易情况

年度	成交量（万手）	同比变化（%）	成交金额（亿元）	同比变化（%）	年末持仓量（万手）	同比变化（%）
2024 年	72.86	—	918.97	—	3.99	—

数据来源：广州期货交易所。

表 2-5-22　　　　　　　　2024 年多晶硅期权年度交易情况

年度	成交量（万手）	同比变化（%）	成交量看跌/看涨（PCR）	成交金额（亿元）	同比变化（%）	年末持仓量（万手）	同比变化（%）
2024 年	3.27	—	0.84	0.96	—	0.98	—

数据来源：广州期货交易所。

（二）交割、行权情况（见表 2-5-23）

2024 年，多晶硅期货无交割。

表 2-5-23　　　　　　　　2024 年多晶硅期权年度行权情况

年度	行权量（手）
2024 年	2

数据来源：广州期货交易所。

（三）期货价格走势（见图 2-5-3、表 2-5-24）

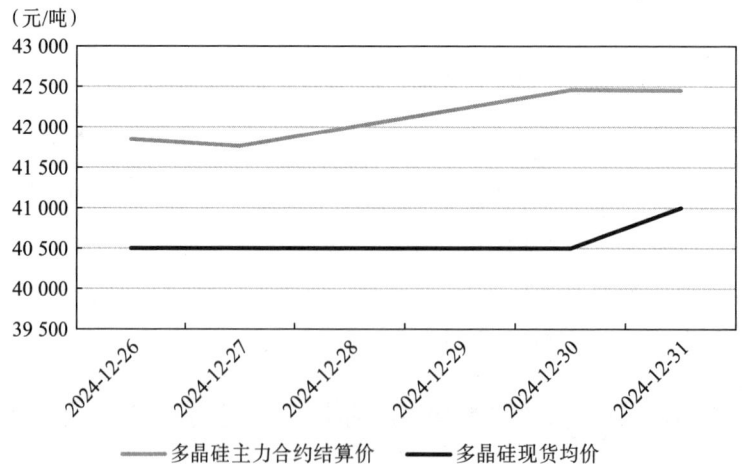

图 2-5-3　2024 年多晶硅期货和现货市场价格走势

数据来源：广州期货交易所、上海有色网。

表 2-5-24　　　　　　　　2024 年多晶硅期货和现货市场价格指标

市场分类	2023 年末收盘价	2024 年盘中最高价	2024 年盘中最低价	2024 年末收盘价	全年涨跌	结算价平均价	标准差	极差
广期所主力价格（元/吨）	—	44 000	41 010	42 465	—	42 131.25	327.48	2 990
N 型多晶硅现货价格（元/吨）	—	41 000	40 500	41 000	—	40 625.00	216.51	500

数据来源：广州期货交易所、上海有色网。

第六节　中证商品指数有限责任公司产品运行情况

截至 2024 年底，中证商品指数公司已发布中证商品期货指数系列、中证中金公司商品期货综合指数、中国国债期货指数系列、中证监控期货指数系列共 4 个系列 18 条指数，授权 5 家证券公司基于中国国债期货指数系列发行收益凭证、收益互换和场外期权等产品，为市场主体进行相关资产配置、风险管理及财富管理提供指数支持。中证商品指数公司指数指标及走势见表 2-6-1 和图 2-6-1~图 2-6-5。

表 2-6-1　　　　　　　　中证商品指数公司已发布指数指标

指数名称	开盘价（点）	最高价（点）	最低价（点）	收盘价（点）	结算价（点）	涨跌幅（%）
中证商品期货价格指数	1398.49	1540.43	1293.02	1387.81	1385.83	-1.53
中证商品期货指数	1911.06	2116.11	1768.91	1903.50	1900.80	-1.17
中国国债期货收益指数 10 年期	122.846	129.977	122.482	129.768	129.750	5.85
中国国债期货收益指数 5 年期	112.794	117.004	112.481	116.719	116.681	1.55
中国国债期货收益指数 2 年期	105.535	107.179	105.298	107.052	107.046	3.65
中证中金公司商品期货综合指数	3312.45	3462.89	2931.78	3063.85		-7.51
中证监控中国商品期货指数	1791.27	1867.13	1655.41	1756.95	1755.88	-2.31
中证监控中国农产品期货指数	1336.04	1384.45	1227.27	1286.95	1286.30	-3.44
中证监控谷物期货指数	1251.81	1217.00	1058.69	1100.85	1101.15	-12.07
中证监控饲料期货指数	3175.24	2918.62	2516.99	2652.04	2650.36	-15.82
中证监控油脂油料期货指数	1844.30	2072.46	1712.30	1882.80	1881.59	2.81
中证监控粮食期货指数	1245.74	1206.09	1052.77	1089.16	1089.56	-12.44
中证监控油脂期货指数	959.44	1269.02	971.28	1137.88	1137.24	19.13
中证监控软商品期货指数	846.66	792.36	732.24	757.43	756.84	-10.92
中证监控中国工业品期货指数	1869.34	1908.33	1658.96	1764.15	1762.04	-6.33
中证监控能化期货指数	778.96	799.48	691.96	749.54	746.98	-4.67
中证监控钢铁期货指数	3111.40	2892.84	2318.33	2538.26	2537.28	-19.35
中证监控建材期货指数	1649.22	1502.07	1265.80	1326.40	1327.79	-19.87

图 2-6-1 中证商品期货指数系列走势

图 2-6-2 中国国债期货收益指数系列走势

图 2-6-3 中证监控期货指数系列走势

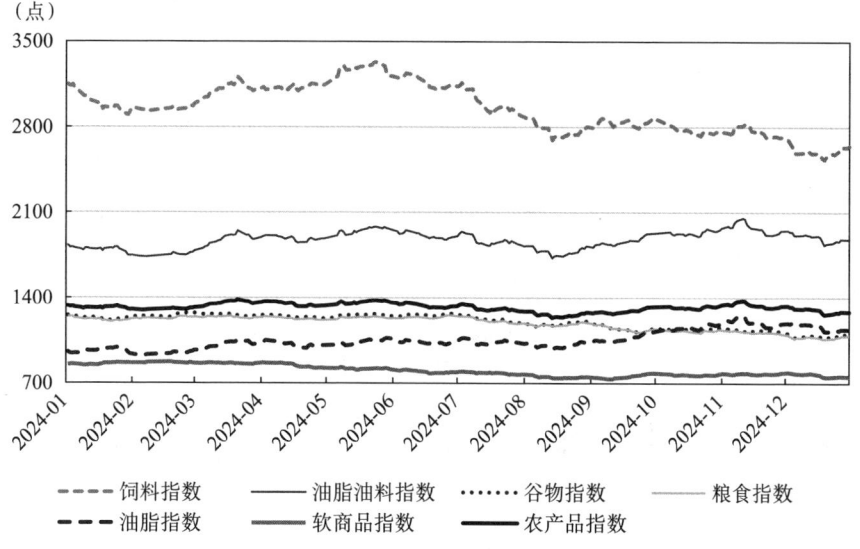

图 2-6-4 中证监控中国农产品期货指数及子指数走势

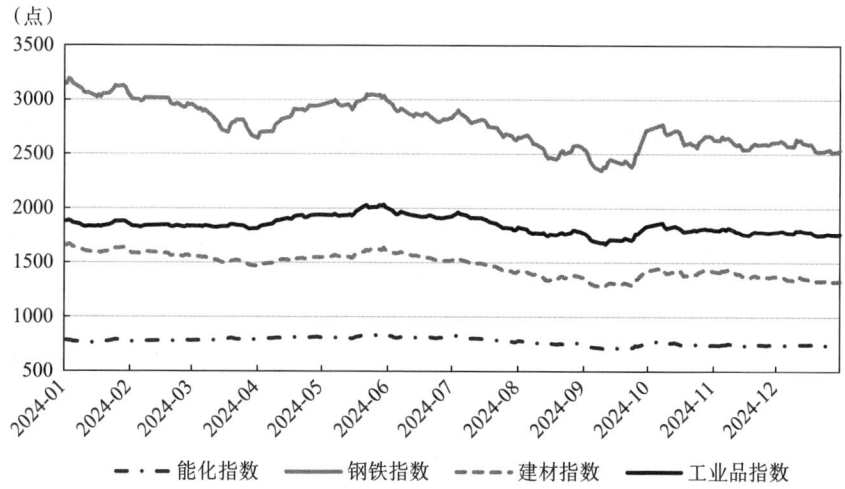

图 2-6-5 中证监控中国工业品期货指数及子指数走势

第三章
2024年中国期货市场提质创新情况

>>> 第一节　期货市场提质创新总体概况

2024年，中国证监会以习近平新时代中国特色社会主义思想为指导，全面贯彻落实党的二十届三中全会、中央经济工作会议、中央金融工作会议精神和新"国九条"部署，围绕提升金融服务实体经济质效，增加期货市场品种供给，提升市场运行质量，推动"保险+期货"常态化工作提质增效，促进风险管理和价格发现功能的有效发挥，为金融服务实体经济贡献期货力量。

一、拓展服务实体经济领域，继续推进期货市场建设

2024年，中国证监会围绕丰富服务实体经济载体，继续加大市场建设力度，积极稳妥有序推进新品种上市。一是持续健全期货期权品种体系，支持相关产业高质量发展。全年共上市期货期权品种15个，全市场期货期权品种达到146个，基本覆盖农产品、金属、能源化工、建材、金融、航运等国民经济主要领域。二是大力培育产业客户和机构投资者，改善期货市场投资者结构。持续推动商业银行、保险资金参与国债期货交易试点。中再资产管理股份有限公司已获准参与国债期货交易，拓展中长期资金参与期货市场。加强与国务院国资委沟通联络，共同指导期货交易所举办中央企业期货及衍生品风险管理培训班3期，面向地方国企、上市公司、龙头企业、行业机构等各类产业客户培训328场，涉及8 000余家企业，超过 2 万名学员。

二、做精做细现有品种，服务实体能力进一步提升

2024 年，中国证监会指导期货交易所持续做精做细现有品种，不断提升期货市场运行质量，更好地服务实体经济发展。结合现货实际，完善品种规则和合约设计，持续优化品种运行。调整螺纹钢、黄金、工业硅等期货的交割质量标准，引入白糖期货免检品牌，增加 PTA 期货保税交割方式，优化焦煤品牌交割制度，对部分高品质的品牌焦煤给予升水；调整碳酸锂期货最小变动价位，调整烧碱、对二甲苯、碳酸锂期货限仓规则；优化交易所做市商相关规则，完善对做市商实施手续费减免和激励的制度依据，保障做市业务稳定性，促进做市商更好服务期货市场功能发挥。

三、保障期货市场平稳运行，助力实体经济稳健发展

2024 年以来，受地缘政治冲突、美联储货币政策调整等多种不确定因素叠加影响，部分大宗商品价格波动加剧，中国证监会持续保障期货市场平稳运行，助力实体经济稳健发展。

一是及时有效强化期货市场监管，加强期现联动监管。对大宗商品价格走势和风险点进行研判，针对部分大宗商品价格波动加大、成交有所放大的情况，统筹各期货交易所及时采取风控措施。2024 年，在 33 个主要大宗商品品种上采取了提高手续费标准、保证金水平、涨跌停板幅度、收紧限仓水平等措施共计 103 次，保障期货市场稳定运行。重点关注重要农产品、基础性能源、战略性矿产等重要大宗商品，严防过度投机。继续加强与国家发展改革委、农业农村部等宏观政策管理部门沟通，协同采取措施，助力保供稳价。

二是协调各期货市场参与方制定并落实支持行业发展的举措，发挥行业作用，助力中小企业应对成本大幅波动，持续提升期货风险管理公司服务实体企业能力。《国务院办公厅关于进一步加大对中小企业纾困帮扶力度的通知》（国办发〔2021〕45 号）《"十四五"促进中小企业发展规划》明确提出，"推动期货公司为中小企业提供风险管理服务，助力中小企业运用期货套期保值工具应对原材料价格大幅波动风险"。2024 年，期货风险管理公司通过大宗商品风险管理业务，助力解决中小企业采购成本快速上涨、供销不畅、融资困难等痛点、堵点问题。截至 2024 年底，行业全年现货贸易购销总额 5 249.09 亿元，同比增长 3%。其中，累计服务中小微企业 35 065 家次，占比 67%；约定购回业务规模 159.55 亿元，同比减少 15%，已完结业务累计为客户提供资金支持 79.71 亿元。其中，服务中小微企业 818 家次，占比 74%；含权贸易全年累计规模 68.65 亿元，与上年基本持平。其中，累计服务中小微企业 419 家次，占比 67%。

四、持续开展"保险+期货",助力产业发展推动乡村全面振兴

2024年,中国证监会深入贯彻服务乡村全面振兴,持续开展"保险+期货"常态化工作,稳步推动"保险+期货"提质增效,稳步扩大覆盖区域,进一步提升惠农保障力度。全年指导上期所、郑商所、大商所在我国26个省(区、市)开展192个"保险+期货"项目,涉及天然橡胶、白糖、棉花、苹果、红枣、花生、油菜籽、大豆、玉米、生猪等10个品种,保障现货规模172.87万吨,承保土地面积964.35万亩,为65.18万农户提供了价格和收入保障,在促进乡村产业发展、助力乡村全面振兴方面发挥了积极作用。

第二节 期货交易所提质创新情况

一、上海期货交易所提质创新情况

(一)期货期权品种创新

1. 2024年上市品种

上期所9月2日上市铅、镍、锡和氧化铝期权。在前期已上市铜、铝、锌期权的基础上,本次上市了4个有色金属期权,实现了上期所有色金属板块期权全覆盖,更好服务有色企业风险管理能力持续提升。截至2024年底,铅、镍、锡和氧化铝期权上市4个月,总体运行平稳,累计成交量341.13万手,累计权利金成交金额120.99亿元,年末持仓23.30万手。

2. 其他推进品种

铸造铝合金方面,已基本完成期货合约业务规则设计及市场论证、技术系统建设、品牌认证注册及交割仓库遴选等工作。

胶版印刷纸方面,为完善造纸产业链期货风险管理体系,增强"上海纸"全球价格影响力,做好绿色金融大文章,推动传统造纸产业加快向新向绿,服务造纸产业绿色制造新要求,赋能现代商贸流通体系,助力建成全国纸张统一大市场,上期所加快推进胶版印刷纸期货及期权上市工作,已基本完成期货和期权合约业务规则设计及市场论证、技术系统建设、品牌认证及交割库遴选等工作。

(二)修改合约规则

深耕现有品种,根据新国标修订铅、黄金、铝、螺纹钢、线材共5项期货合约,

平稳有序完成螺纹钢、线材新老国标转换工作。

推出套期保值交易手续费优惠政策。为切实降低产业客户通过期货市场进行风险管理的成本，吸引产业客户积极参与期货市场进行套期保值，2024年推出套期保值交易手续费优惠方案，自2024年7月22日交易起，对上期所和上期能源已上市的全部品种实施套期保值交易手续费减半优惠政策。

优化做市业务制度方案。2024年，上期所修订《做市商管理办法》，发布《做市商业务指南》，并对做市安排分品种实施精细化、差异化管理，保障期货合约连续性改善效果。现有14个品种基本实现连续活跃，其中，镍、锡、原油等11个品种的主力合约逐月轮转，黄金、白银品种对标国际市场的主力合约双月轮转。

加强做市商管理，提升市场服务质量。一是持续开展做市商检查、资质年审等工作，强化监督管理，维护合规做市氛围。二是优化做市商评价方案，客观、准确、全面地反映做市商的市场贡献，鼓励做市商之间良性竞争。三是依据做市商排名评价结果开展招募和淘汰工作，扶优助强，在竞争中提升做市商队伍的整体实力，保障做市效果。

（三）优化交割模式

1. 丰富交割资源，优化交割布局，交割运行平稳有序

上期所根据产业变化及市场实际需求，动态优化交割库布局，丰富交割资源。2024年全年，上期所（含上期能源）共有指定交割仓库（厂库）135家、存放点275个、478个境内外注册与认证品牌。2024年新增14家指定交割库、37个存放点，新增38个注册与认证品牌。

2. 发布提升交割仓库质量三年计划，提升交割库质量

5月6日发布实施《提升上海期货交易所交割库质量三年行动计划（2024—2026）》，加强交割库监管，探索交割库风险综合评估机制，优化分类评估考核机制，优化交割库结构，推动交割库优胜劣汰，全面提升交割库质量。

3. 探索推进交割机制创新，提升交割便利性和交割安全度

5月13日发布《上海期货交易所集团交割业务管理办法》，建立交割风险分层承担机制，压实集团总部兜底责任，实现交割业务集团化管理试点运行。研究推进石油沥青集团交割业务规则、仓单串换模式等。持续推动《钢材交割厂库制度》优化，完善钢材交割机制，丰富钢材注册品牌和优化交割仓库与厂库的全国布局，提升钢铁期货品种交割便利性。

4. 持续输出品牌注册"上海标准"

依托"一带一路"重要贸易集中地优势，扩大境外注册品牌资源，完成印度尼西亚永旺和瑞浦不锈钢品牌注册，完成诗董股份、苏南橡胶和KM公司20号胶品牌注册。

5. 科技赋能提升交割监管效能

应用"数字金融"场景推进智慧仓储一期项目试点库建设，首次应用交割业务管理系统对交割库开展线上年度审计，推动约30家有色金属仓库对接有色金属数据系统项目，覆盖70%有色金属仓单货物货值。

二、郑州商品交易所提质创新情况

（一）期货期权品种创新

1. 2024年上市品种

6月21日上市红枣期权、玻璃期权，与相关期货品种工具一起，为实体企业提供更加精细、灵活的风险管理工具。8月30日、12月27日分别上市瓶片期货和期权，丰富聚酯产业链风险管理工具，满足产业企业多样化、个性化的避险需求。

2. 申请注册品种

郑商所已提交丙烯期货和期权注册申请，正积极推进注册流程。

3. 其他推进品种

一是持续推进已立项葵花籽油、鸡肉、大蒜、马铃薯等品种研发工作。深入分析葵花籽油国际贸易路径演变和大食物观背景下我国肉鸡产业发展形势，持续跟踪现货市场变化，完善合约规则；开展大蒜现货质量摸底检验，制定鸡肉解冻失水率、马铃薯肉色检测和分级、大蒜等级规格等检验标准，填补行业空白，解决交割质检难题。二是深化指数开发工作。在工信部指导下，与中国光伏行业协会独家开展光伏组件现货价格指数编制合作，市场份额超65%的光伏组件企业已实现数据接入，目前指数已内部试运行并持续向工信部等报送运行情况。郑州至上海冷链物流运价指数正式发布，参与制定国家标准《冷链物流统计体系标准》，推动交通运输部公路科学院将指数纳入国家道路运输价格监测体系。

（二）修改合约规则

1. 调整玻璃交割品名称

跟进玻璃新国标《中华人民共和国国家标准平板玻璃》（GB 11614—2022）的更新内容，更新玻璃业务细则中引用的国标编号，将交割品名称由一等品变更为普通级，贴合现货市场需求。

2. 调整棉纱交割品范围、交割单位等相关细则

4月16日，郑商所发布公告修订棉纱多项业务细则，涉及扩大棉纱期货交割品范围和交割单位，优化基准交割品及替代交割品质量指标及升贴水、延长仓单有效期等。此次修订扩大了可供交割量，降低了交割成本，方便棉纺织企业利用棉纱期货管理风险，得到了产业链企业的认可。

3. 增加挂牌花生期货5月合约

为缓解花生期货市场合约空档期过长现象，6月3日起增加挂牌5月合约，逐步提高花生期货合约价格的连续性，同时优化车（船）板交割流程，提高交割效率。

4. 完善短纤期货基准交割品标准等相关细则

在短纤期货基准交割品规定中增加下沉时间指标，缩短仓单有效期，增加仓库交割方式，便利非厂库企业参与交割。

5. 调增对二甲苯、烧碱期货限仓标准

11月7日起，郑商所将对二甲苯期货四阶段限仓标准分别调增1 000手，将烧碱期货三阶段限仓标准由3 000手、500手、50手分别调整为4 000手、600手、100手，更好地满足企业套保需求，促进期货品种功能发挥。

6. 计划挂牌白糖系列期权合约

11月26日，郑商所发布公告将挂牌白糖系列期权合约。系列期权相较常规期权挂牌时间晚，存续时间短，覆盖了常规期权到期月份之外的月份，实现每月均有期权到期，有利于白糖产业精细化管理短期风险。

7. 调整上产季加工红枣的车（船）板交割时间等相关细则

12月12日郑商所发布公告，延长上产季加工红枣的车（船）板交割时间，增加新产季可供交割量；增加红枣内包装标志要求以及仓单注册人注册时的产品加工承诺，促进现货市场流通更加规范。

（三）优化期货交割

1. 扩展尿素、棉纱、纯碱交割区域，促进产业链循环畅通

一是郑商所在七省十地市新区域增设了2家尿素交割仓库、5家交割厂库、12个提货点，提高产业客户参与度，助力全国统一大市场建设和化肥保供稳价。二是为促进交割布局与现货贸易主流集散区紧密贴合，郑商所将棉纱交割区域扩大至广东佛山，并在佛山增设3家交割仓库。三是将纯碱交割区域扩大至天津、山东、江苏等产区，增设4家交割仓（厂）库，方便当地产业客户开展套期保值。

2. 优化棉花、白糖、苹果、纯碱交割制度，提升交割效率与市场服务质量

一是推动修订《期货交割棉质量公证检验工作规程》，延长新疆库棉花证书换证时间，便利新疆产业企业按需套保。二是引入白糖免检交割品牌制度，共设置6个免检品牌、9个免检品牌生产厂商，促进白糖交割降本增效。三是在苹果期货车（船）板交割流程中增加交割预报环节，为车（船）板服务企业组织高效交割工作提供抓手，提升苹果车（船）板交割效率。四是顺应产业和政策趋势，将纯碱生产型厂库由区域送货制改为固定提货点制。

3. 丰富PTA保税交割方式，创新出口型车船板交割制度

将车船板制度引入保税交割规则体系，在以进口费用计算出的保税交割结算价基础上增加出口型车船板保税结算价，在出口环节增加买方交割意向，进一步吸引境外客户参与。

4. 加强金融科技建设，助推交割业务提质增效

一是增加厂库仓单注册智能识别录入功能，提升业务办理效率。二是深化交割

智慧监管平台建设，推广平台覆盖范围至厂库和车（船）板服务企业，做好仓库监管数据接入工作，完善对仓单数量、存储、货权的全方位监管，提升监管效能。

三、大连商品交易所提质创新情况

（一）期货期权品种创新

1. 2024年上市品种

8月23日上市鸡蛋、玉米淀粉和生猪期权，与相应期货品种和豆粕、玉米等期货期权工具一起，为相关产业提供覆盖原料和产品、期货和期权的更完整的衍生品工具链条。

11月18日、19日先后上市原木期货和原木期权，为市场提供灵活的套保工具和丰富的交易策略。

2. 申请注册品种

10月，提交纯苯期货和期权注册申请。

3. 其他推进品种

开创温度指数应用先河，推动落地湖北蕲春茶叶等7个"温度指数（保险）+衍生品"试点项目，涵盖水产养殖、经济和主粮作物种植、电力销售等多个领域，通过保险公司设计挂钩温度指数的保险产品为农户赔付高/低温风险的损失，为产业提供480万元的风险保障。通过挂钩温度指数的衍生品与喜高/低温的机构或产业主体成交，开创了温度衍生品在农业、能源等实体领域应用的先河，应用案例获选首批中国气象局"气象数据要素×"典型案例，得到了行业专业的认可和中央媒体的广泛关注。

（二）修改合约规则

1. 调整黄大豆1号期货蛋白质指标、折算系数等相关要求

4月30日发布公告，对黄大豆1号期货交割质量标准中的粗蛋白质含量指标名称、折算系数和卫生要求等内容进行相应调整。修改后的标准将自A2505合约起施行。

2. 调整鸡蛋期货车板交割新鲜度指标检验相关规则

近年来，随着鸡蛋交割客户对新鲜度指标检验更为熟练，为顺应产业客户要求，大商所调整了鸡蛋期货车板交割新鲜度指标检验相关规则，将原规则中对全部样品进行哈氏单位检验，调整为抽样检验。

3. 玉米淀粉调整交割品包装规格

根据玉米淀粉行业集中度的提高、主流包装规格中大包装占比不断提高的新情况，2024年11月大商所发布玉米淀粉交割品包装规格调整方案，不再将交割品包装规格限制为40千克或830千克，而是由厂库和提货方协商。若协商不成，提货方可以在厂库提供的1~3种兜底包装规格中选择。12月2日起在新注册的仓单上实施。

4. 优化调整期权合约挂牌规则

6月21日，大商所发布《关于修改期权合约行权价格等条款的公告》，自2024年8月2日结算时起，修改后的"近密远疏"期权合约挂牌规则正式施行。对于近6个自然月对应的期权，按照现有行权价格间距挂牌合约；第7个及随后自然月对应的期权合约，按照2倍于现有行权价格间距进行挂牌。这一调整大幅减少了远月期权合约数量，聚拢了流动性，为市场各方提供了更多参考。

5. 计划推出豆粕和玉米系列期权

12月20日，大商所发布合约规则修改公告，计划以豆粕和玉米为试点，推出系列期权合约。系列期权挂牌时间更晚、到期时间更早、存续期更短，增挂系列期权后，两个品种的到期月份均将补齐到12个月。

（三）优化交割模式

1. 优化生猪交割区域升贴水设置，便利企业参与交割

5月发布公告，根据现货市场变化及各区域价差变化，全面调整生猪期货交割区域升贴水，便利产业企业参与期货交割和开展风险管理，保障生猪期货交易、交割平稳运行。同时，为交易所在全域继续增设交割库、扩充交割资源、拓展生猪期货服务产业范围奠定了基础。

2. 紧跟国家战略导向优化铁矿石交割布局，助力国产矿参与交割

2024年大商所将铁矿石交割地点由传统港口拓展至国产矿龙头鞍钢矿业坑口及国产混矿龙头五矿曹妃甸厂区，大幅提升国产矿及国产混矿交割便利性。相比于港口交割，坑口设库更符合国产精粉贸易流向，有利于降低其交割成本，提升产业链企业参与期货市场的积极性，并通过发挥交割库"以点带面"作用，拓宽交割服务范围，便利更多区域钢铁企业参与期货市场。

3. 扩大PVC交割区域，助力期货服务实体经济能力提升

2023年10月大商所公布将PVC交割区域从华东、华南扩展至天津、山东，并自V2410合约启用。自V2410新增交割区域启用以来（截至2024年底），天津、山东累计设立2家仓库、4个集团库分库、2家厂库，合计库容13万吨，占总库容的23.42%，累计生成仓单1 333手，占比12.07%。

4. 扩大焦煤可供交割资源，完善内陆交割中心布局

在焦煤品种上，大商所将河北省邢台、邯郸的指定交割仓库升贴水设置为升水，自JM2406合约起开始实施。目前，区域内龙头企业冀中能源已经成为大商所交割库，便利当地企业参与期货市场。

5. 调整生猪交割方式，提升交割效率

9月，为贴近现货贸易习惯，在原有称重方式基础上，大商所在生猪交割中引入整车过磅称重方式，有效提高了交割效率。

6. 持续扩大集团交割覆盖范围

6月、9月和12月，相继在聚丙烯、线型低密度聚乙烯等5个能化品种及黄大豆1号和焦煤期货上实施集团交割，充分发挥大型集团资质好、网点多的优势，扩大交割区域，增加可交割资源，提升交割仓库抗风险能力。

7. 焦煤期货实施品牌交割制度

近年来，受供需格局变化等因素影响，焦煤价格波动频繁，煤炭、钢铁等产业链企业在参与期货市场时对交割优质煤的呼声较高。通过厂库标准仓单方式，大商所在焦煤品种上增加了品牌交割制度，通过对质量稳定、市场认可度高、生产厂家信用好的焦煤设置品牌升贴水，进一步提高焦煤期货交割品的品质稳定性和龙头企业参与度。

8. 推进数字化交割仓库建设

一是推进数字仓单系统建设，全品种实现仓单编号模式，完成仓单增加集团库名称标记，通过在仓单上添加集团库名称，方便对仓单的管理和追踪，优化配置资源。二是完成数字仓单二期项目一阶段测试与上线，开展二阶段测试。三是开展交割业务审批优化项目。通过预报、仓单审批优化，将业务审批效率提升50%，并对关键参数实行双岗复核、操作留痕查询等防范操作风险。

四、中国金融期货交易所提质创新情况

（一）股指期货、期权市场运行平稳，功能逐步发挥

2024年，股指期货市场运行平稳，成交持仓规模稳中有升，机构投资者逐步扩大参与，持仓稳步增加。2024年股指期货市场机构投资者日均成交和日均持仓占比分别超50%和70%，与2023年基本持平，其中，年金、公募基金、保险资管等中长期资金参与股指期货的程度较2023年有所提升。

2024年，股指期权成交持仓规模稳步增长。股指期权自上市以来，机构投资者运用股指期权进行风险管理、资产配置等需求逐步增加。2024年股指期权市场机构投资者日均成交和日均持仓占比均接近70%，持仓占比较上市时提升约10个百分点，机构投资者参与深度有所提升。

（二）国债期货市场运行总体平稳规范，市场功能日益深化

2024年，国债期货市场运行总体平稳。国债收益率整体震荡下行，国债期货价格跟随现券价格走势震荡上涨，2年、5年、10年、30年期国债期货与对应现券的价格相关系数分别为97.51%、99.54%、99.86%、99.80%。财政政策适度加力，国债发行规模提升，并于5月启动1万亿元超长期特别国债发行。中金所第一时间将30年期特别国债纳入国债期货可交割券范围，有力支持了特别国债的发行。国债发行过程中，承销团成员运用国债期货进行套期保值，增强债券承销能力。地方债是落实积极财政政策的重要抓手，在促进地方基础设施建设、稳定区域经济方面发

挥着重要作用。近年来，我国地方债发行规模显著扩大。中金所积极加强与地方政府、市场机构等的联动和协同，主动服务投融资对接，助力承销团成员运用国债期货管理地方债波动风险，服务地方债顺利发行。

五、广州期货交易所提质创新情况

（一）期货期权品种创新

1. 2024年上市品种

广期所于12月26日、27日上市多晶硅期货及期权，首次推行注册品牌制度。多晶硅期货是全球首个半导体材料期货产品，也是光伏产业链核心原材料首个期货产品。多晶硅期货合约设计充分考虑了实际现货市场，创新设计业务机制。一是贴合现货流通中品牌意识较强的情况，在多晶硅期货品种上首次推行注册品牌制度，将产品质量较好、市场认可度较高的多晶硅品牌确定为交割免检品牌，促进期现市场融合。二是基于多晶硅产品检测难度大、费用高的特点，通过注册品牌、免检交割管理与留样制度，把牢交割品质量关。

2. 其他推进品种

一是加快推进铂钯、氢氧化锂及商品板块指数期货的研发。铂钯已具备注册条件，氢氧化锂已完成合约规则的设计。正在积极推进中证商品指数、能化指数、饲料养殖指数、钢厂利润指数等指数品种的研发工作。

二是稳步推进碳排放权、电力等战略品种研发，已具备立项条件。碳排放权方面，围绕全国碳排放权交易市场政策机制、境外自愿衍生品等开展专题研究，夯实品种研究基础，积极与国内外重点机构沟通交流，出席各类行业会议，营造良好舆论环境。电力方面，与多省能源主管部门、电网企业开展交流座谈，推动将电力期货市场建设写入国家能源局统筹、中国电力企业联合会编制的《全国统一电力市场发展规划蓝皮书》。

三是做好储备品种研发梯队建设，锚定服务绿色发展、服务粤港澳大湾区建设与服务"一带一路"倡议的大方向，进一步挖掘品种，推动航运、气象等创新类品种研发，2024年11月广期所与中央气象台联合发布"中央气象台—广期所"光伏气象指数。

（二）修改合约规则

1. 修订工业硅期货合约规则

为更好满足下游消费需求、提升服务光伏产业的能力，2024年4月12日，广期所优化了工业硅期货交割质量标准，新增部分微量元素指标要求，并根据基准交割品与替代交割品的现货价差变化情况修改了升贴水设置，推动期货定价基础回归到基准交割品，有助于维持盘面价格合理性，保障期货市场功能发挥。修改后，产业企业积极认可并接受新的交割标准，工业硅期货合约流动性显著提高。2024年工业硅新旧标准合约平稳过渡，首个新标准合约SI2412交割量创历史新高。

2. 修订碳酸锂期货合约规则

为顺应锂电产业发展和市场变化，提升期货市场服务锂电产业新质生产力发展水平，广期所于2024年12月6日发布修订碳酸锂期货合约及业务细则的公告，涉及交割替代品贴水、最小变动价位、限仓规则和保证金标准、交割预报定金、厂库滞纳金等内容，有利于降低替代品参与交割的门槛，加强市场风险防控，进一步提升碳酸锂期货市场运行质量。

（三）优化交割模式

从完善交割制度、提升服务质效等方面发力，保障全年交割安全零风险。全年累计完成89.67万吨仓单注册（包含集中注销免检再注册），累计交割量达71.37万吨，累计交割金额达201.11亿元，无交割违约发生。

1. 完善交割管理制度建设

在原有两项交割管理制度基础上，制定《广州期货交易所指定交割库年审工作办法》《广州期货交易所指定交割库现场检查工作办法》《广州期货交易所期货注册品牌管理规定》等规则，规范交割库常态化监管工作，全年完成工业硅、碳酸锂共33家交割仓库存放点现场检查，严守不发生交割风险事件的底线。

2. 推进交割服务"增点扩面"

全年总计新增11家交割仓库存放点、22家交割厂库，截至年末共有19家交割仓库（合计48个存放点）、43家交割厂库。一是批设新品种交割库，为多晶硅期货的交割业务做好准备工作。多晶硅期货上市前，贴合多晶硅现货贸易流通实际情况，批设7个交割仓库存放点、6家交割厂库。二是优化已有品种交割库布局，提升重点企业交割便利度和参与度。根据工业硅、碳酸锂产业格局的变化，调整工业硅、碳酸锂期货指定交割库，新增6家工业硅交割仓库存放点、10家工业硅交割厂库和6家碳酸锂交割厂库，进一步扩大交割服务半径。

3. 推动电子仓单及交割业务系统升级改造

一是优化系统仓单集中注销功能，有效规避仓单集中注销后免检再注册可能引发的盘面价格波动与舆论风险。二是推进品牌交割电子仓单系统改造，打通品牌交割免检注册系统流程。三是完善现有仓单业务流程，上线会员仓单流转业务界面、仓单编号分页展示及多选功能，提升会员端体验和业务办理效率。

4. 开展碳酸锂期货免检品牌创新

积极探索碳酸锂期货品牌管理路径，以引入免检品牌为起点稳慎推进，形成免检品牌征集和管理方案，并启动了首批免检品牌的征集。引入免检品牌，有助于简化企业交割流程，提高市场运行效率，进一步提升碳酸锂期货服务实体经济的质效。

2024年中国期货市场创新情况见表3-2-1~表3-2-3。

表 3-2-1　　　　　　　　2024 年各期货交易所期货、期权品种创新情况

交易所	2024 年上市品种
上期所	铅、镍、锡和氧化铝期权
郑商所	红枣期权、玻璃期权、瓶片期货、瓶片期权
大商所	鸡蛋、玉米淀粉和生猪期权，原木期货和期权
广期所	多晶硅期货和期权

表 3-2-2　　　　　　　　2024 年各期货交易所修改合约规则情况

交易所	修改合约规则
上期所	修订铅、黄金、铝、螺纹钢、线材交割品
	推出套期保值交易手续费优惠
	优化做市业务方案，加强做市商管理
郑商所	调整玻璃交割品名称
	调整棉纱交割品范围和交割单位等相关细则
	增加挂牌花生期货 5 月合约
	完善短纤期货基准交割品标准等相关细则
	调增对二甲苯、烧碱期货限仓标准
	计划挂牌白糖系列期权合约
	调整上产季加工红枣的车（船）板交割时间等相关细则
大商所	调整黄大豆 1 号期货蛋白质指标、折算系数等
	调整鸡蛋期货车板交割新鲜度指标检验相关规则
	调整玉米淀粉交割品包装规格
	优化调整期权合约挂牌规则
	正在以豆粕和玉米为试点推动系列期权合约
广期所	修订工业硅期货交割质量标准
	修订碳酸锂期货交割替代品贴水、最小变动价位、限仓规则和保证金标准、交割预报定金、厂库滞纳金等规则

表 3-2-3　　　　　　　　2024 年各期货交易所优化交割模式情况

交易所	优化交割模式措施
上期所	发布提升交割仓库质量三年计划
	发布《上海期货交易所集团交割业务管理办法》
	推动《钢材交割厂库制度》优化
	推进智慧仓储一期项目试点库建设
	推动有色金属数据系统项目建设
郑商所	扩展尿素、棉纱、纯碱交割区域
	优化棉花、白糖、苹果、纯碱交割制度
	丰富 PTA 保税交割方式，创新出口型车（船）板交割制度
	加强金融科技建设，助推交割业务提质增效

续表

交易所	优化交割模式措施
大商所	优化生猪交割区域升贴水设置
	拓展铁矿石交割地点至鞍钢矿业坑口及五矿曹妃甸厂区
	扩展PVC交割区域至天津、山东
	调整焦煤邢台、邯郸指定交割仓库升贴水,增设冀中能源为指定交割库
	引入生猪期货交割整车过磅称重方式
	对聚丙烯、线型低密度聚乙烯等5个能化品种、黄大豆1号和焦煤期货实施集团交割
	增加焦煤品种品牌交割制度
	推进数字化交割仓库建设
广期所	完善交割管理制度建设,规范交割库常态化监管工作
	批设新品种交割库,优化已有品种交割库布局,扩大服务半径
	推动电子仓单及交割业务系统升级改造
	开展免检品牌创新

>>> 第三节　场外市场建设发展情况

一、期货交易所场外平台建设情况

(一) 上海期货交易所场外平台建设情况

上期所构建"安全、高效、规范"的全产业链服务平台,保障产业链和供应链的稳定和安全。上期综合业务平台(以下简称"平台")从完税标准仓单起步,逐步向延伸仓单、保税标准仓单、场外衍生品领域发展,积极拓展期货市场服务实体经济的深度和广度。

2024年,平台不断完善功能,上线了丁二烯橡胶品种完税标准仓单交易、燃料油品种保税标准仓单交易业务。平台新增签约交易商54家,累计签约交易商739家。其中,产业链企业占比21%,贸易商占比66%,期货公司风险管理子公司占比11%,金融机构占比2%。

2024年,平台保税标准仓单交易业务规则增加质押业务章节,为保税标准仓单质押业务落地提供制度保障。目前,保税标准仓单的质押(解质押)申请、仓库审核、海关审核、银行审核的全流程均在上期所系统中完成,大幅简化了业务环节各参与方的操作流程,提升了操作便利性。

2024年,为更好服务实体经济,平台推出浙油中心报价专区基差报价功能。浙油中心报价专区基差报价品种为燃料油、天然橡胶、石油沥青、原油。基差报价可以进一步提升油气产业企业的风险管理水平，使实体企业上下游利用期货定价、开展基差贸易更为便利，从而充分发挥期货市场价格发现功能，促进了期货市场与现货市场的价格联动。

（二）郑州商品交易所平台建设情况

郑商所综合业务平台旨在探索期货市场服务实体经济的新途径、新方式，平台主要功能是为仓单交易、期现结合业务、衍生品业务提供交易、结算、交收等服务，更好地满足实体企业多元、灵活的风险管理需求，实现机构间的互联互通，让交易更加安全、高效和规范。

2024年，综合业务平台稳慎推进平台运维工作，完成仓单交易、场外期权登记等优化升级准备工作，平台总体运行安全平稳。本年平台新增客户75家，累计客户数888家。

截至2024年底，综合业务平台已上线白糖、棉花、PTA、甲醇、菜籽油、菜籽粕、玻璃、硅铁、锰硅、尿素、红枣、动力煤、短纤、纯碱、棉纱15个品种的标准仓单交易业务和白糖、菜籽油、菜籽粕、花生、苹果、红枣、尿素、PTA、甲醇、短纤、硅铁、锰硅、纯碱、玻璃14个品种的基差贸易业务，已覆盖郑商所全部活跃的期货品种。2024年标准仓单交易业务成交32.69万吨，成交金额39.2亿元，基差贸易业务成交18.06万吨，成交金额11.93亿元，其中，"泛糖专区"基差贸易成交17.80万吨，中华棉专区基差贸易成交2 566.63吨。

（三）大连商品交易所平台建设情况

2024年，大商所场外市场覆盖22个期货品种，成交量157万吨，成交金额64亿元，在促进期现价格融合、推动产业运用期货工具、充分发挥期货市场功能方面起到积极作用。

1. 期转现业务助推期现深度融合

2024年，大商所期转现业务成交量12万手，涉及现货交易121万吨、46亿元，覆盖了17个期货品种，各板块龙头企业、大型供应链集团等300多家企业积极参与。期转现业务在协商交割、基差点价、期现货同步处理等方面得到了广泛应用。

期转现业务在增强期货市场与现货流通领域的联系，促进期现货市场货物融通、价格融合与参与者融汇三方面发挥了重要作用。在促进期现货物融通方面，协商交易支持更多非标准交割品进入期货市场体系，扩大了期货市场的交割资源范围，促进了期现货源流通、串换。在促进价格融合方面，使更多企业能够通过基差贸易的方式以期货价格为现货进行定价，进一步促进了期货与现货价格之间的相互传导，形成更为科学合理、健全有效的价格体系和价格网络。在促进参与者融汇方面，大商所积极与交割仓库、合规现货交易平台以期转现为基础实现对接合作，使产业客户在现货交易、仓储物流中快速链接到期货市场，提升期现货市场对接效率，使各类参与者能够较便利地同时利用期货和现货市场配置资源、管理风险。

2. 联动点价助力实体企业推广基差贸易

大商所于 2023 年在企业基差交易专区中创新提供期现联动点价和期现报表合并计算功能。联动点价功能支持客户在下达点价指令时，同步触发期货交易指令，可以解决线下点价效率不高、不便利的问题，使点价过程更加公开、透明。期现报表合并计算功能，能够作为跟踪套期保值效果、进行会计处理的依据，有助于减轻企业业务部门套期保值的解释压力。2024 年，大商所持续优化联动点价功能，满足不同场景下的点价需求。截至 2024 年底，企业基差交易专区利用联动点价累计开展 59 笔基差交易，涉及现货 5.25 万吨，联动期货交易 2.1 万手。联动点价功能在提升基差贸易效率，助力产业稳定产品供应，实现产业链期现高效协同等方面发挥了积极作用，吸引了更多龙头企业参与。

3. 与指定交割库合作夯实期现联动基础

为进一步夯实期现联动基础，便利实体企业实现期货头寸和现货头寸的有序衔接和转换，2024 年大商所探索期现结合业务与指定交割仓库对接合作试点，与乙二醇交割库张家港保税区长江国际港务有限公司的现货管理系统开展信息交互和业务联动，一方面实现了期转现业务与现货交收功能的联动，实现期货交易、现货交收和货款收付的同步处理，一站式为客户提供完整的期现结合业务服务，提升产业客户的现货交易、仓储物流与期货市场的对接效率，降低交易成本；另一方面也有助于发挥指定交割仓库在现货交收方面的信息优势，通过信息交互进一步夯实期现联动监管基础，提升现货贸易信用水平。

2024 年各期货交易所场外平台情况见表 3-3-1。

表 3-3-1　　　　2024 年各期货交易所场外平台覆盖品种、成交规模情况

交易所	覆盖品种（个）	成交规模	
		成交量（万吨）	成交额（亿元）
上期所	19	65.52	609.49
郑商所	15	50.75	51.13
大商所	22	157	64

二、中国期货市场监控中心场外数据中心建设情况

（一）将场外衍生品数据要素相关国际标准、技术指引中国化，相关金融行业标准正式发布

国务院办公厅转发的《关于加强监管防范风险促进期货市场高质量发展的意

见》（国办发〔2024〕47号）提出，"健全资本市场领域交易报告库，建立统一规范的机构、产品、交易识别体系，提高数据质量和可用性，推进报告库间数据互通，为强化系统性风险监测监控提供支撑"。为此，中国期货市场监控中心在中国人民银行科技司和中国证监会科技司、期货司指导下，会同中国外汇交易中心、上海清算所、中证机构间报价系统公司等境内场外衍生品领域相关金融基础设施，将支付和市场基础设施委员会（CPMI）、国际证监会组织（IOSCO）联合发布的关于唯一产品识别码（UPI）、唯一交易识别码（UTI）、其他关键数据要素（CDE）等三部技术指引，分别转化为我国金融行业标准，并于2024年9月由中国人民银行、中国证监会联合正式发布。数据要素标准化将从源头上提升场外衍生品交易报告的数据质量。

（二）强化信息披露，提升场外衍生品市场透明度，促进交易报告库功能发挥

"提升场外衍生品市场透明度、防范系统性风险、防止市场滥用"，是设立交易报告库这一新型金融基础设施的初衷。中国期货市场监控中心面向金融管理部门、市场参与者、公众等三类主体履行信息披露职能，既是服务监管的辅助监管机构，也是服务市场的金融基础设施。在服务公众方面，中国期货市场监控中心持续做好周度信息披露工作，2024年累计发布信息48期。将商品类衍生品的市场结构数据进一步细分至农产品、能源化工、有色金属、黑色金属等板块，以更好反映期货风险管理公司场外衍生品业务在服务农业强国、制造强国建设等领域的质效。在服务交易者方面，2024年中国期货市场监控中心多次收到实体企业的数据查询需求，并积极响应，高效完成数据查询及信息反馈。

三、期货风险管理公司场外衍生品业务服务实体企业情况

实体企业是期货风险管理公司场外衍生品业务服务的第一大客户群体。2024年，期货风险管理公司累计服务实体企业5 256家，同比增加32%，占期货风险管理公司服务总客户数的66%。实体企业多为中小微企业，中小微企业数量5 220家，占比99.3%。同期，期货风险管理公司与实体企业累计开展场外衍生品交易57.7万笔，涉及名义本金1.6万亿元，分别同比增长78.1%、8.8%。2024年底，期货风险管理公司与实体企业的场外衍生品交易持仓名义本金为1 251.4亿元，占期货风险管理公司总持仓的37.5%。

第四章
2024年中国期货市场监管及自律情况

>>> 第一节 期货市场监管概况

2024年,中国证监会坚决贯彻落实党中央、国务院决策部署,完整准确全面贯彻新发展理念,在期货监管工作中统筹协调,充分发挥期货市场"五位一体"监管合力,综合施策、分类指导,有力促进期货市场平稳运行和高质量发展。

一、完善期货市场规则体系,夯实市场发展制度基石

2024年,中国证监会研究修订了《期货公司监督管理办法》,完善行业机构和从业人员监管制度,不断增加期货市场法制供给。完善品种规则和合约设计,持续优化品种运行。

二、加强预研预判和监控监测,维护期货市场平稳运行

2024年以来,受地缘政治冲突、美联储货币政策调整等多种不确定因素叠加影响,部分大宗商品价格波动加剧,中国证监会及时加强预研预判和市场监测监控,指导各期货交易所及时采取风控措施,坚决抑制过度投机,取得明显效果,有力维护了期货市场平稳运行。同时，强化期货市场日常监管，及时有效应对市场风险，对大宗商品价格走势和风险点进行研判，统筹各期货交易所及时采取风控措施。坚持"零容忍"，严厉打击违法违规行为，全年各期货交易所共处理异常交易行为1 578次，发现违规线索271条，自律处罚136起。加强期货公司风险监管指标日常监测，完成期货公司监管综合系统（FISS）重构工作，进一步丰富风险监测指标体系，促进监管效能提升。加强科技监管，持续推进期货监管系统建设，提升智能化监管能力。

三、积极防控行业风险，稳妥推进个案风险处置

2024年，中国证监会持续强化期货公司风险防控，组织各派出机构从股权穿透、下属机构管控、资管业务、金融产品代销、互联网营销、信息技术系统等方面入手，开展全行业风险排查。同时，针对风险排查发现的问题，"一司一策"推动问题整改，稳妥有序做好和合期货有限公司风险处置工作。完善预防预警监测机制，进一步优化制度规则，持续督促期货公司稳健合规运作。

>>> 第二节　期货市场监测监控情况

2024年，中国期货市场监控中心认真贯彻中央金融工作会议和2024年中央经济工作会议精神，切实肩负起建设金融强国的历史重任，主动融入新"国九条"战略实施大局。锚定建设安全、规范、透明、开放、有活力、有韧性的资本市场总目标，紧紧抓住强监管、防风险、促高质量发展这条主线，通过科技赋能持续提升保证金安全监测监控、经营机构监测监控、市场监测监控、场外衍生品监测监控质效，不断健全内控管理机制，切实提升服务监管、服务市场、服务实体经济效能，助力期货市场高质量发展。

监管履职方面，一是切实做好期货开户管理。全年期货开户业务平稳有序运行，截至12月底，全市场有效客户259.09万个，再创历史新高。二是持续做好期货保证金监控预警工作，有效保障客户资金安全，发布《2023年度保证金监控预警年报》，助力期货公司提升合规水平。三是切实提升研究分析质量。完成和上报各类研究报告近200篇，为出台监管政策提供决策依据。四是全力做好交易者保障基金管理。

风险控制方面，一是持续高效做好日常监控监测，为监管决策提供有力支持。二是全面提升品种监测和风险研判效能，建立跨期现产业链联动监测体系。三是加强重点客户群体交易行为监测，为风险防控处置提供决策依据。四是加强跨境跨市场金融期货监控。五是认真做好期货市场经营机构监测监控，启动新一代FISS系统二期建设，提升监测的智能化水平。

系统运行方面，一是统筹规划引领，力推数字化转型新跃升。以"数据让监管更加智慧"为愿景，以"看得清、管得住"为目标，大力推进监测监控数字化转型，发挥数据集中要素禀赋优势，稳步提升辅助监管数字化智能化水平。二是技术业务融合，加速助跑系统建设。快速适应业务模式创新，践行全面强化"五大监管"要求，跟进监管转型，高效推动中国期货市场新一代监测监控系统、数据治理和数据中台协同建设工作。为"五位一体"监管提供有力支持。三是信息安全护航，筑牢"防火墙"。统筹发展与安全，全面排查核心基础设施和技术系统风险，进一步提升生产环境监控巡检、应急响应等运维水平，建立风险跟踪机制。

业务发展方面，一是持续完善交易报告库（TR）建设。推动数据要素标准化工作，完善交易报告库数据校验机制，提升数据质量。二是积极服务期货市场创新发展。支持期货公司做优做强，优化开户配套指引。三是加强期现联动监测。通过"引进来"方式，深入开展"维护国家粮食供应链安全，服务大豆振兴计划"专项调研，完成调研报告，拓宽监测视野。四是提升市场监测分析研判能力。利用挖掘大数据、运用模型及人工智能，对市场痛点及难点进行规律性、趋势性和结构性分析，提升综合研判能力。

第三节 期货交易所自律监管情况

一、上海期货交易所自律监管情况

2024年，上期所深入贯彻落实习近平总书记考察上期所重要指示精神和党中央决策部署，坚持把强监管、防风险作为高质量发展的重要保障，不断提升监管适应性、针对性，强化一线监管，严厉打击违法违规行为，切实保护投资者合法权益，保障市场平稳运行。

（一）加强一线监管力度，切实维护市场交易秩序

1. 加强预研预判，防范化解风险

上期所持续加强各品种运行风险的预研预判，保障市场的稳定运行。针对存在风险隐患的品种，做好跟踪、摸排和分析，重点对交割月合约运行风险进行持续跟踪监测，保障期现价格正常收敛。

2. 紧抓交易本质，强化实控排查

面对大宗商品价格波动，上期所持续加强实控关系账户排查，做好相关自律监管工作。

3. 打击违法违规，维护交易秩序

重点监控排查涉嫌违规的影响期货价格形成机制、扰乱市场秩序、从业人员损害企业合法权益的行为。处理异常交易行为484起，对15起案件23名客户执行了自律处分。

（二）充分发挥监管效能，提升行业合规水平

2024年，上期所通过会员检查、信息公开和监管服务进一步发挥监管效能，促进会员合规经营，提高会员合规服务能力和行业合规水平。

一是通过会员检查督促期货公司加强合规管理。进一步压实期货公司对客户交易行为的管理责任。

二是加大监管信息公开力度。向市场通报4次季度监管信息，提高市场透明度和警示力度。

三是推进监管服务常态化。开展4次"监管点对面"合规培训；结合"5·15"投资者保护主题，开展系列教育活动，推出《期市档案录》3期，加强投资者教育。

四是持续完善看穿式监管交易终端信息采集，并开展数据质量排查工作。结合会员现场检查和片区分工，开展看穿式监管数据质量排查工作，督促完成整改工作。

二、郑州商品交易所自律监管情况

2024年，郑商所紧紧围绕"强监管、防风险、促高质量发展"的主题主线，全面加强自律管理，有效防范化解市场风险，持续深化产品业务创新，增强服务实体经济能力，促进期货市场高质量发展。

（一）加强市场监管，坚持监管全面性从严性

1. 加强交易行为监管，维护市场正常交易秩序

2024年，郑商所切实履行一线监管职责，共处理异常交易行为334起，审理违反交易所自律管理规则案件28起，对涉案的29个自然人及14个法人客户给予警告、通报批评、暂停开仓交易、没收违规所得、罚款等纪律处分。强化高频交易全过程监管，加强程序化交易报备管理，提高申报费费率，并将申报费扩大至全部品种，加强托管机房服务管理。充分发挥"五位一体"监管协作体系优势，切实维护公开、公平、公正的市场秩序。

2. 加大业务检查力度，促进会员及做市商合规运作

2024年，郑商所对北京、上海、天津、四川等地区18家期货公司会员进行年度合规业务运作抽查，及时发现纠正存在的问题，督促会员合规运作。举办期货公司首席风险官培训班，持续组织开展会员"线上面对面"等多层次的培训交流活动，增强各会员单位的合规经营意识。进一步强化做市商监督管理，完成全部做市商自查和12家做市商现场检查，持续督促做市商合规做市。

3. 推进关键基础设施建设，科技赋能创新发展

2024年，郑商所加快推进科技发展规划落地实施，周密部署并顺利完成六期交易系统上线切换。六期交易系统上线后运行稳定，系统性能、容量和可靠性全面提升，有力支撑业务创新发展。开展数据治理平台建设，实现自动化精细化的数据资产运营。深化科技监管建设，丰富市场风险监测指标，提升违法违规线索排查的精准度和效率。

（二）加强风险管理，保障市场稳健运行

1. 深化全面风险管理，提高安全运行综合保障水平

郑商所立足发展稳定全局目标，强化顶层设计，推动构建贯通协调的全面风险管理工作机制，形成全方位、多层次、立体化的风险清单体系，实现对重点工作条线全覆盖。加强应急管理，开展网络安全风险排查，持续提高一线人员应急处置能力。优化完善运维工具，构建"数智运维"体系，以信息化手段提升突发事件综合应对处置能力。

2. 加强风险预研预判，精准防控市场风险

2024年，郑商所持续加强风险预警监测，密切关注宏观经济形势和期现货市场动态，及时采取风险预防和处置措施。对部分品种出现的阶段性风险隐患，加强风险预研预判，持续丰富监管工具箱。通过合理调整交易保证金标准、涨跌停板幅度、交易手续费标准等措施，郑商所有效化解了市场风险隐患，牢牢守住不发生系统性风险底线，全力服从服务国家战略与经济大局。

3. 加强资金风险管理，切实履行中央对手方职责

郑商所持续做好结算资金风险防控，及时开展压力测试，预研预判会员资金风险。强化资金流动性管理，提升出入金应急保障水平，持续防范流动性风险。建设资金风控系统，提升资金风险管理智能化水平。按照金融市场基础设施原则（PF-MI）要求，定期完成合格中央对手方信息披露。

三、大连商品交易所自律监管情况

2024年，大商所在中国证监会领导下围绕"强监管、防风险、促高质量发展"的工作思路，持续探索建立和完善中国特色期货市场监管制度和业务模式。强本强基、严监严管，在进一步完善期货市场监管制度、守牢风险防控底线方面持续发力，为期货市场服务实体经济高质量发展筑牢基础。

（一）严格监管期货交易行为

大商所持续密切监测监控市场运行情况，强化高频交易监管，优化市场生态，完善异常交易管理，遏制潜在违规行为。

1. 强化高频全过程监管

2024年以来，在中国证监会统筹下，大商所持续加强高频交易监管。分步推进申报收费提费率、扩品种，在 22 个期货、17 个期权全品种上实施申报收费。持续动态评估高频监管措施效果，优化高频交易报告制度，强化高频交易者管理，定期更新交易所认定的高频交易者名单并组织报告，明确交易所认定的高频交易者不参与手续费减收。

2. 完善异常交易行为管理

2024 年，大商所累计处理异常交易行为 363 起，对 14 名客户及实际控制账户组采取了限制开仓的监管措施。同时，优化异常交易行为豁免规则。

3. 持续优化实控账户管理

为保障交易所持仓限额、交易限额等风控工具切实发挥作用，大商所始终重视账户间实际控制关系的筛查和管理，严查通过分户交易规避持仓限额、交易限额等行为，防止资本无序扩张。交易所将同一实控账户组内的委托量、交易量和持仓量进行合并计算，具有实际控制关系账户的交易者应当基于"实质重于形式"原则主动报备相关信息。2024 年，大商所累计对 166 组 2 067 名客户进行了实控问询，督促其报备，通过上述措施向市场持续释放从严监管信号。

（二）严厉处理违法违规行为

违规稽查是交易所履行一线监管职责的重要手段，大商所以"零容忍"态度依法严厉打击各类违法违规行为，切实维护市场"三公"秩序。

1. 严查快办，及时处理各类违规线索

对于通过自成交、约定交易等方式影响价格、转移资金、扰乱交易秩序等常见违规线索，大商所不断优化办案流程和标准，提升办案质效。2024 年，大商所累计排查违规交易线索 70 起，组织召开违规案件审理工作会议 7 次，完成 38 起案件审理，并对 73 名当事人实施纪律处分措施。

2. 高效衔接，坚决移送重大违法案件线索

2024 年，针对大案要案，大商所严格执行中国证监会"总对总"线索移送要求，与期货司、稽查局保持紧密沟通联系，及时移送案件线索，并配合行政监管机构推进前期报送 2 起重大违法案件的协查工作。

（三）强化风险预防处置能力

风险防控作为金融工作永恒的主题，大商所始终将防风险放在重要位置。持续做好风险预研预判，及时处置应对风险，切实维护市场稳定运行。

1. 及时施策抑制过度投机

2024 年，大商所各品种总体运行平稳，针对铁矿石等 5 个品种出现的热度阶段性攀升的情况，及时出台风险提示、收紧交易限额等 8 项风控措施，保障市场平稳运行。根据相关品种期现货市场变化，大商所收紧黄大豆 2 号、棕榈油、铁矿石等 3 个品种持仓限额，约束投机力量，强化风险防控。

2. 适时稳妥优化风控参数

一是随着前期风险逐步释放，大商所稳妥有序地调整了大豆、玉米、铁矿石等多个品种的保证金水平，降低市场参与成本。二是为更好服务产业企业开展风险管理，将焦煤期货交易限额从1 000手放宽至2 000手，保证金下调至12%，调整后，为产业管理风险提供流动性，产业参与成本降低。三是大商所积极落实《期货市场持仓管理暂行规定》，定期对期货持仓限额水平进行评估和调整。紧密结合品种运行情况和市场意见，统一聚乙烯、聚丙烯、聚氯乙烯3个化工品种限仓标准，适度提升聚乙烯期权限仓，适应产业客户风险管理需求。

3. 探索推进跨交易所跨市场风险监测

2024年，大商所继续加强与期货市场监控中心的数据共享，基于券商和期货公司风险子公司的场外衍生品交易数据，更好地开展场内外持仓监测。与上期所、郑商所等国内期货交易所积极交流监管经验，协同做好跨交易所风险监测。

（四）加强科技监管，提升监管效能

近年来，大商所加快推进科技创新与业务应用深度融合。在市场监测监控、全面风险管理等方面持续推动科技赋能，切实提升大商所风险管理的智能化、数字化水平。

1. 优化监查7.0系统

自2023年7月顺利上线以来，新一代监查7.0系统平稳运行。2024年，大商所结合监管实践进一步优化和完善了新一代监查7.0系统，丰富了市场异常违规交易行为监控的维度，提高了业务处理效率，系统性能和流程电子化效率得到进一步提升。上线历史案件筛查项目和柜台场外数据分析系统，实现多维度历史数据分析以及场内外持仓合并监测。

2. 优化全面风险管理机制

一是完善全面风险管理制度建设，筑牢风险管理基础。大商所遵循职责清晰、管理规范的原则，制订了更加科学、完整、有效的风险预案，主要包括通过明确风险场景，预先性地梳理出交易所可能面临的风险点；通过明确指标阈值设计的方法论，完成指标及阈值的确认，从而对风险的大小进行刻画，在风险发生时能够分级处置；通过细化风险处置措施，提升其可操作性，保证风险处置临危不乱。

二是提升全面风险管理信息系统，提升风险管理的智能化、数字化水平。大商所遵照运行有力、信息畅通的原则，通过增加和优化运行功能，全面提升对风险的把控能力，对风险任务的全流程跟踪能力，以及全面风险管理体系的自我完善能力；通过移动端建设，使风险报警更加及时，风险信息更易获取；通过优化信息管理功能，降低信息噪声、强化信息精准投送。

2024年，大商所形成了风险报告、风险任务跟踪评价、风险督导等工作机制，借助风险管理信息系统各类功能，全年实现千余条风险报警、600余条风险任务、任务完成率100%，切实提升了风险管理效能。

四、中国金融期货交易所自律监管情况

2024年，中金所全面贯彻中央金融工作会议和新"国九条"精神，严格落实《关于加强监管防范风险促进期货市场高质量发展的意见》，坚守监管主责主业，积极应对市场波动，强化风险防控，凝聚监管合力，切实保障金融期货市场平稳有序运行和高质量发展。

（一）稳字当头，全力维护市场安全稳定运行

2024年，中金所主动防控市场风险，持续加强交易监测监控，周密开展市场风险排查和压力测试，努力做到市场风险早识别、早预警、早暴露、早处置。持续完善监测监控指标，优化风险监测指标体系，提升指标复合化程度，强化快速反应机制。进一步丰富风险防控工具箱，细化分级分类应对措施，提高风险处置能力。

（二）从严监管，加强市场监测监控

2024年，中金所持续传递严监管强烈信号，依规从严查处相关案件，对违规案件当事人采取纪律处分、自律监管等措施，累计罚没违规所得约2 500万元，其中，上海维万案入选"2024年证监会系统投资者保护十大案例"。及时审慎处理了异常交易行为、交易限额超限行为和套保期现不匹配行为。加强实际控制关系账户和程序化报备管理，落实常态化核查机制。

（三）聚焦重点，强化高频交易全过程监管

2024年，中金所优化特定程序化报备标准，进一步强化报备信息精准性、合理性，持续加强客户交易行为分析监测。平稳实施国债期货梯度申报费制度，强化对高频交易客户管理，维护市场平稳运行。持续加强高频交易行为监测，推进四维一体高频交易监控系统和指标体系建设。

（四）凝聚合力，深化跨市场监管协同联动

2024年，中金所进一步完善监管协作机制，协同加强市场运行分析研判，强化期现联动监管。提升数据交换质效，丰富常态化数据交换内容，数据交换覆盖面和精准度持续提升。不断提高跨市场交易行为监测精准度，强化跨市场交易行为的跟踪研判和有效监管。

（五）深入一线，加强会员检查宣教相结合

2024年，中金所开展期货市场现场检查与非现场检查，对现场检查中发现存在违规行为的会员采取自律管理措施，督促会员完成问题整改。加强会员业务合规培训，督促会员合规开展业务，充分利用合规宣传渠道，保持监管信息透明度，及时

公布自律监管动态。

五、广州期货交易所自律监管情况

2024年，广期所全面贯彻党中央决策部署和中国证监会工作安排，紧扣"强监管、防风险、促高质量发展"的工作主线，切实履行市场一线监管职责，维护市场良好秩序。

（一）坚决落实"零容忍"，一以贯之严监严管

1. 加强市场监测监控，依法从严打击违规行为

2024年，广期所市场监管坚持"强本强基、严监严管"主基调，持续强化一线监管力度，做好涉嫌违规线索初查、立案和调查处置，严密防范、严厉打击各类违法违规行为。2024年，共处理异常交易行为152起，对7名异常交易客户、实控组采取限制开仓的监管措施。对2组22名客户采取限制开仓3个月的监管措施，对1名客户采取取消碳酸锂品种套期保值交易资格的监管措施，对2起案件当事人进行了纪律处分。强化高频交易全过程监管，加强程序化交易报备管理，落地实施申报费政策，加强托管机房服务管理。充分发挥"五位一体"监管协作体系优势，切实维护公开、公平、公正的市场秩序。

2. 加强业务监管力度，提升会员及做市商合规水平

一是持续做好期货公司会员监督检查工作，对上海、浙江、深圳、海南和河南5个辖区17家期货公司会员开展现场检查，对12家会员出具事实确认书，提出合规整改意见，促进会员合规经营。二是首次开展做市商现场检查工作，抽查做市商风险管理、交易行为、系统运行、经营资信等方面情况，并提出针对性整改建议，督促做市商规范做市。三是联合广东证监局组织开展广期所首届期货公司首席风险官培训会，针对广期所市场风险防范体系、违规案例、监管制度等进行宣传解读，传递坚持监管"零容忍"的原则和立场，促进会员单位增强风控和合规管理意识。

3. 深化科技赋能，提升监管效率效能

2024年，广期所以科技赋能高质量监管，持续发力加强信息系统安全运行保障，自主研发启动新一代系统建设。一方面，不断优化和完善信息科技组织管理体系、制度体系；加快推进技术子公司的筹建工作，并于7月12日获中国证监会批准设立。另一方面，持续探索科技赋能一线监管业务，编制信息系统建设五年规划，完成新一代监查系统预研和立项，启动新一代交易系统建设，提升大数据平台服务能力，进一步提高广期所的科技监管能力和监管数字化水平。

（二）贯彻"四早"防范风险，切实保障市场稳定运行

1. 强化市场风险防控，及时出台风险管理措施

2024年，广期所持续做好市场风险预研预判，建立健全风险识别、预防和处置

体系，精准排查市场风险隐患，维护市场安全稳定运行。密切关注宏观经济运行情况，积极跟踪上市品种现货市场关键数据和市场关注热点，加强期现价格监测排查，在市场出现风险苗头时及时采取风控措施。针对工业硅期货阶段性波动加大的情况，实施上调保证金及涨跌停板的风控措施，稳妥有效化解市场风险隐患。跟踪期现货市场、境内外市场波动，在长假期测算风控参数覆盖度并进行交易保证金标准及涨跌停板幅度调整。

2. 加强资金风险管理，严格履行中央对手方职责

2024年，广期所持续认真做好结算资金风险防控工作，密切跟踪市场行情，及时开展压力测试。加强长假前后资金流动性管理，有效防范市场流动性风险，确保资金安全。切实履行中央对手方各项职责，持续优化资金风控系统，着力提升资金风险管理的自动化水平。

第四节 中国期货业协会自律管理情况

2024年，协会认真履行自律管理职责，切实加强期货公司及其子公司监管，着力防范重点领域风险，助力期货市场高质量发展。

一是立足协会法定职责，强化自律规则制度供给。制定修订7项自律规则，废止2项自律规则和3个自律通知。完成对16家期货公司、20家/次风险管理子公司以及1家资产管理公司的现场检查；对14家公司和118名个人给予纪律惩戒；对30家公司和9名个人采取约见谈话；对15家公司和1名个人采取书面警示；向行业通报上半年警示案例。

二是防范市场重点领域风险。发布《关于进一步加强居间合作要求的通知》，修订《期货公司居间人管理办法（试行）》，持续压降居间人规模。建立期货公司居间人管理重点监测名单，并将12家公司纳入监测范围，督导4家不符合要求的公司作出整改。对129家机构资管业务进行动态跟踪，撤销13家期货经营机构资产管理业务登记备案，暂停4家期货经营机构新增资产管理业务。编制衍生品交易、做市和期现业务检查底稿，梳理形成风险管理公司的"风险画像"。将廉洁从业纳入现场检查范围。

三是加强科技赋能和行业技术风险摸排。对6家期货公司开展信息技术自律规则落实情况检查。发布《证券期货业移动应用软件备案工作指引（试行）》《期货公司网络安全事件舆情事件处置示范案例》。研究起草期货公司外部接入信息系统、行业信息服务商自律规则及程序化交易风险控制示范案例。

四是加大对从业人员的规范管理力度。启动制定《期货公司董事、监事、高级管理人员及期货从业人员的管理规则》、修订《期货从业人员执业行为准则》，强化行

业诚信档案建设，上线完善从业人员执业声誉数据库和黑、灰名单管理与公示机制。对150家期货公司和91家开展中间介绍业务的证券公司的86 489名从业人员开展从业资格等远程检查，做到应检全覆盖。落实资格管理和强制培训要求。

五是深入做好交易者教育与保护。发布《期货经营机构交易者适当性管理实施细则》，出版《期货交易者教育系列丛书》中的6种，完成2023年度交易者教育案例征集。设立自律协调专业委员会，全年受理交易者诉求942件，移交13条违规线索，完成调解工作78件，为交易者挽回合理补偿110.43万元。

六是大力促进行业发挥专业优势服务产业客户和实体经济。发布《提升产业客户参与度，服务实体经济高质量发展倡议书》，完成"2023年度期货经营机构服务实体经济优秀案例征集"工作，35篇案例入围协会优秀案例库。

七是持续深化"保险＋期货"服务乡村全面振兴。发布《期货公司"保险＋期货"业务规则（试行）》。组织开展2024年礼县苹果县域"保险＋期货"帮扶项目、2024年新疆棉花"收入保险＋期货＋订单收购＋场外期权"专业服务项目、2024年支持黑龙江省佳木斯市玉米和大豆产业健康发展集中行动，在湖北省组织开展2024年期货及衍生品工具服务生猪产业试点工作，在陕西省延长县组织开展2024年延长苹果"订单农业＋保险＋期货＋交割"试点项目。完成本年度期货公司乡村全面振兴工作考评及"保险＋期货"专项评价。

八是积极推动行业正面宣传，引导行业妥善应对处置舆情风险。成功举办第19届中国国际期货大会。发布《期货公司声誉风险管理规则》，并组织开展培训，全年共收到期货公司提交的声誉事件报告单44份，引导期货公司有效管理声誉风险。配合及时处置资本市场负面舆情，将部分恶意炒作的自媒体账号纳入"黑灰名单"。

九是立足行业发展，支持机构业务规范创新。围绕规范行业手续费形成《关于进一步推动手续费自律管理的建议》报告。发布实施《期货风险管理公司大宗商品风险管理业务管理规则》，起草《期货公司做市业务管理规则》《衍生品交易业务管理规则》。配合期货司起草《期货公司境外期货经纪业务试行办法》。发布《关于具有境外期货职业资格的人员在全国范围内从业实施特别程序的公告》，推出英文版期货从业资格法律法规考试。开展《完善衍生品市场风险控制及监管研究》，完成《期货公司功能定位和改革发展思考》《期货公司研究部门情况调查》。

十是夯实行业人才队伍建设，积淀课题研究与人才培养根基。组建新一届理事会专业委员会，加强委员会日常管理，发挥行业智库作用。修订《期货法律法规与职业道德》教材，开展3次从业资格考试和7期高管人员专业能力水平评价测试。制定《期货从业人员后续职业培训细则》，并面向行业征求意见。探索建立"协手同行"系列培训合作机制，与15家地方协会联合开展15个培训项目，形成行业人才队伍建设合力。出版发行《中国期货市场年鉴（2023）》《中国期货业发展创新与风险管理研究14》《中国期货》（6期）。

第五章 期货市场履行社会责任情况

>>> 第一节 投资者教育与投资者保护情况

一、上海期货交易所投资者教育与投资者保护情况

进一步凝聚全所投资者教育合力，依托上期所投资者教育基地，推动形成以投教产品研发为核心、平台矩阵为抓手、活动运营和品牌宣传为两翼的"多维一体"线上投教基地，集中展现上期所投教全貌。通过组织面向企业、政府部门、高校师生和社会公众的投教活动，为不同类型投资者提供普及型、专业型的投教产品，整合交易所内外部资源，联合市场各方提升投教投保效果和影响力。

（一）提升原创性投教作品质量

坚持"内容为王"的理念，紧扣交易所各项重点工作，讲好期货故事，通过实打实的作品提升投教美誉度。线上类投教产品方面，正式上线"电子书橱"，整合现有电子版品种手册，运用科技为投教产品赋能，获评中国证监会 2024 年"12 个广受投资者欢迎的投教作品"；创新推出《上期品种 AI 快播》产业知识系列作品，对投资者最关心的问题和信息要点进行提炼整合，通过 AI 数字人快播视频生动形象、通俗易懂的形式，对相关期货品种的金融知识进行详尽介绍和解读；推出《"伪装者"系列》《期市档案录》等作品，针对不同受众群体及投放平台开发多种

形式的投教作品。实物类投教产品方面,设计印刷了《镍期权操作手册》《铅期权操作手册》《锡期权操作手册》《2024年中国原油市场概览》等纸质投教材料,并通过会员单位向社会大众投放,宣传普及期货基础知识。

(二) 开展定制化投保主题活动

开展丰富多彩的系列投保活动,将专业复杂的期货知识转化为投资者喜闻乐见、寓教于乐的"干货",打造亲和友好的投教投保品牌形象。

一是落实中国证监会"3·15"投保主题系列活动部署,制作发布投保长图《期市档案录》——《AB交易通道、虚假盈利》《诱骗推荐、频繁交易、亏损劝退》《网络交友、内幕信息、持续转账》等,联合中国证券博物馆、中证中小投服、工商银行上海市浦东分行、国泰君安证券等机构走进社区开展"传承雷锋精神,投教志愿在行动"活动,联合上海投保联盟、上海期货同业公会、中国证券博物馆、海证期货等单位开展"'3·15'松林投保之声——走进中证博"活动等。

二是开展防非宣传月、"5·15"投资者保护主题的教育活动,联合中国经济信息社创作发布《期市档案录》——《识别合法期货机构平台,远离非法期货投资活动》《配合期货公司反洗钱尽职调查,严禁提供虚假开户资料》《注意期货账户安全,防范期货盗码交易》等,传播量突破新高,总计约195万次;联合第一财经广播推出防非警示语公益广告,全月滚动播出74次,日均直播流听众约200万次;开展"'5·15'投资者保护知识有奖竞答活动",吸引13 739人次参与;开设上期所投教基地"松林课堂",支持复旦大学经济学院、数学学院等高校140余人到所参观及实践学习。

三是开展2024年金融教育宣传月、2024年世界投资者周活动,运用科技为原创系列线上投教产品赋能,在投教基地制作和发布《上期品种AI快播》产业知识系列作品,系统普及上期所各板块期货品种知识,明确学习路径和目标导向,厘清各品种知识脉络;联合清华大学、北京大学、复旦大学、上海交通大学等高校开展"松林课堂——走进上期所"活动,通过实地参访、专家讲座和互动研讨等多种创新模式,创新服务高校模式,推动金融知识走进各行各业。

(三) 打造"多维一体"线上投教基地

着力打造专属特色王牌栏目,树立专业投教品牌形象。一是重整网站内容框架,充实投教内容板块,设置学习园地、交易助手、产业服务、投资者保护、松林杯赛、会员天地、电子书橱等专栏,并进行及时更新,集中展现上期所投资者教育和保护工作成效。二是推动网站构架全面升级,完成网站目录的初步优化,下一步将由具备网络运行资质的供应商协助执行前端页面设计、视频发布等工作。三是打造投教新媒体矩阵,与受众广、影响力大的主流财经媒体平台财联社合作,在其App上开设上期所投教基地专区,凝聚市场共识,拓展期货知识普及渠道。在2024年,上期所投教基地（网站）获得中国证监会国家级投教基地"优秀"评级。

（四）优化投资者诉求反馈机制

进一步畅通投资者联系与反馈渠道，健全投资者诉求处理机制和流程，落实落细投资者服务，维护投资者合法权益。一是升级市场服务中心热线8008203618为4008666099，支持全国各运营商固话和手机呼入，答复率达100%。二是优化工作协同机制，提升热线转办质量，开发电话转接功能，支持三方在线，进一步提升市场满意度水平。三是承接中国证监会12386统一服务平台转交的投资者诉求处理工作。此外，协助投资者解决数据、费用、明细查询等具体诉求，协助投资者明晰操作流程，为群众解决实际问题。

二、郑州商品交易所投资者教育与投资者保护情况

2024年，郑商所牢固树立以投资者为本的理念，围绕保护投资者特别是中小投资者合法权益，完善投保工作机制、优化投教品牌活动、加强原创内容制作，全面提升投教工作质效。

（一）扎实做好各类专项投教活动

一是持续开展大众投教活动。针对"老少新"、产业客户、学生等群体，组织合作单位举办进社区、进企业、进高校等线上线下活动300余场，分门别类做好各类主题投教活动。

二是针对性开展机构投教活动。面向中国证券投资基金业协会（以下简称中基协）会员举办"期货和衍生品业务培训班""商品期权业务培训班"，上线了针对从业人员的期货和衍生品业务课程；与优势会员、重点机构合作，形成"机构客户期货和衍生品业务培训班"主题活动和"机构面对面"系列座谈会两个品牌，开展系列化、常态化投教活动，促进机构投资者提升期货市场合规风控和投资管理水平。

（二）做精做细自有特色活动

一是优化"期货知识进校园"活动机制，实现辅导单位和报名学生对应管理。策划"双一流"高校教师专项调研2场。"郑商所杯"报名9.2万人，同比增长约26%。开展"期货知识进校园"活动364场，覆盖约6万人次。

二是以适当性教育和风险警示教育为重点，引导开展投教活动314场，覆盖8万余人次。加强期权投教宣传推广，2024年期权仿真大赛增设新品种（新工具）推广奖、优秀成长奖。继续设立实盘大赛郑商所期权专项奖。

三是积极开展期权系列专题培训。以新品种期权上市为契机，对会员单位、产业企业、投资机构集中开展15场期权专项培训，近1 650人次参与。以"'豫'见期

权"为主题，线下与中期协和中基协合作，在重点地区针对从业人员开展16场期权培训，覆盖近2 000人次；线上在中期协官网"培训学苑"首页中设置"郑商所'协'手同行 '豫'见期权"专栏，制作上线6门期权视频课程。

（三）提升原创产品的针对性

一是加强原创投教产品投放。通过各种线上渠道发布主题活动系列长图、短视频、互动问答等原创线上作品67个，累计点击量近百万次；制作展板、手册、折页等实物投教产品17款，发放近3 000份。

二是推进期货投资者教育"出圈"。与中证报、央广等媒体联合开设投教专栏，策划推出涵盖中国特色金融文化"汴京期行记"等系列原创产品9期，累计阅读量超11万次。在央广云听号播放郑商所制作的原创音频116期，累计收听124万次。"明真伪 防诈骗"九点防骗小剧场和"期货演义"系列漫画入围中国期货业协会2023年投资者教育优秀案例库。

三是立足投资者需求推出原创产品。策划"防风险 保权益"系列互动长图和漫画，制作产业链投教长图，推出红枣期权、玻璃期权、瓶片期货期权投教MG动画、长图、互动问答活动等，推出"以案说法"长图和各类主题海报及"期货星球"系列视频等共81期，双微阅读量超46万次，制作"2023年投教先锋优秀作品""期货词典"等交易所优秀投教产品的汇集类实物投教宣传品。

（四）不断健全投教人才培养机制

一是以评选发掘行业投教人才。在2024年"投教先锋"评选主题的设置上加强风险防范引导，共收到65家机构报送的短视频投教作品319条。

二是以培训促进投教工作者业务能力提升。结合行业需求，从短视频制作、展览策划等角度切入，开展2024年投教服务能力提升培训。

三是以深化合作巩固投教人才培养体系。郑商所已与448所高校及合作单位达成"期货知识进校园"对接。

（五）打造"互联网+实体"投教基地

一是正式启用实体投教基地。开放集体预约，成立郑商所期衍投教志愿服务团队，做好实体投教基地日常运维，2024年共接待社会各界来访参观近4 000人次。成功举办"五月话投保 期衍投教行""探馆学期货 投教'郑'当时""期衍大讲堂"等主题投教活动，推出"聚链成势 未来可期"等主题临展，充分发挥实体投教基地功能作用，推动投教工作走深走实。

二是优化互联网投教基地。衍生品学苑更新投教内容314篇，访问量达111万次，获评2023—2024年度全国证券期货投资者教育基地优秀等级。

三、大连商品交易所投资者教育与投资者保护情况

大商所作为期货市场的重要组成部分，始终担负着促进期货行业持续健康发展和提供公开、公平、公正交易环境的重要责任。2024年，大商所通过进一步优化完善备案制管理模式，持续支持期货公司会员开展市场培育；通过"百校万才"工程等品牌项目，持续推动期货行业从业人员和后备人才培养；通过精心打造中小投资者投教专属品牌"DCE·中小同行"，持续推动投资者教育和保护工作转型升级。

（一）引导期货公司会员聚焦产业客户和新品种开展投资者教育活动

2024年，大商所除继续面向3 200余名全国期货公司从业人员和部分产业企业代表举办"期货从业人员提升产业服务能力培训班"之外，积极引导、支持期货公司会员强化投资者教育服务。大商所全年支持期货公司会员开展市场活动980场，累计培育企业6 000余家，覆盖2万余人次。一是创新推出"企业一对一培训"。引导会员市场活动聚焦产业客户，精准指导企业提升期现结合实践能力，累计开展"企业一对一培训"764场，覆盖近120家国有企业和23家上市公司。二是设置专项资金开展新品种活动。针对鸡蛋、玉米淀粉、生猪期权和原木期货期权等新上市品种开展活动，引导68家期货公司会员拓展新产业客户群体，累计开展市场活动95场，培育企业1 800余家，覆盖3 500余人次。三是强化品牌管理。2024年，进一步推广"DCE·产业行"和"DCE·季月周"活动品牌，引导会员在活动中嵌入期转现等创新业务，提升品牌影响力。

（二）"百校万才"工程持续推动期货行业教育与后备人才前置培养

2024年，大商所完成"百校万才"工程48个教学项目申报和立项，在高校教学体系建设、高质量师资队伍培养、后备人才培育等方面取得积极进展。一是助力建设高校期货衍生品教学体系取得重要进展。48个教学项目均纳入高校学分制管理体系，其中专业必修课项目达15个。南京大学、对外经济贸易大学、中国政法大学等合作高校依托"百校万才"工程首次推出《期货与衍生品实务》《商品期货与期权》《期货和衍生品法》等专业必修课程。东北财经大学项目获得2024年辽宁省高校教师教学创新大赛一等奖，中央民族大学项目入选"2024年北京本科高校产学研深度育人平台"。二是为期货行业产学研体系建设培育高质量师资队伍。48个教学项目均由高校副教授及以上职称教授亲自担任项目牵头人和课程主讲人，12名高校教师成为"大商所讲席教授"。同时，通过举办高校教师研修班，邀请产融基地相关专家为高校教师介绍企业运用期货衍生品工具的实际案例，进一步增进高校教师对期货市场功能的全面认知。三是激发高校学生对期货衍生品行业的学习和从业兴趣。大商所继续设立"百校万才"工程奖学金，联合中国期货业协会举办"2024年大商所'百校万才'工程夏令营活动"，进一步提升优秀学生对期货衍生品的学习、

研究和从业兴趣。

（三）丰富投资者教育方式

一是投教产品内容丰富，亮点突出。2024年，大商所共发布图文、海报、视频、动画、漫画、手册等投教产品130余件，主题涵盖大商所全部品种、新业务、新合约专题、投资者保护等，覆盖面广、持续性强、亮点突出。诸多作品吸引更多投资者关注大商所公众号、抖音等自媒体账号。"大商所发布"公众号发表的长图《从木材到期货的华丽转身——原木期货上市》的累计浏览量超1.4万人次，成为近年来大商所公众号单条点阅量最高的推送作品。

二是投教活动多点开花，多方联动。2024年，大商所圆满举办"大衍和TA的投教朋友们"投教作品评选活动，行业积极响应，投稿热情高涨，380万余人次参与网络投票，来自17家单位的20件作品分别获得"投教大使""投教挚友"称号，为投资者提供了丰富、实用的学习资源和知识盛宴，合力推动期货行业文化建设。同时，大商所联合期货公司会员、中期协等单位，举办8场线下投教活动，通过主题讲座、发放资料、集市打卡、互动游戏等方式，普及金融知识，引导社会公众依法理性投资，维护自身合法权益。

三是互联网投教基地运行稳健，实体投教基地合作有声有色。2024年，大商所"期货学苑"网站的访问量（PV）近26万次，访客数（UV）近8万人，月均浏览量约2.3万人次。同时，大商所试点异地实体投教基地专区（中信建投期货投资者教育基地）合作效果良好，全年共接待参观超1.3万人次，合作举办6场多元化投教活动，形式包括集市快闪、校园讲座、座谈会等，在助力成渝地区提高投资者金融素养、投教纳入国民教育、加强大商所市场培育等方面发挥了重要作用。

四、中国金融期货交易所投资者教育与投资者保护情况

2024年，中金所切实将"以投资者为本"理念融入日常运营和服务的每一环节，持续深耕投资者教育与保护。携手多方力量形成合力，共同织就了一张全方位、多层次、广覆盖的投资者服务网络。

一是围绕"金融为民、投教为你"主题，开展喜闻乐见的投保投教活动。在多地举办投教快闪活动，结合地方特色打造防非投保集市，打造独特的投教体验。在全国多个投教基地、高校投放使用金融期货学习专区，扩大金融期货投教影响力。

二是深入开展投教进校园，推动投资者教育纳入国民教育体系。举办第十届"中金所杯"全国大学生金融知识大赛，开设学分课程和主题公开课，面向高校学子讲授金融衍生品基础知识，持续为行业储备后备人才，打造高质量金融人才培养新模式。

三是联合会员开展广覆盖、大范围的投教合作，促进会员高质量发展。撬动会员开展大范围多层次机构培育与服务，拓展会员机构培育新模式，助力会员立足地方特点服务当地实体经济，大力提升会员合作培训质效。深入企业，多角度赋能期货公司开展市场培育，走访代表性优质企业，实地了解企业运用期货工具进行风险管理的难点痛点。

四是贯彻落实"大投保"理念，打造投教产品"中央厨房"，进行矩阵化传播。坚持内容为王，注重原创，制作形式多样、通俗易懂的原创投保防非产品，将金融期货知识普及常态化。积极响应数字化转型号召，持续探索多元化投资者教育新路径，着力构建以多媒体矩阵为核心的投资者教育体系。

五是坚持服务至上，畅通多平台投资者咨询服务渠道。牢牢把握市场导向与投资者需求，持续完善市场服务体系，健全投资者咨询服务机制，不断优化咨询内容与形式，加强相关领域的投教产品制作与教育推广。及时回应投资者关切，将保护投资者合法权益置于工作的首要位置。

五、广州期货交易所投资者教育与投资者保护情况

2024年，广期所认真贯彻落实中国证监会决策部署，坚持服务实体经济初心使命，围绕工业硅、碳酸锂、多晶硅品种，建立健全市场发展与服务体系，多层次推进投资者教育和市场培育，提升投资者对期货市场的认识和参与能力，加强投资者保护。

（一）以可视化为特色丰富投教产品体系，积极开展投资者教育

一是形成多层次投教产品系列，普及宣传期货投教知识。围绕《碳酸锂期货合约规则》的修订、碳酸锂上市一周年、"助绿向新"品牌发布、业务制度规则出台等重要时间节点，发布品种大事记、一图读懂、自律监管工作报告等，单篇阅读量近2 000次。多晶硅品种上市前后，广期所编制了《多晶硅现货市场报告》《期货/期权交易指南》《合约及规则设计说明》《期货和期权60问》等全套手册，并制作上市品种投教视频、投教长图，用通俗易懂、寓教于乐的方式讲解规则，获得市场广泛好评。

二是开展形式多样的主题投教活动。举办"3·15"金融消费者保护日、"5·15"全国投资者保护宣传日、6月防非宣传月、9月金融教育宣传月、10月世界投资者周等主题投教宣传活动，以视频、长图、投资者手册、条漫等形式，大力宣传理性投资理念，为广大投资者提供丰富的学习资料。

三是参加中国（广州）国际金融交易·博览会。通过实物展览、展板展示、仿真交易体验、现场讲堂等多种形式，着力宣传中国期货市场与广期所建设发展情况，积极展示工业硅、碳酸锂等上市品种情况，充分展现广期所服务粤港澳大湾区建设的定位。

（二）积极培育期货行业新能源板块人才

一是创新开展"新能源·向未来"期货人才培育计划，通过"线上+线下"模

式提升培训效果和参与度。2024年全年面向全市场开展25期"新能源·向未来"系列视频培训，吸引约6万人观看；在多晶硅品种上市前夕，联合8个地区期货业协会同步开展"新能源·向未来"多晶硅品种专项培训，通过人才培养品牌为期货公司各类人员提供持续学习平台，以期货人才力量为期货行业铸就坚实砥柱。二是支持期货公司研究人员、产业服务人员赴新疆、云南、江西等产业集中地开展8次调研，与主要企业建立联系，深入了解产业。

（三）畅通诉求反映渠道，加强投资者保护

制定《广期所信访工作实施办法》，梳理规范信访流程并设置信访接待室，在官网设置信访电话，及时回应相关意见建议，加强投资者保护。

六、中国期货市场监控中心投资者教育与投资者保护情况

2024年，中国期货监控深入贯彻党的二十大精神，认真落实中央金融工作会议、中央经济工作会议部署要求，在中国证监会的指导下，坚持以人民为中心的价值取向，积极谋划、统筹推进投资者教育与保护工作。立足业务实际，发挥期货市场服务实体经济功能，联合行业力量，开展覆盖面广、针对性强的期货及衍生品知识普及活动。

（一）聚焦主责主业，提升投保工作的系统性和精确性

1. 不断完善投资者保护工作机制，形成全方位保护体系

中国期货监控不断完善投资者保护工作机制，注重将投资者保护与发挥中国期货监控各项职能相结合，建立起以统一开户为基础，以保证金监控、市场监测监控、机构监测监控、场外衍生品监测为抓手，以期货交易者保障基金参与期货公司风险处置为落脚点的全方位投资者保护体系，涵盖了投资者从市场进入到退出的全过程。

2. 利用期货市场客户资源优势，使投资者教育保护工作更加精准化

利用期货市场客户资源优势，借助技术手段形成特色的线上线下相结合的投教模式。一是不断完善"期货市场调查平台"建设，在中国期货监控官网期货市场调查平台的"热点调查""专项调查""调查报告"三个栏目中及时更新问卷调查内容以及研究成果，提升投资者调查参与度，增加用户黏性。二是依托投资者查询服务系统，精准覆盖期货市场200余万有效客户，持续面向期货从业人员、期货投资者收集调查问卷。全年共撰写投资者月度调查报告12篇，及时反映投资者对宏观经济、市场及期货品种的预期和看法，为监管机构决策提供参考。

3. 认真开展保证金安全存管监控工作，切实保障投资者资金安全

中国期货监控利用保证金监控系统每日核对存管银行、交易所和期货公司数据，核查期货公司是否存在保证金缺口，有效防范期货公司挪用保证金风险。每日逐笔

核查期货公司资金、交易等结算数据的真实性和准确性,核查是否存在客户透支、穿仓等风险情形,对期货公司交易、结算和风控业务的合规性进行监控,发现问题及时向监管部门预警、报告,督促期货公司及时整改,切实保障投资者资金安全。

4. 发挥期货交易者保障基金作用,积极维护交易者合法权益

一是积极配合破产管理人持续推动嘉陵期货破产清算工作,做好追加分配方案的落实,妥善处理了个别长期未决的债权债务关系,全额收回执行款项,维护了期货交易者保障基金的合法权益。二是积极与黑龙江证监局共同推动北亚期货破产清算工作,力求取得实质性突破。

5. 畅通投资者诉求解决渠道,不断提升投资者服务质量,提升投资者满意度

中国期货监控一直在建设和维护投资者查询服务系统,保障投资者账户信息查询渠道畅通,并根据市场业务发展、规则变化和投资者反映的问题不断优化系统功能。通过为投资者提供交易结算账单查询服务,充分发挥投资者对期货公司的监督作用。充分利用官方微信公众号、官网等新媒体投资者互动平台,发送期货市场快讯、交易报告库市场数据信息披露等内容,打造期货市场服务窗口。及时响应市场关切,高质量做好中国证监会"12386"热线转办事项答复,在官方网站上公开投资者咨询投诉电话、电子邮箱等,认真接听接收并妥善回复。

(二)落实"大投保"理念,推动投资者教育工作更好服务实体经济

中国期货监控高度重视投资者教育工作,按照投教重点工作部署,结合自身投教优势,拓展多元渠道,积极举办投资者教育宣传培训讲座,不断提高投教活动针对性、覆盖面和影响力。

1. 根据产业发展实际情况制订培训计划,提升实体企业运用期货工具进行风险管理的能力

中国期货监控在开展投资者教育活动中不断加深和拓宽与地方政府、地方金融管理局、证监局、行业协会、高校、北京期货商会等的合作,聚焦提升产业客户期货市场参与度主题,积极部署"3·15"投资者保护教育宣传专项活动、"5·15"全国投资者保护宣传日、全国防非宣传月、金融教育宣传月、世界投资者周等主题活动。联合四川证监局面向锂电、化工期货产业链相关企业、参与碳酸锂期货交割的相关企业及政府相关业务骨干等110余人举办2场专题培训班。联合湖南省地方金融管理局、湖南证监局、湖南省期货业协会,面向有色产业企业、贸易相关企业及地方金融管理部门干部等300余人举办了3场专题培训班。联合黑龙江省期货业协会、黑龙江省肉类协会、黑龙江省饲料协会,面向化工产业企业、生猪及饲料产业企业等近300人举办了3场风险管理专题培训班。不断拓宽相关期货期权品种上下游产业企业的宣传覆盖面,有针对性地提高现货及贸易企业对期货工具的认识,引导国有企业、上市公司正确认识期货市场功能,提升实体企业运用期货和衍生品工具管理风险的能力。

2. 贯彻落实国家乡村全面振兴战略，开展"保险+期货"专项培训

聚焦涉农企业对金融知识的迫切需求，举办黑龙江杜蒙县"保险+期货"培训讲座，邀请期货行业专家面向杜蒙县金融、农业农村、畜牧等部门分管领导、负责人和相关工作人员，各乡镇主管农业工作人员、种养殖大户和部分涉农企业近80人讲解利用期货市场服务实体产业经验、"保险+期货"案例等知识。助力普通农户和新型农业经营主体等涉农主体通过价格风险管理稳收增收，为实现乡村全面振兴贡献期货力量。

3. 推动投资者教育纳入国民教育体系工作，持续加大与高校合作力度

不断探索与高校合作形式，面向3所高校开展"期货知识进校园"系列活动。联合北京期货商会组织开展2024年"校企联动共育期货人才"精品系列课程活动，采用"线下授课+现场调研"的方式面向北京工业大学金融硕士和MBA等约50人授课共8讲，并开展1次现场调研学习。联合黑龙江省期货业协会、佳木斯财政局等单位面向哈尔滨商业大学、佳木斯大学220余名大学生举办2场知识讲座，讲解期货基础知识、期货和期权在实体经济中的运用、远离非法证券期货陷阱等相关知识。提升在校学生对证券期货知识的兴趣和理解水平，进一步促进期货行业人才队伍储备建设。

（三）坚持以投资者为本的理念，持续丰富投教形式和内容

中国期货监控坚持以人民为中心的价值取向，不断总结实用的投教方式方法，充分发挥线上投资者教育活动覆盖面广、贴近于民的特点，结合自身优势，通过中国期货监控官方微信公众号和期货投资者查询服务系统发布原创作品。全年制作主题宣传海报2张，制作并展示《火眼金睛 辨识非法期货》《坚持理性投资 提高风险防范意识》漫画长图2幅，以直观的海报和形象易懂的漫画长图形式，向个人投资者进行风险提示，宣传理性投资的理念。分别围绕资本市场更好服务新质生产力发展、做好金融"五篇大文章"等政策措施和辨别非法期货交易所、非法期货经营机构为主题，结合《期货和衍生品法》中与交易者相关的基础法律内容制作线上H5有奖知识竞答互动宣传2期，两次答题活动累计点击量超8万次，参与答题人数超5.3万人。

七、中证商品指数公司投资者教育与投资者保护情况

2024年，在中国证监会党委的领导下，中证商品指数公司结合业务发展和投资者需求，组织开展了一系列具有针对性的投资者教育和保护活动。

（一）多渠道规范开展投资者保护工作

本年度按照《中证商品指数公司投资者保护工作管理办法（试行）》要求，稳妥开展机构授权资质审核等相关工作。通过公司官网、微信平台、对外热线和信访邮箱等方式多渠道开展投资者保护和服务工作。根据《外部咨询与投诉建议处理办

法》有关要求，处理咨询与投诉建议，2024 年共接收并处理关于指数编制方案、指数行情数据等相关咨询事项 5 件。

（二）积极开展投资者保护专题活动

按照中国证监会相关部门要求，结合公司业务、市场热点、投资者需求，组织开展了以"3·15"投资者保护为主题的教育活动、防非宣传月、"5·15"全国投资者宣传保护日、金融教育宣传月、公平竞争政策宣传周、世界投资者周活动，在做好常态化宣传工作的过程中进一步提高投资者的风险防范意识。

（三）加强投资者教育合作

与北京证监局、中央财经大学、中金所等签署《投资者教育纳入国民教育体系五方合作备忘录》，以推进金融国民教育和投资者教育为导向，与各方携手做好投资者教育纳入国民教育体系各项工作，充实国民金融认知版图，服务新时代投资者教育需要，助力金融服务高质量发展。

八、中国期货业协会投资者教育与投资者保护情况

（一）推进投资者保护和防非打非工作，保护投资者的合法权益

配合《期货和衍生品法》的实施，发布实施《期货经营机构交易者适当性管理实施细则》，引导期货经营机构加强适当性管理。创新宣传渠道，加大防范非法期货活动的宣传力度。合作录制并发布 8 期央广云听《期货学堂》音频，充实培训资源。全年监测报送期货涉非线索共计 375 条。

在"3·15"消费者权益保护日、防非宣传月暨"5·15"全国投资者保护宣传日、金融教育宣传月、世界投资者周、打卡期货文化季等投资者教育活动中，利用自媒体累计发放实物投教产品 5.41 万件。完成第六届交易者教育案例征集活动，入围期货行业机构优秀案例 45 项。

（二）及时处理交易者诉求，优先运用调解手段化解纠纷

2024 年，协会发布了《中国期货业协会交易者诉求处理办法》《中国期货业协会信访工作实施细则》。2024 年，协会共受理交易者诉求 975 件，其中，投诉举报 90 件，咨询建议 885 件；开展调解 82 件，达成和解 30 件，和解率 36.6%，为交易者挽回合理补偿 118.55 万元。编写《期货行业纠纷调解案例汇编（2024 年）》，向各地方协会和期货经营机构发放。

与广东证券期货业协会联合开展调解员培训，邀请律师委员讲授期货纠纷中的法律问题和调解技巧。组织调解员参加全国调解员培训。全年选派 3 名行业调解员在协会现场开展纠纷调解工作。

(三）探索投资者教育方式方法，加强投资者服务工作

聚焦产业投资者教育，引导实体企业正确参与期货市场。2024年出版《锡期货》《液化石油气期货》《燃料油期货》《棕榈油期货》《线型低密度聚乙烯、聚丙烯和聚氯乙烯期货》和《铝期货》6种《期货交易者教育系列丛书》，向行业发放7 400本图书。围绕期货经营机构服务实体经济优秀案例，制作"讲故事 学期货"系列视频6期、音频4期，通过各平台向市场发布。

持续建设国家级投教基地。进一步加强"期货投教网"建设，充实内容800余篇，目前已形成集期货投教网、微信、微博、视频号、抖音号于一体的矩阵式基地平台，成为协会投资者教育宣传的重要阵地。

（四）积极推动期货行业正面宣传，有效处置负面舆情

持续推动权威央媒报道期货市场，2024年央视报道15次，其中，《新闻联播》报道期货市场8次。协会推荐的"智能风控案例"入选"央视财经金融之夜"优秀案例，由央视实地拍摄形成纪录片，新华社和《经济日报》《金融时报》等中央媒体持续报道期货市场百余篇。与《期货日报》合作推出"期货行业服务乡村振兴案例""解读新国九条和《关于加强监管防范风险促进期货市场高质量发展的意见》"等专题。组织媒体前往道道全粮油股份有限公司开展实地调研，共谋期货行业新闻宣传新篇章。

加强协会网站和自媒体运营。协会官网全年发布文章5 190篇，浏览量2 978万次，同比增长8.09%，访客数390万人次，同比增长5.89%，影响力稳步上升。微信公众号全年发布文章1 220篇，浏览量94万次，微信公众号粉丝数达28.73万人，同比增长10.18%。全年发布微信视频号43条、微博138条，浏览量25万次。

夯实新闻舆情工作机制，加强日常舆情监测与应对。发布《期货公司声誉风险管理规则》，完善期货公司声誉风险的监测、识别、评估、应对和报告等机制，制定工作人员声誉约束规范。引导督促期货公司报送声誉事件报告，全年共收到公司报告的舆情信息40余件，协助公司妥善处置舆情风险。保障日常舆情突发事件的处理与信息上报，全年向中国证监会报送期货舆情日报、周报、月报281篇。参加系统单位舆情值班工作，监测资本市场重大、敏感及负面的新闻及信息，上报监测资讯161条。将传播发酵不实有害信息的自媒体账号纳入"黑名单"及"灰名单"。

（五）推动期货行业文化建设，夯实高质量发展基础

积极践行"五要五不"中国特色金融文化，进一步做好《期货行业文化建设工作规划纲要》和《期货行业文化建设倡议书》的宣传落实。在期货公司高管专题培训中设置相应课程，在山东、江西、大连、山西、江苏、河南、陕西、北京、上海等辖区，开展期货经营机构行业文化建设培训。

首次完成了期货行业党建及文化建设分类评价中文化建设部分的工作。在自律服务系统中创建专栏，共有150家期货公司通过系统报送1 428条数据，展示了期货公司的党建及文化建设成果。

第二节 职工教育培训情况

期货行业各监管单位高度重视职工教育培训工作，坚持以习近平新时代中国特色社会主义思想为指导，着力打造忠诚干净担当的高素质专业化干部队伍。一是持续深化党的理论学习，以党的二十届三中全会精神及中央金融工作会议精神等为主线，开展党委理论学习中心组学习、线上网校专题培训、专题讲座、读书班等学习活动。二是强化纪律教育，围绕二十届中央纪委三次全会精神、中央八项规定及其实施细则精神和《中国共产党纪律处分条例》等开展党纪教育专项学习，组织职工赴中国证监会廉政教育基地观展，集中观看警示教育片，安排职工旁听职务犯罪庭审等。三是做好保密与网络安全工作培训，结合全民国家安全教育日、网络安全宣传周等重要时点，组织职工参加2024年度全国保密教育线上培训等安全保密主题学习活动。四是围绕履职能力、担当作风等方面积极开展职工教育培训。

一、上海期货交易所职工教育培训情况

（一）开展党员干部培训

综合运用讲座、线上平台、脱产培训等方式，及时跟进开展对全体党员干部的党务培训和纪律教育，全年开展中层干部重大决策部署集中轮训5次，邀请浦东干部学院、上海市委党校等机构的讲师，结合创新理论学习"读书班"学习方案和主题教育相关内容，对习近平新时代中国特色社会主义思想的世界观和方法论等内容进行了集中解读和讨论。

（二）分层级开展能力提升培训

根据中层干部、新员工、基层员工、年轻业务骨干的不同特点和需求，分层分类组织培训项目，提高培训的针对性和有效性。组织能源中心新员工参加集中培训，同时做好新老员工传帮带工作。邀请国外行业专家，通过线上形式开展多主题培训。继续开展线下公开课。

（三）强化部门岗位培训

鼓励、引导各部门结合主责主业和特色专长，做实做细部门内的岗位培训工作。

结合主责主业开展法律法规和政策制度解读；围绕相关产品产业，开展行业分析、市场展望、产品介绍等培训；针对部门岗位要求，建立健全岗位培训方案，对新员工和轮岗员工开展上岗培训。

二、郑州商品交易所职工教育培训情况

2024年，郑商所聚焦政治理论学习、专业能力建设和纪律及规矩教育，扎实做好系列培训，不断健全干部队伍素质培养体系，着力打造忠诚干净担当的高素质专业化干部队伍。

（一）坚持政治过硬，强化政治训练

一是持续深化党的创新理论学习。深入学习习近平新时代中国特色社会主义思想，组织全体党员干部学习党的二十届三中全会精神及中央金融工作会议精神等网络专题，组织青年党员分批到河南大别山干部学院参加"学党纪 强党性 促发展"专题培训，组织团青团干赴湖北省团校专题学习，邀请中央党校专家开展学习习近平文化思想等专题辅导，深化党的创新理论学习。二是强化保密安全培训。组织安全保密重点人员赴河南省保密实训平台参加轮训。结合全民国家安全教育日、网络安全宣传周等重要时点，开展安全保密活动主题党委理论学习中心组（扩大）会议、保密观影、线上培训、线下讲座等活动。

（二）坚持能力过硬，提升履职能力

开展2024年度"远航未来"训练营培训，着重提升干部员工的管理能力、专业能力、通用技能。组织"繁星计划"微课大赛，开发动画微课，丰富内部课程体系。聚焦品种国际化、数字化监管与转型，开展境外培训，组织英语培训，进一步夯实对外开放人才基础。举办系列心理专题讲座、专题网络学习，提高员工的心理韧性。组织人力资源专项培训，提升干部员工的专业化能力。

（三）坚持作风过硬，弘扬企业文化

通过开展典型案例分析、警示教育专题活动，以及合规财务支出、审计检查专项、风险管理等系列培训，将财务、审计、合规等相关要求宣贯到位，引导干部员工自觉遵守工作纪律和规章制度，推动干部员工持续保持严细实专的工作作风。

三、大连商品交易所职工教育培训情况

2024年，大商所立足员工队伍的知识结构和能力现状，构建"点线面"立体式的培训体系，组织开展党性教育、业务知识培训、综合素质培训、部门自主培训、英语能力培训、干部管理能力提升培训等，培养政治过硬、能力过硬、作风过硬的高素质专业化监管干部队伍。

（一）加强党的创新理论武装，认真做好党纪学习教育

一是强化党委理论学习中心组领学促学作用，开展集体学习19次，线上网校专题培训7项。二是制定印发《大商所党委会创新理论学习"第一议题"制度》，开展41期党委会"第一议题"学习，涵盖81项学习内容，及时跟进学习贯彻习近平总书记重要讲话、重要指示批示精神和党中央决策部署。三是推动经常性教育和集中性教育相结合，在锦州市委党校开展2期党员党性教育暨学习贯彻党的二十届三中全会精神轮训班，开展入党积极分子培训班等。四是结合多种学习方式深入推进党纪学习教育，开展党纪学习教育宣讲近20次，围绕《中国共产党纪律处分条例》等开展主题学习，组织开展关键岗位干部廉政谈话，持续加强基层党支部纪律建设，强化遵规守纪的自觉性。

（二）提升员工履职能力，分层分类开展教育培训

一是夯实业务基础，为交易所高质量发展提供人才支撑。加强业务传承，发挥"传帮带"作用，开展产品研发维护、业务市场、技术、综合管理等"业务大讲堂"系列培训；系统梳理各部门线上业务培训课程体系，形成部门业务"导航式"学习地图；培养数字化人才，组织开展数据分析师培训。二是提升员工综合素质，推动员工全方位成长成才。组织开展宏观经济、沟通表达、心理学等综合素质培训；开展线上英语学习等活动。三是加强干部管理能力提升培训，提升干部履职能力。组织中层干部及新晋管理者开展情景360度管理、沙盘领导力课程等。四是统筹开展部门自主培训，满足部门业务需求。围绕党性教育、业务能力、综合素质等方面组织各部门开展自主培训，在提升部门业务发展水平、员工岗位技能和综合素质方面发挥了积极作用。

四、中国金融期货交易所职工教育培训情况

2024年，中金所以习近平新时代中国特色社会主义思想为指导，强化政治训练，加强职工教育培训。一是突出主题主线，持续用习近平新时代中国特色社会主义思想凝心铸魂，加强履职能力培训，深入推进干部员工教育培训体系改革创新。二是重视员工诉求，分层分类开展干部员工锻炼培养，不断优化教育培训方式方法，推动干部员工教育培训供给与需求精准匹配。三是深化青年培训，多措并举落实严管厚爱，把落实监管文化建设要求作为培训教育的抓手，凝练核心价值观，为金融期货事业发展凝聚合力。

五、广州期货交易所职工教育培训情况

广期所坚持贯彻落实"三个过硬"干部人才队伍建设要求，持续深化职工教育

培训，致力于提升干部员工的政治站位、队伍凝聚力与专业能力，为充分发挥期货市场功能、助力新质生产力发展提供稳固的人才支撑。培训工作以学习贯彻习近平新时代中国特色社会主义思想为核心，紧扣中央巡视整改，聚焦期货市场发展，围绕五大方面、23个具体项目展开。全年累计2 461人次参与培训，完成187课时，有效推动干部员工政治素养、专业能力及作风建设全方位提升。

（一）坚持政治过硬，多措并举筑牢干部队伍政治根基

通过系统化、多样化培训形式加强干部员工政治意识教育，共开展培训28次，参训1 363人次。创新党建实践培训，引入红色党建沙盘课程，组织中层干部在沙盘推演中探索党建与业务"双肩挑"的协同之道，组织干部员工赴廉政教育基地等现场教学场地加深党建理论认知。依托创新理论"读书班""广期所大讲堂"红色晨会、主题党日活动等方式，多次邀请专家举办专题讲座，深入浅出解读党的二十届三中全会的丰富内涵和实践要求，重点学习习近平总书记关于金融工作的一系列重要指示批示精神，不断巩固"学思想"成效。

（二）坚持能力过硬，多元赋能锻造干事创业本领

全面梳理员工培训需求，以品牌化、精细化、专题化方式丰富优化培训体系。创新创立"部门主题周"活动，搭建提升专业技能、业务素养的学习交流平台。开展跨境交流合作，组织干部员工与香港交易所开展3次业务交流，拓宽国际视野，吸收先进经验。持续深耕"广期所大讲堂"品牌建设，邀请所内外知名专家讲授行业知识与创业故事，用专业见解与真实经历启迪干部员工，激发创新思维。培训分层分类精准实施，开展中层干部能力提升训练营，通过"政治意识教育""管理能力培训""实践辅导提升"三个模块精准补齐能力短板。组织2024年新入职员工完成期货市场概况、品种基础知识、交易结算基础规则等系列课程，全方位提升年轻干部队伍的能力素质，练就过硬的专业本领。以建设世界一流交易所为目标，强化干部员工对期货服务实体经济、广期所"三个服务"定位的认识，不断提升专业水平。

（三）坚持作风过硬，常抓不懈培育务实担当作风

广期所将纪律学习教育纳入常态化职工培训工作体系，组织13期"员工大讲堂"，举办2次专题讲座，开展1轮次主题晨会，举行多次部门内部培训，全方位、多层次深入宣贯关于兼职、回避、与监管对象交往、行为准则等监督管理制度，严格规范干部员工"8小时内外"行为，进一步坚持严的基调、强化严的措施、巩固严的氛围，制定并贯彻"十个严格遵守"，强化纪律作风建设。职工教育坚持严管与厚爱结合，积极推行员工帮助计划（EAP）心理支持类培训，定期开展心理健康、急救知识培训，全方位保障干部员工身心健康，为干部员工茁壮成长营造良好环境，

提供坚实助力。

六、中国期货市场监控中心职工教育培训情况

为打造"三个过硬"的干部队伍，强化干部历练，同步夯实职工发展根基，系统提升职工综合能力，中国期货监控通过邀请外部专家讲座等方式积极开展各类培训。

（一）组织开展中央金融工作会议精神专题培训

为深入贯彻中央金融工作会议精神，更好地服务监管、服务市场、服务实体经济，中国期货监控组织全体员工举办为期3天的中央金融工作会议精神专题培训班。邀请大学教授、知名经济学者围绕会议精神、当前金融科技创新方向、期货市场的发展与挑战等进行专题授课。

（二）组织开展保密教育培训

为提升员工保密意识，提高员工的合规操作与风险防范能力，更好服务期货市场平稳健康发展，根据中国证监会统一安排，组织全体工作人员参加2024年度全国保密教育线上培训。

（三）组织开展网络安全教育培训

为进一步提升员工网络安全意识，提高网络安全防范能力，夯实期货市场数据安全根基，邀请业内专家围绕如何抵御网络威胁、预防数据泄露和规避操作风险等开展专题培训。

（四）组织开展突发事件应急预案制度培训

为进一步提高员工对突发事件的处置能力，保障各项业务工作平稳运行。努力构建"人防+制防"协同保障体系，中国期货监控举办应急预案制度专题培训。

（五）组织开展新员工入职培训

为帮助新员工熟悉岗位职责，快速融入中国期货监控这个大集体，中国期货监控主要领导班子及各部门负责人围绕中国期货监控基本情况、各部门主要职责、各项纪律要求等，对新员工进行了入职培训。

七、中证商品指数公司职工教育培训情况

2024年，中证商品指数公司持续加强干部队伍教育、管理和培养，组织开展了多层次针对性培训。公司全年累计参训2 115学时。

（一）强化理论学习，抓好法纪教育

通过理论学习读书班、党委理论学习中心组、党支部学习、个人自学、网络课程等多种形式，提高员工队伍党的理论知识水平和党性修养，并将理论学习成果转化为推动公司高质量发展的工作动力。通过开展《中国共产党纪律处分条例》专题学习研讨、讲授专题纪律党课、观看警示教育片、组织主题演讲比赛等方式多措并举开展纪法教育，严格廉政纪律，加强公权力教育，把党纪学习教育落到实处。

（二）深入技能培训

邀请行业内专家，针对网络安全应急响应、信息系统项目流程、软件研发、指数业务、宏观经济形势分析、税收政策、财务管理、法律知识等主题开展培训，持续提升员工业务水平和综合素养。

八、中国期货业协会职工教育培训情况

（一）深入开展理论学习

围绕中央金融工作会议、党的二十届三中全会精神开展专题学习，组织全体党员开展党纪学习教育。加强对会员单位的政治引领，组织会员单位交流《习近平关于金融工作论述摘编》学习体会。

（二）夯实严字当头的管理氛围

全年召开4次全员警示教育大会。组织党员群众参观中国证监会系统廉政教育基地，在怀柔、门头沟运用红色资源开展主题党日活动。举办"学党纪、树正气"主题演讲比赛和倡廉作品征集活动。

（三）加强意识形态管理和文化建设

在内网设置"政策动态"专栏，及时发布中央会议精神、习近平总书记最新的重要讲话和指示批示精神。设置党建纪检工作专栏。在协会官网开辟"行业党建与文化建设"专栏。加强协会官网、官微、出版刊物等意识形态阵地建设。

（四）激励担当作为

有计划地安排优秀年轻干部参加调研、现场检查、课题研究、以岗代训等，在实践中接受考验和锻炼，加快自身成长。结合干部队伍教育整顿工作安排，开展全覆盖、分层级的谈心谈话工作。将日常考核评价与年度绩效考核实现"硬挂钩"。

第三节　期货市场服务乡村全面振兴战略情况

一、上海期货交易所服务乡村全面振兴战略情况

（一）2024年"保险+期货"项目

2024年天然橡胶"保险+期货"项目于8月正式启动。获批项目共61个，参与期货公司共54家，共覆盖云南省、海南省的18个县市，挂钩天然橡胶现货产量15万吨，项目以每挂钩1 000吨天然橡胶现货补贴65万元的标准，总体受益胶农约48万户次，其中，脱贫户（原建档立卡户）约16万户次。

从开展地区看，在云南地区开展项目共36个，覆盖天然橡胶现货产量8.9万吨；在海南地区开展项目共25个，覆盖天然橡胶现货产量约6.1万吨。此外，项目在海南省白沙县、五指山市以及云南省金平县、澜沧县、绿春县、西盟县、德宏州芒市、德宏州瑞丽市等市县实现了全覆盖①。

从结果看，2024年云南省和海南省18个县市的48万户次胶农共获得5 703万元赔付，平均赔付率约58%。其中，海南地区项目赔付金额共计2 555.62万元，赔付率为64%；云南地区项目赔付金额共计3 147.64万元，赔付率为54%。2024年项目赔付率较2023年有所下降，主要原因是胶价的上涨，触发理赔的概率降低，但胶农以更高的价格卖出了胶水，在现货上获得了收益。

（二）2024年"稳产行动"试点项目

2024年天然橡胶"稳产行动"项目于8月正式启动。获批项目共13个，合作胶企共3家，参与期货公司共10家。项目以每挂钩1 000吨天然橡胶现货补贴59万元的标准，累计投入支持资金约1 770万元，与海南橡胶、云南橡胶和广垦橡胶分别开展4个、4个和5个项目，共覆盖橡胶现货产量3万吨。其中，3家胶企各挂钩1万吨。

从结果看，累计产生收益1 706万元，平均兑付率96%。其中，海南橡胶项目产生期权收益563.85万元，平均兑付率约96%；云南橡胶项目产生期权收益487.74万元，平均兑付率近83%；广垦橡胶项目产生期权收益654.90万元，平均兑付率近111%。

---

① 覆盖现货产量超过75%。

二、郑州商品交易所服务乡村全面振兴战略情况

（一）2024年"保险+期货"情况

2024年是郑商所开展"保险+期货"的第9年，经过多年探索、研究与优化，郑商所"保险+期货"在助力县域优势特色产业发展、服务乡村全面振兴等方面取得显著成效。全年共开展27个试点项目，覆盖苹果、红枣、花生、白糖、棉花、油菜籽等品种，总保费规模约3.38亿元，其中，郑商所支持约1亿元，财政支持约1.4亿元，承保相关品种种植面积约238万亩，共为16万农户、109万吨现货提供了78亿元风险保障，赔付金额1.89亿元，赔付率57.8%。

一是财政支持持续增加。一方面，为推动苹果、红枣、花生等特色农产品"保险+期货"可持续发展，郑商所2024年"保险+期货"以省级财政支持为重要工作导向，按照中央奖补、省级财政、市县财政资金发文支持情况择优立项。经积极推动，本年项目配套资金大幅提升，外部资金2.38亿元，占总保费的70.41%，陕西、山西、河南、广西等8个省级财政发文支持申报，财政支持资金1.4亿元，占总保费的41.42%，地方政府对"保险+期货"的认可度不断提升。另一方面，推动各主产省份自主开展试点。例如，甘肃省将中央奖补资金用于苹果"保险+期货"，青岛市推动中央奖补资金开展花生"保险+期货"，陕西的苹果"保险+期货"、湖北与山东的棉花"保险+期货"、新疆的棉花收入保险等自主开展的项目逐年增多并逐步建立长期开展机制。

二是推进保费成本适度降低。一方面，持续探索促进期权结构优化，在增强亚式期权的基础上，试点适度虚值期权和价差期权实现合理保障，该举措更加符合农户风险管理需求，显著降低了保费成本，在固定资金下稳步扩大覆盖面积，为全国推广积累经验。另一方面，完善价格险项目询价机制，探索随机选取报价期货公司，及时高效完成23个询价，使费率更贴近品种波动率实际，从而降低保费成本。

三是服务模式更加丰富多样。近年来，郑商所部分"保险+期货"项目通过与龙头企业合作引入了订单，或与当地银行合作开展了保单增信等新模式。为推进形成可复制经验，2024年鼓励龙头企业、商业银行积极参与，20余个项目引入订单或银行，推行"保险+期货+订单+银行（信贷）"模式，从销售、价格、资金等多维度提供保障，持续丰富"保险+期货"服务内容。

四是形成服务县域发展特色品牌。结合县域政府意愿和品种现货产业格局，连续多年在新疆麦盖提、阿拉尔市、甘肃静宁、陕西延长等重点地区开展"保险+期货"试点，服务县域经济发展成效显著、品牌响亮，打造了麦盖提县域经济发展样本、阿拉尔"保险+期货+订单+银行"模式、静宁多方合力助推苹果高质量发展并申报全国农村改革试验区等经典模式，得到社会各界高度认可。2024年郑商所"保险+期货"继续提升试点模式的品牌化程度，促进相关项目模式更完善、更可

持续，郑商所支持的麦盖提红枣"保险+期货"项目案例成功入选由中国国际减贫中心等主办的第五届全球最佳减贫案例，支持申报国家级农村改革创新、开展周期长的项目，鼓励其他品种主产区积极申报创新模式，集聚多方资源推动期货市场服务县域经济发展，新增打造钦州、青岛等品牌化模式。

（二）"商储无忧"服务乡村全面振兴

郑商所推动2024—2025年度"商储无忧"项目顺利落地实施，新年度项目在期权交易、仓单认定和服务省级储备方面均有所优化升级。2024年备案项目达到46个，服务尿素储备规模增加至230万吨，均同比增加77%，项目覆盖区域扩展至23个省（自治区），同比扩大10%。与此同时，在安徽省发展改革委、四川省供销社、河北省供销社等省级化肥储备管理部门的支持下，安徽辉隆农资连锁、川农化肥、河北省农业生产资料集团首次将安徽、四川、河北三省的省级化肥储备作为标的申报了"商储无忧"项目，标志着"商储无忧"在服务省级化肥储备政策方面取得了实质性突破和进展。

三、大连商品交易所服务乡村全面振兴战略情况

2024年，大商所继续开展"农民收入保障计划"，夯筑"银期保""保险+期货"等服务乡村振兴有效模式，以更高质效的"三农"工作谱写金融"五篇大文章"。全年，大商所坚持"服务（模式）输出"为核心思路，在23个省（自治区、直辖市）开展了97个"保险+期货"和7个"银期保"种收项目，服务中小农户6 231户次，规模化种养主体104家次，保障现货51.90万吨、种植面积84.11万亩。全部项目总保费1.63亿元，目前已有71个项目运行到期，实现理赔1.13亿元，对应赔付率90.39%。

（一）继续护航生物育种产业化工程，示范效果显著

生物育种产业化是保障国家粮食安全的重要手段，在耕地面积有限的前提下，对提升粮食单产起到了重要作用。在党中央的高度重视下，农业农村部基于过去三年的成功经验，在2024年开展了"生物育种产业化示范工程"，继续加力推广生物育种作物种植。大商所坚持"金融报国"的初心使命，继续配合农业农村部开展生物育种"保险+期货"收入保险项目，并结合"示范工程"这一主题，在集中连片种植的4个县域各开展了1个项目，提供了超过4.5亿元的货值保障，取得了良好效果。

2024年自然条件良好，粮食作物整体长势较好，生物育种种植地区普遍丰产，但因为阶段性供给过剩，秋收季节玉米价格持续走弱，所以出现了"丰产不丰收"现象，使农户遭受了收益损失，可能挫伤农户继续种植生物育种作物的积极性。"保险+期货"收入保险保障的核心是种植收入风险，涵盖了产量和价格两个风险，

能够有效应对由前述任一因素下跌综合导致的收入降低损失。大商所提供的"保险＋期货"收入保险项目，累计为参保农户提供了超过827万元的保险赔款，较同地区仅能保障产量风险的完全成本保险赔付比例高出近三成，顺利帮助农户实现"既丰产也丰收"，通过稳定农户的种植收入，提升了农户扩种的积极性，确保生物育种产业化工程未来能够继续稳步推进。

（二）优化"银期保"种收模式，持续扩大试点规模和范围

2024年，大商所不断夯实前期实践经验，进一步优化"银期保"种收模式，将期货市场基础功能贯穿于农业生产的全流程，充分发挥期货价格的纽带作用并使其成为收入保险的承保和理赔依据、订单合同的定价依据和银行贷款额度的设定依据，为农户提供"钱从哪里来、粮往哪里卖、风险谁来管"的综合解决方案。

2024年全年，大商所在黑龙江省黑河市、鸡西市、齐齐哈尔市和鹤岗市开展了7个"银期保"种收项目，并首次将该模式扩展至玉米品种，累计保障大豆、玉米种植面积46.25万亩，服务合作社、国营农场和农户14家次。全部项目引入邮储行、建行、农行、工行等商业银行贷款1 633.72万元，且平均贷款利率3.99%，同比降低16%；引入中粮贸、北大荒等龙头企业完成大豆收购9.13万吨，支付粮款2.63亿元。此外，由于农产品价格下跌和部分地块减产，收入保险实现理赔1 428万元。在收入保险订单合同的保障下，参保主体实现大豆和玉米平均售价3 956.26元/吨和1 802.43元/吨，其中，大豆收购价格比同期国储收购价格3 700元/吨高出约256.26元/吨，增收幅度约7%。

（三）以标准化提升效率，生猪"保险＋期货"获得多地政府认可

2024年，大商所重点推广以标准化产品结构和每周滚动立项方式开展生猪"保险＋期货"项目，得到了多个省市的认可和支持。标准化的业务模式坚持"保基本"的原则，引导市场机构充分竞争，降低保险成本，提升财政补贴资金的使用效率，同时以每周滚动立项的方式落实项目，使地方政府能够更高效地运用"保险＋期货"价格保险满足养殖产业连续生产、养殖户随时投保的实际需求。目前，重庆、陕西、广西、湖北4个省级财政以及西安、郑州、大连3个城市的市级财政正式发文，明确以大商所业务模式开展生猪"保险＋期货"项目并配套财政补贴。

2024年，大商所在陕西、广西、广东等22个省（自治区、直辖市）开展了生猪"保险＋期货"价格保险项目93个，保障生猪现货20.11万吨，对应生猪存栏167万头，服务养殖户和规模化养殖主体533户次，保障货值达29.94亿元。全部项目总保费1.15亿元，目前已有60个项目运行到期，实现理赔7 443万元，对应赔付率121%。特别是进入2024年下半年，生猪价格由震荡转为下跌，同期，生猪"保险＋期货"价格保险赔付率超过141%，平均赔付超过830元/吨，有效帮助养殖户弥补了猪价降低的损失。

四、中国期货业协会服务乡村全面振兴战略情况

（一）持续做好专项评价，引导行业积极履行社会责任

完成行业乡村振兴和"保险+期货"评价工作，对140余家期货公司报送的4.5万余条乡村振兴工作数据、70余家公司报送的5 000余条"保险+期货"项目进行审核排名，形成《2023—2024年度"保险+期货"业务运行情况报告》，进一步优化数据报送体系，提升数据准确性和报送效率。

（二）规范"保险+期货"模式，促进模式健康发展

发布《期货公司"保险+期货"业务规则（试行）》，明确底线要求，引导行业规范发展。比对监控中心场外交易数据，形成《关于自律服务系统和场外交易报告库"保险+期货"业务数据差异有关情况的报告》，为规范"保险+期货"业务提供了参考。

（三）加强走访调研，倡导行业助力产业高质量发展

调研上市公司及龙头企业，走访多地财政、农业部门，结合各地"保险+期货"政策提出建议；与产业协会共同探讨期现融合路径；发布《提升产业客户参与度，服务实体经济高质量发展倡议书》。举办"保险+期货"和期货服务产业展览与论坛。集中行业合力，围绕棉花、苹果、玉米、大豆、生猪等品种，继续在新疆、甘肃、陕西、黑龙江、湖北等地开展"期货+"专业帮扶示范项目。组建社会责任专业委员会，开展专项课题研究。

截至2024年12月31日，有135家期货经营机构与1 065个乡村振兴工作地签署了2 940份结对帮扶协议。行业累计投入帮扶资金达35.47亿元。通过"保险+期货"模式累计承保货值2 058.2亿元，涉及现货数量共计3 898.96万吨；为实体机构或农户提供咨询类、贸易类、仓单类、场外期权类服务项目3 282个，名义本金985.12亿元。

综上所述，2024年各期货交易所服务乡村全面振兴战略落地项目情况见表5-3-1。

表5-3-1　　**2024年各期货交易所服务乡村全面振兴战略落地项目情况**

交易所	模式名称	覆盖品种	新增项目（个）	覆盖现货量（万吨）	赔付金额（万元）	赔付率（%）
上期所	保险+期货	天然橡胶	61	15	5 703.26	58
	稳产行动	天然橡胶	13	3	1 706	96
郑商所	保险+期货	苹果、红枣、花生、白糖、棉花、油菜籽	27	109	18 863.99	57.8

续表

交易所	模式名称	覆盖品种	新增项目（个）	覆盖现货量（万吨）	赔付金额（万元）	赔付率（%）
大商所	保险+期货	玉米、生猪	97	42.11	11 574.56	84.6
	银期保	玉米、大豆	7	9.78	1 428.22	54.1

第四节　期货市场服务产业情况

一、上海期货交易所服务产业情况

（一）上期所"强源助企"项目

引导实体产业运用期货工具进行定价交易、管理风险、配置资源。上期所依托上期"强源助企"等品牌，凝聚各方合力，共同深耕期货市场，努力使各类资源直达实体企业，并形成定期向市场发布产业服务工作的机制。

2024年，上期"强源助企"市场培育项目涉及不锈钢、氧化铝、白银、20号胶、原油、集运指数（欧线）等期货品种和"稳价订单"工具，鼓励参与企业在现货贸易中运用期货价格进行定价或运用期权工具管理价格风险。

（二）服务行业龙头企业的情况

上期所高质量建设上期"强源助企"产融服务基地，发挥龙头企业示范效应，提升产业链参与水平。2024年，新设76家产融服务基地，基地总计达121家；截至12月底，依托产融服务基地全年组织针对产业链企业培训活动91场。产融服务基地在普及推广期货工具、交流分享行业经验、合作开展企业培育、提升中介机构专业水平、开展课题研究合作等方面的功能逐步发挥。

（三）开展针对性产业培训

为加强产业企业对期货和相关衍生品工具的认识，持续提升产业客户参与度，上期所持续开展"企业深耕计划"，支持会员单位加大产业服务力度，鼓励会员培育开发未入市、有意愿企业参与市场，引导实体企业使用期货和相关衍生品工具管理价格波动风险；同时，配套开展多层次培训活动。例如：与中国石油和化学工业联合会、中国合成橡胶工业协会、中国橡胶工业协会、中国天然橡胶协会、中国造纸协会以及海胶集团、云胶集团、广垦橡胶集团等上期所能化产融服务基地合作举办各类市场推广活动，与能化产业链上中下游企业深化合作，推动更多产业链企业运用期货工具进行风险管理，有效发挥期货市场功能，服务产业高质量发展。针对航运相关企业风险管理需求，实施集运指数（欧线）期货"启航工程"市场培育行动，境内外累计组织或参加各类会议活动40余场，向实体企业推广集运指数（欧线）期货风险管理内容，增强产业客户运用期货工具的能力。

（四）扎实推动钢铁期货高质量发展

2024年以来，上期所扎实推进钢铁期货高质量发展行动方案，针对钢铁行业供给高位、需求减弱、经营压力加大现状，全面梳理钢铁期货功能发挥短板，在保障市场平稳运行的基础上，优化全国交割仓库布局和现有地区升贴水设置，持续提升交割便利度、合约连续性，扎实推进钢铁期货高质量发展各项工作，更好服务钢铁产业链转型发展需要。

二、郑州商品交易所服务产业情况

（一）服务龙头企业及上市公司情况

1. 聚焦央（国）企开展针对性培训

针对央企集团参与期货市场面临的痛点、难点，郑商所联合主管单位开展培训，主动上门提供服务，推动央企利用期货市场管理风险。一是在国务院国资委财管运行局、中国证监会期货司指导下，在中国大连高级经理学院开展中央企业金融衍生业务培训班，中国铝业、国家能源集团等16家央企参加。二是加强企业定点开发，精准服务，有效引导企业参与套保。走进中国建材集团、中盐集团、国家能源集团、华润集团，与企业高层领导座谈交流，针对唐山三友、恒通化工、湖北双环、彩虹新能等重点国企开展"一对一"培训，取得积极成效。三是联合地方国资委开展培训，改善企业参与套保的监管环境。联合广西、河北、新疆、上海等12地国资委开展地区国企培训，营造良好的国资企业参与氛围。

2. 点对点定制"送期权进央企"活动

为充分发挥期权在服务产业发展中的积极作用，促进龙头企业以点带面，郑商所采用"集团培训+座谈交流"模式，为中粮集团、中棉集团、中化化销定制期权培训班3场，线上线下培训业务骨干330余人次；同时举办3场高管对接交流活动，深入探讨企业利用期权和含权贸易管理风险的案例经验。点对点期权培训在推动期现交流、促进"产投对接"方面积累了宝贵经验。

3. 开展供销系统企业培训

结合品种禀赋及供销系统产业特点，助力供销企业利用期货稳定经营。一是与全国供销合作总社合作举办期货业务培训，强化供销体系主管单位对期货市场的认识和支持。二是与地方供销社在广东、河北、湖南、四川等地开展供销企业培训4

场，累计培训企业200余家。

4. 开展龙头企业产业开发服务项目

优化项目开展方式，在14个品种上开展产业企业开发服务项目。将产业龙头企业、A股上市公司、国资控股企业纳入重点企业认定范围，引导110家期货公司发挥专业优势，为产业链企业提供定制化风险管理服务，共引入嘉化能源等46家重点产业客户。

5. 完成首期聚酯产业链EDP①培训项目

对接企业需求，创新服务形式，开展龙头企业系统性、中长期培训。联合上海高级金融学院开展聚酯产业链EDP培训，积极构建期现融合的产业生态，来自聚酯产业链的35家龙头企业、主管行业协会以及优势会员单位的65名高管顺利结业。

6. 联合沪深证券交易所开展上市公司高管期货业务培训

首次联合中国浦东干部学院、上海证券交易所等开展沪市上市公司期货业务培训，联合深圳证券交易所、资本市场学院开展深市上市公司期货业务培训（第3期），200余家上市公司高管参加。联合上海证券交易所录制"期货与风险管理"系列公开课7门，并在培训平台"浦江大讲堂"上线。

7. 联合地方证监局开展辖区上市公司风险管理培训班

分别在广西、湖南、上海等11省（市、区）举办上市公司期货业务培训，累计培训400余家企业，持续提升上市公司套期会计、信息披露等实操水平。

8. 开展上市公司"走进郑商所"交流活动

集中接待兰花科创等13家上市公司高管来访，组织企业赴产业基地、投教基地座谈交流和参观学习，提升上市公司对期货市场的认识。

（二）服务中小微企业情况

1. 发挥产业基地服务中小企业作用

做好49家产业基地建设，充分发挥龙头企业示范带动作用，为产业链上下游提供风险管理等服务，通过基差贸易、含权贸易、仓单服务、合作套保等模式服务1 000余家中小企业间接参与期货市场。

2. 开展主题活动帮助中小企业利用期货市场

联合中国中小企业协会举办"期货服务中小企业"主题活动3期18场，引导中小企业识期货、用期货；举办"期权新品种专场"主题活动11场，引导中小企业使用低成本、高效率的场内、场外风险管理工具。共有1 000多家企业参与，涉及广东、广西、浙江等8个省（区）。

3. 引导会员单位加强中小企业服务力度

发布"三业"活动导向，引导会员加大中小企业服务力度。支持80家会员在

---

① EDP（Executive Development Programs），是一种面向企业高层管理人员的短期强化课程。

全国主要品种产、销区的113个地市，开展"三业"活动354场，培训企业人员1.5万余人次。

4. 通过产业开发服务项目支持中小企业参与期货市场

在2024年度产业开发服务项目中专设中小企业项目类型，在15个品种上支持中小企业参与期货套保。2024年累计引入164家中小企业参与套保。

三、大连商品交易所服务产业情况

（一）服务龙头企业及上市公司情况

近年来，大商所大力推动龙头企业培育服务工作，依托龙头企业"一对一""龙头企业走进交易所"等品牌活动和"产融基地2+1""企业风险管理计划"等实践项目，支持龙头企业应用期货工具管理生产经营风险，在行业内努力塑造"以重点突破带动整体发展"的期现结合良性循环。

一是依托龙头企业"一对一"活动、产融基地和企业风险管理计划，积极服务龙头企业与上市公司。2024年，大商所先后面向70家龙头企业开展了188场"一对一"培训活动，覆盖企业中高层管理人员和业务骨干4 500余人次，先后组织27家龙头企业走进交易所。2024年新设16家产融基地，产融基地总量达到155家，支持基地单位举办了124场市场活动，覆盖企业3 300余家次，培训企业人员5 800余人次。

二是品牌效应初步形成。在开展"一对一"培训的70家龙头企业中，有5家是主动来函申请参与的。同时，龙头企业、"中字头"行业协会与主流市场信息机构等70余家市场主体提交申请材料，意愿加入产融基地生态圈，共同服务产业。

三是服务效果显现。通过参与龙头企业"一对一"活动，14家企业已经在不同程度上考虑参与期货市场，其中，1家企业新开户，4家企业新参与交易，2家企业期货业务已获母公司批复，3家企业向母公司提交了期货业务申请，3家企业建立了期货团队，1家企业建立了期货制度。产融基地的自身示范作用持续发挥，81家产融基地单位的成交、持仓规模较大，深度参与期货市场，为产业链企业期现结合发挥了示范作用。

（二）服务中小微企业情况

大商所通过"产融基地""企业风险管理计划"等项目，积极调动期货公司、龙头企业等各方力量，形成"理念宣导、手把手教、带动实操"的三步培育模式，循序渐进地引导中小微企业学习和运用期货工具，为其通过期货市场管理风险提供"试验田"。2024年，"企业风险管理计划"继续为中小微企业提供两种参与方式，一种是允许中小微企业以和产融基地开展含权贸易的方式参与项目，另一种是允许中小微企业以直接开户交易的方式参与。2024年，21家中小微企业参与"企业风险管理计划",企业类型覆盖产业链上中下游。产融基地联合期货公司开展 80 多个"N×(2+1)"牵手工程项目①,为中小微企业提供定制化期货课程辅导。

四、广州期货交易所服务产业情况

(一)服务龙头企业及上市公司情况

一是建立首个产业服务品牌,实施"助绿向新"产业服务计划。2024 年 9 月,广期所面向全市场发布"助绿向新"产业服务计划,包含建设产业基地、开展"一对一"定向培训、产业培育专项、典型案例征集、举办系列产业培训等五大具体措施。计划实施以来,得到市场的热烈关注和积极响应。截至 2024 年底,广期所审核通过 47 个产业培育专项备案申请,支持期货公司上门对 13 家重点产业企业开展定制化培训和实务操作辅导。其中,超过半数服务对象为上市公司、国有企业及龙头生产、消费企业。

二是深入调研湖南、福建、北京、江浙、安徽等地 60 余家光伏、锂电重点企业,具体了解企业参与期货市场的情况、参与障碍和诉求建议,并对调研情况进行持续跟踪,提升服务水平。

三是面向锂电和晶硅光伏产业中高层管理人员开展中长期研修课程。联合上海交通大学高级金融学院、资本市场学院分别组织开展"锂电新能源中高级管理人员研修课程"和"晶硅光伏企业风险管理实务研修课程",组织产业重点企业参与课程。其中,半数企业为产业链中规模较大、代表性较强的上市公司。课程有针对性地解决产业企业实际参与期货市场过程中存在的问题,帮助企业切实提高运用风险管理工具质效。

四是积极开展期货服务产业培训。联合地方政府、证监局、行业协会、上市公司协会等在江西、广东、福建、山东、新疆、江苏、深圳等地举办 10 余场产业风险管理专题培训,覆盖重点产业企业近 2 000 人次,以套期保值实务操作为主要内容,为企业培养专业的风险管理人才,提升地方国有企业、上市公司等重点产业企业对期货市场的认识和参与程度。

(二)服务中小微企业情况

一是全年支持期货公司会员在云南、四川、江西等相关产业重点区域开展约 250 场现场培训活动,为超过 1.3 万人次提供业务培训。二是支持期货公司赴新疆、浙江、四川等产业集中地开展近 30 次调研,与各类型企业建立联系,为向中小微企业提供风险管理解决方案奠定基础。

---

① 1 家产融基地和 1 家期货公司,联手培育 1 家龙头产业企业或 1 家中小微产业企业,实施"N"个项目。

五、期货风险管理公司服务产业情况

(一) 服务上市公司情况

2024年,风险管理子公司持续通过仓单业务、场外衍生品业务、基差贸易、含权贸易等为上市公司提供服务(见表5-4-1)。

表5-4-1　　　　2024年期货公司风险管理公司服务上市公司情况

仓单业务	2024年数据	2023年数据
累计业务规模(亿元)	6.54	9.01
累计资金支持规模(亿元)	4.77	4.76
累计服务企业(家次)	59	48
场外衍生品业务		
累计新增名义本金规模(亿元)	3 957.38	3 623.12
月末存续名义本金规模(亿元)	250.88	358.84
基差贸易		
为上市公司提供服务贸易额(亿元)	618.78	671
累计服务上市公司(家次)	4 583	4 119
含权贸易		
服务上市公司累计规模(亿元)	11.47	12
累计服务上市公司(家次)	51	94

(二) 服务中小微企业情况

2024年全年,风险管理公司通过基差贸易、仓单业务、含权贸易等模式为实体企业提供风险管理服务,其中为中小微企业提供服务占比超过50%(见表5-4-2)。

表5-4-2　　　　2024年期货公司风险管理公司服务中小微企业情况

基差贸易	2024年数据	2023年数据
基差贸易累计贸易额(亿元)	5 249.09	5 102.36
其中:中小微企业(亿元)	2 619.75	2 362.53
占比(%)	50	46
累计服务中小微企业(家次)	35 065	31 058
占比(%)	67	67

续表

基差贸易	2024年数据	2023年数据
仓业服务		
仓单服务累计购销规模（亿元）	159.55	187.90
其中：中小微企业（亿元）	107.79	112.28
占比（%）	68	60
累计提供资金支持（亿元）	79.71	92.81
其中：中小微企业（亿元）	47.87	51.42
占比（%）	60	55
累计服务中小微企业（家次）	818	684
占比（%）	74	69
含权贸易		
全年累计贸易额（亿元）	68.65	67.13
其中：中小微企业（亿元）	44.91	36.57
占比（%）	65	54
累计服务中小微企业（家次）	419	426
占比（%）	67	62

附 录

附录 1
2024 年全球期货及其他衍生品行业发展报告

>>> 第一节　全球期货及其他衍生品市场交易概况

一、全球期货及其他场内衍生品市场总体发展概况

2024 年全球期货及其他场内衍生品成交量大幅增长。根据国际期货业协会（Futures Industry Association，FIA）对全球 88[①]家交易所中期货与期权成交量统计结果，2024 年全球交易所合约成交量为 2 053.38 亿手，相较 2023 年的 1 359.89[②] 亿手，增长了 51.00%。

在 2024 年的场内衍生品成交细分数据中，期货成交量相较 2023 年上升了 1.24%，至 282.19 亿手，期权成交量较 2023 年上升了 63.82%，至 1 771.20 亿手。期货和期权

---

① 俄罗斯交易所未纳入统计范围。
② 去除 2023 年俄罗斯交易所。

成交分布中,亚太市场继续保持全球第一的地位,市场成交量占比达82.40%。

分大类来看,金融衍生品在2024年市场活跃度整体增加,股票和利率类衍生品成交量增长,外汇类衍生品成交量下降。其中,股票类衍生品成交量增幅为64.45%,至1 838.19亿手,占场内衍生品市场份额的89.52%;利率类衍生品成交量增幅为14.23%,至69.46亿手;外汇类衍生品成交量下降56.97%,至28.29亿手。商品衍生品成交量方面,农产品类、能源类、金属类衍生品成交量分别下降2.14%、增长23.29%、增长21.89%。其他类衍生品成交量下降23.69%。

2014—2024年全球交易所期货和期权成交量对比见图1。

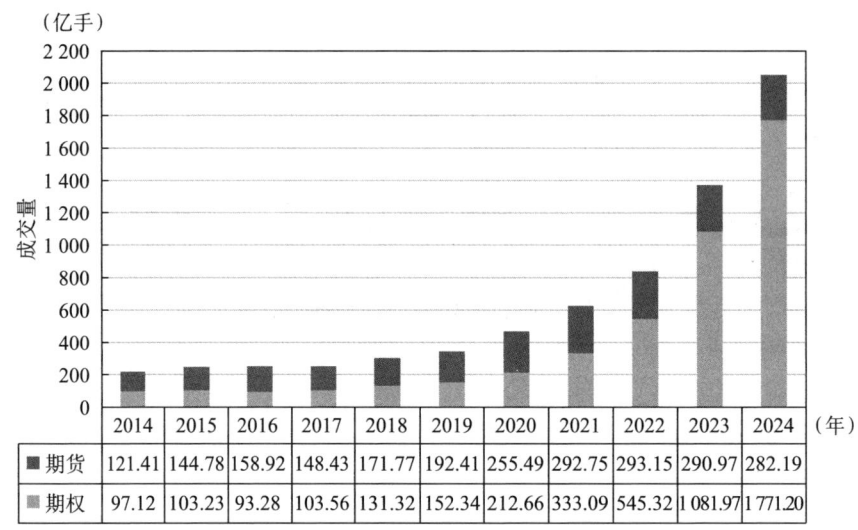

图1　2014—2024年全球交易所期货和期权成交量对比

数据来源:FIA。

(一)全球期货及其他场内衍生品成交量地域分布

2024年亚太和北美市场仍占据全球前两位(见表1、图2),亚太市场成交量增幅63.51%,至1 691.90亿手,北美市场成交量增幅10.64%,至197.52亿手。

表1　　2024年全球期货及其他场内衍生品成交量分地区比较情况

地区	2024年成交量(亿手)	2023年成交量(亿手)	同比变化(%)
亚太	1 691.90	1 034.76	63.51
北美	197.52	178.52	10.64
拉美	99.62	86.37	15.34
欧洲	41.51	36.25	14.51
其他	22.82	23.97	−4.78
全球	2 053.38	1 359.89	51.00

数据来源:FIA。

拉美市场成交量增幅15.34%，至99.62亿手；欧洲市场成交量增幅14.51%，至41.51亿手；其他地区成交量下降4.78%，至22.82亿手。

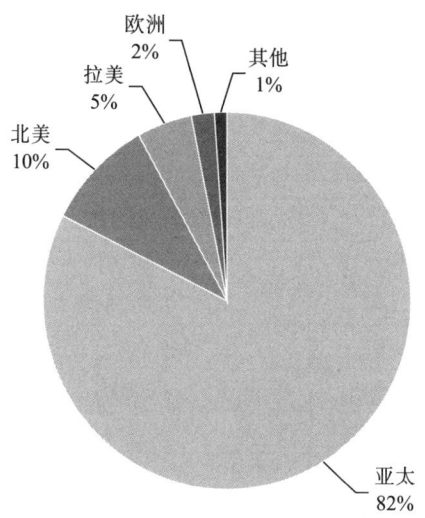

图2　2024年全球期货及其他场内衍生品成交量地域分布

数据来源：FIA。

（二）全球各交易所期货及其他场内衍生品成交量概况

在2024年全球各交易所期货及其他衍生品成交量排名中，印度国民证券交易所（NSE）继续位居第一，成交量相较2023年增长47.56%，至1 251.60亿手。印度孟买证券交易所成交量大幅增长，增幅428.31%，至307.83亿手，排名第二。巴西圣保罗证券期货交易所（B3）成交量增幅18.03%，至98.14亿手，排名第三。

中国交易所方面，郑州商品交易所成交量下降26.14%，排名下降2位，居第9位；上海期货交易所（包含上海国际能源交易中心）成交量增幅7.82%，排名与2023年持平，居第10位；大连商品交易所成交量下降9.57%，排名下降2位，居第11位；广州期货交易所成交量增幅203.85%，排名上升4位，居第29位；中国金融期货交易所成交量增幅50.53%，排名上升3位，居第25位。

2024年全球各交易所/交易所集团期货及其他衍生品成交量前20名见表2。

表2　2024年全球期货及其他衍生品成交量前20名的交易所/交易所集团

排名	交易所/交易所集团名称	2024年成交量（亿手）	2023年成交量（亿手）	同比变化（%）
1	印度国民证券交易所（NSE）	1 251.60	848.17	47.56
2	印度孟买证券交易所（BSE）	307.85	58.74	424.10
3	巴西圣保罗证券期货交易所（B3）	98.14	83.15	18.03
4	芝加哥商业交易所集团（CME）	66.86	60.99	9.62

续表

排名	交易所/交易所集团名称	2024年成交量（亿手）	2023年成交量（亿手）	同比变化（%）
5	洲际交易所（ICE）	44.54	36.56	21.80
6	芝加哥期权交易所集团（CBOE）	38.27	37.08	3.19
7	纳斯达克集团（NASDAQ Group）	34.05	32.04	6.27
8	韩国交易所（KRX）	26.16	20.38	28.35
9	郑州商品交易所（ZCE）	26.10	35.33	−26.14
10	上海期货交易所（SHFE）	24.01	22.27	7.82
11	大连商品交易所（DCE）	22.68	25.08	−9.57
12	德意志交易所集团（DBG）	21.11	19.42	8.66
13	伊斯坦布尔证券交易所（BIST）	20.04	20.86	−3.94
14	迈阿密国际证券交易所集团（MIAX）	16.93	15.90	6.51
15	多伦多证券交易所集团（TMX Group）	9.60	8.65	10.90
16	印度多种商品交易所（MCX）	8.73	4.44	96.70
17	香港交易所集团（HKEX）	5.62	4.80	17.01
18	日本交易所集团（JPX）	4.64	3.94	17.80
19	台湾期货交易所（TAIFEX）	3.95	3.25	21.82
20	MEMX期权交易所	3.01	0.06	5 147.34

数据来源：FIA。

2024年各交易所集团旗下交易所成交概况见表3。

表3　　　　　　　　　　2024年全球各交易所集团旗下交易所成交概况

交易所/交易所集团	2024年成交量（亿手）	2023年成交量（亿手）	同比变化（%）
印度国民证券交易所（NSE）	**1 251.60**	**848.17**	**47.56**
印度国民证券交易所（NSE）	1 251.37	848.07	47.55
NSE国际交易所	0.23	0.10	136.98
印度孟买证券交易所（BSE）	**307.85**	**58.74**	**424.10**
印度孟买证券交易所	307.83	58.27	428.31
印度国际交易所	0.02	0.47	−95.72
巴西圣保罗证券期货交易所（B3）	98.14	83.15	18.03
芝加哥商业交易所集团（CME）	**66.86**	**60.99**	**9.62**
芝加哥商业交易所（Chicago Mercantile Exchange）	32.83	32.09	2.31
芝加哥期货交易所（Chicago Board of Trade）	25.91	22.11	17.16
纽约商业交易所（New York Mercantile Exchange）	6.37	5.36	18.71
纽约商品交易所［Commodity Exchange（COMEX）］	1.76	1.43	23.17

续表

交易所/交易所集团	2024年成交量（亿手）	2023年成交量（亿手）	同比变化（%）
洲际交易所（ICE）	**44.54**	**36.56**	**21.80**
纽约证券交易所高增长板期权市场（NYSE Arca）	15.26	12.29	24.20
洲际交易所欧洲分所（ICE Futures Europe）	14.95	11.88	25.83
纽约证券交易所泛美证券交易所（NYSE Amex）	8.36	7.46	12.07
洲际交易所美国分所（ICE Futures U.S.）	4.82	4.08	18.13
洲际交易所欧洲大陆能源交易所（ICE Endex）	1.07	0.81	31.35
洲际交易所阿布扎比分所（ICE Futures AbuDhabi）	0.06	0.02	159.20
洲际交易所新加坡分所（ICE Futures Singapore）	0.02	0.02	-2.44
芝加哥期权交易所集团（CBOE）	**38.27**	**37.08**	**3.19**
Cboe期权交易所（Cboe Options Exchange）	21.80	20.24	7.69
Cboe EDGX期权交易所（Cboe EDGX Options）	8.01	6.30	27.18
Cboe BZX期权交易所（Cboe BZX Options）	4.46	5.51	-18.93
Cboe C2期权交易所（Cboe C2 Options）	3.39	4.48	-24.43
Cboe期货交易所（Cboe Futures Exchange）	0.60	0.55	9.36
Cboe欧洲衍生品交易所（Cboe Europe Derivative Exchange）	0.00	0.00	123.69
ErisX数字交易所（ErisX）	0.00	0.00	8 442 200.00
纳斯达克集团（NASDAQ Group）	**34.05**	**32.04**	**6.27**
纳斯达克PHLX交易所（Nasdaq PHLX）	11.28	11.44	-1.41
纳斯达克ISE交易所（Nasdaq ISE）	7.69	5.97	28.83
纳斯达克期权交易所（Nasdaq Options Market）	6.09	6.23	-2.14
纳斯达克MRX交易所（Nasdaq MRX）	3.03	1.97	54.00
纳斯达克GEMN交易所（Nasdaq GEMX）	2.92	2.46	18.77
纳斯达克BX期权交易所（Nasdaq BX Options）	2.39	3.31	-27.80
纳斯达克北欧交易所（Nasdaq Exchanges Nordic Markets）	0.64	0.66	-3.28
纳斯达克商品交易所（Nasdaq Commodities）	0.00	0.00	2.19
韩国交易所（KRX）	26.16	20.38	28.35
郑州商品交易所（ZCE）	26.10	35.33	-26.14
上海期货交易所（SHFE）	**24.01**	**22.27**	**7.82**
上海期货交易所（Shanghai Futures Exchange）	22.60	20.61	9.67
上海国际能源交易中心（Shanghai Internatioonal Energy Exchange）	1.41	1.66	-15.11
大连商品交易所（DCE）	22.68	25.08	-9.57

续表

交易所/交易所集团	2024年成交量（亿手）	2023年成交量（亿手）	同比变化（%）
德意志交易所集团（DBG）	**21.11**	**19.42**	**8.66**
欧洲期货交易所（Eurex）	20.80	19.15	8.63
欧洲能源交易所［European Energy Exchange（EEX）］	0.21	0.19	8.60
节点交易所（Nodal Exchange）	0.09	0.08	15.62
伊斯坦布尔证券交易所（BIST）	20.04	20.86	-3.94
迈阿密国际证券交易所集团（MIAX）	**16.93**	**15.90**	**6.51**
迈阿密期权交易所（MIAX Options）	6.92	6.34	9.08
迈阿密珍珠交易所（MIAX Pearl）	4.68	6.47	-27.68
迈阿密绿宝石交易所（MIAX Emerald）	4.66	3.06	52.22
迈阿密蓝宝石交易所（MIAX Sapphire）	0.65	—	—
迈阿密期货交易所（MIAX Futures）①	0.03	0.03	10.15
多伦多证券交易所集团（TMX Group）	**9.60**	**8.65**	**10.90**
波士顿期权交易所（Boston Options Exchange）	7.63	6.93	10.11
蒙特利尔交易所（Montreal Exchange）	1.96	1.72	14.06
印度多种商品交易所（MCX）	8.73	4.44	96.70
香港交易所集团（HKEX）	**5.62**	**4.80**	**17.01**
香港交易所（Hong Kong Exchanges and Clearing）	3.84	3.31	15.75
伦敦金属交易所（London Metal Exchange）	1.78	1.49	19.81
日本交易所集团（JPX）	**4.64**	**3.94**	**17.80**
大阪交易所（Osaka Exchange）	4.63	3.92	17.99
东京商品交易所（Tokyo Commodity Exchange）	0.01	0.02	-23.60
台湾期货交易所（TAIFEX）	3.95	3.25	21.82
MEMX期权交易所（MEMX Options）	3.01	0.06	5 147.34
新加坡交易所（SGX）	2.78	2.43	14.31
中国金融期货交易所（CFFEX）	2.53	1.68	50.53
澳大利亚证券交易所集团（ASX）	**2.47**	**2.24**	**10.42**
澳大利亚证券交易所24小时交易市场（ASX 24）	1.79	1.54	16.27
澳大利亚证券交易所（ASX）	0.68	0.70	-2.44
约翰内斯堡证券交易所（JSE）	2.27	2.61	-12.99
广州期货交易所（GFEX）	1.97	0.65	203.85
泛欧交易所（Euronext）	1.59	1.58	0.51

① 原明尼阿波利斯谷物交易所，2024年2月改名，并入迈阿密国际证券交易所集团。

续表

交易所/交易所集团	2024 成交量年（亿手）	2023 成交量年（亿手）	同比变化（%）
阿根廷布宜诺斯艾利斯-罗萨里奥期货交易所（MATba ROFEX）	1.34	3.11	-56.91
泰国期货交易所（TFEX）	1.18	1.29	-8.84
东京金融交易所（TFX）	0.78	0.86	-9.14
FairX 加密货币衍生品交易所（FairX）	0.56	0.44	27.26
特拉维夫证券交易所（TASE）	0.42	0.39	8.04
北美衍生品交易所（Nadex）	0.34	0.09	267.36
西班牙期货交易所（MEFF）	0.29	0.30	-4.43
马来西亚衍生品交易所（MDEX）	0.23	0.18	27.91
印度大都会证券交易所（MSE）	0.16	0.28	-43.29
华沙证券交易所（GPW）	0.14	0.15	-7.49
雅典衍生品交易所（ADEX）	0.09	0.11	-16.03
墨西哥衍生品交易所（MexDer）	0.09	0.10	-8.41
布达佩斯证券交易所（BSE）	0.06	0.05	20.62
巴基斯坦商品交易所（PMEX）	0.06	0.04	48.72
哥伦比亚证券交易所（BVC）	0.05	0.02	199.57
印度国家商品及衍生品交易所（NCDEX）	0.04	0.05	-23.90
大阪堂岛商品交易所（ODEX）	0.03	0.01	183.08
迪拜黄金及商品交易所（DGCX）	0.02	0.05	-70.86
迪拜商业交易所（DME）	0.01	0.01	12.49
印尼商品及衍生品交易所（ICDX）	0.01	0.02	-44.00
LedgerX 加密货币衍生品交易所（LedgerX）	0.01	0.02	-63.55
新加坡亚太交易所（APEX）	0.01	0.02	-70.40
乌拉圭期货交易所（UFEX）	0.00	0.00	213.55
小型交易所（Small Exchange）	0.00	0.00	-89.00
Bitnomial 加密货币衍生品交易所（BTNL）	0.00	0.00	9.75
期权清算公司（OCC）	0.00	0.00	—
澳大利亚 FEX 全球交易所（FEX）	0.00	0.00	—

数据来源：FIA。

（三）全球期货及其他场内衍生品交易品种成交量分布

1. 期货方面

2024 年全球期货各品种成交量情况见表4。

表4　　2024年全球期货各品种成交量情况

品种种类	2024年成交（亿手）	2023年成交（亿手）	同比变化（%）
股票期货	113.41	104.55	8.48
利率期货	56.91	49.27	15.50
农产品期货	26.15	26.50	-1.31
金属期货	25.96	21.93	18.37
其他期货	21.30	29.69	-28.27
外汇期货	19.45	28.57	-31.92
能源期货	19.01	18.23	4.30
期货合计	282.19	278.73	1.24

数据来源：FIA。

2024年全球期货成交量品种分布见图3。

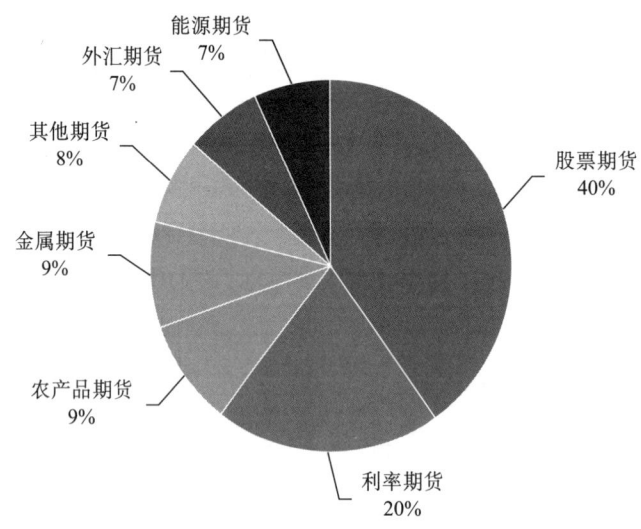

图3　2024年全球期货成交量品种分布

数据来源：FIA。

2. 期权方面

2024年全球场内期权衍生品各品种成交量情况见表5。

表5　　2024年全球场内期权衍生品各品种成交量情况

品种种类	2024年成交（亿手）	2023年成交（亿手）	同比变化（%）
股票期权	1 724.78	1 013.20	70.23
利率期权	12.55	11.54	8.79
能源期权	10.13	5.41	87.28
外汇期权	8.83	37.17	-76.23
其他期权	5.98	6.05	-1.20

续表

品种种类	2024年成交量（亿手）	2023年成交量（亿手）	同比变化（%）
金属期权	4.57	3.12	46.67
农产品期权	4.35	4.67	-6.86
期权合计	1 771.20	1 081.16	63.82

数据来源：FIA。

2024年全球场内期权衍生品成交量品种分布见图4。

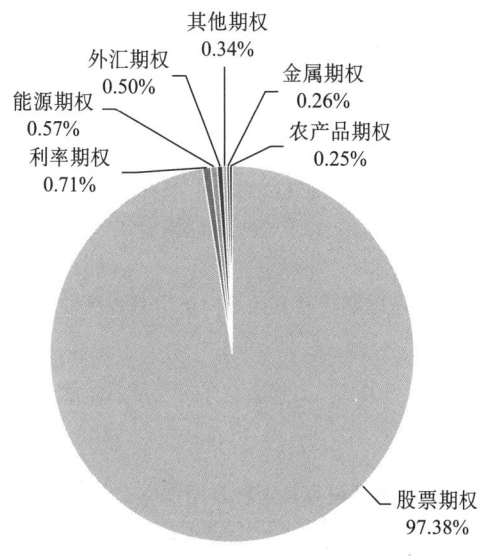

图4　2024年全球期权成交量品种分布

数据来源：FIA。

2023—2024年全球期货及其他场内衍生品各品种成交量对比见图5。

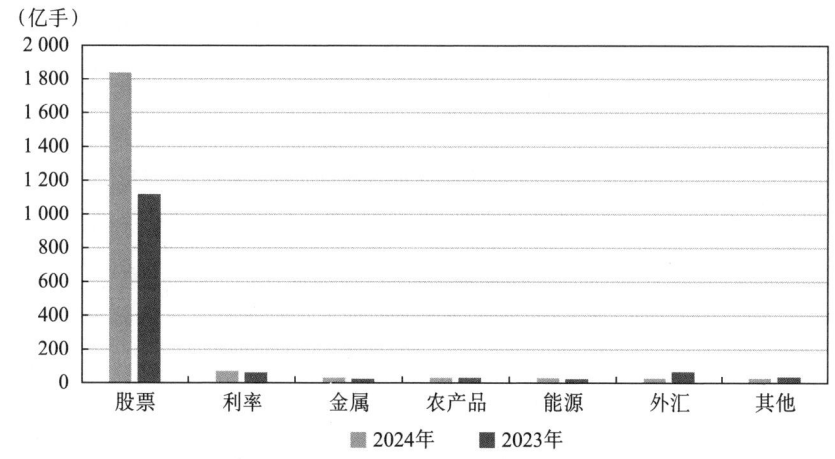

图5　2023—2024年全球期货及其他场内衍生品各品种成交量对比

数据来源：FIA。

2024年全球期货及其他场内衍生品各品种成交量分布见图6。

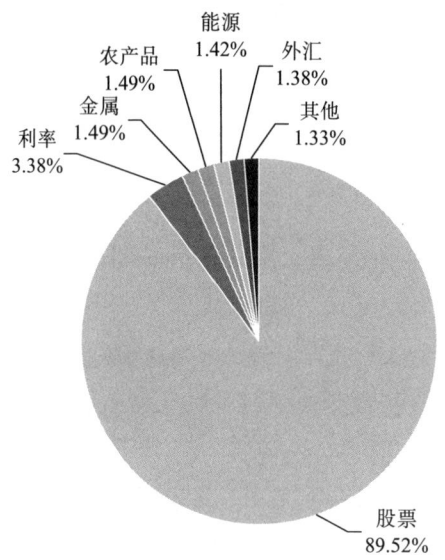

图6 2024年全球期货及其他场内衍生品各品种成交量分布

数据来源：FIA。

2024年全球股票、利率、外汇、能源、农产品、金属期货及期权成交量排名前5位合约见表6～表11。

表6   2024年全球股票指数期货及期权成交量排名前5位合约

排名	交易品种	上市交易所	2024年成交量（亿手）	2023年成交量（亿手）	同比变化（%）
1	银行Nifty指数期权	印度国民证券交易所（NSE）	474.83	390.32	21.65
2	印度CNX Nifty指数期权	印度国民证券交易所（NSE）	461.54	227.50	102.87
3	标普Sensex 30指数期权	印度孟买证券交易所（BSE）	233.42	51.65	351.91
4	Nifty金融服务指数期权	印度国民证券交易所（NSE）	199.35	148.38	34.35
5	Nifty中盘精选指数期权	印度国民证券交易所（NSE）	81.70	22.20	268.08

数据来源：FIA。

表7   2024年全球利率期货及期权成交量排名前5位合约

排名	交易品种	上市交易所	2024年成交量（亿手）	2023年成交量（亿手）	同比变化（%）
1	隔夜同业拆借利率期货	巴西圣保罗证券期货交易所（B3）	9.87	8.67	13.90
2	3月期SOFR利率期货	芝加哥商业交易所集团（旗下CME）	8.65	8.09	6.95
3	10年期美国国债期货	芝加哥商业交易所集团（旗下CBOT）	5.92	4.98	18.76
4	5年期美国国债期货	芝加哥商业交易所集团（旗下CBOT）	4.37	3.89	12.32
5	3月期SOFR利率期权	芝加哥商业交易所集团（旗下CME）	3.98	4.32	−7.74

数据来源：FIA。

表8　　　　　　　2024年全球外汇期货及期权成交量排名前5位合约

排名	交易品种	上市交易所	2024年成交量（亿手）	2023年成交量（亿手）	同比变化（%）
1	美元/印度卢比期权	印度国民证券交易所（NSE）	8.30	36.20	-77.09
2	迷你美元期货	巴西圣保罗证券期货交易所（B3）	7.28	7.17	1.59
3	美元/印度卢比期货	印度国民证券交易所（NSE）	2.79	7.89	-64.60
4	美元期货	韩国交易所（KRX）	1.32	1.08	21.95
5	美元期货	阿根廷布宜诺斯艾利斯—罗萨里奥期货交易所（MATba ROFEX）	1.30	1.89	-31.35

数据来源：FIA。

表9　　　　　　　2024年全球能源期货及期权成交量排名前5位合约

排名	交易品种	上市交易所	2024年成交量（亿手）	2023年成交量（亿手）	同比变化（%）
1	原油期权	印度多种商品交易所（MCX）	4.86	2.18	122.83
2	Brent原油期货	洲际交易所欧洲分所（ICE Futures Europe）	2.92	2.68	9.05
3	WTI轻质原油期货	芝加哥商业交易所集团（旗下NYMEX）	2.20	2.04	7.67
4	北美天然气期货	洲际交易所美国分所（ICE Futures U.S.）	1.98	1.54	28.75
5	燃料油期货	上海期货交易所（SHFE）	1.81	2.53	-28.18

数据来源：FIA。

表10　　　　　　　2024年全球农产品期货及期权成交量排名前5位合约

排名	交易品种	上市交易所	2024年成交量（亿手）	2023年成交量（亿手）	同比变化（%）
1	豆粕期货	大连商品交易所（DCE）	4.26	3.55	20.27
2	菜籽粕期货	郑州商品交易所（ZCE）	3.15	2.31	36.47
3	棕榈油期货	大连商品交易所（DCE）	2.29	2.15	6.46
4	玉米期货	大连商品交易所（DCE）	1.62	1.63	-0.31
5	菜籽油期货	郑州商品交易所（ZCE）	1.53	1.86	-17.47

数据来源：FIA。

表11　　　　　　　2024年全球金属期货及期权成交量排名前5位合约

排名	交易品种	上市交易所	2024年成交量（亿手）	2023年成交量（亿手）	同比变化（%）
1	螺纹钢期货	上海期货交易所（SHFE）	5.07	5.02	1.01
2	白银期货	上海期货交易所（SHFE）	3.58	2.39	49.76
3	热轧卷板期货	上海期货交易所（SHFE）	1.62	1.52	6.73
4	铁矿石期货	大连商品交易所（DCE）	1.29	1.99	-34.98
5	硅锰期货	郑州商品交易所（ZCE）	1.10	0.59	85.79

数据来源：FIA。

二、美国期货及其他场内衍生品市场发展概况

(一) 美国期货及其他场内衍生品成交量在各交易所的分布情况

2024年，美国期货及其他场内衍生品市场成交量为195.56亿手，较2023年上升10.61%，占全球市场份额的9.52%。

四大交易所集团，芝加哥商业交易所集团（CME Group）、芝加哥期权交易所集团（CBOE Holdings）、纳斯达克集团（NASDAQ Group 美国市场）及洲际交易所（ICE 美国市场），在美国场内衍生品市场依旧占据领导地位，包揽了超过85%的成交量（见图7）。

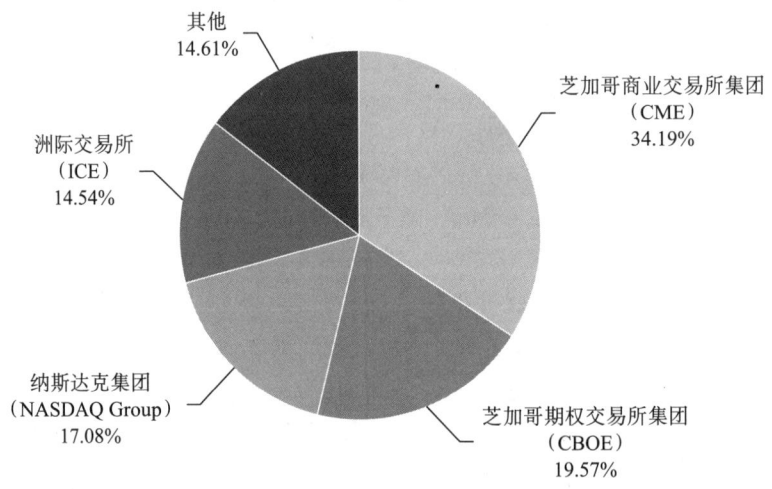

图7　2024年美国各主要交易所/交易所集团成交量分布

数据来源：FIA。

芝加哥商业交易所集团（CME Group）继续占据行业龙头位置，总成交量达到66.86亿手，同比上涨9.62%，占美国期货及其他场内衍生品市场总成交量的34.19%；2024年，该集团旗下芝加哥商品交易所（CME）、芝加哥期货交易所（CBOT）、纽约商业交易所（NYMEX）和纽约商品交易所（COMEX）的成交量均有所上升，增幅分别为2.31%、17.16%、18.71%和23.17%。

2024年美国主要交易所/交易所集团成交量情况见表12。

表12　2024年美国市场各主要交易所/交易所集团成交量对比

交易所/交易所集团	2024年成交量（亿手）	2023年成交量（亿手）	同比变化（%）
芝加哥商业交易所集团（CME）	**66.86**	**60.99**	**9.62**
芝加哥商业交易所（Chicago Mercantile Exchange）	32.83	32.09	2.31
芝加哥期货交易所（Chicago Board of Trade）	25.91	22.11	17.16

续表

交易所/交易所集团	2024年成交量（亿手）	2023年成交量（亿手）	同比变化（%）
纽约商业交易所（New York Mercantile Exchange）	6.37	5.36	18.71
纽约商品交易所［Commodity Exchange（COMEX）］	1.76	1.43	23.17
芝加哥期权交易所集团（CBOE）	**38.27**	**37.08**	**3.19**
Cboe期权交易所（Cboe Options Exchange）	21.80	20.24	7.69
Cboe EDGX期权交易所（Cboe EDGX Options Exchange）	8.01	6.30	27.18
Cboe BZX期权交易所（Cboe BZX Options Exchange）	4.46	5.51	-18.93
Cboe C2期权交易所（Cboe C2 Options Exchange）	3.39	4.48	-24.43
Cboe期货交易所（CBOE Futures Exchange）	0.60	0.55	9.36
ErisX数字交易所（ErisX）	0.00	0.00	8 442 200.00
纳斯达克集团（NASDAQ Group）	**33.41**	**31.38**	**6.47**
纳斯达克PHLX交易所（Nasdaq PHLX）	11.28	11.44	-1.41
纳斯达克ISE交易所（Nasdaq ISE）	7.69	5.97	28.83
纳斯达克期权交易所（Nasdaq Options Market）	6.09	6.23	-2.14
纳斯达克MRX交易所（Nasdaq MRX）	3.03	1.97	54.00
纳斯达克GEMN交易所（Nasdaq GEMX）	2.92	2.46	18.77
纳斯达克BX期权交易所（Nasdaq BX Options）	2.39	3.31	-27.80
洲际交易所（ICE）	**28.44**	**23.83**	**19.36**
纽约证券交易所高增长板期权市场（NYSE Arca）	15.26	12.29	24.20
纽约证券交易所泛美证券交易所（NYSE Amex）	8.36	7.46	12.07
洲际交易所美国分所（ICE Futures U. S.）	4.82	4.08	18.13
迈阿密国际证券交易所集团（MIAX）	**16.93**	**15.90**	**6.51**
迈阿密期权交易所（MIAX Options）	6.92	6.34	9.08
迈阿密珍珠交易所（MIAX Pearl）	4.68	6.47	-27.68
迈阿密绿宝石交易所（MIAX Emerald）	4.66	3.06	52.22
迈阿密蓝宝石交易所（MIAX Sapphire）	0.65	—	—
迈阿密期货交易所（MIAX Futures）①	0.03	0.03	10.15
波士顿期权交易所（Boston Options Exchange）	7.63	6.93	10.11
MEMX期权交易所（MEMX Options）	3.01	0.06	5 147.34
FairX加密货币衍生品交易所（FairX）	0.56	0.44	27.26
北美衍生品交易所（Nadex）	0.34	0.09	267.36
节点交易所（Nodal Exchange）	0.09	0.08	15.62
LedgerX加密货币衍生品交易所（LedgerX）	0.01	0.02	-63.55
小型交易所（Small Exchange）	0.00	0.00	-89.00
Bitnomial加密货币衍生品交易所（BTNL）	0.00	0.00	9.75
期权清算公司（OCC）	0.00	0.00	—

数据来源：FIA。

① 原明尼阿波利斯谷物交易所，2024年2月改名，并入迈阿密国际证券交易所集团。

（二）美国期货及其他场内衍生品市场主要品种合约成交概况

2024 年全球七类合约成交量前 20 位排行榜中，来自美国市场的合约占据了较多位置（见表 13 ~ 表 18）。其中，芝加哥商业交易所集团的合约占据了美国市场合约排名中的绝大多数位置，且各自分工明确：芝加哥商业交易所在股指、外汇方面表现突出，芝加哥期货交易所是农产品、利率市场的巨头，纽约商业交易所在能源领域占据重要地位，而金属合约品种排名中，纽约商品交易所上市的品种合约有一定优势。

表 13　　　　2024 年美国股指合约成交量排名进入全球前 20 位的情况

排名	交易品种	上市交易所	2024 年成交量（手）	2023 年成交量（手）	同比变化（%）
9	标普 500 指数期权	芝加哥期权交易所集团（旗下 CBOE）	784 241 115	729 346 246	7.53
10	电子迷你标普 500 指数期货	芝加哥商业交易所集团（旗下 CME）	410 552 854	452 701 954	-9.31
12	微型电子迷你纳斯达克 100 指数期货	芝加哥商业交易所集团（旗下 CME）	339 480 709	273 085 353	24.31
13	电子迷你标普 500 指数期权	芝加哥商业交易所集团（旗下 CME）	254 218 477	216 714 442	17.31
16	微型电子迷你标普 500 指数期货	芝加哥商业交易所集团（旗下 CME）	229 659 949	248 272 150	-7.50
17	CBOE 波动率指数期权	芝加哥期权交易所集团（旗下 CBOE）	209 247 273	185 719 449	12.67

注：本排名不包括 ETF 基金期货及期权，下同。
数据来源：FIA。

表 14　　　　2024 年美国利率合约成交量排名进入全球前 20 位的情况

排名	交易品种	上市交易所	2024 年成交量（手）	2023 年成交量（手）	同比变化（%）
2	3 月期 SOFR 利率期货	芝加哥商业交易所集团（旗下 CME）	865 354 914	809 156 568	6.95
3	10 年期国债期货	芝加哥商业交易所集团（旗下 CBOT）	591 711 490	498 258 217	18.76
4	5 年期国债期货	芝加哥商业交易所集团（旗下 CBOT）	437 361 730	389 403 706	12.32
5	3 月期 SOFR 利率期权	芝加哥商业交易所集团（旗下 CME）	398 179 993	431 589 091	-7.74

续表

排名	交易品种	上市交易所	2024年成交量（手）	2023年成交量（手）	同比变化（%）
9	2年期国债期货	芝加哥商业交易所集团（旗下CBOT）	254 692 782	203 664 150	25.06
11	10年期国债期权	芝加哥商业交易所集团（旗下CBOT）	226 817 880	177 085 547	28.08
13	10年超长期国债期货	芝加哥商业交易所集团（旗下CBOT）	168 179 005	125 569 436	33.93
15	30年期国债期货	芝加哥商业交易所集团（旗下CBOT）	134 588 562	111 513 523	20.69
16	联邦基金期货	芝加哥商业交易所集团（旗下CBOT）	104 336 949	110 495 840	-5.57
17	超级国债期货	芝加哥商业交易所集团（旗下CBOT）	104 315 275	77 859 288	33.98

数据来源：FIA。

表15　　2024年美国外汇合约成交量排名进入全球前20位的情况

排名	交易品种	上市交易所	2024年成交量（手）	2023年成交量（手）	同比变化（%）
7	欧元期货	芝加哥商业交易所集团（旗下CME）	59 839 931	58 393 916	-2.48
9	日元期货	芝加哥商业交易所集团（旗下CME）	45 814 400	44 265 092	3.50
11	比特币纳米期货	FairX	37 622 489	27 993 640	34.40
14	英镑期货	芝加哥商业交易所集团（旗下CME）	29 095 654	26 826 142	8.46
15	澳元期货	芝加哥商业交易所集团（旗下CME）	27 632 583	25 586 298	8.00
16	比特币期权	北美衍生品交易所（Nadex）	26 936 321	4 884 442	451.47
17	加拿大元期货	芝加哥商业交易所集团（旗下CME）	25 393 908	21 328 002	19.06

资料来源：FIA。

表16　　2024年美国能源合约成交量排名进入全球前20位的情况

排名	交易品种	上市交易所	2024年成交量（手）	2023年成交量（手）	同比变化（%）
3	WTI原油期货	芝加哥商业交易所集团（旗下NYMEX）	220 153 362	204 473 362	7.67
4	北美天然气期货	洲际交易所（ICE U.S.）	198 439 379	154 125 395	28.75
7	亨利港天然气期货	芝加哥商业交易所集团（旗下NYMEX）	130 171 279	102 109 201	27.48
8	北美天然气期权	洲际交易所（ICE U.S.）	97 164 711	73 864 451	31.54

续表

排名	交易品种	上市交易所	2024年成交量（手）	2023年成交量（手）	同比变化（%）
15	欧洲天然气期货	芝加哥商业交易所集团（旗下NYMEX）	53 914 147	34 218 134	57.56
16	RBOB汽油期货	芝加哥商业交易所集团（旗下NYMEX）	46 571 332	42 801 006	8.81
17	纽约港超低硫柴油期货	芝加哥商业交易所集团（旗下NYMEX）	44 887 071	39 297 744	14.22
19	WTI原油期权	芝加哥商业交易所集团（旗下NYMEX）	37 150 498	30 622 132	21.32

数据来源：FIA。

表17　　2024年美国农产品合约成交量排名进入全球前20位的情况

排名	交易品种	上市交易所	2024年成交量（手）	2023年成交量（手）	同比变化（%）
8	玉米期货	芝加哥商业交易所集团（旗下CBOT）	101 428 350	83 094 753	22.06
12	大豆期货	芝加哥商业交易所集团（旗下CBOT）	69 765 155	62 411 706	11.78
17	豆油期货	芝加哥商业交易所集团（旗下CBOT）	44 476 549	37 543 921	18.47
18	豆粕期货	芝加哥商业交易所集团（旗下CBOT）	44 205 409	37 195 352	18.85

数据来源：FIA。

表18　　2024年美国金属合约成交量排名进入全球前20位的情况

排名	交易品种	上市交易所	2024年成交量（手）	2023年成交量（手）	同比变化（%）
16	黄金期货	芝加哥商业交易所集团（旗下COMEX）	60 244 887	56 460 012	6.70

数据来源：FIA。

三、欧洲期货及其他场内衍生品市场发展概况

（一）欧洲期货及其他场内衍生品成交量在各交易所的分布情况

2024年，欧洲期货及其他场内衍生品市场成交量有所上升，与2023年相比，涨幅为14.51%，成交量为41.51亿手①。

欧洲市场主要的交易所/交易所集团分别为德意志交易所集团（DBG）、洲际交易所（ICE欧洲市场）、伦敦金属交易所（LME）、泛欧交易所（Euronext）以及纳

---

① 莫斯科交易所的数据未计入统计。

斯达克集团（NASDAQ Group 欧洲市场）等（见图8）。

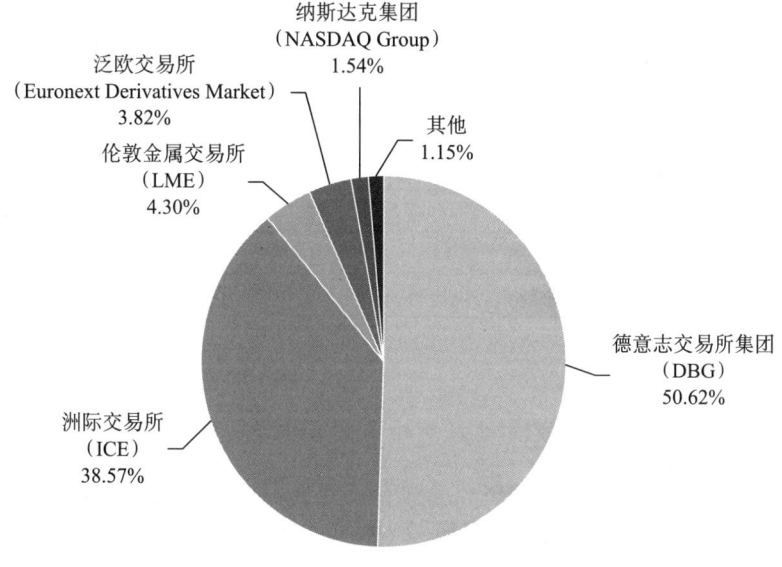

图8　2024年欧洲主要交易所/交易所集团成交量分布

数据来源：FIA。

其中，德意志交易所集团（DBG）和洲际交易所（ICE 欧洲市场）这两大交易所/交易所集团的成交量份额占欧洲市场总成交量的89.19%。2024年德意志交易所集团成交量同比上升8.63%，至21.01亿手，在欧洲市场中位列第一，占比50.62%。2024年洲际交易所集团欧洲市场成交量同比上升26.18%，至16.01亿手，在欧洲市场中位列第二，占比为38.57%。伦敦金属交易所（LME）2024年成交量上升19.81%，至1.78亿手，在欧洲市场占比为4.30%。

2024年欧洲主要交易所/交易所集团成交量情况见表19。

表19　　　2024年欧洲主要交易所/交易所集团成交量情况

交易所/交易所集团	2024年成交量（亿手）	2023年成交量（亿手）	同比变化（%）
德意志交易所集团（DBG）	**21.01**	**19.34**	**8.63**
欧洲期货交易所（Eurex）	20.80	19.15	8.63
欧洲能源交易所［European Energy Exchange（EEX）］	0.21	0.19	8.60
洲际交易所（ICE）	**16.01**	**12.69**	**26.18**
洲际交易所欧洲分所（ICE Futures Europe）	14.95	11.88	25.83
洲际交易所欧洲大陆能源交易所（ICE Endex）	1.07	0.81	31.35
伦敦金属交易所（LME）	**1.78**	**1.49**	**19.81**
泛欧交易所（Euronext Derivatives Market）	1.59	1.58	0.51
纳斯达克集团（NASDAQ Group）	**0.64**	**0.66**	**-3.26**

续表

交易所/交易所集团	2024年成交量（亿手）	2023年成交量（亿手）	同比变化（%）
纳斯达克北欧交易所（Nasdaq Exchanges Nordic Markets）	0.64	0.66	-3.28
纳斯达克商品交易所（Nasdaq Commodities）	0.00	0.00	2.19
西班牙期货交易所（MEFF）	0.29	0.30	-4.43
华沙证券交易所（GPW）	0.14	0.15	-7.49
布达佩斯证券交易所（BSE）	0.06	0.05	20.62
Cboe欧洲衍生品交易所（Cboe Europe Derivative Exchange）	0.00	0.00	123.69

数据来源：FIA。

（二）欧洲期货及其他场内衍生品市场主要品种合约成交概况

2024年欧洲市场在各品种合约的表现有一定差别，在利率类和能源类合约上表现较好，外汇类和农产品类中则没有品种成交量进入全球排名前20位。表20～表23依次列出了在股指类、利率类、能源类及金属类品种成交量全球排名前20位的欧洲市场情况。

表20　　2024年欧洲股指合约成交量排名进入全球前20位的情况

排名	交易品种	上市交易所	2024年成交量（手）	2023年成交量（手）	同比变化（%）
14	欧洲Stoxx 50指数期权	德意志交易所集团（旗下Eurex）	242 187 995	252 670 167	-4.15
18	欧洲Stoxx 50指数期货	德意志交易所集团（旗下Eurex）	205 886 194	245 759 267	-16.22

数据来源：FIA。

表21　　2024年欧洲利率合约成交量排名进入全球前20位的情况

排名	交易品种	上市交易所	2024年成交量（手）	2023年成交量（手）	同比变化（%）
6	3月期欧元同业拆借利率（Euribor）期货	洲际交易所（旗下ICE Europe）	374 509 034	297 154 269	26.03
8	长期欧元债券期货	德意志交易所集团（旗下Eurex）	271 641 784	221 867 540	22.43
11	中期欧元债券期货	德意志交易所集团（旗下Eurex）	205 944 790	178 320 158	15.49
12	短期欧元债券期货	德意志交易所集团（旗下Eurex）	188 906 348	157 732 186	19.76
14	3月期英镑隔夜指数平均（SONIA）期货	洲际交易所（旗下ICE Europe）	151 889 315	97 904 566	55.14
18	3月期欧元同业拆借利率（Euribor）期权	洲际交易所（旗下ICE Europe）	77 479 276	52 259 994	48.26
19	长期英国国债期货	洲际交易所（旗下ICE Europe）	71 512 227	55 441 947	28.99

续表

排名	交易品种	上市交易所	2024年成交量（手）	2023年成交量（手）	同比变化（%）
20	欧元BTP债券期货	德意志交易所集团（旗下Eurex）	69 948 516	49 707 832	40.72

数据来源：FIA。

表22　　2024年欧洲能源合约成交量排名进入全球前20位的情况

排名	交易品种	上市交易所	2024年成交量（手）	2023年成交量（手）	同比变化（%）
2	Brent原油期货	洲际交易所（旗下ICE Europe）	291 954 459	267 727 695	9.05
9	汽油期货	洲际交易所（旗下ICE Europe）	91 591 288	74 050 482	23.69
10	WTI原油期货	洲际交易所（旗下ICE Europe）	83 927 031	57 740 452	45.35
11	全球石油产品期货	洲际交易所（旗下ICE Europe）	77 109 632	59 726 260	29.11
12	荷兰TTF天然气期货	洲际交易所（旗下ICE Endex）	75 121 228	59 218 600	26.85
14	Brent原油期权	洲际交易所（旗下ICE Europe）	54 254 774	40 947 561	32.50

数据来源：FIA。

表23　　2024年欧洲金属合约成交量排名进入全球前20位的情况

排名	交易品种	上市交易所	2024年成交量（手）	2023年成交量（手）	同比变化（%）
13	铝期货	香港交易所集团（旗下LME）	67 076 437	57 691 693	16.27

数据来源：FIA。

四、亚太地区期货及其他场内衍生品市场发展概况

（一）中国境内、香港特别行政区和台湾地区

中国境内地区以商品期货交易为主，2024年成交量下降9.08%，至77.29亿手。中国香港地区和台湾地区以金融期货、期权交易为主。

中国境内地区的交易所中，2024年郑州商品交易所成交量同比下降26.14%，至26.10亿手，排在全球第9位；上海期货交易所（包含上海国际能源交易中心）成交量上升7.82%，至24.01亿手，排在全球第10位；大连商品交易所成交量下降9.57%，至22.68亿手，排在全球第11位；中国金融期货交易所成交量增长50.53%，至2.53亿手，排在全球第22位；广州期货交易所成交量增长203.85%，至1.97亿手，排在全球第25位。

此外，台湾期货交易所成交量同比上升21.82%，至3.95亿手，排在全球第19位；香港交易所成交量3.84亿手，同比上升15.75%（见表24）。

表24　　2024年中国境内、香港特别行政区和台湾地区主要交易所成交量情况

全球排名	交易所	2024年成交量（亿手）	2023年成交量（亿手）	同比变化（%）
9	郑州商品交易所（ZCE）	26.10	35.33	-26.14
10	上海期货交易所（SHFE）	24.01	22.27	7.82
11	大连商品交易所（DCE）	22.68	25.08	-9.57
17	香港交易所集团（HKEX）	3.84[①]	3.31	15.75
19	台湾期货交易所（TAIFEX）	3.95	3.25	21.82
22	中国金融期货交易所（CFFEX）	2.53	1.68	50.53
25	广州期货交易所（GFEX）	1.97	0.65	203.85

数据来源：FIA及各交易所网站。

2024年中国市场除了在利率类品种中没有品种进入成交量全球排名前20，其余类别均有品种进入全球排名前20。其中，农产品类和金属类各有16个和18个品种进入全球排名前20。表25～表29依次列出了各类别品种成交量全球排名前20位的中国市场的情况。

表25　　2024年中国股指合约成交量排名进入全球前20位的情况

排名	交易品种	上市交易所	2024年成交量（手）	2023年成交量（手）	同比变化（%）
19	台湾加权股价指数（Taiex）期权	台湾期货交易所（TAIFEX）	193 407 488	176 273 126	9.72

数据来源：FIA。

表26　　2024年中国外汇合约成交量排名进入全球前20位的情况

排名	交易品种	上市交易所	2024年成交量（手）	2023年成交量（手）	同比变化（%）
18	美元/离岸人民币期货	香港交易所（HKEX）	24 182 511	9 153 227	164.20

数据来源：FIA。

表27　　2024年中国能源合约成交量排名进入全球前20位的情况

排名	交易品种	上市交易所	2024年成交量（手）	2023年成交量（手）	同比变化（%）
5	燃料油期货	上海期货交易所（SHFE）	181 631 127	252 884 063	-28.18
13	石油沥青期货	上海期货交易所（SHFE）	58 750 179	106 990 118	-45.09
18	原油期货	上海期货交易所（SHFE）	38 563 472	49 545 477	-22.17

数据来源：FIA。

① 香港交易所的成交量不包含伦敦金属交易所的成交量。

表28 2024年中国农产品合约成交量排名进入全球前20位的情况

排名	交易品种	上市交易所	2024年成交量（手）	2023年成交量（手）	同比变化（%）
1	豆粕期货	大连商品交易所（DCE）	426 398 672	354 530 779	20.27
2	菜籽粕期货	郑州商品交易所（ZCE）	314 696 747	230 593 113	36.47
3	棕榈油期货	大连商品交易所（DCE）	228 809 793	214 926 469	6.46
4	玉米期货	大连商品交易所（DCE）	162 126 722	162 627 023	-0.31
5	菜籽油期货	郑州商品交易所（ZCE）	153 223 115	185 663 459	-17.47
6	豆油期货	大连商品交易所（DCE）	148 949 370	203 940 313	-26.96
7	天然橡胶期货	上海期货交易所（SHFE）	107 683 287	86 769 150	24.10
9	白糖期货	郑州商品交易所（ZCE）	100 348 529	188 624 633	-46.80
10	棉花期货	郑州商品交易所（ZCE）	95 990 062	165 411 304	-41.97
11	纸浆期货	上海期货交易所（SHFE）	82 620 497	125 804 767	-34.33
13	豆粕期权	大连商品交易所（DCE）	67 137 114	58 463 989	14.83
14	鸡蛋期货	大连商品交易所（DCE）	62 462 026	32 250 956	93.67
15	菜籽粕期权	郑州商品交易所（ZCE）	47 519 944	33 966 136	39.90
16	棕榈油期权	大连商品交易所（DCE）	44 483 665	48 355 696	-8.01
19	棉花期权	郑州商品交易所（ZCE）	40 066 391	45 252 947	-11.46
20	黄大豆2号期货	大连商品交易所（DCE）	38 534 471	28 177 871	36.75

数据来源：FIA。

表29 2024年中国金属合约成交量排名进入全球前20位的情况

排名	交易品种	上市交易所	2024年成交量（手）	2023年成交量（手）	同比变化（%）
1	螺纹钢期货	上海期货交易所（SHFE）	507 131 084	502 039 529	1.01
2	白银期货	上海期货交易所（SHFE）	358 336 645	239 277 772	49.76
3	热轧卷板期货	上海期货交易所（SHFE）	161 713 668	151 521 192	6.73
4	铁矿石期货	大连商品交易所（DCE）	129 371 965	198 957 516	-34.98
5	硅锰期货	郑州商品交易所（ZCE）	110 052 413	59 233 330	85.79
6	工业硅期货	广州期货交易所（GFEX）	89 633 889	21 576 596	315.42
7	白银期权	上海期货交易所（SHFE）	83 645 531	26 901 857	210.93
8	氧化铝期货	上海期货交易所（SHFE）	79 148 397	13 679 753	478.58
9	黄金期货	上海期货交易所（SHFE）	73 805 909	52 731 024	39.97
10	铝期货	上海期货交易所（SHFE）	72 767 937	76 540 221	-4.93
11	铁矿石期权	大连商品交易所（DCE）	71 018 076	97 362 136	-27.06
12	锌期货	上海期货交易所（SHFE）	67 875 906	54 857 681	23.73

续表

排名	交易品种	上市交易所	2024年成交量（手）	2023年成交量（手）	同比变化（%）
14	镍期货	上海期货交易所（SHFE）	62 458 522	65 415 198	-4.52
15	碳酸锂期货	广州期货交易所（GFEX）	61 216 801	35 251 492	73.66
17	不锈钢期货	上海期货交易所（SHFE）	55 870 387	43 178 557	29.39
18	硅铁期货	郑州商品交易所（ZCE）	52 379 381	68 686 436	-23.74
19	铜期货	上海期货交易所（SHFE）	50 864 680	38 816 257	31.04
20	螺纹钢期权	上海期货交易所（SHFE）	50 735 269	58 347 337	-13.05

数据来源：FIA。

（二）亚太其他地区主要交易所成交量概况（印度、韩国、日本、新加坡、澳大利亚、泰国、马来西亚、印度尼西亚、巴基斯坦、阿联酋）

2024年亚太其他市场期货及其他场内衍生品市场中，主要国家成交量均有所增长（见表30）。其中，印度市场成交量同比增长72.03%，韩国市场成交量同比增长28.35%，日本市场成交量同比增长13.30%，新加坡市场成交量同比增长13.56%。

表30　2024年亚太其他地区主要交易所/交易所集团成交量情况

国家	交易所	2024年成交量（手）	2023年成交量（手）	同比变化（%）
印度	印度国民证券交易所（NSE）	125 159 798 671	84 817 136 379	47.56
印度	印度孟买证券交易所（BSE）	30 784 539 868	5 873 771 364	424.10
印度	印度多种商品交易所（MCX）	872 786 334	443 704 088	96.70
印度	印度大都会证券交易所（MSE）	15 652 456	27 601 593	-43.29
印度	印度国家商品及衍生品交易所（NCDEX）	4 005 763	5 263 702	-23.90
韩国	韩国交易所（KRX）	2 616 172 636	2 038 379 367	28.35
日本	日本交易所集团（JPX）	464 165 956	394 038 990	17.80
日本	东京金融交易所（TFX）	77 876 088	85 705 381	-9.14
日本	大阪堂岛商品交易所（ODEX）	2 501 876	883 817	183.08
新加坡	新加坡交易所（SGX）	277 937 387	243 139 241	14.31
新加坡	洲际交易所新加坡分所（ICE Futures Singapore）	2 210 358	2 265 581	-2.44
新加坡	新加坡亚太交易所（APEX）	514 368	1 738 017	-70.40
澳大利亚	澳大利亚证券交易所集团（ASX）	247 061 411	223 741 637	10.42
澳大利亚	澳大利亚FEX全球交易所（FEX）	0	0	—
泰国	泰国期货交易所（TFEX）	118 040 976	129 491 241	-8.84
马来西亚	马来西亚衍生品交易所（MDEX）	22 750 255	17 786 648	27.91

续表

国家	交易所	2024年成交量（手）	2023年成交量（手）	同比变化（%）
阿联酋	迪拜黄金及商品交易所（DGCX）	1 575 800	5 408 040	-70.86
	洲际交易所阿布扎比分所（ICE Futures Abu Dhabi）	6 039 734	2 330 141	159.20
	迪拜商业交易所（DME）	1 318 436	1 172 055	12.49
巴基斯坦	巴基斯坦商品交易所（PMEX）	5 654 202	3 801 867	48.72
印度尼西亚	印度尼西亚商品及衍生品交易所（ICDX）	883 189	1 577 214	-44.00

数据来源：FIA。

2024年，印度市场在股指、外汇和能源类品种上均有品种的成交量进入全球前20位。其中，印度股指类品种成交量较高且增幅较大，发展较为迅速，外汇类品种成交量出现了明显下降。表31列出了印度品种成交量进入全球前20位的情况。

表31　　2024年印度合约成交量排名进入全球前20位的情况

类别	排名	品种	上市交易所	2024年成交量（手）	2023年成交量（手）	同比变化（%）
股指	1	银行Nifty指数期权	印度国民证券交易所（NSE）	47 483 237 907	39 031 865 343	21.65
	2	印度CNX Nifty指数期权	印度国民证券交易所（NSE）	46 153 557 981	22 749 767 588	102.87
	3	标普Sensex30指数期权	印度孟买证券交易所（BSE）	23 341 784 813	5 165 192 588	351.91
	4	Nifty金融服务指数期权	印度国民证券交易所（NSE）	19 935 435 161	14 837 992 075	34.35
	5	Nifty中型股精选指数期权	印度国民证券交易所（NSE）	8 170 233 482	2 219 675 683	268.08
	6	标普Bankex指数期权	印度孟买证券交易所（BSE）	7 388 489 170	276 359 216	2 573.51
外汇	1	美元/印度卢比期权	印度国民证券交易所（NSE）	829 578 224	3 620 372 162	-77.09
	3	美元/印度卢比期货	印度国民证券交易所（NSE）	279 203 323	788 813 312	-64.60
	8	美元/印度卢比期货	印度孟买证券交易所（BSE）	48 200 462	342 147 360	-85.91
	20	英镑/印度卢比期货	印度国民证券交易所（NSE）	21 729 499	77 131 286	-71.83
能源	1	原油期权	印度多种商品交易所（MCX）	486 099 226	218 147 350	122.83
	6	天然气期权	印度多种商品交易所（MCX）	168 674 825	80 463 497	109.63

数据来源：FIA。

五、其他国家期货及其他场内衍生品市场发展概况

根据FIA公布的2024年成交量数据，其他国家期货及其他场内衍生品市场（包括巴西、土耳其、阿根廷、南非和以色列）的交易所成交表现中，巴西圣保罗证券期货交易所（B3）成交量同比增长18.03%，至98.14亿手，在全球排名中排在第3位；土耳其伊斯坦布尔交易所（BIST）成交量同比下降3.94%，至20.04亿手，排在第13位；南非约翰内斯堡证券交易所（JSE）成交量同比下降12.99%，至2.27亿手，排在第24位；阿根廷布宜诺斯艾利斯—罗萨里奥期货交易所(MATba-ROFEX）成交量同比下降56.91%，至1.34亿手，排在第27位；以色列特拉维夫证券交易所（TASE）成交量同比上涨8.04%，至0.42亿手，排在第31位（见表32）。

表32　2024年其他国家期货及其他场内衍生品交易所成交量

全球排名	交易所	2024年成交量（亿手）	2023年成交量（亿手）	同比变化（%）
3	巴西圣保罗证券期货交易所（B3）	98.14	83.15	18.03
13	土耳其伊斯坦布尔交易所（BIST）	20.04	20.86	-3.94
24	南非约翰内斯堡证券交易所（JSE）	2.27	2.61	-12.99
27	阿根廷布宜诺斯艾利斯—罗萨里奥期货交易所（MATba ROFEX）	1.34	3.11	-56.91
31	以色列特拉维夫证券交易所（TASE）	0.42	0.39	8.04

注：还有四家交易所（哥伦比亚、墨西哥、乌拉圭、雅典衍生品交易所）因成交量太少，未列入表。
数据来源：FIA。

在交易品种方面，巴西圣保罗证券期货交易所（B3）的金融类衍生品成交量排名靠前。股指类合约中，巴西圣保罗证券期货交易（B3）Bovespa迷你期货成交量同比上升3.01%，达到39.49亿手，位列全球股指类合约成交量的第7位；利率类合约中，巴西圣保罗证券期货交易（B3）的一天期银行间存款期货和一天期银行间存款平均指数期权的成交量分别为9.87亿手和3.41亿手，位列全球利率类合约成交量第1位和第7位。外汇类合约中，巴西圣保罗证券期货交易（B3）的迷你美元期货成交量同比增长1.59%，至7.28亿手，位列全球外汇类合约成交量的第2位（见表33）。

表33　2024年其他国家市场合约成交量排名进入全球前20位的情况

种类	排名	品种	上市交易所	2024年成交量（手）	2023年成交量（手）	同比变化（%）
股指	7	巴西迷你Ibovespa指数期货	巴西圣保罗证券期货交易所（B3）	3 949 016 804	3 833 531 615	3.01
股指	8	巴西单个股票期权	巴西圣保罗证券期货交易所（B3）	1 357 636 269	1 517 097 728	-10.51
利率	1	一天期银行间存款期货	巴西圣保罗证券期货交易所（B3）	987 007 206	866 528 849	13.90
利率	7	一天期银行间存款平均指数期权	巴西圣保罗证券期货交易所（B3）	341 054 767	292 208 871	16.72

续表

种类	排名	品种	上市交易所	2024年成交量（手）	2023年成交量（手）	同比变化（%）
外汇	2	迷你美元期货	巴西圣保罗证券期货交易所（B3）	728 105 136	716 723 669	1.59
	5	美元期货	阿根廷布宜诺斯艾利斯—罗萨里奥期货交易所（MATba ROFEX）	130 029 550	189 413 867	−31.35
	6	美元/巴西雷亚尔期货	巴西圣保罗证券期货交易所（B3）	70 996 885	64 910 825	9.38
	10	土耳其里拉/美元期货	伊斯坦布尔交易所（BIST）	44 951 655	51 752 814	−13.14
	13	美元/南非南特期货	约翰内斯堡证券交易所（JSE）	31 445 889	26 925 091	16.79
	19	比特币期货	巴西圣保罗证券期货交易所（B3）	22 608 306	—	—

数据来源：FIA。

六、全球场外衍生品市场发展概况

国际结算银行每半年公布的数据中包括场外衍生品市场未结算交易的合约面值及市场总值。从表34中可以看出，截至2024年6月底，国际结算银行统计的全球场外衍生品市场未结算交易的合约面值为729.84万亿美元，比2023年6月底增加2.38%（见图9）。利率类场外衍生品仍是场外市场的最主要合约品种，截至2024年6月，场外利率合约未结算交易的合约面值为578.81万亿美元（见表35），在整个场外衍生品市场中占比79.31%，占有绝对的主导地位，其次是外汇类合约（见表36），份额为17.80%。截至2024年6月底各类信用违约掉期及各股票相关场外衍生品未结算交易合约面值情况见表37及表38。

表34　　　　　　　2021—2024年场外衍生品市场未结算交易合约面值　　（单位：十亿美元）

品种种类	2024年6月	2023年12月	2023年6月	2022年12月	2022年6月	2021年12月
利率	578 805	529 813	573 587	490 634	502 462	475 271
外汇	129 885	118 004	118 467	107 579	109 585	104 249
信用	9 196	8 708	10 120	9 941	9 542	9 061
股票相关	8 686	7 783	7 837	6 919	6 989	7 280
商品	2 748	2 203	2 277	2 357	2 979	2 218

续表

品种种类	2024年6月	2023年12月	2023年6月	2022年12月	2022年6月	2021年12月
其他	518	546	592	561	574	337
合计	729 838	667 058	712 881	617 991	632 131	598 416

数据来源：国际结算银行（BIS）。

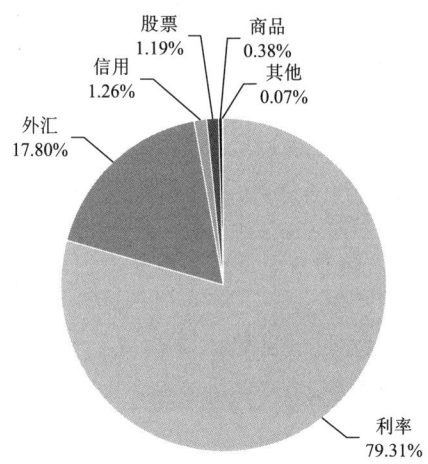

图9　2024年6月底场外衍生品市场各品种未结算交易合约面值分布

数据来源：国际结算银行（BIS）。

表35　2024年6月底利率类场外衍生品未结算交易合约面值细分情况　　（单位：十亿美元）

合约类型	美元	欧元	日元	英镑	瑞士法郎	加拿大元	瑞典克朗	其他货币	总计
远期利率协议	10 658	46 282	57	213	27	524	1 076	3 967	62 804
利率掉期	135 362	141 541	36 466	41 596	4 518	23 837	4 788	81 066	469 173
期权	23 283	18 260	1 399	2 833	23	46	87	671	46 602
总计	169 304	206 083	37 922	44 641	4 568	24 407	5 950	85 930	578 805

数据来源：国际结算银行（BIS）。

表36　2024年6月底外汇类场外衍生品未结算交易合约面值细分情况　　（单位：十亿美元）

合约类型	美元	欧元	日元	英镑	瑞士法郎	加拿大元	瑞典克朗	其他货币	总计
远期及外汇掉期	33 070	9 836	4 466	3 937	2 017	1 799	764	18 650	74 538
货币互换	16 475	7 303	3 080	3 083	830	1 371	379	5 484	38 005
期权	7 008	3 306	1 566	578	412	658	73	3 715	17 317
其他								25	
总计	56 553	20 445	9 113	7 597	3 260	3 828	1 216	27 874	129 885

数据来源：国际结算银行（BIS）。

表37　2024年6月底各类信用违约掉期场外衍生品未结算交易合约面值（单位：十亿美元）

合约类型	报告交易商	其他金融机构						非金融机构	总计
		CCPs	银行和证券公司	保险和财务担保公司	SPVs、SPCs和SPEs	对冲基金	其他		
信用违约掉期	991	6 115	716	86	53	361	622	70	9 012

数据来源：国际结算银行（BIS）。

表38　2024年6月底各股票相关类场外衍生品未结算交易合约面值（单位：十亿美元）

合约类型	美国股票	欧洲股票	日本股票	其他亚洲国家股票	拉美国家股票	其他	总计
远期和互换	1 800	1 301	148	323	446	318	3 688
期权	2 730	779	55	115	203	470	4 150
总计	4 529	2 080	202	438	649	788	8 686

数据来源：国际结算银行（BIS）。

第二节　全球期货及其他衍生品行业发展概况

一、全球期货及其他衍生品市场主体类别

美国商品期货交易委员会（CFTC）《2024年财务信息汇报》公布的监管主体数据如表39所示。与2023年相比，2024年受CFTC监管的机构增加了3家DCO和1家Exempt DCO，CTA数量增长了22.52%。

表39　美国商品期货交易委员会（CFTC）监管下市场主体注册数据

市场主体	注册数据（家）
交易主体	
指定合约机交易市场（Designated Contract Market，DCM）	18
掉期执行系统（Swap Execution Facility，SEF）	21
海外交易平台（Foreign Board of Trade，FBOT）	24
结算主体	
衍生品结算机构（Derivatives Clearing Organization，DCO）	18
免税衍生品结算机构（Exempt Derivatives Clearing Organization，Exempt DCO）	5
系统重要性衍生品结算机构（Systemically Important DCO，SIDCO）	2
数据存储库	
掉期数据库（Swap Data Repository，SDR）	4

续表

市场主体	注册数据（家）
注册期货业协会	
全国期货业协会（National Futures Association，NFA）	1
注册中介机构	
期货佣金商（FCM）	62
掉期交易大户（MSP）	0
外汇零售商（RFED）	4
掉期交易商（SD）	106
商品基金经理（CPO）	1 204
商品交易顾问（CTA）	1 567
助理中介人（AP）	37 839
介绍经纪商（IB）	909
场内经纪商（FB）	255
场内交易商（FT）	19

注：数据截至 2024 年 9 月。

数据来源：美国商品期货交易委员会（CFTC）公布的《2024 年财务信息汇报》。

二、期货佣金商（FCM）发展概况

（一）2024 年主要期货佣金商客户权益情况对比

根据美国商品期货交易委员会（CFTC）公布的 2024 年 12 月 31 日 FCM 客户权益数据，2024 年，摩根大通证券继续位居客户权益第 1 位。2024 年客户权益排名前 20 位的 FCM 相较 2023 年没有变化（见表 40）。

表 40　　　　　　　　2024 年美国期货佣金商客户权益排名前 20 位

2024年排名	期货佣金商（FCM）公司名称	注册类别	2024年客户权益（亿美元）	2024年净资本（亿美元）	2023年排名（位）	2023年客户权益（亿美元）
1	摩根大通证券（JP MORGAN SECURITIES LLC）	FCM BD SD	450.07	249.80	1	420.67
2	高盛（GOLDMAN SACHS & CO LLC）	FCM BD SD	373.27	214.50	2	366.82
3	摩根士丹利（MORGAN STANLEY & CO LLC）	FCM BD SD	305.89	184.83	4	276.88
4	美国银行证券（BOFA SECURITIES INC）	FCM BD	284.03	209.67	3	308.58
5	法兴证券美国公司（SG AMERICAS SECURITIES LLC）	FCM BD	208.17	56.76	5	184.34
6	花旗全球市场（CITIGROUP GLOBAL MARKETS INC）	FCM BD SD	168.61	179.07	6	180.97

续表

2024年排名	期货佣金商（FCM）公司名称	注册类别	2024年客户权益（亿美元）	2024年净资本（亿美元）	2023年排名（位）	2023年客户权益（亿美元）
7	巴克莱资本（BARCLAYS CAPITAL INC）	FCM BD	161.04	85.65	7	175.92
8	MAREX资本市场（MAREX CAPITAL MARKETS INC）	FCM BD SD	86.89	6.33	13	69.04
9	法国巴黎银行机构经纪公司（BNP PARIBAS SECURITIES CORP）	FCM BD	81.45	25.04	14	67.19
10	瑞穗证券美国公司（MIZUHO SECURITIES USA LLC）	FCM BD	80.65	13.60	8	105.21
11	盈透证券（INTERACTIVE BROKERS LLC）	FCM BD	78.65	94.50	9	74.04
12	瑞银证券（UBS SECURITIES LLC）	FCM BD	77.37	41.52	12	70.17
13	艾地盟（ADM INVESTOR SERVICES INC）	FCM	75.84	4.23	10	73.80
14	富国证券（WELLS FARGO SECURITIES LLC）	FCM BD	73.22	98.19	11	70.60
15	STONEX金融公司（STONEX FINANCIAL INC）	FCM BD	65.86	4.40	16	60.27
16	奥布莱恩联合经营（RJ OBRIEN ASSOCIATES LLC）	FCM SD	55.95	3.50	15	60.36
17	荷兰银行芝加哥结算公司（ABN AMRO CLEARING CHICAGO LLC）	FCM BD	45.03	10.40	19	39.96
18	加拿大皇家银行资本市场公司（RBC CAPITAL MARKETS LLC）	FCM BD	40.94	21.98	20	39.72
19	美国汇丰证券（HSBC SECURITIES USA INC）	FCM BD	37.46	13.11	17	47.63
20	美国麦格理期货（MACQUARIE FUTURES USA LLC）	FCM	36.18	4.88	18	45.86

注：2024年排名基于2024年12月31日数据，2023年排名基于2023年12月31日数据。

数据来源：美国商品期货交易委员会（CFTC）。

（二）期货佣金商的经营概况

截至2024年12月，客户权益总量同比增加1.89%，达到2 951.86亿美元。

期货佣金商的数量方面，近年呈现出逐渐下降并保持平稳的趋势（见图10）；客户权益总量在2020年上半年有较大幅度增长，其余时间总体保持稳定。根据美国商品期货交易委员会公布的数据，2024年底美国期货佣金商的数量共63家，相较2023年没有变化。期货佣金商的客户权益集中度方面，2024年前5名期货佣金商客户权益占比54.93%，第6名至第10名的市场份额为19.60%，其他期货佣金商的客户权益总占比为25.47%。期货佣金商的客户权益集中性总体较强，前5名的占比近年来均超过50%，前10名的占比超过70%，体现出较强的集聚效应（见图11）。

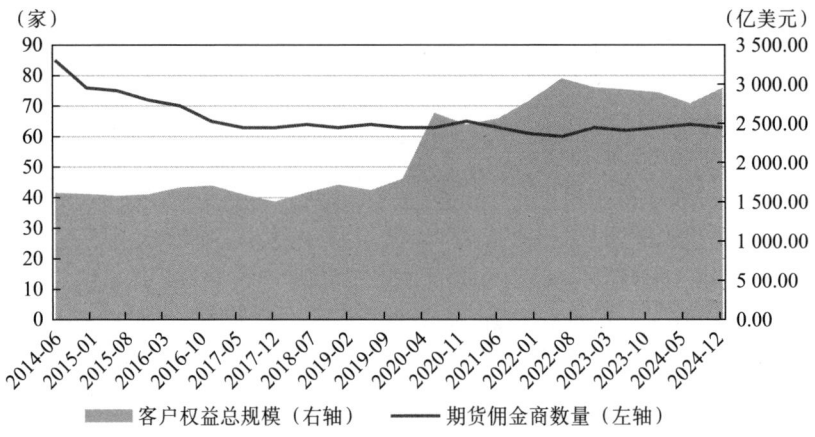

图10 2014—2024年美国期货佣金商数量及客户权益变动

数据来源：美国商品期货交易委员会（CFTC）。

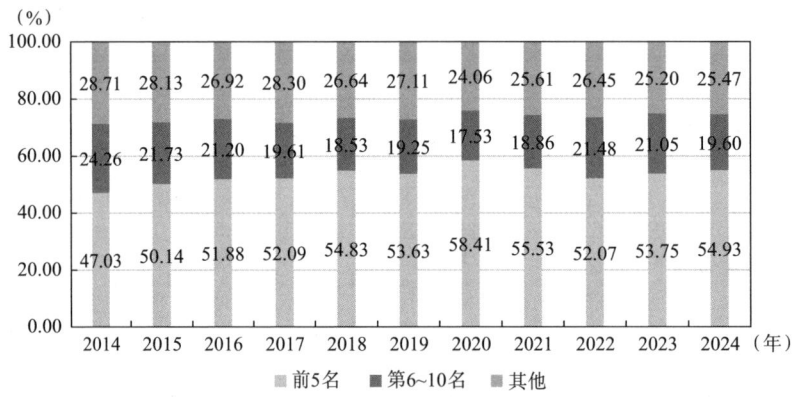

图11 2014—2024年美国期货佣金商中客户权益分布情况

数据来源：美国商品期货交易委员会（CFTC）。

三、全球期货及其他衍生品机构投资者发展概况

（一）管理期货基金（Managed Futures）

2024年CTA综合指数表现为3.52%，较2023年水平有所回升，如图12所示。除了计算综合指数外，巴克莱对冲还计算各种投资领域的细分指数。其中，按照标的类型分类，有农产品交易指数、货币交易指数、金融和金属交易指数、分散投资交易指数；按照交易方式分类，有自主型交易指数及系统化交易指数。从图13和图14可以看出，2024年，不同类型收益率有所差异。按照标的类型分类，不同标的类型的指数相较2023年均有一定程度上升，其中，货币类指数由2023年的6.45%上升至11.98%，增长幅度较大；按照交易方式分类，系统化交易指数走势与CTA综合指数较为类似，2024年指数为3.40%。

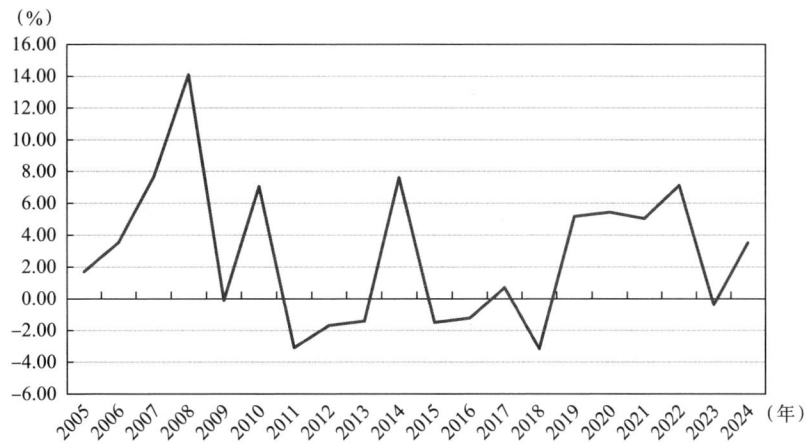

图 12　2005—2024 年巴克莱 CTA 综合指数表现

数据来源：巴克莱对冲（Barclay Hedge）。

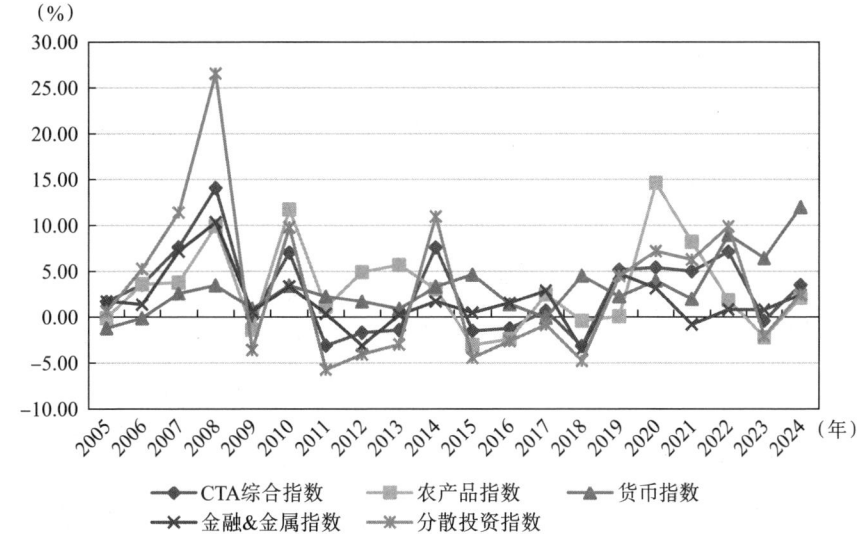

图 13　2005—2024 年 CTA 综合指数及其细分指数表现（投资标的类型分类）

数据来源：巴克莱对冲（Barclay Hedge）。

（二）对冲基金（Hedge Fund）

对冲基金行业一直以来在市场中占据重要位置，根据巴克莱对冲公布的统计数据，2024 年对冲基金业绩整体良好。2024 年巴克莱对冲基金指数收益为 9.73%，相较 2023 年的 9.27% 略有上升。

在 30 个细分策略指数中，2024 年的指数表现有 13 个高于 2023 年，17 个低于 2023 年的表现，有 3 个指数出现负收益，整体表现相较 2023 年保持稳定。其中，新兴市场中东和北非指数收益率最高，达 22.79%，相较 2023 年有所回落。收益率

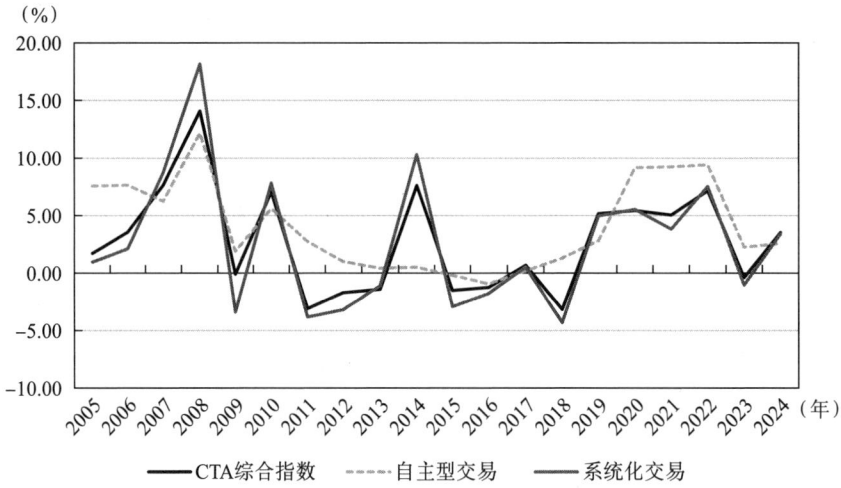

图 14　2005—2024 年 CTA 综合指数及其细分指数表现（交易方式分类）

数据来源：巴克莱对冲（Barclay Hedge）。

最低的为新兴市场拉美权益指数的 -12.21%。亚洲指数收益率较好，新兴市场亚洲指数和新兴市场亚洲权益指数表现分别由 2023 年的 5.01% 和 5.78% 增长至 2024 年的 14.70% 和 14.71%（见表 41）。

表 41　2022—2024 年巴克莱对冲基金指数及其主要细分策略指数表现对比

指数类别	2024 年指数表现（%）	2023 年指数表现（%）	2022 年指数表现（%）
巴克莱对冲基金指数（BARCLAY HEDGE FUND INDEX）	9.73	9.27	-8.22
股债均衡指数（BALANCED (STOCKS & BONDS) INDEX）	8.54	9.25	-14.74
可转换证券套利指数（CONVERTIBLE ARBITRAGE INDEX）	9.69	4.74	-1.35
困境证券指数（DISTRESSED SECURITIES INDEX）	12.67	2.14	-6.64
新兴市场指数（EMERGING MARKETS INDEX）	10.42	8.58	-13.86
新兴市场亚洲指数（EMERGING MARKETS ASIA INDEX）	14.70	5.01	-15.91
新兴市场亚洲权益指数（EMERGING MARKETS ASIAN EQUITIES INDEX）	14.71	5.78	-17.60
新兴市场东欧指数（EMERGING MARKETS EASTERN EUROPE INDEX）	1.03	27.05	16.08
新兴市场东欧权益指数（EMERGING MARKETS EASTERN EUROPE EQUITIES INDEX）	-3.33	15.36	-30.29
新兴市场全球权益指数（EMERGING MARKETS GLOBAL EQUITIES INDEX）	8.66	11.18	-16.98
新兴市场全球固收指数（EMERGING MARKETS GLOBAL FIXED INCOME INDEX）	4.73	10.21	-8.14

续表

指数类别	2024年指数表现（%）	2023年指数表现（%）	2022年指数表现（%）
新兴市场全球指数（EMERGING MARKETS GLOBAL INDEX）	7.65	10.60	-14.55
新兴市场拉美指数（EMERGING MARKETS LATIN AMERICA INDEX）	-0.01	14.59	4.62
新兴市场拉美权益指数（EMERGING MARKETS LATIN AMERICA EQUITIES INDEX）	-12.21	21.08	2.34
新兴市场中东和北非指数（EMERGING MARKETS MENA INDEX）	22.79	38.99	-2.00
新兴市场撒哈拉以南非洲指数（EMERGING MARKETS SUB SAHARAN AFRICA INDEX）	14.22	8.93	1.14
股市偏多策略指数（EQUITY LONG BIAS INDEX）	15.17	14.47	-13.61
股市多/空策略指数（EQUITY LONG/SHORT INDEX）	9.43	6.62	-0.08
股市中性策略指数（EQUITY MARKET NEUTRAL INDEX）	12.14	5.69	2.97
欧洲权益指数（EUROPEAN EQUITIES INDEX）	3.47	3.63	1.98
事件驱动指数（EVENT DRIVEN INDEX）	7.36	9.18	-6.39
固收套利指数（FIXED INCOME ARBITRAGE INDEX）	11.35	8.45	-1.69
母基金指数（FUND OF FUNDS INDEX）	8.62	5.73	-6.30
全球宏观指数（GLOBAL MACRO INDEX）	9.23	4.86	6.51
医疗生科指数（HEALTHCARE & BIOTECHNOLOGY INDEX）	7.92	10.46	-15.29
并购套利指数（MERGER ARBITRAGE INDEX）	4.45	4.57	0.95
多策略指数（MULTI STRATEGY INDEX）	6.41	3.45	-2.98
期权策略指数（OPTION STRATEGIES INDEX）	6.84	10.77	-3.96
环太平洋权益指数（PACIFIC RIM EQUITIES INDEX）	13.45	14.55	-10.10
技术指数（TECHNOLOGY INDEX）	20.75	27.48	-24.71
波动率交易指数（VOLATILITY TRADING INDEX）	3.01	6.01	-3.40

数据来源：巴克莱对冲（Barclay Hedge）。

附录 2
2024 年中国期货市场大事记

1月9日，国家发展改革委、商务部、国家市场监管总局印发《关于支持广州南沙放宽市场准入与加强监管体制改革的意见》，提出支持广州期货交易所有序拓展品种布局。

1月31日，中国期货业协会首次发布并施行《期货公司声誉风险管理规则》。

2月21日，新华社发布2023年上海国际金融中心建设十大事件，上海期货交易所两个事项入围。一是习近平总书记考察上海期货交易所，为新时代新征程上增强上海国际金融中心的竞争力和影响力进一步指明方向、增强信心。二是出口集装箱结算运价指数（欧洲航线）期货上市运行，重要金融产品不断推出。

3月5日，河南省副省长张敏到郑州商品交易所调研。

3月14日，中国证监会党委委员、副主席陈华平同志到中国期货监控调研。

3月18日，马来西亚衍生产品交易所（BMD）成功挂牌上市"马来西亚交易所大连商品交易所豆油期货"。

3月19日，辽宁省委书记、省人大常委会主任郝鹏专程调研大商所。

4月23日，基于中证商品指数公司发布的中国国债期货收益指数系列的首个场外产品化应用落地。

4月23日，中央金融办副主任、中央金融工委副书记王江到大商所调研。

4月24日，郑州商品交易所召开第十二次会员大会。

5月29日，中国证监会党委书记、主席吴清同志到广州期货交易所调研并听取汇报。

6月11日，上海期货交易所自主研发的全新一代交易系统（NGES3.0）顺利上线。

6月21日，郑州商品交易所上市玻璃、红枣期权。

6月24日，中再资产管理股份有限公司正式参与国债期货交易，标志着第三批保险机构参与国债期货业务成功落地。

7月3日，中国期货监控首次向商品期货交易所发送商品类衍生品场内场外合并持仓测算信息。

7月5日，上期综合业务平台上线燃料油品种保税标准仓单交易及丁二烯橡胶品种标准仓单交易。

7月12日，河南省副省长李酌到郑州商品交易所调研。

7月12日，中国证监会批复同意广州期货交易所设立技术子公司——广州期货交易所科技有限公司。

7月18日，中国证监会党委委员、副主席陈华平同志赴中证商品指数公司调研指导。

7月18日，全国人大常委会委员、财经委副主任委员安立佳到广州期货交易所调研。

7月19日，浙商期货、太安农险等运用"中央气象台—大商所温度指数"开发的全国首单"水稻高温气象指数保险+衍生品"在上海落地。

8月5日，全国政协常委、中国税务学会会长王军赴大商所就期货实物交割涉税问题开展调研。

8月23日，大连商品交易所上市鸡蛋、玉米淀粉、生猪期权。

8月30日，郑州商品交易所上市瓶片期货。

9月2日，上海期货交易所上市铅、镍、锡、氧化铝期权。

9月11日，中国证监会党委书记、主席吴清到大商所调研指导工作。

9月12日，辽宁省政协主席周波、吉林省政协主席朱国贤、黑龙江省政协主席蓝绍敏、内蒙古自治区政协副主席魏国楠到大商所考察。

9月25日，广州期货交易所碳酸锂期货和期权获得《期货期权世界》杂志（FOW）评选的"2024年度亚洲资本市场年度新合约奖"。

10月8日，郑州商品交易所六期交易系统上线运行。

10月31日，郑州商品交易所支持的麦盖提红枣"保险+期货"项目案例成功入选由中国国际减贫中心等主办的第五届全球最佳减贫案例。

11月13日，由大连商品交易所和马来西亚衍生产品交易所联合主办的"第18届国际油脂油料大会暨农畜产业（衍生品）大会"在大连召开。

11月13日，"中央气象台—广期所光伏气象指数"在广州正式发布。

11月14日，新疆生产建设兵团党委常委、副司令员李永红带队到广州期货交易所调研。

11月15日，中国期货业协会发布实施《期货风险管理公司大宗商品风险管理业务管理规则》。

11月18—19日，大连商品交易所上市原木期货及期权。

11月20日，中证商品指数公司与上海期货交易所、郑州商品交易所、大连商品交易所和广州期货交易所签署行情数据授权协议。

12月3日，中国证监会党委委员、副主席李明到广州期货交易所调研指导工作。

12月6日，中国证监会党委委员、副主席陈华平到广州期货交易所调研指导工作。

12月7日，中国期货业协会主办第19届中国（深圳）国际期货大会。证监会副主席陈华平、深圳市副市长罗晃浩出席大会主论坛并致辞。

12月7日，中国期货业协会发布《期货公司"保险＋期货"业务规则（试行）》，并自发布之日起实施。

12月18日，中国金融期货交易所与巴基斯坦证券交易所首次签订合作谅解备忘录。

12月26—27日，广州期货交易所上市多晶硅期货及期权。

12月27日，郑州商品交易所上市瓶片期权。

12月30日，中国期货监控正式启用中国期货市场新一代监测监控系统。

附录 3
2024 年文件汇编

上海期货交易所（含上海国际能源交易中心）发布文件

发文日期	文号	文件标题	主要内容
一、上市新品种			
2024 年 8 月 23 日	公告〔2024〕138 号	关于发布铅、镍、锡和氧化铝期货期权合约的公告	上市铅、镍、锡和氧化铝期权，制定铅、镍、锡、氧化铝期货期权合约
二、规则体系优化			
2024 年 8 月 23 日	公告〔2024〕136 号	关于发布上海期货交易所规则体系优化版本的公告	将 31 项第二层级业务规则调整为 20 项管理办法和 18 项品种细则
三、优化业务规则			
2024 年 4 月 18 日	公告〔2024〕56 号 公告〔2024〕36 号	关于发布《上海期货交易所做市商管理办法（修订版）》的公告 发布关于《上海国际能源交易中心做市商管理细则（修订版）》的公告	授权上期所和能源中心根据做市品种运行情况设置交易手续费减免、激励标准

续表

发文日期	文号	文件标题	主要内容
2024年6月14日	公告〔2024〕89号 公告〔2024〕63号	关于发布《上海期货交易所结算细则（修订版）》的公告 发布关于《上海国际能源交易中心结算细则（修订版）》的公告	授权上期所和能源中心制订并调整交易手续费减收方案
2024年7月19日	公告〔2024〕111号 公告〔2024〕85号	关于发布《上海期货交易所异常交易行为管理办法（修订版）》的公告 发布关于《上海国际能源交易中心异常交易行为管理细则（修订版）》的公告	优化异常交易行为的认定标准，不再豁免FAK和FOK指令产生的异常交易行为认定标准
四、修订合约交割品级			
2024年4月12日	公告〔2024〕50号	关于发布《上海期货交易所铅期货合约（修订版）》《上海期货交易所交割细则（修订版）》的公告	根据新国标修改铅期货合约以及《上海期货交易所交割细则》当中的交割品级
2024年7月12日	公告〔2024〕106号	关于发布《上海期货交易所黄金期货合约（修订版）》的公告	根据新国标修改黄金期货合约附件当中的交割品级
2024年7月12日	公告〔2024〕105号	关于发布《上海期货交易所铝期货合约（修订版）》的公告	根据新国标修改铝期货合约当中的交割品级
2024年7月29日	公告〔2024〕116号	关于发布《上海期货交易所螺纹钢期货合约（修订版）》《上海期货交易所线材期货合约（修订版）》《上海期货交易所交割细则（修订版）》的公告	根据新国标修改螺纹钢、线材期货合约以及《上海期货交易所交割细则》当中的交割品级
五、制定集团交割与"保险+期货"的业务规则			
2024年5月13日	公告〔2024〕69号	关于发布《上海期货交易所集团交割业务管理办法》的公告	建立集团交割制度，压实集团总部兜底责任，完善交割风险分层承担机制

续表

发文日期	文号	文件标题	主要内容
2024年6月19日	公告〔2024〕93号	关于发布《上海期货交易所天然橡胶支农专项工作管理办法（试行）》的公告	将天然橡胶脱贫攻坚的成果制度化、规范化，确保"保险+期货"专项费用使用合规可溯

郑州商品交易所发布文件

发文日期	文号	文件标题	主要内容
2024年1月8日	公告〔2024〕6号	关于发布《郑州商品交易所平板玻璃期货业务细则》修订案的公告	将基准交割品、替代交割品质量检验适用国标版本调整为最新版本，与现货市场保持一致；将玻璃期货交割品级由"一等品"调整为"普通级"
2024年2月6日	公告〔2024〕16号	关于发布交易规则、期货品种业务细则及合约修订案的公告	完善已上市品种期货期权合约规则中关于"交易时间"的具体表述
2024年3月5日	公告〔2024〕22号	关于发布苹果期货业务细则修订案的公告	在车（船）板交割流程增加交割预报环节并明确相关规定
2024年3月28日	公告〔2024〕28号	关于发布《郑州商品交易所做市商管理办法》修订案的公告	明确交易所可以根据做市情况给予做市商手续费减免等激励措施相关规定
2024年3月28日	公告〔2024〕29号	关于发布郑州商品交易所《做市商业务指南》的公告	对做市商的总体要求、资格管理、业务申请与受理、权利义务、评价考核、合规风控、技术系统、监督管理等作出规定
2024年4月16日	公告〔2024〕38号	关于发布《郑州商品交易所棉纱期货业务细则》修订案的公告	扩大交割单位与交割品范围，优化基准交割品和替代交割品质量指标及升贴水、入库检验抽样规定及出库质量变异允许范围，延长仓单有效期，收紧入库棉纱生产日期要求，修改、删减不符合业务实际的条款
2024年5月31日	公告〔2024〕59号	关于发布《郑州商品交易所"保险+期货"业务管理办法（试行）》的公告	明确开展"保险+期货"业务的基本原则、主体资格要求、业务流程及监管要求
2024年5月31日	公告〔2024〕60号	关于发布《郑州商品交易所花生期货合约及业务规则》修订案的公告	增加5月期货合约；配套交割月份调整，同步修改二阶段仓单集中注销月份；优化车（船）板交割流程
2024年6月11日	公告〔2024〕66号	关于发布红枣、玻璃期权合约的公告	配合期权上市，发布玻璃、红枣期权合约

续表

发文日期	文号	文件标题	主要内容
2024年6月14日	公告〔2024〕71号	关于发布《郑州商品交易所期货结算管理办法》修订案的公告	明确关于会员合法合规使用交易所减收手续费的相关要求
2024年6月26日	公告〔2024〕77号	关于发布白糖期货业务规则修订案的公告	增加实行免检品牌制度的相关规定；取消标准仓单注册申请时间的特别规定，与其他上市品种保持一致；对仓单办法进行相应调整
2024年6月26日	公告〔2024〕78号	关于修订《郑州商品交易所交割品牌及免检品牌管理办法》的公告	明确白糖期货实施免检品牌制度的相关规定
2024年6月27日	公告〔2024〕80号	关于发布郑州商品交易所《做市商业务指南》修订案的公告	进一步明确做市商权利中关于期货做市商手续费减免的计算依据
2024年6月27日	公告〔2024〕82号	关于印发《郑州商品交易所产业开发服务项目实施办法（试行）》的通知	明确产业开发服务项目管理相关规定
2024年7月19日	公告〔2024〕91号	关于发布《郑州商品交易所异常交易行为管理办法》修订案的公告	修订与完善异常交易行为豁免情形
2024年8月16日	公告〔2024〕105号	关于发布瓶片期货合约及业务细则的公告	配合期货上市，发布瓶片期货合约规则
2024年8月26日	公告〔2024〕111号	关于修订《郑州商品交易所"三业"活动管理办法》的公告	结合业务开展实际，完善"三业"活动管理要求，增加"一对一"活动形式及其规定，细化会议类活动音频材料制作要求，细分活动检查与违规违约处理规定，增加对弄虚作假行为依法处置的情形
2024年10月18日	公告〔2024〕135号	关于发布短纤期货业务细则修订案的公告	增加仓库交割方式，缩短仓单有效期，完善基准交割品标准，对仓库入出库规定作出具体安排等
2024年11月4日	公告〔2024〕147号	关于发布硅铁、锰硅、对二甲苯、烧碱期货业务细则修订案的公告	调整四个品种的限仓标准
2024年11月19日	公告〔2024〕158号	关于发布精对苯二甲酸（PTA）期货业务规则修订草案的公告	丰富PTA保税交割方式，增加出口型车（船）板交割相关规定，相应修订期货交割管理办法、PTA合约及品种细则
2024年11月26日	郑商发〔2024〕246号	关于发布白糖期权合约及相关规则修订案的公告	为配合挂牌白糖系列期权，发布白糖系列期权合约，增加系列期权管理相关规定，相应修订白糖期权合约、期权交易管理办法

续表

发文日期	文号	文件标题	主要内容
2024年12月5日	公告〔2024〕167号	关于发布《郑州商品交易所期货结算管理办法》等业务规则修订案的公告	修订会员管理办法、期货结算管理办法、指定存管银行管理办法，优化会员结算资金管理相关规定
2024年12月12日	公告〔2024〕170号	关于发布红枣期货业务细则修订案的公告	明确红枣生产年度相关规定以及红枣参与仓库标准仓单交割、车（船）板交割时有关生产年份的具体要求，完善入库交割及包装方面规定
2024年12月18日	公告〔2024〕180号	关于发布瓶级聚酯切片期权合约的公告	配合期权上市，发布瓶片期权合约

大连商品交易所发布文件

发文日期	文号	文件标题	主要内容
2024年2月6日	公告〔2024〕8号	关于修改《大连商品交易所交易规则》《大连商品交易所交易管理办法》及各品种合约的公告	一是在交易规则中增加交易所公告的休市日可以休市的规定；二是删除交易管理办法和各期货、期权合约中关于交易日的重复规定
2024年3月18日	公告〔2024〕15号	关于修改《大连商品交易所交易管理办法》的公告	推出小节有效指令属性业务，即只在本交易小节有效，本小节结束后未成交部分立即撤销的指令属性。交易者在连续竞价交易期间，使用限价指令和限价止损（盈）指令时，可以自主选择附加这一属性
2024年3月21日	公告〔2024〕16号	关于修改《大连商品交易所结算管理办法》的公告	推出同一交易编码下双向期货持仓对冲平仓功能
2024年4月16日	公告〔2024〕20号	关于修改《大连商品交易所做市商管理办法》的公告	增加交易所根据做市品种运行等情况设置交易手续费减免、激励标准，并与做市商在协议中约定的规定
2024年4月30日	公告〔2024〕26号	关于修改《大连商品交易所黄大豆1号期货合约》和《大连商品交易所黄大豆1号期货业务细则》的公告	根据新的强制性国家标准修改黄大豆1号交割质量标准
2024年5月13日	公告〔2024〕33号	关于发布《大连商品交易所"保险+期货"业务管理办法》的公告	就"保险+期货"业务的主体资格、业务流程、支持方案、管理要求等内容进行全面规定

续表

发文日期	文号	文件标题	主要内容
2024年5月13日	公告〔2024〕32号	关于修改《大连商品交易所交易管理办法》和《大连商品交易所会员管理办法》的公告	修改远程交易席位申请、签订协议、缴费、撤销相关规定,删除场内交易席位相关规定
2024年5月20日	公告〔2024〕35号	关于修改《大连商品交易所风险管理办法》的公告	修改黄大豆2号、线型低密度聚乙烯、聚氯乙烯期货品种持仓限额
2024年5月30日	公告〔2024〕37号	关于修改《大连商品交易所结算管理办法》《大连商品交易所交割管理办法》和相关品种期货业务细则的公告	优化不得交割持仓处理和标准仓单转让委托交易所收付货款业务
2024年6月3日	公告〔2024〕38号	关于修改《大连商品交易所指定交割仓库管理办法》等规则的公告	一是按照总分结构,将相关品种集团交割库的共性规定提炼完善,品种细则中不再重复规定;二是在《指定交割仓库管理办法》和《标准仓单管理办法》中增加集团交割库自报升贴水的一般性规定,并将相关品种个性要求规定在品种细则中体现
2024年6月14日	公告〔2024〕49号	关于修改《大连商品交易所结算管理办法》的公告	增加会员规范使用交易所减收的交易手续费的规定
2024年6月21日	公告〔2024〕50号	关于修改期权合约行权价格等条款的公告	调整期权合约挂牌机制:按照近密远疏原则,对近6个自然月对应的期权,按照现有行权价格间距挂牌合约;第7个及随后自然月对应的期权合约,按照2倍于现有行权价格间距进行挂牌
2024年6月26日	公告〔2024〕53号	关于修改《大连商品交易所鸡蛋期货业务细则》的公告	调整鸡蛋期货车板交割新鲜度指标检验相关规则
2024年7月19日	公告〔2024〕57号	关于修改《大连商品交易所异常交易行为管理办法》的公告	一是删除附加FOK、FAK属性的指令产生的自成交、频繁报撤单、大额报撤单不构成异常交易行为的规定;二是明确实施申报费的合约上符合交易所公布情形的频繁报撤单行为,不构成异常交易行为
2024年8月2日	公告〔2024〕58号	关于修改《大连商品交易所生猪期货业务细则》的公告	调整生猪交割称重相关规则:一是将生猪外观、单体体重检验由原来在称重过程中进行,调整为在装车过程中进行;二是取消每次检重设备称重的生猪不超过15头的规定;三是明确若采取整车过磅方式称重,应以货主(厂库交割)或买方(车板交割)选择的车辆过磅

续表

发文日期	文号	文件标题	主要内容
2024年8月9日	公告〔2024〕59号	关于发布鸡蛋、玉米淀粉和生猪期货期权合约的公告	上市鸡蛋、玉米淀粉、生猪期权新合约
2024年10月25日	公告〔2024〕99号	关于发布原木期货、期权合约及相关规则的公告	上市原木期货、期权新品种
2024年11月1日	公告〔2024〕102号	关于修改《大连商品交易所标准仓单管理办法》和相关品种期货业务细则的公告	一是丰富厂库担保品类型,新增银行承兑汇票等资产作为厂库仓单担保品;二是明确厂库违约赔偿金标准
2024年11月11日	公告〔2024〕108号	关于修改《大连商品交易所玉米淀粉期货合约》和《大连商品交易所玉米淀粉期货业务细则》的公告	一是交割品包装规格可由厂库和提货方协商,不再限制为830千克或40千克;二是如果提货方和厂库协商不成,则提货方选择厂库提供的包装规格出库;三是统一规定交割品大包装的扣重,规定玉米淀粉830千克、850千克包装每袋扣重2.5千克,1 000千克包装每袋扣重2.8千克
2024年12月4日	公告〔2024〕111号	关于修改《大连商品交易所风险管理办法》的公告	修改棕榈油、铁矿石持仓限额
2024年12月20日	公告〔2024〕116号	关于修改《大连商品交易所焦煤期货业务细则》的公告	焦煤品种增加品牌交割制度
2024年12月20日	公告〔2024〕117号	关于修改《大连商品交易所期权交易管理办法》和豆粕、玉米期权合约的公告	增加系列期权相关规定

中国金融期货交易所发布文件

发文日期	文号	文件标题	文件内容
2024年2月6日	中金所发〔2024〕7号	关于修订《中国金融期货交易所交易规则》的通知	除国家法定节假日外,增加交易所公告的休市日,交易所市场休市
2024年2月23日	中金所发〔2024〕11号	关于修订《中国金融期货交易所国债期货合约交割细则》的通知	将基准国债价格认定标准修改为"以交易所认定的机构发布的第二个交割日估值数据为准",并删除"最后交易日之前申请交割的,以卖方交割申报当日该基准国债的估值作为基准国债价格;最后交易日进入交割的,以最后交易日该基准国债的估值作为基准国债价格"

续表

发文日期	文号	文件标题	文件内容
2024年5月24日	中金所发〔2024〕29号	关于国债期货实施梯度申报费有关事项的通知	根据《中国金融期货交易所结算细则》，交易所将自2024年7月1日起，对在国债期货合约上信息量和委托成交比（以下简称OTR）达到一定标准的非期货公司会员、客户收取梯度申报费。具体事项通知如下： 一、适用情形：1.交易所对单日在国债期货合约上信息量和OTR达到一定标准的非期货公司会员、客户收取梯度申报费。信息量是指买入、卖出以及撤销委托笔数的总和，报单和撤单各计为1笔。因即时全部成交或撤销限价指令、即时成交剩余撤销限价指令、市价指令产生的报单和撤单计入信息量统计。2.同一客户通过不同期货公司会员申报交易，其信息量、OTR等指标合并计算。一组实际控制关系账户的信息量、OTR合并计算，其收费标准与单个客户相同。3.做市商在国债期货做市品种上免收梯度申报费 二、收费标准 梯度申报费按日收取。非期货公司会员、客户在国债期货合约上的梯度申报费 = Σ 非期货公司会员、客户在该国债期货合约上各档位的信息量×相应费率 OTR计算公式如下：OTR = 信息量÷有成交的委托笔数 – 1 非期货公司会员、客户在国债期货合约上有成交的委托笔数为0时，视其为1计算OTR 同一客户通过不同期货公司会员申报交易，按照客户在不同期货公司会员下产生的信息量比例，确定其在相关期货公司会员处的申报费 三、收取方式 当日结算时，交易所从结算会员的结算准备金中扣划申报费。因特殊情况当日结算时无法扣划申报费的，交易所可以

续表

发文日期	文号	文件标题	文件内容
2024年5月24日	中金所发〔2024〕29号	关于国债期货实施梯度申报费有关事项的通知	在下一交易日结算时扣划 四、其他事项 会员应当切实履行客户交易行为管理职责,积极采取相关措施,有效预防客户出现因资金不足不能及时支付申报费等费用的情形
2024年6月14日	中金所发〔2024〕34号	关于修订《中国金融期货交易所结算细则》的通知	增加"交易所可以对会员应交纳的手续费进行减收,减收方案由交易所另行制定并根据市场情况进行调整。会员应当根据法律法规、规章以及交易所有关规定,规范使用交易所减收的手续费"的规定
2024年6月21日	中金所发〔2024〕38号	关于修订《〈中国金融期货交易所异常交易管理办法〉国债期货有关监管标准及处理程序》的通知	修改统计非期货公司会员、客户自成交、频繁报撤单和大额报撤单次数的相关规定,新规定为:(1)因市价指令形成的自成交行为不计入自成交次数统计,因限价指令(包括即时全部成交或撤销限价指令、即时成交剩余撤销限价指令和其他限价指令)形成的自成交行为计入自成交次数统计。(2)因市价指令形成的撤单行为不计入频繁报撤单次数统计,因即时全部成交或撤销限价指令、即时成交剩余撤销限价指令形成的撤单行为计入频繁报撤单次数统计,因其他限价指令形成的撤单行为不计入频繁报撤单次数统计。(3)因市价指令形成的撤单行为不计入大额报撤单次数统计,因限价指令(包括即时全部成交或撤销限价指令、即时成交剩余撤销限价指令和其他限价指令)形成的撤单行为计入大额报撤单次数统计
2024年12月27日	中金所发〔2024〕76号	关于减半收取2025年交割和行权(履约)手续费的通知	2025年1月1日至2025年12月31日,减半收取股指期货和国债期货交割手续费、股指期权行权(履约)手续费,交易所认定的高频交易者除外

广州期货交易所发布文件

发文日期	文号	文件标题	主要内容
2024年1月8日	广期所发〔2024〕7号	关于减免交割、期转现、仓单转让、仓单作为保证金及套期保值手续费的通知	2024年1月10日至2024年12月31日，广期所实施如下手续费减免措施。一是免收全部期货品种以下手续费：1.交割手续费；2.标准仓单期转现手续费；3.标准仓单转让货款收付手续费；4.标准仓单作为保证金手续费。以上措施采取直接免收方式实施。二是全部期货、期权品种套期保值交易手续费减收50%，每月对会员核算并发放减收额度，抵扣后续产生的交易手续费
2024年2月6日	广期所发〔2024〕36号	关于修改《广州期货交易所交易规则》及相关实施细则的通知	修改交易日相关表述，为根据实际情况安排交易日预留空间
2024年2月7日	广期所发〔2024〕42号	关于加强春节期间安全生产工作的通知	通知各交割仓库落实春节期间安全生产工作，做好春节期间值班安排及突发风险事件报备，保障仓单安全
2024年4月12日	广期所发〔2024〕82号	关于修改《广州期货交易所工业硅期货、期权业务细则》的通知	修改工业硅期货合约基准交割品、替代交割品质量标准及升水
2024年4月12日	广期所发〔2024〕83号	关于工业硅期货SI2412合约涨跌停板幅度和交易保证金标准的通知	调整工业硅期货SI2412合约涨跌停板幅度和交易保证金标准。工业硅期货SI2412合约上市首日涨跌停板幅度为挂牌基准价的20%，交易保证金水平为合约价值的12%。如当日合约有成交，则下一交易日起，涨跌停板幅度恢复为6%，投机交易保证金标准恢复为8%，套期保值交易保证金标准恢复为7%；如当日合约无成交，则下一交易日继续按照上市首日的涨跌停板幅度和交易保证金水平执行。关于涨跌停板幅度和交易保证金水平的其他规定，按照《广州期货交易所风险管理办法》执行
2024年5月13日	广期所发〔2024〕117号	关于增加工业硅期货挂牌合约的通知	工业硅期货挂牌合约数量由8个增加到12个。2024年5月20日挂牌SI2501、SI2502、SI2503、SI2504、SI2505合约，挂牌基准价为SI2412合约前一交易日的结算价。自2024年6月起，按照摘一挂一原则，每月挂牌一个合约

续表

发文日期	文号	文件标题	主要内容
2024年6月14日	广期所发〔2024〕147号	关于修改《广州期货交易所结算管理办法》的通知	明确会员应根据有关规定，规范使用交易所减收手续费
2024年7月19日	广期所发〔2024〕198号	关于修改《广州期货交易所异常交易行为管理办法》的通知	取消针对附加FOK和FAK属性的限价指令产生的异常交易行为的认定豁免
2024年7月19日	广期所发〔2024〕199号	关于对工业硅、碳酸锂期货和期权交易收取申报费的通知	自2024年10月25日交易时起，对工业硅期货、工业硅期权、碳酸锂期货和碳酸锂期权的交易收取申报费
2024年7月19日	广期所发〔2024〕200号	关于实施申报费的合约上异常交易行为认定有关事项的通知	自2024年10月25日交易时起，在实施申报费的合约上，由非附加FOK和FAK属性的限价指令产生的频繁报撤单行为不构成异常交易行为
2024年10月15日	广期所发〔2024〕268号	关于调整工业硅期货交割质检费用的公告	根据工业硅期货交割质量标准调整内容，与质检机构重新核定质检费用最高限价标准
2024年10月22日	广期所发〔2024〕275号	关于开展做市商常态化遴选的公告	为进一步加强做市力量储备和梯队建设，促进形成能进能出、动态灵活的做市商资格管理机制，广期所建立做市商常态化遴选机制，有效提高遴选工作效率
2024年11月5日	广期所发〔2024〕293号	关于发布《广州期货交易所期货注册品牌管理规定（试行）》的通知	发布《广州期货交易所期货注册品牌管理规定（试行）》，涉及注册品牌申请、监管、退出的各项规定
2024年11月14日	广期所发〔2024〕307号	关于调整工业硅期货指定交割库的公告	为满足市场需求，工业硅期货新增6家交割仓库存放点，10家交割厂库
2024年11月14日	广期所发〔2024〕308号	关于调整工业硅期货指定质检机构的公告	为满足市场需求，根据质检机构申请，工业硅期货取消2家质检机构资质，新增2家指定质检机构
2024年11月26日	广期所发〔2024〕313号	关于修改《广州期货交易所做市商管理办法》的通知	明确交易所可以给予做市商手续费减免、激励等相关事项
2024年11月27日	广期所发〔2024〕316号	关于调整碳酸锂期货指定交割库的公告	新增6家碳酸锂指定交割厂库以及融捷投资厂库库容增加至600吨
2024年11月27日	广期所发〔2024〕318号	关于在生产环境上线套利指令展期功能的通知	优化套利交易指令功能，交易者可利用套利指令展期功能对交易所指定的合约进行移仓交易

续表

发文日期	文号	文件标题	主要内容
2024年12月6日	广期所发〔2024〕336号	关于修改碳酸锂期货合约及相关规则的通知	修改碳酸锂期货合约替代交割品贴水、最小变动价位、限仓和保证金规则、交割预报定金和厂库滞纳金等
2024年12月6日	广期所发〔2024〕337号	关于调整碳酸锂期货最小变动价位有关事项的通知	描述碳酸锂期货合约最小变动价位调整生效时间、适用合约，公告交易撮合中取到上一交易日收盘价时的处理方式
2024年12月13日	广期所发〔2024〕353号	关于发布多晶硅期货和多晶硅期权合约及相关规则的通知	发布多晶硅期货和多晶硅期权合约及业务细则
2024年12月13日	广期所发〔2024〕354号	关于多晶硅期货合约上市交易有关事项的通知	上市多晶硅期货，明确上市时间、首批上市合约、交易保证金水平及涨跌停板幅度等参数
2024年12月13日	广期所发〔2024〕355号	关于多晶硅期权合约上市交易有关事项的通知	上市多晶硅期权，明确上市时间、首批上市合约等参数
2024年12月20日	广期所发〔2024〕364号	关于公布多晶硅期权做市商名单的公告	为保障多晶硅期权产品平稳起步、流动性合理充裕、市场功能有效发挥，广期所研究制定多晶硅期权做市方案，通过综合评分方式遴选15家多晶硅期权做市商，于多晶硅期权上市首日同步开展做市业务
2024年12月20日	广期所发〔2024〕366号	关于多晶硅期货交割业务有关事项的通知	通知多晶硅期货交割区域和地区升贴水、指定交割库、指定质检机构和检验费用、注册品牌、交割手续费、仓储费、标准仓单转让货款收付业务手续费、交割业务办理起始日
2024年12月24日	广期所发〔2024〕371号	关于多晶硅期货合约挂牌基准价的通知	多晶硅期货于2024年12月26日（星期四）在广期所上市交易，PS2506、PS2507、PS2508、PS2509、PS2510、PS2511和PS2512合约挂牌基准价为38 600元/吨

中国期货市场监控中心发布文件

发文日期	文号	文件标题	主要内容
2024年3月15日	监控函〔2024〕52号	关于进一步明确期货公司结算数据报送要求的通知	要求期货公司严格按照《期货保证金监控系统数据报送接口（期货公司4.5.2版）》要求规范报送手续费返还等结算数据

续表

发文日期	文号	文件标题	主要内容
2024年11月5日	监控函〔2024〕269号	关于填写《中国期货市场监控中心关于场外衍生品业务的调查问卷》的函	为提升交易报告库报送接口升级完善的针对性、合理性，向各相关期货公司发送《关于填写〈中国期货市场监控中心关于场外衍生品业务的调查问卷〉的函》，以收集报送主体相关意见建议
2024年12月27日	监控函〔2024〕321号	关于开展期货公司资产管理计划历史账户清理工作的函	组织期货公司开展期货资管历史账户清理工作

中国期货业协会发布文件

发文日期	文号	文件标题	主要内容
2024年1月31日	中期协字〔2024〕12号	关于发布《期货公司声誉风险管理规则》的通知	为引导期货公司有效管理声誉风险，维护期货行业形象和市场稳定，中国期货业协会制定了《期货公司声誉风险管理规则》。该规则已经第六届理事会第五次会议审议通过，并报中国证监会备案，现予发布，自发布之日起施行
2024年4月30日	中期协字〔2024〕59号	关于发布《中国期货业协会专业委员会管理办法》的通知	为促进中国期货业协会专业委员会充分发挥作用，推动行业高质量发展，协会修订了《中国期货业协会专业委员会管理办法》。该办法已经协会第六届理事会第七次会议审议通过，现予发布，并自发布之日起施行
2024年7月15日	中期协字〔2024〕115号	关于发布《期货经营机构交易者适当性管理实施细则》的通知	为做好《期货和衍生品法》配套规则的修订工作，进一步健全完善协会自律规则体系，协会对《期货经营机构投资者适当性管理实施指引（试行）》进行了修订形成《期货经营机构交易者适当性管理实施细则》。该适当性细则已经第六届理事会第九次会议审议通过，并报中国证监会备案，现予发布，自发布之日起施行
2024年9月10日	中期协字〔2024〕132号	关于发布《期货经营机构及其工作人员廉洁从业实施细则》的通知	为贯彻落实中国证监会关于从严惩戒资本市场行贿行为和从严从紧整治政商"旋转门"的相关工作要求，切实加强对期货经营机构及其工作人员廉洁从业的自律管理，协会对《期货经营机构及其工作人员廉洁从业实施细则》进行了修订。该细则已经第六届理事会第十一次会议审议通过，并报中国证监会备案，现予发布，自发布之日起施行

续表

发文日期	文号	文件标题	主要内容
2024年11月15日	中期协字〔2024〕235号	关于发布实施《期货风险管理公司大宗商品风险管理业务管理规则》的通知	为深入贯彻资本市场新"国九条"精神，落实《关于加强监管防范风险促进期货市场高质量发展的意见》工作部署，提升期货风险管理公司服务实体经济能力，加强对大宗商品风险管理业务的规范管理，中国期货业协会经广泛征求行业意见，制定了《期货风险管理公司大宗商品风险管理业务管理规则》，经协会第六届理事会第十二次会议审议通过发布，并自2025年1月1日起实施
2024年12月6日	中证协发〔2024〕278号	关于发布《证券期货业移动应用软件备案工作指引（试行）》的通知	为进一步规范证券期货业移动客户端应用软件备案工作，督促证券期货基金经营机构加强对移动应用软件的安全管理，在中国证监会指导下，中国证券业协会、中国期货业协会、中国证券投资基金业协会共同组织起草了《证券期货业移动应用软件备案工作指引（试行）》目前该指引已经各行业协会理事会审议通过，经向中国证监会备案后，现予发布，自发布之日起实施，请各公司遵照执行
2024年12月7日	中期协字〔2024〕271号	关于发布实施《期货公司"保险+期货"业务规则（试行）》的通知	为贯彻落实《关于加强监管防范风险促进期货市场高质量发展的意见》精神和要求，规范行业"保险+期货"业务开展，更好发挥"保险+期货"在服务国家"三农"发展战略、助力农业强国建设中的作用，中国期货业协会制定了《期货公司"保险+期货"业务规则（试行）》。该试行规则已经中国期货业协会第六届理事会第十四次会议审议通过，并报中国证监会备案发布，自发布之日起实施

附录 4
统计数据

附录 4-1　分品种类型数据①

2024 年全国期货交易分布

类别	成交金额（万元）	比重（%）	成交量（手）	比重（%）
农产品	11 370 137 989	18.40	1 991 009 289	30.23
金属	18 213 545 761	29.48	1 707 868 883	25.93
能源化工及其他	12 888 996 330	20.86	2 690 545 836	40.86
指数类	282 162 392	0.46	21 115 680	0.32
金融	19 035 215 938	30.81	174 808 477	2.65
总计	61 790 058 409	100.00	6 585 348 165	100.00

2024 年农产品期货交易分布

序号	品种	成交金额（万元）	比重（%）	成交量（手）	比重（%）
1	天然橡胶	1 736 327 781	15.27	107 683 287	5.41
2	苹果	211 711 584	1.86	28 692 465	1.44
3	棉花	709 288 672	6.24	95 990 062	4.82
4	红枣	82 020 109	0.72	15 130 666	0.76
5	棉纱	7 446 612	0.07	720 450	0.04
6	粳稻	0	0.00	0	0.00
7	晚籼稻	0	0.00	0	0.00
8	菜籽油	1 315 362 025	11.57	153 223 115	7.70
9	花生	91 633 511	0.81	21 218 741	1.07

---

① 本部分数据进行了四舍五入处理。

续表

序号	品种	成交金额（万元）	比重（%）	成交量（手）	比重（%）
10	普麦	0	0.00	0	0.00
11	早籼稻	0	0.00	0	0.00
12	菜籽粕	790 389 484	6.95	314 696 747	15.81
13	油菜籽	107 421	0.00	19 871	0.00
14	白糖	614 023 360	5.40	100 348 529	5.04
15	强麦	0	0.00	0	0.00
16	黄大豆1号	127 061 431	1.12	28 899 209	1.45
17	黄大豆2号	143 697 492	1.26	38 534 471	1.94
18	豆粕	1 328 469 011	11.68	426 398 672	21.42
19	豆油	1 161 066 293	10.21	148 949 370	7.48
20	玉米	375 931 866	3.31	162 126 722	8.14
21	玉米淀粉	97 612 470	0.86	35 505 877	1.78
22	棕榈油	1 900 600 205	16.72	228 809 793	11.49
23	鸡蛋	228 783 568	2.01	62 462 026	3.14
24	胶合板	33 528	0.00	3 053	0.00
25	纤维板	3 244 209	0.03	2 438 919	0.12
26	粳米	3 733 240	0.03	1 066 544	0.05
27	生猪	429 884 596	3.78	16 473 038	0.83
28	原木	11 709 521	0.10	1 617 662	0.08
	总计	11 370 137 989	100.00	1 991 009 289	100.00

2024年金属期货交易分布

序号	品种	成交金额（万元）	比重（%）	成交量（手）	比重（%）
1	白银	4 028 987 766	22.12	358 336 645	20.98
2	不锈钢	386 095 582	2.12	55 870 387	3.27
3	黄金	4 190 913 479	23.01	73 805 909	4.32
4	螺纹钢	1 756 696 592	9.65	507 131 084	29.69
5	铝	732 169 855	4.02	72 767 937	4.26
6	镍	840 053 130	4.61	62 458 522	3.66
7	铅	267 101 055	1.47	30 017 183	1.76
8	热轧卷板	578 131 723	3.17	161 713 668	9.47
9	铜	1 939 869 000	10.65	50 864 680	2.98
10	锡	837 564 863	4.60	33 007 449	1.93
11	线材	211 589	0.00	55 372	0.00
12	锌	801 951 556	4.40	67 875 906	3.97
13	铜（BC）	109 471 030	0.60	3 236 425	0.19
14	氧化铝	659 236 504	3.62	79 148 397	4.63
15	碳酸锂	553 427 713	3.04	61 216 801	3.58
16	工业硅	522 474 580	2.87	89 633 889	5.25
17	多晶硅	9 189 746	0.05	728 629	0.04
	总计	18 213 545 761	100.00	1 707 868 883	100.00

2024 年能源化工及其他类期货交易分布

序号	品种	成交金额（万元）	比重（%）	成交量（手）	比重（%）
1	燃料油	576 707 536	4.47	181 631 127	6.75
2	石油沥青	205 337 048	1.59	58 750 179	2.18
3	纸浆	489 804 049	3.80	82 620 497	3.07
4	20 号胶	369 834 270	2.87	28 107 902	1.04
5	低硫燃料油	146 848 086	1.14	35 210 666	1.31
6	原油	2 221 462 875	17.24	38 563 472	1.43
7	丁二烯橡胶	197 461 838	1.53	27 279 223	1.01
8	玻璃	918 040 134	7.12	322 320 927	11.98
9	甲醇	508 429 065	3.94	202 648 015	7.53
10	短纤	133 122 816	1.03	36 800 541	1.37
11	PX	85 300 171	0.66	22 248 479	0.83
12	纯碱	1 343 379 167	10.42	379 022 008	14.09
13	硅铁	180 224 582	1.40	52 379 381	1.95
14	烧碱	206 387 593	1.60	26 312 503	0.98
15	锰硅	429 849 332	3.34	110 052 413	4.09
16	PTA	609 117 627	4.73	221 257 547	8.22
17	尿素	214 859 295	1.67	53 748 160	2.00
18	动力煤	0	0.00	0	0.00
19	瓶片	46 007 855	0.36	4 962 945	0.18
20	聚乙烯	337 569 985	2.62	81 566 429	3.03
21	聚丙烯	310 017 675	2.41	82 256 695	3.06
22	聚氯乙烯	739 021 935	5.73	256 413 998	9.53
23	焦炭	125 905 028	0.98	5 899 862	0.22
24	焦煤	314 059 183	2.44	34 621 716	1.29
25	铁矿石	1 043 413 419	8.10	129 371 965	4.81
26	乙二醇	362 063 062	2.81	78 575 825	2.92
27	苯乙烯	470 864 857	3.65	104 745 007	3.89
28	液化石油气	303 907 847	2.36	33 178 354	1.23
	总计	12 888 996 330	100.00	2 690 545 836	100.00

2024 年指数类期货交易分布

序号	品种	成交金额（万元）	比重（%）	成交量（手）	比重（%）
1	集运指数（欧线）期货	282 162 392	100.00	21 115 680	100.00
	总计	282 162 392	100.00	21 115 680	100.00

2024 年金融期货交易分布

序号	品种	成交金额（万元）	比重（%）	成交量（手）	比重（%）
1	中证 500 股指期货	2 802 441 253	14.72	26 573 308	15.20
2	沪深 300 股指期货	3 181 290 609	16.71	29 209 972	16.71
3	上证 50 股指期货	1 182 563 510	6.21	15 891 316	9.09
4	中证 1000 股指期货	5 132 378 942	26.96	47 758 361	27.32
5	10 年期国债期货	1 913 327 764	10.05	18 178 527	10.40
6	5 年期国债期货	1 506 781 185	7.92	14 474 748	8.28
7	30 年期国债期货	1 562 255 003	8.21	14 124 566	8.08
8	2 年期国债期货	1 754 177 673	9.22	8 597 679	4.92
	总计	19 035 215 938	100.00	174 808 477	100.00

注：成交量、成交金额均为单边数据。

2024 年期权交易分布

序号	品种	成交金额（万元）	比重（%）	成交量（手）	比重（%）
1	螺纹钢期权	2 006 843	1.47	50 735 269	4.44
2	天胶期权	3 045 388	2.23	13 933 202	1.22
3	铜期权	5 810 707	4.26	23 247 077	2.03
4	锌期权	1 541 187	1.13	18 626 793	1.63
5	铝期权	1 230 456	0.90	20 328 979	1.78
6	白银期权	9 844 028	7.22	83 645 531	7.31
7	黄金期权	7 241 353	5.31	17 317 315	1.51
8	原油期权	7 666 861	5.63	14 912 674	1.30
9	丁二烯橡胶期权	569 400	0.42	10 854 201	0.95
10	铅期权	35 791	0.03	568 708	0.05
11	镍期权	125 375	0.09	1 202 461	0.11
12	锡期权	81 879	0.06	425 963	0.04
13	氧化铝期权	966 813	0.71	8 051 333	0.70
14	菜籽油期权	1 127 535	0.83	16 144 277	1.41
15	PTA 期权	1 607 985	1.18	75 643 582	6.61
16	白糖期权	1 234 439	0.91	33 796 767	2.95
17	甲醇期权	1 219 963	0.90	50 947 951	4.45
18	动力煤期权	8	0.00	12	0.00
19	棉花期权	2 337 078	1.72	40 066 391	3.50
20	菜籽粕期权	1 487 782	1.09	47 519 944	4.15
21	花生期权	245 811	0.18	8 355 770	0.73
22	PX 期权	104 239	0.08	5 151 086	0.45

续表

序号	品种	成交金额（万元）	比重（%）	成交量（手）	比重（%）
23	烧碱期权	272 435	0.20	4 468 828	0.39
24	纯碱期权	5 110 194	3.75	88 417 904	7.73
25	短纤期权	112 006	0.08	6 189 744	0.54
26	锰硅期权	1 221 834	0.90	22 987 231	2.01
27	硅铁期权	233 587	0.17	6 617 936	0.58
28	尿素期权	204 481	0.15	3 561 404	0.31
29	苹果期权	246 119	0.18	4 311 986	0.38
30	玻璃期权	1 370 922	1.01	31 791 092	2.78
31	红枣期权	99 553	0.07	1 829 360	0.16
32	瓶片期权	158	0.00	4 078	0.00
33	豆粕期权	2 436 118	1.79	67 137 114	5.87
34	玉米期权	359 220	0.26	21 762 415	1.90
35	棕榈油期权	2 698 330	1.98	44 483 665	3.89
36	聚乙烯期权	80 519	0.06	3 410 321	0.30
37	聚丙烯期权	61 532	0.05	2 750 062	0.24
38	聚氯乙烯期权	521 388	0.38	22 199 682	1.94
39	铁矿石期权	7 627 709	5.60	71 018 076	6.21
40	液化石油气期权	371 949	0.27	8 067 449	0.71
41	黄大豆1号期权	131 080	0.10	5 164 111	0.45
42	黄大豆2号期权	206 335	0.15	7 123 855	0.62
43	豆油期权	954 842	0.70	13 835 651	1.21
44	苯乙烯期权	636 046	0.47	28 760 061	2.51
45	乙二醇期权	381 511	0.28	10 046 773	0.88
46	鸡蛋期权	54 674	0.04	1 353 732	0.12
47	生猪期权	111 379	0.08	370 164	0.03
48	玉米淀粉期权	22 394	0.02	851 584	0.07
49	原木期权	28 638	0.02	100 316	0.01
50	上证50股指期权	3 656 663	2.68	10 192 283	0.89
51	沪深300股指期权	14 011 595	10.28	24 854 164	2.17
52	中证1000股指期权	40 062 679	29.40	43 548 885	3.81
53	碳酸锂期权	2 302 656	1.69	21 842 693	1.91
54	工业硅期权	1 130 217	0.83	23 235 436	2.03
55	多晶硅期权	9 635	0.01	32 745	0.00
	总计	136 259 316	100.00	1 143 796 086	100.00

注：成交量、成交金额均为单边数据。

附录4-2 主要品种月度结算价及持仓量、成交量、成交金额的分布

2024年主要品种月度结算价

品种	1月	2月	3月	4月	5月	6月	7月	8月	9月	10月	11月	12月
铜	68 307	68 741	71 160	77 382	83 042	79 675	77 598	73 216	74 624	76 955	75 053	74 393
铝	19 004	18 843	19 259	20 330	20 924	20 730	19 841	19 403	19 748	20 771	20 793	20 147
黄金	481	482	507	555	559	552	564	569	583	615	616	619
锌	21 189	20 520	21 093	22 363	24 134	23 881	23 813	23 122	23 692	25 133	24 992	25 395
白银	5 912	5 890	6 238	7 118	7 745	7 842	7 861	7 329	7 378	7 980	7 749	7 695
20号胶	11 144	11 373	11 994	11 844	12 315	12 847	12 225	12 640	13 517	14 329	14 287	14 962
燃料油	3 010	3 082	3 279	3 497	3 426	3 442	3 484	3 079	2 805	3 023	3 074	3 181
镍	127 519	129 321	136 659	138 856	149 741	138 586	132 607	130 024	125 668	129 761	126 141	125 655
原油	563	588	624	654	613	604	611	561	521	542	530	539
铅	16 257	16 024	16 208	16 877	18 432	18 886	19 345	17 642	16 756	16 721	16 959	17 438
热轧卷板	4 063	3 938	3 785	3 775	3 850	3 777	3 667	3 348	3 242	3 568	3 508	3 478
天然橡胶	13 732	13 569	14 448	14 549	14 726	15 195	14 585	15 953	17 309	18 206	17 815	18 192
纸浆	5 754	5 723	6 026	6 293	6 328	5 993	5 749	5 795	5 801	5 840	5 849	5 853
螺纹钢	3 944	3 813	3 605	3 614	3 717	3 607	3 480	3 237	3 180	3 423	3 338	3 337
沥青	3 714	3 699	3 672	3 778	3 678	3 579	3 623	3 468	3 153	3 262	3 344	3 544
丁二烯橡胶	12 282	12 902	13 412	13 223	13 606	15 077	14 697	14 428	15 374	15 388	13 542	13 389
锡	212 584	215 510	223 333	251 574	271 515	268 848	265 527	257 911	255 852	259 888	248 654	245 021
国际铜	60 663	61 073	63 363	69 040	74 184	70 975	69 030	64 985	66 252	68 385	66 455	65 830
不锈钢	13 988	13 814	13 676	13 974	14 427	14 054	13 985	13 828	13 406	13 821	13 361	12 990
低硫燃料油	4 181	4 300	4 422	4 579	4 228	4 161	4 281	4 119	3 899	4 049	3 936	3 872
集运指数（欧线）	2 013	1 960	1 834	2 350	3 871	4 826	4 616	2 827	1 902	2 763	3 046	2 530
氧化铝	3 310	3 196	3 274	3 475	3 905	3 808	3 744	3 852	3 968	4 697	5 219	5 044
线材	4 141	4 060	3 887	3 775	3 958	3 834	3 610	3 245	3 271	3 692	3 608	3 583
菜粕	2 600	2 470	2 622	2 739	2 876	2 671	2 522	2 247	2 501	2 420	2 364	2 306
白糖	6 360	6 407	6 420	6 336	6 211	6 161	6 168	5 770	5 743	5 893	5 907	5 982
菜油	7 908	7 715	8 140	8 244	8 795	8 459	8 558	8 217	8 989	9 550	9 344	8 900
PTA	5 891	5 916	5 876	5 995	5 875	5 926	5 875	5 530	4 944	5 061	4 873	4 869
棉花	15 743	16 173	15 998	16 073	15 369	14 786	14 522	13 677	13 805	14 127	14 007	13 639
锰硅	6 387	6 316	6 208	6 622	8 724	8 056	7 310	6 494	6 152	6 302	6 336	6 242
短纤	7 432	7 419	7 328	7 432	7 382	7 501	7 567	7 286	6 896	6 962	6 907	6 907
硅铁	6 721	6 580	6 519	6 635	7 300	7 146	6 773	6 523	6 242	6 533	6 376	6 274
玻璃	1 826	1 732	1 567	1 502	1 642	1 620	1 463	1 296	1 112	1 278	1 297	1 322
纯碱	1 964	1 869	1 837	2 008	2 288	2 137	1 969	1 652	1 440	1 524	1 502	1 458
甲醇	2 392	2 494	2 526	2 517	2 604	2 537	2 530	2 486	2 398	2 469	2 528	2 603
花生	8 845	8 951	9 246	9 267	9 150	8 921	8 811	8 709	8 080	8 092	8 036	7 842
红枣	13 744	12 594	12 582	12 496	12 459	11 368	10 617	10 351	9 573	9 840	9 844	9 432
尿素	2 088	2 141	2 079	1 980	2 159	2 108	2 056	1 952	1 801	1 831	1 811	1 752
对二甲苯	8 519	8 522	8 437	8 653	8 458	8 543	8 453	7 941	7 039	7 145	6 810	6 851
瓶片	—	—	—	—	—	—	6 584	6 156	6 336	6 198	6 180	
烧碱	2 747	2 678	2 657	2 437	2 810	2 736	2 546	2 462	2 427	2 628	2 628	2 638

续表

品种	1月	2月	3月	4月	5月	6月	7月	8月	9月	10月	11月	12月
苹果	8 252	8 240	8 159	7 692	7 479	7 003	6 936	6 919	6 835	6 874	7 720	7 647
棉纱	21 871	22 285	21 441	21 176	21 127	20 526	20 180	19 248	19 496	19 805	19 768	19 610
油菜籽	6 085	6 020	6 005	5 591	5 788	5 531	5 266	5 015	5 110	5 043	5 844	5 818
粳稻	—	—	—	—	—	—	—	—	—	—	—	—
动力煤	—	—	—	—	—	—	—	—	—	—	—	—
强麦	—	—	—	—	—	—	—	—	—	—	—	—
早籼稻	—	—	—	—	—	—	—	—	—	—	—	—
晚籼稻	—	—	—	—	—	—	—	—	—	—	—	—
普麦	—	—	—	—	—	—	—	—	—	—	—	—
玉米	2 376	2 423	2 429	2 409	2 453	2 480	2 410	2 301	2 211	2 213	2 201	2 176
豆粕	3 094	3 006	3 235	3 342	3 560	3 416	3 203	2 996	3 075	2 995	2 844	2 658
黄大豆1号	4 792	4 669	4 692	4 708	4 657	4 604	4 594	4 383	4 240	3 981	3 948	3 858
豆油	7 478	7 221	7 684	7 638	7 893	7 867	7 755	7 497	7 828	8 321	8 304	7 791
生猪	13 763	14 342	15 229	17 646	18 030	17 829	18 026	18 247	17 558	15 376	15 393	13 197
玉米淀粉	2 836	2 908	2 872	2 821	2 848	2 892	2 857	2 721	2 612	2 622	2 592	2 479
铁矿石	974	922	830	834	886	823	810	739	702	778	775	790
聚氯乙烯（PVC）	5 866	5 847	5 910	5 889	6 240	6 186	5 880	5 581	5 376	5 526	5 327	5 183
棕榈油	7 275	7 240	7 977	7 700	7 582	7 659	7 840	7 703	8 074	9 018	9 848	9 268
聚丙烯	7 395	7 414	7 502	7 593	7 695	7 710	7 684	7 565	7 359	7 540	7 476	7 444
苯乙烯	8 638	9 039	9 250	9 493	9 397	9 368	9 206	9 170	8 713	8 574	8 375	8 424
乙二醇	4 635	4 652	4 548	4 475	4 503	4 548	4 680	4 631	4 496	4 659	4 594	4 735
液化石油气	4 428	4 306	4 684	4 680	4 595	4 591	4 583	4 924	4 738	4 743	4 415	4 348
黄大豆2号	3 974	3 557	3 799	3 823	4 122	3 940	3 758	3 520	3 669	3 669	3 695	3 371
聚乙烯	8 170	8 181	8 226	8 392	8 545	8 543	8 406	8 140	7 962	8 180	8 301	8 192
鸡蛋	3 356	3 424	3 497	3 835	3 999	3 962	4 000	3 840	3 540	3 520	3 577	3 511
焦煤	1 820	1 726	1 660	1 685	1 750	1 611	1 543	1 372	1 293	1 409	1 295	1 177
焦炭	2 448	2 343	2 203	2 188	2 304	2 251	2 202	1 948	1 892	2 064	1 946	1 828
粳米	3 570	3 580	3 585	3 605	3 554	3 496	3 487	3 488	3 483	3 498	3 515	3 423
原木	—	—	—	—	—	—	—	—	—	—	793	810
纤维板	1 273	1 218	1 257	1 279	1 346	1 344	1 305	1 280	1 290	1 316	1 320	1 317
胶合板	—	—	—	—	265	214	195	185	184	220	221	187
工业硅	13 657	13 317	12 889	11 946	12 315	12 014	10 789	9 874	9 668	11 611	12 434	11 619
碳酸锂	101 916	100 693	114 350	111 360	107 488	97 153	89 787	76 916	75 358	74 542	79 560	77 234
多晶硅	—	—	—	—	—	—	—	—	—	—	—	42 131
5年期国债期货	103	103	103	103	103	104	104	104	105	105	105	106
10年期国债期货	103	104	104	104	104	105	105	106	106	106	107	108
30年期国债期货	103	106	106	107	106	108	109	111	113	112	113	117
2年期国债期货	101	101	101	102	102	102	102	102	102	102	103	103
上证50股指期货	2 258	2 348	2 415	2 418	2 489	2 400	2 379	2 331	2 322	2 697	2 685	2 676
沪深300股指期货	3 287	3 369	3 538	3 531	3 629	3 498	3 423	3 324	3 318	3 950	3 986	3 960
中证1000股指期货	5 297	4 921	5 388	5 240	5 426	5 025	4 688	4 598	4 591	5 782	6 156	6 171
中证500股指期货	5 020	5 004	5 319	5 267	5 398	5 103	4 778	4 634	4 647	5 704	5 944	5 875

注：期货结算价是指期货主力合约月度结算价均值。

2024 年各月份期货品种持仓量占比情况（%）

品种	1月	2月	3月	4月	5月	6月	7月	8月	9月	10月	11月	12月
铜	1.35	1.32	1.63	2.09	1.78	1.59	1.41	1.44	1.61	1.18	1.08	1.16
铝	1.56	1.63	1.85	2.05	2.01	1.51	1.36	1.30	1.38	1.31	1.21	1.18
黄金	1.13	1.08	1.23	1.38	1.18	1.09	1.11	1.19	1.27	1.16	1.06	1.01
锌	0.60	0.79	0.63	0.77	0.68	0.64	0.53	0.71	0.68	0.83	0.96	0.87
白银	2.99	2.94	2.77	3.09	3.00	2.85	2.45	2.30	2.36	2.40	2.05	2.07
20号胶	0.36	0.44	0.35	0.31	0.36	0.32	0.23	0.29	0.35	0.28	0.30	0.37
燃料油	1.91	1.59	1.85	1.63	1.81	1.70	1.46	1.26	1.54	1.40	1.54	1.36
镍	0.62	0.73	0.66	0.74	0.66	0.55	0.54	0.46	0.48	0.46	0.39	0.52
原油	0.17	0.18	0.18	0.16	0.19	0.16	0.12	0.14	0.16	0.13	0.10	0.16
铅	0.38	0.26	0.35	0.35	0.37	0.56	0.58	0.30	0.28	0.22	0.25	0.25
热轧卷板	3.81	4.16	4.17	3.53	3.89	4.31	4.95	5.74	5.14	4.72	4.26	3.88
天然橡胶	0.75	0.74	0.96	0.90	0.80	0.84	0.66	0.66	0.85	0.73	0.71	0.71
纸浆	0.89	0.84	0.90	0.86	0.85	0.94	0.96	0.89	0.76	0.67	0.63	0.65
螺纹钢	7.71	8.57	9.48	7.19	7.07	8.88	9.34	9.35	8.16	8.17	7.23	6.55
沥青	1.17	0.85	0.78	0.85	0.93	1.17	1.11	1.07	0.80	1.03	1.36	1.53
丁二烯橡胶	0.09	0.11	0.08	0.08	0.11	0.19	0.16	0.23	0.19	0.10	0.33	0.30
锡	0.19	0.16	0.18	0.25	0.26	0.22	0.24	0.24	0.17	0.14	0.17	0.16
国际铜	0.08	0.07	0.08	0.09	0.06	0.04	0.04	0.03	0.03	0.03	0.03	0.03
不锈钢	0.78	0.79	0.90	0.68	0.62	0.67	0.75	0.78	0.73	0.52	0.63	0.75
低硫燃料油	0.59	0.50	0.56	0.51	0.48	0.43	0.33	0.46	0.46	0.46	0.37	0.43
集运指数（欧线）	0.18	0.14	0.12	0.24	0.26	0.31	0.31	0.29	0.25	0.23	0.23	0.25
氧化铝	0.25	0.25	0.21	0.44	0.51	0.41	0.52	0.70	0.61	1.14	1.25	1.10
线材	0.00	0.00	0.00	0.00	0.00	0.00	0.00	0.00	0.00	0.00	0.00	0.00
菜粕	3.52	4.45	3.14	3.70	4.01	4.45	4.90	4.35	2.56	3.10	2.89	3.25
白糖	1.91	1.62	1.72	1.81	1.61	1.80	1.67	1.66	1.63	1.54	2.01	1.58
菜油	1.38	1.28	1.21	1.44	1.37	1.34	1.32	1.25	1.23	1.24	1.03	1.00
PTA	6.04	4.51	4.38	4.23	4.02	4.12	3.90	4.79	4.33	4.81	4.76	4.33
棉花	2.66	2.52	2.19	2.22	2.12	2.16	2.03	1.82	1.93	1.89	2.11	2.38
锰硅	0.91	0.87	1.16	2.09	3.78	2.25	1.68	1.63	1.55	1.39	1.29	1.41
短纤	0.78	0.59	0.57	0.85	0.71	1.09	0.81	0.71	0.66	0.54	0.74	0.67
硅铁	0.89	0.71	1.08	1.27	1.24	0.80	0.75	0.70	0.70	0.56	0.73	0.88
玻璃	2.18	2.58	4.36	3.02	2.67	2.70	3.26	3.15	3.79	4.47	3.48	2.78
纯碱	2.38	3.08	3.53	3.37	3.07	3.29	3.92	4.38	4.95	4.97	4.54	3.75
甲醇	3.82	3.88	3.16	3.17	3.35	2.78	2.95	2.50	2.79	2.66	2.83	3.51
花生	0.42	0.41	0.31	0.35	0.34	0.59	0.58	0.62	0.59	0.45	0.62	0.49
红枣	0.31	0.25	0.22	0.25	0.30	0.31	0.31	0.23	0.34	0.46	0.48	0.41
尿素	0.92	1.03	0.99	0.90	0.81	0.79	0.64	0.66	0.72	0.74	0.64	0.84
对二甲苯	0.37	0.47	0.37	0.31	0.35	0.34	0.41	0.31	0.33	0.38	0.48	0.35
瓶片	—	—	—	—	—	—	—	0.08	0.09	0.07	0.06	0.07
烧碱	0.18	0.18	0.19	0.10	0.15	0.19	0.27	0.16	0.14	0.33	0.29	0.55
苹果	0.32	0.30	0.36	0.48	0.58	0.70	0.59	0.62	0.48	0.54	0.38	0.38
棉纱	0.02	0.01	0.02	0.01	0.01	0.02	0.01	0.01	0.01	0.01	0.04	0.04

续表

品种	1月	2月	3月	4月	5月	6月	7月	8月	9月	10月	11月	12月
油菜籽	0.00	0.00	0.00	0.00	0.00	0.00	0.00	0.00	0.00	0.00	0.00	0.00
粳稻	0.00	0.00	0.00	0.00	0.00	0.00	0.00	0.00	0.00	0.00	0.00	0.00
动力煤	0.00	0.00	0.00	0.00	0.00	0.00	0.00	0.00	0.00	0.00	0.00	0.00
强麦	0.00	0.00	0.00	0.00	0.00	0.00	0.00	0.00	0.00	0.00	0.00	0.00
早籼稻	0.00	0.00	0.00	0.00	0.00	0.00	0.00	0.00	0.00	0.00	0.00	0.00
晚籼稻	0.00	0.00	0.00	0.00	0.00	0.00	0.00	0.00	0.00	0.00	0.00	0.00
普麦	0.00	0.00	0.00	0.00	0.00	0.00	0.00	0.00	0.00	0.00	0.00	0.00
玉米	5.00	4.68	4.41	4.70	4.26	3.87	4.33	3.91	4.22	4.35	5.03	6.09
豆粕	9.12	9.70	8.73	9.31	9.63	9.81	10.38	10.22	10.85	11.73	11.70	12.53
黄大豆1号	0.88	0.91	0.47	0.45	0.49	0.67	0.53	0.57	0.70	0.86	0.81	0.79
豆油	2.70	2.75	3.15	2.89	3.10	2.97	2.78	2.68	3.18	3.24	2.66	2.46
生猪	0.60	0.44	0.47	0.46	0.53	0.52	0.47	0.45	0.42	0.38	0.42	0.45
玉米淀粉	1.06	0.86	0.77	0.86	0.59	0.72	0.90	0.67	0.73	0.60	0.83	0.89
铁矿石	2.92	3.06	3.00	2.31	2.18	2.33	2.21	2.33	2.33	2.01	1.88	1.85
聚氯乙烯（PVC）	3.40	3.52	3.67	3.43	3.50	3.20	3.45	3.57	3.16	3.01	3.47	3.42
棕榈油	1.92	1.96	2.19	1.99	2.30	2.18	1.85	2.17	2.13	2.29	2.41	1.81
聚丙烯	1.57	1.69	1.48	1.43	1.80	1.58	1.42	1.47	1.69	1.55	1.65	1.58
苯乙烯	1.56	1.59	1.45	1.29	1.31	1.37	1.30	1.42	0.99	1.10	1.01	1.17
乙二醇	1.92	1.79	1.52	1.35	1.35	1.31	1.08	1.13	1.03	0.95	0.90	1.07
液化石油气	0.52	0.31	0.25	0.33	0.49	0.50	0.39	0.35	0.32	0.37	0.32	0.47
黄大豆2号	0.44	0.33	0.37	0.37	0.41	0.40	0.45	0.53	0.42	0.38	0.50	0.73
聚乙烯	1.50	1.50	1.25	1.62	1.57	1.45	1.33	1.28	1.48	1.60	2.55	1.92
鸡蛋	1.04	1.03	1.19	2.05	1.50	1.05	1.11	0.91	1.02	0.85	0.95	1.04
焦煤	0.50	0.51	0.62	0.62	0.55	0.62	0.53	0.56	0.60	0.58	0.75	0.83
焦炭	0.10	0.11	0.14	0.11	0.09	0.10	0.10	0.09	0.10	0.09	0.10	0.09
粳米	0.07	0.06	0.05	0.04	0.04	0.03	0.03	0.03	0.03	0.03	0.04	0.04
原木	—	—	—	—	—	—	—	—	—	—	0.07	0.06
纤维板	0.02	0.01	0.03	0.00	0.01	0.00	0.00	0.00	0.00	0.00	0.00	0.00
胶合板	0.00	0.00	0.00	0.00	0.00	0.00	0.00	0.00	0.00	0.00	0.00	0.00
工业硅	0.47	0.54	0.86	0.99	1.26	1.13	1.07	1.04	1.01	0.88	0.84	1.00
碳酸锂	0.87	1.09	0.92	0.94	0.88	0.94	0.92	1.07	1.49	1.18	1.35	1.13
多晶硅	—	—	—	—	—	—	—	—	—	—	—	0.12
5年期国债期货	0.49	0.40	0.43	0.49	0.34	0.40	0.42	0.36	0.45	0.38	0.34	0.40
10年期国债期货	0.72	0.61	0.61	0.69	0.51	0.64	0.67	0.62	0.69	0.59	0.59	0.57
30年期国债期货	0.21	0.20	0.23	0.28	0.22	0.26	0.29	0.26	0.29	0.27	0.26	0.33
2年期国债期货	0.28	0.22	0.22	0.23	0.17	0.19	0.19	0.16	0.22	0.21	0.16	0.19
上证50股指期货	0.48	0.43	0.35	0.41	0.32	0.34	0.29	0.30	0.45	0.36	0.34	0.36
沪深300股指期货	0.93	0.90	0.70	0.82	0.72	0.73	0.70	0.73	1.00	0.84	0.79	0.86
中证1000股指期货	1.05	0.99	0.84	0.89	0.77	0.84	0.85	0.90	1.04	1.03	1.00	1.05
中证500股指期货	1.11	0.95	0.78	0.87	0.76	0.76	0.75	0.76	0.88	0.74	0.69	0.73

注：月末持仓占比，含自营。

2024年各月份期权品种持仓量占比情况（%）

品种	1月	2月	3月	4月	5月	6月	7月	8月	9月	10月	11月	12月
铜期权	0.76	0.76	0.95	1.50	1.19	1.02	0.86	1.05	0.90	0.70	0.57	0.89
天然橡胶期权	0.89	0.96	1.14	1.07	0.92	1.16	0.81	0.51	0.75	0.80	0.87	0.86
黄金期权	0.71	0.98	0.88	2.27	0.91	1.30	0.68	1.44	0.84	1.12	0.65	1.34
锌期权	0.29	0.39	0.36	0.71	0.53	0.54	0.39	0.65	0.53	0.37	0.53	0.67
铝期权	0.78	0.85	0.82	1.34	1.10	0.67	0.54	0.73	0.82	0.68	0.66	0.81
螺纹钢期权	6.22	7.10	8.01	3.80	4.38	6.21	6.03	9.98	4.42	5.33	5.40	4.13
白银期权	1.13	1.57	1.29	4.31	2.37	3.31	2.28	3.49	3.03	3.39	1.94	3.38
丁二烯橡胶期权	0.30	0.32	0.17	0.22	0.26	0.40	0.23	0.27	0.24	0.17	0.30	0.42
铅期权	—	—	—	—	—	—	—	—	0.08	0.11	0.11	0.16
镍期权	—	—	—	—	—	—	—	—	0.18	0.23	0.15	0.30
锡期权	—	—	—	—	—	—	—	—	0.07	0.10	0.09	0.11
氧化铝期权	—	—	—	—	—	—	—	—	0.47	2.09	1.97	2.41
原油期权	0.62	0.49	0.37	0.59	0.45	0.35	0.28	0.51	0.39	0.43	0.31	0.60
瓶片期权	—	—	—	—	—	—	—	—	—	—	—	0.02
白糖期权	5.08	3.90	4.19	3.80	4.97	4.17	3.88	3.03	3.79	3.20	4.06	3.32
棉花期权	8.07	6.46	6.15	5.95	6.81	6.12	6.01	4.48	5.83	6.61	7.61	6.39
PTA期权	6.09	5.89	6.08	7.20	5.59	5.52	4.84	5.52	5.20	5.31	4.82	5.01
甲醇期权	4.03	4.47	4.78	4.33	3.60	3.19	2.85	2.53	2.10	2.38	2.28	4.18
菜籽粕期权	4.12	3.89	4.02	3.61	3.83	4.38	7.27	3.46	6.10	2.40	2.99	3.24
动力煤期权	0.00	0.00	0.00	0.00	0.00	0.00	0.00	0.00	0.00	0.00	0.00	0.00
花生期权	1.64	1.32	0.28	0.65	0.61	0.92	0.87	1.47	1.02	0.77	0.72	0.82
菜籽油期权	1.53	1.18	1.18	1.63	1.59	0.79	1.39	0.67	1.67	1.06	1.32	0.99
烧碱期权	0.51	0.69	0.97	0.37	0.18	0.19	0.46	0.38	0.22	0.47	0.37	0.56
对二甲苯期权	0.56	0.84	0.14	0.32	0.40	0.53	0.07	0.28	0.32	0.33	0.04	0.11
短纤期权	0.25	0.15	0.16	0.25	0.62	1.16	0.57	0.60	0.57	0.37	0.30	0.49
纯碱期权	6.52	6.31	6.79	6.40	5.39	4.81	7.20	7.77	8.34	10.13	9.99	7.04
锰硅期权	0.24	0.17	0.35	1.44	5.24	3.93	2.44	1.66	1.47	1.65	1.56	1.28
硅铁期权	0.33	0.30	0.51	0.81	1.16	1.06	0.60	0.45	0.32	0.45	0.33	0.46
尿素期权	0.64	0.57	0.88	0.59	0.50	0.55	0.68	0.41	0.44	0.52	0.55	0.50
苹果期权	0.17	0.26	0.03	0.36	0.48	0.77	0.83	0.15	0.33	0.77	0.04	0.32
红枣期权	—	—	—	—	—	0.25	0.07	0.29	0.46	0.70	0.14	0.42
玻璃期权	—	—	—	—	—	0.60	2.12	3.26	4.87	5.76	5.92	4.56
豆粕期权	11.71	13.97	11.17	9.46	12.08	13.43	12.99	10.03	11.37	9.31	8.76	10.06
玉米期权	6.16	5.10	5.69	4.44	5.19	4.20	5.96	3.43	5.74	4.38	5.71	4.50
铁矿石期权	7.81	8.56	7.77	6.64	4.63	5.66	5.50	6.09	5.44	5.38	4.45	4.41

续表

品种	1月	2月	3月	4月	5月	6月	7月	8月	9月	10月	11月	12月
LPG期权	1.57	0.64	0.51	0.71	0.71	0.40	0.45	0.53	0.23	0.36	0.30	0.50
聚丙烯期权	0.33	0.36	0.79	0.33	0.51	0.59	0.52	0.30	0.38	0.41	0.51	0.52
聚氯乙烯期权	1.52	2.56	4.02	2.49	4.40	3.82	3.61	2.37	1.30	2.15	2.69	2.40
聚乙烯期权	0.33	0.44	0.69	0.46	0.57	0.68	0.67	0.29	0.25	0.40	0.92	0.31
棕榈油期权	2.22	2.29	3.21	3.04	2.15	2.14	2.49	4.05	2.54	3.24	3.78	3.13
黄大豆1号期权	1.46	0.61	0.76	0.72	0.94	0.58	0.57	0.39	0.80	0.92	1.10	0.62
黄大豆2号期权	0.82	0.49	0.55	0.92	0.28	0.33	0.49	0.88	0.48	0.47	0.46	1.07
豆油期权	2.13	2.11	1.62	1.37	1.74	1.53	1.22	2.08	2.96	1.57	1.56	0.78
乙二醇期权	1.22	1.54	1.91	0.68	0.97	1.36	1.75	1.03	0.76	0.86	0.96	0.61
苯乙烯期权	1.70	1.32	1.48	1.73	1.49	1.63	1.40	2.10	1.23	1.29	0.82	1.54
鸡蛋期权	—	—	—	—	—	—	0.16	0.34	0.50	0.61	0.81	
玉米淀粉期权	—	—	—	—	—	—	0.14	0.55	0.54	0.63	0.39	
生猪期权	—	—	—	—	—	—	0.07	0.16	0.24	0.32	0.41	
原木期权	—	—	—	—	—	—	—	—	—	0.11	0.23	
工业硅期权	0.64	0.70	1.88	2.85	2.58	2.56	2.48	2.36	1.72	1.79	1.84	2.54
碳酸锂期权	1.96	2.54	2.50	3.31	3.44	2.43	1.73	2.99	2.96	2.40	2.59	1.92
多晶硅期权	—	—	—	—	—	—	—	—	—	—	0.15	
沪深300股指期权	2.63	2.48	1.77	2.82	2.04	1.86	1.60	2.16	2.04	2.15	2.08	2.91
中证1000股指期权	3.06	3.25	2.45	3.31	2.38	2.12	1.78	2.76	2.09	2.32	2.26	3.24
上证50股指期权	1.20	1.22	0.76	1.22	0.85	0.75	0.60	0.74	0.89	0.94	0.98	1.17

注:月末持仓占比,含自营。

2024年各月份期货品种成交量占比情况(%)

品种	1月	2月	3月	4月	5月	6月	7月	8月	9月	10月	11月	12月
铜	0.53	0.61	0.78	1.08	1.11	1.00	0.89	0.86	0.66	0.53	0.64	0.47
铝	1.11	1.22	1.03	1.56	1.46	1.23	1.03	0.96	0.80	0.87	1.19	0.90
黄金	0.88	0.72	1.19	1.83	0.95	0.87	1.14	1.13	0.79	0.95	1.57	1.23
锌	0.69	0.86	0.71	1.17	1.16	1.16	1.04	1.06	0.94	1.01	1.33	1.10
白银	2.78	2.44	3.44	7.71	7.15	7.66	6.75	6.37	4.65	4.99	5.25	4.18
20号胶	0.31	0.38	0.52	0.31	0.39	0.55	0.33	0.34	0.43	0.44	0.43	0.70
燃料油	4.67	3.25	2.55	2.61	2.05	2.39	2.43	2.68	2.72	2.63	2.62	3.06
镍	1.15	1.50	1.52	1.41	1.13	1.01	0.82	0.74	0.58	0.50	0.70	0.74
原油	1.13	1.04	0.69	0.52	0.41	0.48	0.49	0.54	0.54	0.50	0.56	0.47
铅	0.33	0.28	0.25	0.33	0.47	0.85	0.92	0.78	0.32	0.25	0.30	0.32
热轧卷板	1.83	2.14	2.35	2.02	1.50	1.69	2.02	3.97	3.51	2.86	2.58	2.40
天然橡胶	1.03	1.17	2.20	1.60	1.67	2.08	1.20	1.24	1.84	1.76	1.47	2.16

续表

品种	1月	2月	3月	4月	5月	6月	7月	8月	9月	10月	11月	12月
纸浆	2.13	1.77	1.45	1.36	1.17	1.31	1.30	1.20	0.99	0.92	1.11	0.83
螺纹钢	5.65	7.18	9.04	6.98	5.25	5.62	6.60	7.96	9.74	10.42	9.41	7.49
沥青	0.94	0.71	0.50	0.52	0.71	0.81	0.84	0.95	1.10	0.86	1.12	1.54
丁二烯橡胶	0.13	0.17	0.17	0.09	0.18	1.44	0.45	0.29	0.40	0.31	0.44	0.92
锡	0.33	0.37	0.39	0.90	0.59	0.57	0.71	0.58	0.39	0.30	0.43	0.36
国际铜	0.06	0.06	0.05	0.07	0.08	0.05	0.05	0.04	0.03	0.03	0.04	0.03
不锈钢	1.11	1.10	1.11	1.15	1.02	0.77	0.82	0.70	0.60	0.54	0.68	0.80
低硫燃料油	0.74	0.78	0.56	0.53	0.44	0.47	0.49	0.52	0.60	0.47	0.47	0.49
集运指数（欧线）	0.41	0.15	0.10	0.20	0.32	0.38	0.60	0.35	0.32	0.31	0.35	0.28
氧化铝	1.23	0.35	0.36	0.55	1.21	1.10	1.11	1.49	1.02	2.49	1.76	1.23
线材	0.00	0.00	0.00	0.00	0.00	0.00	0.00	0.00	0.00	0.00	0.00	0.00
菜粕	3.95	3.98	4.91	3.74	3.63	4.31	8.59	6.01	7.45	2.68	2.97	4.02
白糖	1.84	1.88	1.60	1.78	1.50	2.09	1.42	1.34	1.07	1.04	1.41	1.75
菜油	2.04	2.18	2.16	2.54	2.70	2.28	3.38	2.51	2.00	1.38	1.91	2.73
PTA	4.77	3.89	3.73	3.37	2.37	2.79	2.69	3.22	4.32	3.12	3.06	3.38
棉花	1.74	1.70	1.43	1.41	1.38	1.65	1.67	1.57	1.38	1.21	1.31	1.25
锰硅	0.68	0.58	0.47	1.68	7.62	3.39	1.26	0.87	0.59	0.66	0.80	0.79
短纤	0.64	0.50	0.35	0.49	0.46	0.76	0.66	0.51	0.67	0.46	0.59	0.62
硅铁	0.82	0.67	0.50	1.11	2.05	1.51	0.49	0.53	0.37	0.37	0.43	0.73
玻璃	4.84	4.30	4.59	4.79	3.58	3.61	3.15	3.60	5.70	9.74	6.00	4.22
纯碱	4.25	3.23	3.97	5.63	5.25	5.19	6.11	7.03	7.63	9.62	5.01	3.80
甲醇	4.60	5.60	4.46	3.51	3.09	2.49	2.77	2.43	2.17	2.09	2.37	3.11
花生	0.42	0.44	0.35	0.22	0.29	0.40	0.36	0.25	0.30	0.31	0.31	0.34
红枣	0.20	0.19	0.14	0.16	0.16	0.16	0.20	0.20	0.19	0.32	0.50	0.30
尿素	1.22	1.11	0.97	1.34	0.99	0.96	0.71	0.59	0.53	0.56	0.48	0.62
对二甲苯	0.29	0.26	0.30	0.24	0.22	0.23	0.23	0.36	0.52	0.38	0.46	0.51
瓶片	—	—	—	—	—	—	—	0.03	0.51	0.14	0.05	0.05
烧碱	0.40	0.22	0.19	0.24	0.22	0.25	0.40	0.45	0.37	0.91	0.49	0.52
苹果	0.30	0.31	0.34	0.37	0.38	0.49	0.48	0.51	0.38	0.51	0.56	0.52
棉纱	0.02	0.01	0.02	0.01	0.01	0.01	0.01	0.01	0.01	0.01	0.01	0.01
油菜籽	0.00	0.00	0.00	0.00	0.00	0.00	0.00	0.00	0.00	0.00	0.00	0.00
粳稻	0.00	0.00	0.00	0.00	0.00	0.00	0.00	0.00	0.00	0.00	0.00	0.00
动力煤	0.00	0.00	0.00	0.00	0.00	0.00	0.00	0.00	0.00	0.00	0.00	0.00
强麦	0.00	0.00	0.00	0.00	0.00	0.00	0.00	0.00	0.00	0.00	0.00	0.00
早籼稻	0.00	0.00	0.00	0.00	0.00	0.00	0.00	0.00	0.00	0.00	0.00	0.00
晚籼稻	0.00	0.00	0.00	0.00	0.00	0.00	0.00	0.00	0.00	0.00	0.00	0.00
普麦	0.00	0.00	0.00	0.00	0.00	0.00	0.00	0.00	0.00	0.00	0.00	0.00

续表

品种	1月	2月	3月	4月	5月	6月	7月	8月	9月	10月	11月	12月
玉米	2.84	2.93	2.26	1.89	2.03	2.19	2.37	2.49	2.46	2.22	2.45	3.75
豆粕	6.03	6.39	8.13	5.88	6.28	5.62	7.07	6.23	6.01	5.66	7.20	7.22
黄大豆1号	0.48	0.64	0.46	0.38	0.38	0.47	0.41	0.40	0.33	0.40	0.47	0.60
豆油	2.56	2.47	2.47	2.28	2.13	2.19	2.26	2.18	1.81	1.88	2.72	2.46
生猪	0.38	0.33	0.31	0.28	0.25	0.30	0.24	0.24	0.19	0.16	0.18	0.23
玉米淀粉	0.91	0.76	0.51	0.48	0.44	0.54	0.54	0.54	0.48	0.45	0.44	0.56
铁矿石	1.78	2.59	2.76	2.25	1.45	1.77	1.80	2.30	2.21	1.83	1.56	1.54
聚氯乙烯（PVC）	3.28	3.65	3.67	3.31	5.40	4.80	3.04	3.78	3.82	4.11	3.45	4.25
棕榈油	2.89	2.59	3.65	3.60	2.73	3.17	3.62	3.33	2.44	2.73	5.16	5.56
聚丙烯	1.48	1.58	1.51	1.37	1.34	1.31	1.13	1.18	1.10	0.93	1.11	1.19
苯乙烯	2.63	2.96	2.09	1.53	1.41	1.69	1.64	1.49	1.52	1.04	0.98	1.04
乙二醇	3.44	2.62	1.51	1.09	0.91	0.94	1.19	0.83	0.72	0.77	0.68	0.81
液化石油气	1.16	1.09	0.59	0.46	0.52	0.63	0.41	0.39	0.32	0.25	0.33	0.35
黄大豆2号	0.63	0.63	0.67	0.60	0.52	0.47	0.56	0.58	0.56	0.50	0.66	0.67
聚乙烯	1.28	1.35	1.36	1.30	1.20	1.28	1.08	1.09	0.94	0.95	1.58	1.63
鸡蛋	0.82	1.06	0.87	1.41	1.88	1.13	0.94	0.76	0.70	0.55	0.60	0.72
焦煤	0.51	0.62	0.57	0.62	0.52	0.51	0.41	0.50	0.43	0.46	0.47	0.78
焦炭	0.11	0.11	0.10	0.10	0.08	0.09	0.08	0.09	0.08	0.08	0.08	0.09
粳米	0.02	0.01	0.01	0.00	0.02	0.02	0.02	0.02	0.02	0.02	0.02	0.02
原木	—	—	—	—	—	—	—	—	—	—	0.21	0.07
纤维板	0.33	0.05	0.04	0.03	0.02	0.01	0.01	0.01	0.01	0.00	0.00	0.00
胶合板	0.00	0.00	0.00	0.00	0.00	0.00	0.00	0.00	0.00	0.00	0.00	0.00
工业硅	0.56	0.60	0.97	1.18	1.81	2.04	1.79	1.79	1.44	1.23	1.23	1.18
碳酸锂	0.66	1.04	1.45	0.63	0.51	0.71	0.67	0.79	1.04	1.04	1.78	0.87
多晶硅	—	—	—	—	—	—	—	—	—	—	—	0.13
5年期国债期货	0.27	0.31	0.24	0.22	0.23	0.16	0.17	0.25	0.18	0.17	0.24	0.26
10年期国债期货	0.33	0.45	0.34	0.26	0.27	0.19	0.20	0.32	0.22	0.23	0.30	0.30
30年期国债期货	0.13	0.19	0.21	0.17	0.16	0.13	0.17	0.24	0.23	0.28	0.28	0.35
2年期国债期货	0.16	0.19	0.14	0.12	0.12	0.10	0.09	0.15	0.11	0.11	0.15	0.16
上证50股指期货	0.36	0.43	0.24	0.19	0.15	0.20	0.19	0.15	0.21	0.32	0.31	0.27
沪深300股指期货	0.61	0.73	0.39	0.33	0.27	0.35	0.33	0.29	0.40	0.65	0.62	0.54
中证1000股指期货	0.66	1.39	0.67	0.57	0.41	0.57	0.61	0.53	0.58	1.00	1.07	1.00
中证500股指期货	0.52	0.93	0.38	0.32	0.24	0.34	0.32	0.29	0.34	0.52	0.50	0.44

注：月度累计成交量占比，含自营。

2024 年各月份期权品种成交量占比情况（%）

品种	1月	2月	3月	4月	5月	6月	7月	8月	9月	10月	11月	12月
铜期权	1.05	1.35	1.85	3.06	3.27	2.66	2.12	2.41	1.78	1.57	1.75	1.19
天然橡胶期权	0.51	0.88	1.88	1.59	1.38	1.70	1.05	1.16	0.91	1.15	0.97	1.43
黄金期权	0.59	0.50	1.30	2.05	2.07	1.38	1.84	1.42	1.45	1.31	2.52	0.90
锌期权	1.00	1.15	0.87	1.95	2.21	1.85	1.54	1.85	1.50	1.84	1.72	1.68
铝期权	1.88	1.68	1.51	2.82	3.03	1.78	1.26	1.51	1.25	1.61	2.01	1.43
螺纹钢期权	2.92	5.57	5.78	5.24	2.29	2.53	2.64	5.27	6.77	5.85	4.28	3.96
白银期权	2.65	1.65	3.28	8.58	9.13	8.04	9.07	9.66	8.21	9.07	7.05	6.10
丁二烯橡胶期权	0.58	0.61	0.57	0.35	0.69	3.31	1.01	0.61	0.91	0.69	0.69	1.37
铅期权	—	—	—	—	—	—	—	—	0.03	0.05	0.17	0.28
镍期权	—	—	—	—	—	—	—	—	0.07	0.13	0.33	0.62
锡期权	—	—	—	—	—	—	—	—	0.04	0.06	0.15	0.16
氧化铝期权	—	—	—	—	—	—	—	—	0.18	1.27	2.51	3.79
原油期权	2.54	1.71	1.19	1.38	1.12	1.14	1.08	1.38	1.34	1.27	1.01	1.05
瓶片期权	—	—	—	—	—	—	—	—	—	—	—	0.00
白糖期权	2.46	2.86	2.69	3.44	3.28	4.15	2.20	2.30	2.05	2.57	3.53	4.43
棉花期权	4.23	3.70	3.60	4.07	4.40	3.63	2.97	3.21	2.88	3.29	3.53	3.29
PTA 期权	12.01	7.99	7.99	8.62	5.72	5.22	4.66	5.82	8.22	5.26	5.07	5.44
甲醇期权	8.33	7.57	7.52	7.25	5.16	3.34	4.15	3.49	2.71	2.08	2.41	3.64
菜籽粕期权	3.46	2.68	3.99	2.77	3.31	3.60	7.81	5.25	5.47	3.23	2.70	3.09
动力煤期权	0.00	0.00	0.00	0.00	0.00	0.00	0.00	0.00	0.00	0.00	0.00	0.00
花生期权	1.16	1.60	0.75	0.48	0.44	0.63	0.61	0.72	0.79	0.70	0.77	0.65
菜籽油期权	1.52	1.13	1.50	1.89	1.63	1.18	1.71	1.47	1.17	0.94	1.18	1.55
烧碱期权	0.19	0.23	0.50	0.52	0.14	0.11	0.43	0.55	0.34	0.49	0.49	0.51
对二甲苯期权	0.16	0.29	0.69	0.22	0.26	0.39	0.66	0.28	0.38	0.40	0.81	0.63
短纤期权	0.18	0.09	0.09	0.15	0.53	1.10	0.77	0.51	1.14	0.39	0.46	0.51
纯碱期权	8.18	6.03	6.41	6.85	6.22	5.60	7.89	9.09	8.66	10.18	9.12	6.53
锰硅期权	0.12	0.07	0.15	0.69	6.84	6.83	3.25	2.15	0.72	0.73	0.87	0.66
硅铁期权	0.22	0.11	0.19	0.48	1.34	1.71	0.63	1.00	0.32	0.22	0.21	0.31
尿素期权	0.57	0.38	0.52	0.41	0.24	0.33	0.39	0.29	0.16	0.17	0.20	0.26
苹果期权	0.07	0.13	0.66	0.09	0.15	0.22	0.23	0.86	0.24	0.48	0.97	0.09
红枣期权	—	—	—	—	0.11	0.45	0.08	0.11	0.27	0.58	0.07	
玻璃期权	—	—	—	—	0.28	1.64	2.86	4.90	7.33	6.79	5.44	
豆粕期权	6.95	6.24	8.43	4.24	6.79	5.82	7.50	4.52	5.18	5.45	4.79	5.13
玉米期权	2.24	2.11	1.83	1.31	1.83	1.76	2.23	1.62	2.16	1.71	1.52	2.50
铁矿石期权	8.76	12.01	10.24	8.16	4.59	5.82	5.23	5.94	5.89	4.97	3.92	4.05

续表

品种	1月	2月	3月	4月	5月	6月	7月	8月	9月	10月	11月	12月
LPG 期权	2.12	2.01	0.86	0.79	0.72	0.59	0.44	0.56	0.38	0.33	0.43	0.51
聚丙烯期权	0.13	0.17	0.52	0.18	0.27	0.26	0.27	0.19	0.19	0.18	0.22	0.28
聚氯乙烯期权	0.51	1.03	2.36	1.12	4.09	2.84	2.11	1.68	1.34	1.59	1.41	2.57
聚乙烯期权	0.12	0.17	0.37	0.22	0.33	0.34	0.33	0.21	0.14	0.16	0.55	0.54
棕榈油期权	3.08	2.79	3.99	4.33	2.37	2.88	4.20	4.99	3.37	3.14	4.39	6.04
黄大豆1号期权	0.73	0.51	0.55	0.34	0.52	0.51	0.38	0.32	0.32	0.46	0.47	0.49
黄大豆2号期权	1.17	0.78	0.65	0.55	0.37	0.25	0.46	0.79	0.74	0.55	0.51	0.78
豆油期权	1.18	1.19	1.41	0.81	1.25	1.03	1.32	1.18	1.24	1.22	1.33	1.21
乙二醇期权	1.08	0.85	1.21	0.46	0.54	0.73	1.82	1.03	0.74	0.65	0.54	0.69
苯乙烯期权	2.92	3.85	2.62	2.12	2.31	3.28	2.84	3.10	2.66	1.92	1.53	1.80
鸡蛋期权	—	—	—	—	—	—	—	0.03	0.13	0.20	0.35	0.57
玉米淀粉期权	—	—	—	—	—	—	—	0.02	0.17	0.18	0.17	0.25
生猪期权	—	—	—	—	—	—	—	0.01	0.03	0.06	0.08	0.16
原木期权	—	—	—	—	—	—	—	—	—	—	0.05	0.04
工业硅期权	0.54	0.60	1.13	1.74	3.03	2.80	1.97	2.21	2.24	1.98	2.20	2.64
碳酸锂期权	1.04	1.93	1.96	1.14	1.62	2.29	1.55	1.65	2.34	2.36	3.11	1.55
多晶硅期权	—	—	—	—	—	—	—	—	—	—	—	0.03
沪深300股指期权	4.07	4.06	1.97	2.28	1.53	1.76	1.50	1.33	1.97	2.80	2.44	2.12
中证1000股指期权	4.80	7.76	3.65	4.39	2.49	3.58	3.28	2.91	3.27	4.25	4.06	4.10
上证50股指期权	1.99	1.95	0.74	0.85	0.52	0.64	0.51	0.48	0.81	1.24	1.05	0.87

注：月度累计成交量占比，含自营。

2024年各月份期货品种成交金额分布情况（%）

品种	1月	2月	3月	4月	5月	6月	7月	8月	9月	10月	11月	12月
铜	1.95	1.98	3.04	4.35	5.10	4.35	3.88	3.66	3.06	2.07	2.22	1.70
铝	1.15	1.09	1.07	1.64	1.69	1.39	1.16	1.08	0.99	0.93	1.14	0.87
黄金	4.61	3.28	6.53	10.52	5.85	5.23	7.28	7.46	5.73	5.99	8.87	7.40
锌	0.80	0.83	0.82	1.36	1.55	1.51	1.40	1.41	1.39	1.29	1.52	1.35
白银	2.68	2.03	3.49	8.62	9.44	9.88	8.96	8.08	6.45	6.13	5.61	4.68
20号胶	0.38	0.41	0.68	0.38	0.54	0.77	0.45	0.49	0.73	0.64	0.57	1.02
燃料油	1.53	0.94	0.90	0.95	0.77	0.89	0.95	0.96	0.95	0.82	0.74	0.94
镍	1.60	1.85	2.25	2.03	1.88	1.53	1.24	1.11	0.91	0.67	0.82	0.90
原油	6.92	5.71	4.65	3.49	2.79	3.17	3.34	3.47	3.49	2.80	2.74	2.42
铅	0.29	0.21	0.22	0.29	0.48	0.88	0.99	0.79	0.33	0.21	0.24	0.27
热轧卷板	0.81	0.79	0.96	0.79	0.64	0.70	0.83	1.53	1.42	1.05	0.83	0.81

续表

品种	1月	2月	3月	4月	5月	6月	7月	8月	9月	10月	11月	12月
天然橡胶	1.54	1.50	3.51	2.41	2.75	3.50	2.02	2.30	4.02	3.28	2.41	3.81
纸浆	1.34	0.95	0.95	0.88	0.82	0.86	0.84	0.80	0.72	0.55	0.60	0.47
螺纹钢	2.42	2.57	3.51	2.59	2.15	2.22	2.59	2.98	3.86	3.66	2.89	2.41
沥青	0.38	0.25	0.20	0.20	0.29	0.31	0.34	0.38	0.43	0.29	0.34	0.53
丁二烯橡胶	0.09	0.10	0.12	0.06	0.14	1.21	0.37	0.25	0.39	0.25	0.27	0.59
锡	0.78	0.76	0.94	2.37	1.78	1.67	2.12	1.72	1.25	0.80	0.97	0.84
国际铜	0.18	0.16	0.19	0.26	0.32	0.20	0.19	0.15	0.14	0.11	0.12	0.11
不锈钢	0.85	0.72	0.82	0.83	0.81	0.59	0.65	0.56	0.50	0.38	0.42	0.51
低硫燃料油	0.34	0.32	0.27	0.25	0.21	0.22	0.24	0.25	0.29	0.20	0.17	0.18
集运指数（欧线）	0.44	0.13	0.10	0.24	0.62	0.81	1.16	0.50	0.35	0.37	0.41	0.28
氧化铝	0.91	0.21	0.26	0.40	1.06	0.91	0.93	1.34	1.01	2.41	1.58	1.12
线材	0.00	0.00	0.00	0.00	0.00	0.00	0.00	0.00	0.00	0.00	0.00	0.00
菜粕	1.11	0.93	1.40	1.05	1.14	1.25	2.44	1.56	2.31	0.67	0.65	0.89
白糖	1.27	1.13	1.11	1.17	1.02	1.39	0.98	0.90	0.77	0.63	0.77	1.02
菜油	1.76	1.58	1.91	2.16	2.63	2.11	3.28	2.38	2.22	1.35	1.64	2.35
PTA	1.53	1.08	1.19	1.04	0.77	0.90	0.89	1.03	1.33	0.81	0.69	0.79
棉花	1.49	1.30	1.24	1.17	1.16	1.33	1.37	1.24	1.19	0.88	0.84	0.83
锰硅	0.24	0.17	0.16	0.62	3.70	1.53	0.52	0.33	0.23	0.21	0.23	0.24
短纤	0.26	0.17	0.14	0.19	0.19	0.31	0.28	0.21	0.29	0.16	0.19	0.21
硅铁	0.30	0.21	0.18	0.39	0.84	0.60	0.19	0.20	0.14	0.13	0.13	0.22
玻璃	1.92	1.39	1.55	1.50	1.30	1.28	1.04	1.08	1.60	2.56	1.47	1.08
纯碱	1.83	1.13	1.59	2.38	2.65	2.42	2.72	2.68	2.78	3.02	1.40	1.08
甲醇	1.19	1.31	1.22	0.91	0.89	0.69	0.79	0.70	0.65	0.53	0.55	0.79
花生	0.20	0.19	0.17	0.11	0.14	0.19	0.18	0.12	0.15	0.13	0.11	0.13
红枣	0.15	0.12	0.10	0.11	0.11	0.10	0.10	0.12	0.11	0.16	0.23	0.14
尿素	0.55	0.44	0.43	0.55	0.47	0.44	0.33	0.26	0.24	0.21	0.16	0.21
对二甲苯	0.13	0.10	0.14	0.11	0.10	0.11	0.11	0.16	0.23	0.14	0.14	0.17
瓶片	—	—	—	—	—	—	—	0.03	0.58	0.14	0.05	0.04
烧碱	0.36	0.16	0.16	0.18	0.21	0.23	0.35	0.38	0.34	0.75	0.36	0.40
苹果	0.27	0.24	0.30	0.30	0.31	0.38	0.37	0.41	0.33	0.37	0.40	0.38
棉纱	0.03	0.01	0.02	0.01	0.01	0.01	0.01	0.01	0.01	0.01	0.01	0.01
油菜籽	0.00	0.00	0.00	0.00	0.00	0.00	0.00	0.00	0.00	0.00	0.00	0.00
粳稻	0.00	0.00	0.00	0.00	0.00	0.00	0.00	0.00	0.00	0.00	0.00	0.00
动力煤	0.00	0.00	0.00	0.00	0.00	0.00	0.00	0.00	0.00	0.00	0.00	0.00
强麦	0.00	0.00	0.00	0.00	0.00	0.00	0.00	0.00	0.00	0.00	0.00	0.00
早籼稻	0.00	0.00	0.00	0.00	0.00	0.00	0.00	0.00	0.00	0.00	0.00	0.00
晚籼稻	0.00	0.00	0.00	0.00	0.00	0.00	0.00	0.00	0.00	0.00	0.00	0.00

续表

品种	1月	2月	3月	4月	5月	6月	7月	8月	9月	10月	11月	12月
普麦	0.00	0.00	0.00	0.00	0.00	0.00	0.00	0.00	0.00	0.00	0.00	0.00
玉米	0.73	0.67	0.60	0.47	0.55	0.59	0.64	0.66	0.68	0.50	0.50	0.78
豆粕	2.04	1.82	2.85	2.02	2.46	2.09	2.56	2.14	2.28	1.70	1.93	1.88
黄大豆1号	0.25	0.28	0.24	0.18	0.19	0.24	0.21	0.21	0.17	0.16	0.17	0.22
豆油	2.08	1.68	2.05	1.80	1.86	1.88	1.98	1.89	1.76	1.59	2.08	1.86
生猪	0.93	0.71	0.86	0.78	0.78	0.94	0.78	0.81	0.64	0.41	0.40	0.48
玉米淀粉	0.28	0.21	0.16	0.14	0.14	0.17	0.17	0.17	0.16	0.12	0.10	0.14
铁矿石	1.86	2.20	2.43	1.92	1.41	1.58	1.63	1.97	1.94	1.45	1.11	1.18
聚氯乙烯（PVC）	1.05	1.00	1.18	1.01	1.89	1.63	1.01	1.22	1.29	1.17	0.85	1.06
棕榈油	2.29	1.76	3.15	2.88	2.28	2.65	3.20	2.97	2.46	2.51	4.62	5.09
聚丙烯	0.60	0.55	0.62	0.54	0.57	0.55	0.49	0.52	0.51	0.36	0.38	0.43
苯乙烯	1.24	1.26	1.05	0.75	0.73	0.86	0.85	0.79	0.82	0.45	0.38	0.42
乙二醇	1.74	1.15	0.74	0.51	0.45	0.47	0.63	0.45	0.41	0.37	0.29	0.37
液化石油气	1.12	0.89	0.60	0.45	0.53	0.64	0.44	0.44	0.38	0.24	0.27	0.29
黄大豆2号	0.27	0.21	0.28	0.24	0.24	0.20	0.24	0.24	0.26	0.19	0.22	0.22
聚乙烯	0.57	0.52	0.61	0.56	0.56	0.60	0.51	0.51	0.47	0.40	0.60	0.65
鸡蛋	0.30	0.34	0.33	0.51	0.78	0.48	0.43	0.33	0.32	0.20	0.19	0.24
焦煤	0.61	0.60	0.62	0.64	0.60	0.54	0.43	0.47	0.41	0.40	0.33	0.53
焦炭	0.29	0.25	0.23	0.23	0.21	0.23	0.21	0.21	0.18	0.16	0.15	0.15
粳米	0.01	0.00	0.00	0.00	0.01	0.01	0.01	0.01	0.01	0.01	0.01	0.01
原木	—	—	—	—	—	—	—	—	—	—	0.14	0.05
纤维板	0.05	0.01	0.01	0.00	0.00	0.00	0.00	0.00	0.00	0.00	0.00	0.00
胶合板	0.00	0.00	0.00	0.00	0.00	0.00	0.00	0.00	0.00	0.00	0.00	0.00
工业硅	0.41	0.37	0.67	0.73	1.24	1.34	1.11	1.05	0.93	0.75	0.70	0.67
碳酸锂	0.73	1.02	1.80	0.73	0.61	0.75	0.68	0.70	0.99	0.80	1.32	0.65
多晶硅	—	—	—	—	—	—	—	—	—	—	—	0.16
5年期国债期货	2.97	3.05	2.64	2.38	2.59	1.82	1.99	3.03	2.31	1.79	2.35	2.67
10年期国债期货	3.66	4.37	3.86	2.82	3.12	2.15	2.33	3.89	2.89	2.52	2.98	3.17
30年期国债期货	1.44	1.94	2.43	1.82	1.88	1.59	2.09	3.14	3.20	3.20	2.88	3.97
2年期国债期货	3.52	3.70	3.06	2.42	2.78	2.30	2.15	3.60	2.78	2.24	2.82	3.16
上证50股指期货	2.68	2.85	1.85	1.45	1.23	1.55	1.51	1.23	1.88	2.71	2.32	2.08
沪深300股指期货	6.52	6.88	4.51	3.57	3.22	4.00	3.86	3.41	5.10	7.93	6.88	6.21
中证1000股指期货	7.52	12.65	7.76	6.14	4.86	6.25	6.48	5.69	6.81	11.83	12.10	11.99
中证500股指期货	5.68	8.61	4.35	3.47	2.90	3.82	3.45	3.14	4.07	6.11	5.42	5.03

注：月度累计成交金额占比，含自营。

2024 年各月份期权品种成交金额分布情况（%）

品种	1月	2月	3月	4月	5月	6月	7月	8月	9月	10月	11月	12月
铜期权	1.00	1.01	3.47	6.98	9.81	5.85	5.56	6.72	3.76	2.04	3.04	2.03
天然橡胶期权	0.72	0.71	3.61	1.79	3.55	4.18	1.66	1.58	2.88	1.98	1.69	2.23
黄金期权	1.08	0.69	3.67	10.58	6.51	5.13	6.50	7.74	3.58	4.48	7.42	4.42
锌期权	0.39	0.30	0.40	1.34	2.09	1.47	1.32	1.67	1.09	0.85	1.14	1.21
铝期权	0.67	0.35	0.65	1.59	2.00	0.99	0.73	0.97	0.66	0.58	0.94	0.66
螺纹钢期权	0.76	0.85	2.39	1.38	0.98	0.97	1.16	2.58	2.27	1.74	1.07	1.04
白银期权	1.18	0.59	2.36	8.40	12.82	9.87	11.31	11.93	8.21	6.81	5.29	5.04
丁二烯橡胶期权	0.15	0.13	0.26	0.12	0.36	2.12	0.49	0.28	0.44	0.22	0.26	0.52
铅期权	—	—	—	—	—	—	—	—	0.04	0.03	0.07	0.13
镍期权	—	—	—	—	—	—	—	—	0.15	0.16	0.27	0.36
锡期权	—	—	—	—	—	—	—	—	0.15	0.11	0.17	0.15
氧化铝期权	—	—	—	—	—	—	—	—	0.29	1.56	2.19	3.14
原油期权	9.94	5.75	5.85	6.03	4.66	5.52	6.32	7.61	6.12	4.55	3.58	3.62
瓶片期权	—	—	—	—	—	—	—	—	—	—	—	0.00
白糖期权	0.67	0.69	0.89	1.11	1.05	1.43	0.68	0.79	0.65	0.58	0.95	1.61
棉花期权	1.92	1.32	1.58	1.83	2.14	2.24	1.81	2.19	1.89	1.27	1.14	1.60
PTA期权	1.79	0.89	1.40	1.52	1.27	0.98	0.87	1.42	1.88	0.84	0.62	0.81
甲醇期权	1.43	1.28	1.63	1.43	1.44	0.87	0.85	0.68	0.56	0.32	0.37	0.74
菜籽粕期权	0.80	0.47	1.12	0.76	0.79	0.94	2.36	1.45	1.89	0.78	0.69	0.87
动力煤期权	0.00	0.00	0.00	0.00	0.00	0.00	0.00	0.00	0.00	0.00	0.00	0.00
花生期权	0.18	0.18	0.16	0.24	0.26	0.31	0.25	0.18	0.15	0.11	0.11	0.12
菜籽油期权	0.52	0.35	0.76	1.02	1.12	0.63	1.17	0.82	0.98	0.69	0.82	0.82
烧碱期权	0.22	0.11	0.22	0.17	0.12	0.09	0.25	0.25	0.14	0.31	0.20	0.24
对二甲苯期权	0.06	0.05	0.08	0.10	0.10	0.10	0.07	0.09	0.10	0.05	0.07	0.07
短纤期权	0.02	0.01	0.01	0.02	0.06	0.22	0.11	0.10	0.21	0.06	0.06	0.06
纯碱期权	4.25	2.04	3.20	3.74	4.56	3.76	5.00	4.56	4.11	4.35	2.78	2.01
锰硅期权	0.02	0.01	0.03	0.35	4.48	3.63	1.29	0.76	0.23	0.20	0.18	0.10
硅铁期权	0.03	0.01	0.03	0.15	0.61	0.57	0.20	0.33	0.08	0.05	0.04	0.05
尿素期权	0.20	0.11	0.22	0.21	0.19	0.25	0.23	0.14	0.10	0.08	0.06	0.11
苹果期权	0.07	0.06	0.25	0.10	0.16	0.22	0.18	0.29	0.08	0.25	0.31	0.12
红枣期权	—	—	—	—	0.06	0.16	0.09	0.10	0.13	0.17	0.06	
玻璃期权	—	—	—	—	0.15	0.72	0.98	1.74	2.84	1.90	1.49	
豆粕期权	2.27	1.13	2.91	1.35	2.96	2.10	2.24	1.58	1.62	1.00	1.14	1.86
玉米期权	0.32	0.23	0.23	0.15	0.22	0.26	0.36	0.31	0.34	0.18	0.17	0.44
铁矿石期权	8.10	9.19	11.67	6.70	4.30	5.64	5.28	5.75	5.69	3.32	2.94	3.12
LPG期权	0.82	0.39	0.35	0.28	0.32	0.33	0.27	0.25	0.16	0.11	0.16	0.20
聚丙烯期权	0.04	0.03	0.09	0.03	0.09	0.06	0.04	0.03	0.04	0.03	0.03	0.04
聚氯乙烯期权	0.14	0.14	0.37	0.18	1.37	0.71	0.38	0.30	0.29	0.24	0.17	0.34
聚乙烯期权	0.04	0.04	0.06	0.04	0.13	0.09	0.06	0.04	0.03	0.03	0.09	0.07
棕榈油期权	1.26	0.76	2.51	1.75	1.37	1.61	2.31	2.67	1.65	1.52	2.71	3.40

续表

品种	1月	2月	3月	4月	5月	6月	7月	8月	9月	10月	11月	12月
黄大豆1号期权	0.12	0.06	0.11	0.06	0.09	0.10	0.10	0.08	0.08	0.11	0.12	0.11
黄大豆2号期权	0.23	0.09	0.21	0.11	0.13	0.14	0.16	0.21	0.16	0.09	0.13	0.20
豆油期权	0.64	0.36	0.82	0.45	0.89	0.57	0.66	0.99	0.89	0.64	0.75	0.58
乙二醇期权	0.64	0.27	0.29	0.09	0.27	0.32	0.60	0.28	0.26	0.19	0.14	0.19
苯乙烯期权	0.53	0.42	0.54	0.32	0.45	0.63	0.68	0.72	0.67	0.24	0.23	0.33
鸡蛋期权	—	—	—	—	—	—	—	0.02	0.07	0.07	0.11	0.13
玉米淀粉期权	—	—	—	—	—	—	—	0.01	0.05	0.03	0.03	0.05
生猪期权	—	—	—	—	—	—	—	0.09	0.18	0.15	0.15	0.26
原木期权	—	—	—	—	—	—	—	—	—	—	0.12	0.10
工业硅期权	0.18	0.13	0.48	0.53	1.41	1.30	1.03	1.16	0.94	0.72	0.79	1.01
碳酸锂期权	1.11	1.75	2.70	1.20	1.27	1.78	1.37	1.86	2.15	1.42	2.62	0.81
多晶硅期权	—	—	—	—	—	—	—	—	—	—	—	0.09
沪深300股指期权	15.55	12.72	8.78	7.16	5.58	6.57	6.86	5.80	12.65	15.22	12.34	10.85
中证1000股指期权	34.98	50.30	31.55	27.02	16.86	23.87	25.13	20.42	24.04	32.44	34.32	37.67
上证50股指期权	4.98	4.02	2.07	1.65	1.14	1.36	1.31	1.21	3.53	4.25	3.18	2.71

注：月度累计成交金额占比，含自营。

附录4-3 各期货品种合约汇总

2024年农产品期货合约样本

交易品种	天然橡胶
交易单位	10吨/手
报价单位	元（人民币）/吨
最小变动价位	5元/吨
涨跌停板幅度	上一交易日结算价±3%
合约月份	1月、3月、4月、5月、6月、7月、8月、9月、10月、11月
交易时间	上午9：00—11：30，下午1：30—3：00和交易所规定的其他交易时间
最后交易日	合约月份的15日（遇国家法定节假日顺延，春节月份等最后交易日交易所可另行调整并通知）
交割日期	最后交易日后连续2个工作日
交割品级	标准品：1. 国产天然橡胶（SCR WF），质量符合国标GB/T8081-2018 2. 进口3号烟胶片（RSS3），质量符合《天然橡胶等级的品质与包装国际标准（绿皮书）》（1979年版）
交割地点	交易所指定交割仓库
最低交易保证金	合约价值的5%
交割方式	实物交割
交割单位	10吨
交易代码	RU
上市交易所	上海期货交易所

续表

交易品种	菜籽粕（简称"菜粕"）
交易单位	10 吨/手
报价单位	元（人民币）/吨
最小变动价位	1 元/吨
每日价格波动限制	上一交易日结算价±4%及《郑州商品交易所期货交易风险控制管理办法》相关规定
最低交易保证金	合约价值的5%
合约交割月份	1月、3月、5月、7月、8月、9月、11月
交易时间	上午9:00—11:30、下午1:30—3:00，以及交易所规定的其他交易时间
最后交易日	合约交割月份的第10个交易日
最后交割日	合约交割月份的第13个交易日
交割品级	见《郑州商品交易所菜籽粕期货业务细则》
交割地点	交易所指定交割地点
交割方式	实物交割
交易代码	RM
上市交易所	郑州商品交易所
品种	黄大豆1号（自黄大豆1号期货2505合约起施行）
交易单位	10 吨/手
报价单位	元（人民币）/吨
最小变动价位	1 元/吨
涨跌停板幅度	上一交易日结算价的4%
合约月份	1月、3月、5月、7月、9月、11月
交易时间	上午9:00—11:30、下午1:30—3:00，以及交易所规定的其他交易时间
最后交易日	合约月份第10个交易日
最后交割日	最后交易日后第3个交易日
交割等级	大连商品交易所黄大豆1号交割质量标准（F/DCE A001-2024）
交割地点	大连商品交易所黄大豆1号指定交割仓库
最低交易保证金	合约价值的5%
交割方式	实物交割
交易代码	A
上市交易所	大连商品交易所

续表

品种	黄大豆1号（适用于黄大豆1号期货2505之前合约）
交易单位	10 吨/手
报价单位	元（人民币）/吨
最小变动价位	1 元/吨
涨跌停板幅度	上一交易日结算价的4%
合约月份	1月、3月、5月、7月、9月、11月
交易时间	上午9：00—11：30、下午1：30—3：00，以及交易所规定的其他交易时间
最后交易日	合约月份第10个交易日
最后交割日	最后交易日后第3个交易日
交割等级	大连商品交易所黄大豆1号交割质量标准（F/DCE A001 – 2018）
交割地点	大连商品交易所黄大豆1号指定交割仓库
最低交易保证金	合约价值的5%
交割方式	实物交割
交易代码	A
上市交易所	大连商品交易所

2024年金属产品期货合约样本

交易品种	阴极铜
交易单位	5 吨/手
报价单位	元（人民币）/吨
最小变动价位	10 元/吨
涨跌停板幅度	上一交易日结算价±3%
合约月份	1月、2月、3月、4月、5月、6月、7月、8月、9月、10月、11月、12月
交易时间	上午9：00—11：30、下午1：30—3：00 和交易所规定的其他交易时间
最后交易日	合约月份的15日（遇国家法定节假日顺延，春节月份等最后交易日交易所可另行调整并通知）
交割日期	最后交易日后连续3个工作日
交割品级	阴极铜，符合国标GB/T467 – 2010中A级铜（Cu – CATH – 1）规定，或符合BS EN 1978：1998中A级铜（Cu – CATH – 1）规定
交割地点	交易所指定交割仓库
最低交易保证金	合约价值的5%
交割方式	实物交割
交割单位	25 吨
交易代码	CU
上市交易所	上海期货交易所

续表

交易品种	阴极铜（BC）
交易单位	5吨/手
报价单位	元（人民币）/吨（交易报价为不含税价格）
最小变动价位	10元（人民币）/吨
涨跌停板幅度	上一交易日结算价±3%
合约月份	1月、2月、3月、4月、5月、6月、7月、8月、9月、10月、11月、12月
交易时间	上午9:00—11:30、下午1:30—3:00以及上海国际能源交易中心规定的其他交易时间
最后交易日	交割月份的15日（遇国家法定节假日、休息日顺延；上海国际能源交易中心可以根据国家法定节假日、休息日调整最后交易日）
交割日期	最后交易日后连续5个交易日
交割品级	阴极铜，符合国标GB/T467-2010中A级铜（Cu-CATH-1）规定或者符合BS EN 1978:1998中A级铜（Cu-CATH-1）规定
交割地点	上海国际能源交易中心指定交割仓库
最低交易保证金	合约价值的5%
交割方式	实物交割
交易代码	BC
上市机构	上海国际能源交易中心
交易品种	碳酸锂
合约标的	碳酸锂
交易单位	1吨/手
报价单位	元（人民币）/吨
最小变动价位	20元/吨
涨跌停板幅度	上一交易日结算价±4%
合约月份	1月、2月、3月、4月、5月、6月、7月、8月、9月、10月、11月、12月
交易时间	上午9:00—11:30、下午1:30—3:00，以及交易所规定的其他时间
最后交易日	合约月份的第10个交易日
最后交割日	最后交易日后的第3个交易日
交割品级	见《广州期货交易所碳酸锂期货、期权业务细则》
交割地点	交易所指定交割库
最低交易保证金	合约价值的5%
交割方式	实物交割
交易代码	LC
上市交易所	广州期货交易所

续表

合约标的物	多晶硅
交易单位	3 吨/手
报价单位	元（人民币）/吨
最小变动价位	5 元/吨
涨跌停板幅度	上一交易日结算价 ±4%
合约月份	1月、2月、3月、4月、5月、6月、7月、8月、9月、10月、11月、12月
交易时间	上午9:00—11:30，下午1:30—3:00，以及交易所规定的其他时间
最后交易日	合约月份的第10个交易日
最后交割日	最后交易日后的第3个交易日
交割品级	见《广州期货交易所多晶硅期货、期权业务细则》
交割地点	交易所指定交割库
最低交易保证金	合约价值的5%
交割方式	实物交割
交易代码	PS
上市交易所	广州期货交易所

注1：交易所可以根据市场情况调整各合约涨跌停板幅度和交易保证金标准。

注2：日盘交易分为三个交易小节，分别为第一节9:00—10:15、第二节10:30—11:30和第三节13:30—15:00。

2024年能源化工及其他类期货合约样本

交易品种	燃料油
交易单位	10 吨/手
报价单位	元（人民币）/吨（交易报价为不含税价格）
最小变动价位	1 元/吨
涨跌停板幅度	上一交易日结算价 ±5%
合约月份	1月、2月、3月、4月、5月、6月、7月、8月、9月、10月、11月、12月
交易时间	上午9:00—11:30，下午1:30—3:00 和交易所规定的其他交易时间
最后交易日	合约月份前一月份的最后一个交易日；交易所可以根据国家法定节假日调整最后交易日
交割日期	最后交易日后连续2个工作日
交割品级	RMG 380 船用燃料油（硫含量为Ⅰ级、Ⅱ级）或者质量优于该标准的船用燃料油（具体质量规定见附件）
交割地点	交易所指定交割地点
最低交易保证金	合约价值的8%
交割方式	实物交割
交割单位	10 吨
交易代码	FU
上市交易所	上海期货交易所

续表

交易品种	低硫燃料油
交易单位	10 吨/手
报价单位	元（人民币）/吨（交易报价为不含税价格）
最小变动价位	1 元（人民币）/吨
涨跌停板幅度	不超过上一交易日结算价±5%
合约交割月份	1月、2月、3月、4月、5月、6月、7月、8月、9月、10月、11月、12月
交易时间	上午9：00—11：30、下午1：30—3：00以及上海国际能源交易中心规定的其他交易时间
最后交易日	交割月份前第一月的最后一个交易日（遇国家法定节假日、休息日顺延；上海国际能源交易中心可以根据国家法定节假日、休息日调整最后交易日）
交割日期	最后交易日后连续5个交易日
交割品质	低硫船用燃料油（具体质量规定见附件）
交割地点	上海国际能源交易中心指定交割仓库
最低交易保证金	合约价值的8%
交割方式	实物交割
交易代码	LU
上市机构	上海国际能源交易中心
交易品种	纯碱
交易单位	20 吨/手
报价单位	元（人民币）/吨
最小变动价位	1 元/吨
每日价格波动限制	上一交易日结算价±4%及《郑州商品交易所期货交易风险控制管理办法》相关规定
最低交易保证金	合约价值的5%
合约交割月份	1月、2月、3月、4月、5月、6月、7月、8月、9月、10月、11月、12月
交易时间	上午9：00—11：30、下午1：30—3：00，以及交易所规定的其他交易时间
最后交易日	合约交割月份的第10个交易日
最后交割日	合约交割月份的第13个交易日
交割品级	见《郑州商品交易所纯碱期货业务细则》
交割地点	交易所指定交割地点
交割方式	实物交割
交易代码	SA
上市交易所	郑州商品交易所

续表

品种	线型低密度聚乙烯
交易单位	5 吨/手
报价单位	元（人民币）/吨
最小变动价位	1 元/吨
涨跌停板幅度	上一交易日结算价的 4%
合约月份	1月、2月、3月、4月、5月、6月、7月、8月、9月、10月、11月、12月
交易时间	上午 9:00—11:30、下午 1:30—3:00，以及交易所规定的其他交易时间
最后交易日	合约月份第 10 个交易日
最后交割日	最后交易日后第 3 个交易日
交割等级	大连商品交易所线型低密度聚乙烯交割质量标准
交割地点	大连商品交易所线型低密度聚乙烯指定交割仓库
最低交易保证金	合约价值的 5%
交割方式	实物交割
交易代码	L
上市交易所	大连商品交易所

2024 年指数类期货合约样本

交易品种	上海出口集装箱结算运价指数（欧洲航线）
合约乘数	每点 50 元
报价单位	指数点
最小变动价位	0.1 点
涨跌停板幅度	不超过上一交易日结算价 ±10%
合约月份	2月、4月、6月、8月、10月、12月
交易时间	上午 9:00—11:30、下午 1:30—3:00 和上海国际能源交易中心规定的其他交易时间
最后交易日	合约交割月份最后一个开展期货交易的周一（上海国际能源交易中心可以根据国家法定节假日等调整最后交易日）
交割日期	同最后交易日
最低交易保证金	合约价值的 12%
交割方式	现金交割
交易代码	EC
上市交易所	上海国际能源交易中心

2024 年金融期货合约样本

合约名称	沪深 300 股票指数期货合约
合约标的	沪深 300 指数
合约乘数	每点人民币 300 元
报价单位	指数点
最小变动价位	0.2 点
合约月份	当月、下月及随后两个季月
交易时间	上午 9:30—11:30、下午 1:00—3:00
每日价格最大波动限制	上一个交易日结算价的 ±10%
最低交易保证金	合约价值的 8%
最后交易日	合约到期月份的第三个星期五,遇国家法定假日顺延
交割日期	同最后交易日
交割方式	现金交割
交易代码	IF
上市交易所	中国金融期货交易所
合约名称	10 年期国债期货合约
合约标的	面值为 100 万元人民币,票面利率为 3% 的名义长期国债
可交割国债	发行期限不高于 10 年、合约到期月份首日剩余期限不低于 6.5 年的记账式附息国债
报价方式	百元净价报价
最小变动价位	0.005 元
合约月份	最近的三个季月(3 月、6 月、9 月、12 月中的最近 3 个月循环)
交易时间	上午 9:30—11:30、下午 1:00—3:15
最后交易日交易时间	9:30—11:30
每日价格最大波动限制	上一交易日结算价的 ±2%
最低交易保证金	合约价值的 2%
最后交易日	合约到期月份的第二个星期五
最后交割日	最后交易日后的第三个交易日
交割方式	实物交割
合约代码	T
上市交易所	中国金融期货交易所

2024 年期货期权合约样本

品种	天然橡胶期货期权
合约标的物	天然橡胶期货合约（10 吨）
合约类型	看涨期权，看跌期权
交易单位	1 手天然橡胶期货合约
报价单位	元（人民币）/吨
最小变动价位	1 元/吨
涨跌停板幅度	与天然橡胶期货合约涨跌停板幅度相同
合约月份	最近两个连续月份合约，其后月份在标的期货合约结算后持仓量达到一定数值之后的第二个交易日挂牌。具体数值交易所另行发布
交易时间	上午 9：00—11：30、下午 1：30—3：00 及交易所规定的其他时间
最后交易日	标的期货合约交割月前一个月的倒数第 5 个交易日，交易所可以根据国家法定节假日等调整最后交易日
到期日	同最后交易日
行权价格	行权价格覆盖天然橡胶期货合约上一交易日结算价上下浮动 1.5 倍当日涨跌停板幅度对应的价格范围。行权价格≤10 000 元/吨，行权价格间距为 100 元/吨；10 000 元/吨＜行权价格≤25 000 元/吨，行权价格间距为 250 元/吨；行权价格＞25 000 元/吨，行权价格间距为 500 元/吨
行权方式	美式。买方可在到期日前任一交易日的交易时间提交行权申请；买方可在到期日 15：30 之前提交行权申请、放弃申请
交易代码	看涨期权：RU - 合约月份 - C - 行权价格 看跌期权：RU - 合约月份 - P - 行权价格
上市交易所	上海期货交易所
品种	**阴极铜期货期权**
合约标的物	阴极铜期货合约（5 吨）
合约类型	看涨期权，看跌期权
交易单位	1 手阴极铜期货合约
报价单位	元（人民币）/吨
最小变动价位	2 元/吨
涨跌停板幅度	与阴极铜期货合约涨跌停板幅度相同
合约月份	最近两个连续月份合约，其后月份在标的期货合约结算后持仓量达到一定数值之后的第二个交易日挂牌。具体数值交易所另行发布
交易时间	上午 9：00—11：30、下午 1：30—3：00 及交易所规定的其他时间
最后交易日	标的期货合约交割月前第一月的倒数第 5 个交易日，交易所可以根据国家法定节假日调整最后交易日
到期日	同最后交易日
行权价格	行权价格覆盖阴极铜期货合约上一交易日结算价上下浮动 1.5 倍当日涨跌停板幅度对应的价格范围。行权价格≤40 000 元/吨，行权价格间距为 500 元/吨；40 000 元/吨＜行权价格≤80 000 元/吨，行权价格间距为 1 000 元/吨；行权价格＞80 000 元/吨，行权价格间距为 2 000 元/吨
行权方式	美式。买方可以在到期日前任一交易日的交易时间提交行权申请；买方可以在到期日 15：30 之前提交行权申请、放弃申请
交易代码	看涨期权：CU - 合约月份 - C - 行权价格 看跌期权：CU - 合约月份 - P - 行权价格
上市交易所	上海期货交易所

续表

品种	原油期货期权
合约标的物	原油期货合约（1 000 桶）
合约类型	看涨期权，看跌期权
交易单位	1 手原油期货合约
报价单位	元（人民币）/桶
最小变动价位	0.05 元/桶
涨跌停板幅度	与标的期货合约涨跌停板幅度相同
合约月份	最近两个连续月份合约，其后月份在标的期货合约结算后持仓量达到一定数值之后的第二个交易日挂盘，具体数值上海国际能源交易中心另行发布
交易时间	上午 9：00—11：30、下午 1：30—3：00 及上海国际能源交易中心规定的其他时间
最后交易日	标的期货合约交割月前第一月的倒数第 13 个交易日，上海国际能源交易中心可以根据国家法定节假日等调整最后交易日
到期日	同最后交易日
行权价格	行权价格覆盖标的期货合约上一交易日结算价上下浮动 1.5 倍当日涨跌停板幅度对应的价格范围。行权价格≤250 元/桶，行权价格间距为 2 元/桶；250 元/桶＜行权价格≤500 元/桶，行权价格间距为 5 元/桶；行权价格＞500 元/桶，行权价格间距为 10 元/桶
行权方式	美式。买方可在到期日前任一交易日的交易时间提交行权申请；买方可在到期日 15：30 之前提交行权申请、放弃申请
交易代码	看涨期权：SC - 合约月份 - C - 行权价格 看跌期权：SC - 合约月份 - P - 行权价格
上市机构	上海国际能源交易中心
品种	菜籽粕期权
合约标的物	菜籽粕期货合约
合约类型	看涨期权、看跌期权
交易单位	1 手菜籽粕期货合约
报价单位	元（人民币）/吨
最小变动价位	0.5 元/吨
涨跌停板幅度	与菜籽粕期货合约涨跌停板幅度相同
合约月份	标的期货合约中的连续两个近月，其后月份在标的期货结算后持仓量达到 5 000 手（单边）之后的第二个交易日挂牌
交易时间	上午 9：00—11：30、下午 1：30—3：00，以及交易所规定的其他交易时间
最后交易日	标的期货合约交割月份前一个月第 15 个日历日之前（含该日）的倒数第 3 个交易日，以及交易所规定的其他日期
到期日	同最后交易日
行权价格	行权价格覆盖标的期货合约上一交易日结算价上下浮动 1.5 倍当日涨跌停板幅度对应的价格范围。行权价格≤2 500 元/吨，行权价格间距为 25 元/吨；2 500 元/吨＜行权价格≤5 000 元/吨，行权价格间距为 50 元/吨；行权价格＞5 000 元/吨，行权价格间距为 100 元/吨
行权方式	美式。买方可在到期日前任一交易日的交易时间提交行权申请；买方可在到期日 15：30 之前提交行权申请、放弃申请
交易代码	看涨期权：RM - 合约月份 - C - 行权价格 看跌期权：RM - 合约月份 - P - 行权价格
上市交易所	郑州商品交易所

续表

品种	纯碱期权
合约标的物	纯碱期货合约
合约类型	看涨期权、看跌期权
交易单位	1 手纯碱期货合约
报价单位	元（人民币）/吨
最小变动价位	0.5 元/吨
涨跌停板幅度	与纯碱期货合约涨跌停板幅度相同
合约月份	标的期货合约中的连续两个近月，其后月份在标的期货合约结算后持仓量达到 10 000 手（单边）之后的第二个交易日挂牌
交易时间	上午 9:00—11:30、下午 1:30—3:00，以及交易所规定的其他交易时间
最后交易日	标的期货合约交割月份前一个月第 15 个日历日之前（含该日）的倒数第 3 个交易日，以及交易所规定的其他日期
到期日	同最后交易日
行权价格	行权价格覆盖标的期货合约上一交易日结算价上下浮动 1.5 倍当日涨跌停板幅度对应的价格范围。行权价格≤1 000 元/吨，行权价格间距为 10 元/吨；1 000 元/吨 < 行权价格≤2 000 元/吨，行权价格间距为 20 元/吨；行权价格 > 2 000 元/吨，行权价格间距为 40 元/吨
行权方式	美式。买方可在到期日前任一交易日的交易时间提交行权申请；买方可在到期日 15:30 之前提交行权申请、放弃申请
交易代码	看涨期权：SA - 合约月份 - C - 行权价格 看跌期权：SA - 合约月份 - P - 行权价格
上市交易所	郑州商品交易所

品种	线型低密度聚乙烯期权
合约标的物	线型低密度聚乙烯期货合约
合约类型	看涨期权、看跌期权
交易单位	1 手（5 吨）线型低密度聚乙烯期货合约
报价单位	元（人民币）/吨
最小变动价位	0.5 元/吨
涨跌停板幅度	与线型低密度聚乙烯期货合约涨跌停板幅度相同
合约月份	1 月、2 月、3 月、4 月、5 月、6 月、7 月、8 月、9 月、10 月、11 月、12 月
交易时间	上午 9:00—11:30、下午 1:30—3:00，以及交易所规定的其他时间
最后交易日	标的期货合约交割月份前一个月的第 12 个交易日，交易所可以根据国家法定节假日调整最后交易日
到期日	同最后交易日
行权价格	行权价格覆盖标的期货合约上一交易日结算价上下浮动 1.5 倍当日涨跌停板幅度对应的价格范围。最近 6 个自然月对应的期权合约：行权价格≤5 000 元/吨，行权价格间距为 50 元/吨；5 000 元/吨 < 行权价格≤10 000 元/吨，行权价格间距为 100 元/吨；行权价格 > 10 000 元/吨，行权价格间距为 200 元/吨。第七个及随后自然月对应的期权合约：行权价格≤5 000 元/吨，行权价格间距为 100 元/吨；5 000 元/吨 < 行权价格≤10 000 元/吨，行权价格间距为 200 元/吨；行权价格 > 10 000 元/吨，行权价格间距为 400 元/吨
行权方式	美式。买方可以在到期日之前任一交易日的交易时间，以及到期日 15:30 之前提出行权申请
交易代码	看涨期权：L - 合约月份 - C - 行权价格 看跌期权：L - 合约月份 - P - 行权价格
上市交易所	大连商品交易所

续表

品种	豆粕期权
合约标的物	豆粕期货合约
合约类型	看涨期权、看跌期权
交易单位	1手（10吨）豆粕期货合约
报价单位	元（人民币）/吨
最小变动价位	0.5元/吨
涨跌停板幅度	与豆粕期货合约涨跌停板幅度相同
合约月份	1月、3月、5月、7月、8月、9月、11月、12月
交易时间	上午9：00—11：30、下午1：30—3：00，以及交易所规定的其他时间
最后交易日	常规期权：标的期货合约交割月份前一个月的第12个交易日； 系列期权：标的期货合约交割月份前两个月的第12个交易日； 交易所可以根据国家法定节假日调整最后交易日
到期日	同最后交易日
行权价格	行权价格覆盖标的期货合约上一交易日结算价上下浮动1.5倍当日涨跌停板幅度对应的价格范围。最近6个自然月对应的期权合约：行权价格≤2 000元/吨，行权价格间距为25元/吨；2 000元/吨＜行权价格≤5 000元/吨，行权价格间距为50元/吨；行权价格＞5 000元/吨，行权价格间距为100元/吨。第七个及随后自然月对应的期权合约：行权价格≤2 000元/吨，行权价格间距为50元/吨；2 000元/吨＜行权价格≤5 000元/吨，行权价格间距为100元/吨；行权价格＞5 000元/吨，行权价格间距为200元/吨
行权方式	美式。买方可以在到期日之前任一交易日的交易时间，以及到期日15：30之前提出行权申请
交易代码	常规期权：看涨期权为M－合约月份－C－行权价格，看跌期权为M－合约月份－P－行权价格 系列期权：看涨期权为M－合约月份－MS－C－行权价格，看跌期权为M－合约月份－MS－P－行权价格
上市交易所	大连商品交易所
合约名称	沪深300股票指数期权合约
合约标的物	沪深300指数
合约乘数	每点人民币100元
合约类型	看涨期权、看跌期权
报价单位	指数点
最小变动价位	0.2点
每日价格最大波动限制	上一交易日沪深300指数收盘价的±10%
合约月份	当月、下2个月及随后3个季月
行权价格	行权价格覆盖沪深300指数上一交易日收盘价上下浮动10%对应的价格范围 对当月与下2个月合约：行权价格≤2500点时，行权价格间距为25点；2500点＜行权价格≤5000点时，行权价格间距为50点；5000点＜行权价格≤10000点时，行权价格间距为100点；行权价格＞10000点时，行权价格间距为200点 对随后3个季月合约：行权价格≤2500点时，行权价格间距为50点；2500点＜行权价格≤5000点时，行权价格间距为100点；5000点＜行权价格≤10000点时，行权价格间距为200点；行权价格＞10000点时，行权价格间距为400点
行权方式	欧式
交易时间	上午9：30—11：30、下午1：00—3：00
最后交易日	合约到期月份的第三个星期五，遇国家法定假日顺延
到期日	同最后交易日
交割方式	现金交割
交易代码	看涨期权：IO合约月份－C－行权价格 看跌期权：IO合约月份－P－行权价格
上市交易所	中国金融期货交易所

续表

合约名称	中证1000股票指数期权合约
合约标的物	中证1000指数
合约乘数	每点人民币100元
合约类型	看涨期权、看跌期权
报价单位	指数点
最小变动价位	0.2点
每日价格最大波动限制	上一交易日中证1000指数收盘价的±10%
合约月份	当月、下2个月及随后3个季月
行权价格	行权价格覆盖中证1000指数上一交易日收盘价上下浮动10%对应的价格范围对当月与下2个月合约：行权价格≤2500点时，行权价格间距为25点；2500点＜行权价格≤5000点时，行权价格间距为50点；5000点＜行权价格≤10000点时，行权价格间距为100点；行权价格＞10000点时，行权价格间距为200点对随后3个季月合约：行权价格≤2500点时，行权价格间距为50点；2500点＜行权价格≤5000点时，行权价格间距为100点；5000点＜行权价格≤10000点时，行权价格间距为200点；行权价格＞10000点时，行权价格间距为400点
行权方式	欧式
交易时间	上午9:30—11:30、下午1:00—3:00
最后交易日	合约到期月份的第三个星期五，遇国家法定假日顺延
到期日	同最后交易日
交割方式	现金交割
交易代码	看涨期权：MO合约月份–C–行权价格 看跌期权：MO合约月份–P–行权价格
上市交易所	中国金融期货交易所

品种	碳酸锂期权
合约标的物	碳酸锂期货合约
交易单位	1手（1吨）碳酸锂期货合约
合约类型	看涨期权、看跌期权
报价单位	元（人民币）/吨
最小变动价位	10元/吨
涨跌停板幅度	与碳酸锂期货合约涨跌停板幅度相同
合约月份	1月、2月、3月、4月、5月、6月、7月、8月、9月、10月、11月、12月
行权价格	行权价格覆盖碳酸锂期货合约上一交易日结算价上下浮动1.5倍当日涨跌停板幅度对应的价格范围。行权价格≤100 000元/吨，行权价格间距为1 000元/吨；100 000元/吨＜行权价格≤300 000元/吨，行权价格间距为2 000元/吨；行权价格＞300 000元/吨，行权价格间距为5 000元/吨
行权方式	美式。买方可以在到期日之前任一交易日的交易时间，以及到期日15:30之前提出行权申请
交易时间	上午9:00—11:30、下午1:30—3:00，以及交易所规定的其他时间
最后交易日	标的期货合约交割月份前1个月第5个交易日
到期日	同最后交易日
交易代码	看涨期权：LC—合约月份—C—行权价格 看跌期权：LC—合约月份—P—行权价格
上市交易所	广州期货交易所

续表

品种	多晶硅期权
合约标的物	多晶硅期货合约
合约类型	看涨期权、看跌期权
交易单位	1手（3吨）多晶硅期货合约
报价单位	元（人民币）/吨
最小变动价位	1元/吨
涨跌停板幅度	与多晶硅期货合约涨跌停板幅度相同
合约月份	1月、2月、3月、4月、5月、6月、7月、8月、9月、10月、11月、12月
交易时间	上午9:00—11:30、下午1:30—3:00，以及交易所规定的其他时间
最后交易日	标的期货合约交割月份前1个月第5个交易日
到期日	同最后交易日
行权价格	行权价格覆盖多晶硅期货合约上一交易日结算价上下浮动1.5倍当日涨跌停板幅度对应的价格范围。行权价格≤40 000元/吨，行权价格间距为500元/吨；40 000元/吨＜行权价格≤100 000元/吨，行权价格间距为1 000元/吨；行权价格＞100 000元/吨，行权价格间距为2 000元/吨
行权方式	美式。买方可以在到期日之前任一交易日的交易时间，以及到期日15:30之前提出行权申请
交易代码	看涨期权：PS—合约月份—C—行权价格 看跌期权：PS—合约月份—P—行权价格
上市交易所	广州期货交易所

注：日盘交易分为三个交易小节，分别为第一节9:00—10:15、第二节10:30—11:30和第三节13:30—15:00。

后　　记

《中国期货市场年鉴（2024）》编撰工作由中国证监会、中国期货业协会联合组织，中国期货业协会具体实施。编撰工作得到了中国证监会领导的关心和指导，及中国证监会内外相关单位的大力支持和配合，具体有中国证监会期货监管司、上海期货交易所、郑州商品交易所、大连商品交易所、中国金融期货交易所、广州期货交易所、中国期货市场监控中心、中证商品指数有限责任公司、中国期货业协会等。中国财政经济出版社在年鉴的编辑、出版及发行过程中给予了大力支持。在此，我们对上述领导和单位表示衷心的感谢！

参与本次年鉴编撰的人员有：

李至斌	杨　光	程　莘	王　颖	张　悦	焦增军	郑冰梅
吴亚军	巫伟斐	王海智	李　铭	王雪倩	张宜生	王春卿
刘月鹏	祁国中	陈　洁	屈琳珊	海　洋	李军霞	孟婵娟
王淑梅	谢　亚	聂智洋	于延超	常鑫鑫	陈　栋	杨　阳
陈筱露	关子桓	马晓旭	李团团	许嘉宁	宫　雨	潘赛赛
刘　丹	张润琪					

中国证券监督管理委员会
中国期货业协会
2025 年 6 月